KB248182

모두에게 모든,

모두에게 모든,

2026년 01월 01일 초판1쇄 발행

글 네이선 슈나이더 옮김 김재우 이재민 한동숭 허문경 편집 이대건 친친 빛트인

펴낸곳 도서출판 기역 출판등록 2010년 8월 2일(제313-2010-236)
주소 전북 고창군 해리면 월봉성산길 88 책마을해리 | 경기도 파주시 회동길 363-8 출판도시
전화 070-4175-0914 전송 070-4209-1709

ⓒ 도서출판 기역, 2026

ISBN 979-11-94533-20-7 93320

모두에게 모든,

AI 플랫폼 경제를 향한 새로운 도전

네이선 슈나이더 지음

김재우 이재민 한동승 허문경 옮김

ㄱ

커먼웰스의 협력 정신, 자본주의 넘어설 열쇠

우리는 지금 중요한 질문 앞에 서 있다. 인공지능(AI)의 급속한 발전은 과연 우리의 삶을 더 풍요롭게 만들 것인가, 아니면 사회적 불평등, 일자리 감소, 프라이버시 침해, 탄소 배출과 같은 문제를 심화시킬 것인가. 최근 한국 정부는 AI 3대 강국 도약을 위해 소버린 AI 구축을 목표로 데이터센터, 초거대 모델, 반도체 산업, 인력 양성에 약 100조 원 규모를 투자하며 국가적 경쟁에 나섰다. 그러나 이러한 정책적 의지에도 불구하고, 데이터 독점과 개인정보 침해, 알고리즘의 불투명성, 그리고 대규모 전력 소비로 인한 탄소 배출 문제에 대한 고민의 흔적은 보이지 않고 있다. 기술이 소수 거대 기업의 자산으로만 전락한다면, 우리의 미래는 공공성과 민주성, 생태적 지속가능성을 잃을 위험에 처할 수밖에 없다.

이 책 『모두에게 모든,』의 저자 네이선 슈나이더(Nathan Schneider)는 이러한 위기를 넘어설 대안을 꾸준히 탐구해 온 세계적 공공 지식인이자 실천가다. 그는 『Everything for Everyone』(2018)에서 전 세계 협동조합 운동과 커먼즈의 흐름을 조명했고, 『Governable Spaces』(2024)에서는 디지털 공간의 민주적 설계 원칙을 제시했다. 또한 Collective Intelligence Project와 협력해 AI 기업을 공동체 기반 민주적 구조로 전환하는 모델을 실험하며, 기술이 인간의 가치와 생태적 책임을 반영해야 한다고 주장해 왔다.

이 책이 제안하는 핵심은 소유와 거버넌스의 민주화다. 초대교회·와크프·수도원으로 이어진 공유 전통, 협동조합의 7원칙, 디트로이트 공동체 재건, 분산 금융과 플랫폼 협동주의, 슬로우 컴퓨팅의 윤리, 전력협동조합, 에콰도르 FLOK Society의 지식 공유 실험은 모두 같은 메시지를 전한다. 바로 커먼즈(commons)—지식·데이터·플랫폼의 공유—와 커먼웰스(commonwealth)—제도·인프라·수익 배분의 공공적 설계—를 함께 구축할 때만 기술이 모두의 미래를 위한 자산이 될 수 있다는 것이다.

『모두에게 모든,』은 단순한 문제 진단을 넘어, 독자에게 원리-사례-실천을 연결하는 구체적 지도를 제공한다. 이 책은 우리가 마주한 불확실한 기술 시대에, 공동체가 직접 소유하고 운영하며 책임지는 새로운 사회적 질서를 어떻게 만들어갈 수 있을지 안내한다. 바로 이 지점에서 독자는 "AI와 디지털 기술을 누구의 손에 맡길 것인가"라는 물음에 대한 실질적인 답을 얻게 될 것이다.

책의 지도

『모두에게 모든,』이 제시하는 핵심은 기술을 누구의 손에, 어떤 규칙으로 맡길 것인가라는 물음에 답하는 것이다. 저자는 이를 위해 여섯 가지 큰 명제를 제안한다.

첫째, 소유와 설계의 민주화다. 기술을 소수 기업의 독점 자산이 아닌, 모두가 함께 소유하고 설계하는 공동의 질서로 전환해야 한다.

둘째, 위기 속 재건 모델이다. 산업 쇠퇴와 인구 감소의 충격을 받은 도시와 지역에서, 공동체 주도의 재건이 가능함을 보여주는 사례들이 새로운 길을 제시한다.

셋째, 금융의 재구성이다. 채무와 불평등에 기초한 기존 금융 구조를 넘어, 블록체인과 가상화폐가 제시하는 분산적·투명한 금융을 실험해야 한다.

넷째, 슬로우 컴퓨팅의 윤리다. 속도와 효율의 경쟁이 아니라, 프라이버시·책임·투명성을 우선하는 새로운 기술 윤리가 필요하다.

다섯째, 인프라의 협동화다. 에너지와 데이터 같은 기반 시설을 중앙집중 체계에서 벗어나 지역 기반 협동조합이 운영할 수 있어야 한다.

여섯째, 커먼웰스의 제도화다. 지식과 데이터, 플랫폼을 모두가 공유할 수 있도록 제도적 장치를 세우는 것이 궁극적 과제다.

이 여섯 가지 명제는 책 전체의 주제를 관통하며, 각 장은 이를 구체적인 사례와 논리로 풀어낸다.

- 서문 「공정 선구자들」: 협동의 역사와 현재를 되짚으며, 민주적 경제가 여전히 살아 있는 전통임을 보여준다.

- 제1장 「모든 것을 공유하다_오래된 기원」: 기독교 초대교회, 이슬람 와크프·타카풀, 중세 수도원에서 확인되는 공유 전통을 현대적으로 소환한다.

- 제2장 「아름다운 원칙은 어떻게 만들어졌는가_양성」: 협동조합 7원칙의 형성과 발전 과정을 통해 참여·자율·연대의 구조를 밝힌다.

- 제3장 「세상의 시계_붕괴」: 디트로이트의 몰락과 재건 과정을 통해 공동체 중심 전환의 가능성을 제시한다.

- 제4장 「골드 러쉬: 가상화폐_돈」: 채무의 굴레 속 세대를 조명하며, 분산 금융이 여는 새로운 가능성을 탐색한다.

- 제5장 「슬로우 컴퓨팅_플랫폼」: 기술의 속도를 늦추고, 투명성과 프라이버시, 공동체적 책임을 회복하는 윤리를 강조한다.

- 제6장 「땅을 공유화하라_전력」: 전력협동조합을 중심으로 분산형 재생에너지 전환의 길을 보여준다.

- 제7장 「국면 전환_커먼웰스」: 에콰도르 FLOK Society의 실험을 통해 공유 지식과 공공 거버넌스를 제도화하는 모델을 제시한다.

새로운 사회 질서를 위한 과제: 정책과 제도

한국 사회는 지금 AI 3대 강국 육성라는 목표로 국가적 기술 주권을 확보하려는 대규모 정책을 추진하려 한다. 정부는 데이터센터 건립, 초거대 AI 모델, 반도체 산업을 축으로 약 100조 원 규모의 투자를 약속했다. 그러나 이러한 접근은 여전히 규모와 속도, 성능 경쟁에 집중되어 있으며, 민주적 거버넌스와 공공성의 관점은 상대적으로 부족하다. 그 결과 데이터 독점, 개인정보 침해, 알고리즘 불투명성, 막대한 전력 소비로 인한 생태 위기라는 문제는 해결되지 못한 채 남아 있다.

『모두에게 모든,』은 이러한 정책적 한계를 지적하며, 소버린 AI는 성능 중심이 아닌 거버넌스 중심으로 재정의할 것을 제안한다. 핵심 질문은 단순하다. "누가 무엇을 어떤 규칙으로 소유·설계·감시하는가?" 이 질문을 중심에 둘 때, 기술 주권은 더 이상 자본과 모델의 크기로만 측정되지 않는다. 오히려 정책 목표는 공공성·투명성·참여를 제도 설계의 기준으로 삼는 데 있다.

이를 위해 저자는 정책을 목표-도구-성과지표라는 세 층위로 재편해야 한다고 강조한다. 목표는 단순한 산업 경쟁력 강화가 아니라 사회적 신뢰와 생태적 책임성 확보에 두어야 한다. 도구는 규제와 촉진을 병행하는 민주적 설계 원칙이다. 예컨대 유럽연합(EU)은 AI 활용 전반에 규제와 법제화를 추진하며 공공성과 투명성을 제도화하고 있다. 성과지표 역시 투자 규모나 특허 건수 같은 양적 지표가 아니라, 데이터 개방성, 개인정보 보호 수준, 시민 참여 정도, 탄소 저감 효과 등 질적 요소로 재정렬해야 한다.

이와 같은 정책 전환은 이미 국제적 흐름 속에서도 감지된다. 시민들이 트위터 소유 구조를 협동조합으로 바꾸려 했던 #BuyTwitter 운동은 플랫폼과 데이터 거버넌스를 민주적으로 전환하려는 대표적 사례다. 비록 완전한 성과를 거두지는 못했지만, 이 시도는 "플랫폼도 공공재가 될 수 있다"는 가능성을 보여주었다. 한국의 정책 담당자에게 이 사례는 중요한 교훈을 제공한다. 기술 주권은 단지 국산 모델을 확보하는 데서 끝나지 않고, 시민이 직접 참여할 수 있는 거버넌스 설계를 제도 속에 녹여내야 한다는 점이다.

결국 정책·제도 프레임의 과제는 분명하다. 소버린 AI는 더 큰 모델이 아니라 더 나은 거버넌스로 완성된다. 정부와 지자체, 공공기관은 데이터·AI 인프라를 공동 소유·민주적 관리가 가능하도록 제도화해야 하며, 연구기관과 법률가는 이를 뒷받침할 정책 프레임을 마련해야 한다. 그래야만 한국 사회는 기술 주권을 확보하는 동시에 공공성, 민주성, 생태적 지속가능성을 함께 달성할 수 있다. 『모두에게 모든,』은 그 과정에서 따라야 할 원리와 사례, 그리고 실천적 로드맵을 제공한다.

새로운 사회 질서를 위한 과제: 플랫폼·데이터·슬로우 컴퓨팅

정책의 큰 틀이 제시되었다면, 다음 과제는 플랫폼과 데이터의 거버넌스를 어떻게 재구성할 것인가이다. 오늘날 플랫폼은 단순한 기술 도구가 아니라, 우리의 사회적 관계와 경제 활동, 나아가 민주주의의 작동 방식까지 좌우하는 핵심 기반 인프라로 자리 잡았다. 그러나 현실은 소수 기업이 플랫폼을 독점하며, 사용자 데이터와 알고리즘을 비공개적으로 통제하는 구조다. 이로 인해 공공성은 약화되고, 사용자는 권리를 상실하며, 사회 전체의 신뢰는 위협받고 있다. 『모두에게 모든,』은 이러한 상황에 대한 대안으로 플랫폼 협동주의를 제시한다. 이는 플랫폼의 소유 구조와 의사결정을 기업에서 사용자와 공동체로 이동시키는 접근이다. 앞에서 이야기한 #BuyTwitter 운동은 "대형 플랫폼도 협동조합이나 공공 소유로 운영될 수 있다"는 가능성을 제시했다. 나단 슈나이더는 이를 통해 플랫폼도 시민의 참여와 공동 거버넌스 아래 운영될 수 있음을 보여준다. 한국 사회 역시 플랫폼을 민간 독점에서 벗어나 공동체적 관리 모델로 전환할 필요가 있다.

데이터 또한 마찬가지다. 저자는 데이터 거버넌스를 커먼즈(commons)와 커먼웰스(commonwealth)라는 이중적 개념으로 설명한다. 커먼즈는 지식·데이터·플랫폼을 모두가 공유하는 영역이고, 커먼웰스는 그 자산을 제도와 규칙 속에서 공공적으로 배분·운영하는 틀이다. 한국이 데이터 주권을 확보하려면 단순한 국산 데이터 축적을 넘어, 데이터의 개방성과 공공성을 제도적으로 보장해야한다. 이를 통해 시민은 데이터 권리를 회복하고, 사회는 투명성과 신뢰를 높일 수 있다.

이와 함께 중요한 것이 '슬로우 컴퓨팅'의 원칙이다. 지금까지 기술 발전은 속도와 규모를 중심으로 평가되어 왔다. 그러나 저자는 슬로우푸드 운동의 철학을 빌려, 기술이 인간과 공동체의 속도와 가치에 맞추어 설계되어야 한다고 강조한다. 프라이버시 보호, 알고리즘의 설명가능성, 오픈소스 협업, 사용자 참여는 모두 슬로우 컴퓨팅이 지향하는 요소다. 한국 사회가 AI 산업 육성을 추진하면서 반드시 고려해야 할 것은 더 빠르고 더 큰 모델이 아니라, 더 투명하고 더 책임 있는 모델이다.

결국 플랫폼·데이터·컴퓨팅을 관통하는 원리는 같다. 소유와 운영의 민주화, 사용자 참여와 투명성, 그리고 공동체적 책임성이다. 한국 사회가 이를 제도와 문화 속에 내재화한다면, 기술은 더 이상 소수 기업의 사적 자산이 아니라 모두가 함께 관리하고 책임지는 공공적 자산으로 거듭날 것이다. 『모두에게 모든,』은 그 구체적 경로와 실천 원리를 제공하며, 한국이 나아갈 방향을 선명히 비춰준다.

새로운 사회 질서를 위한 과제: 생태·에너지·금융

AI와 디지털 인프라의 급속한 성장은 막대한 전력 소비와 탄소 배출을 동반한다. 초거대 데이터센터 한 곳이 사용하는 전력은 중소 도시 전체의 연간 소비량에 맞먹는다. 이는 기술 발전이 곧바로 생태적 위기와 직결됨을 보여준다. 『모두에게 모든,』은 이러한 문제에 대응하기 위해 에너지 인프라의 협동적 전환을 강조한다. 미국의 전력협동조합 사례는 주민이 직접 전력망을 소유하고 운영함으로써 중앙집중적 전력 체계의 한계를 극복한 대표적 경험이다. 한국 역시 에너지 정책을 정부 주도의 대규모 발전 중심에서 벗어나, 지역 협동조합 기반의 분산형 재생에너지 체계로 전환해야 한다. 이는 탄소 배출을 줄이는 동시에 지역 민주주의와 에너지 주권을 강화하는 실질적 해법이 될 수 있다.

이 책은 또한 금융 구조의 재구성을 중요한 과제로 제시한다. 현재의 금융 시스템은 채무에 의존하며 불평등을 심화시킨다. 밀레니얼 세대가 겪는 빚의 굴레, 한국 사회의 심각한 가계부채 문제는 모두 같은 구조적 한계에서 비롯된다. 저자는 블록체인과 가상화폐가 제공하는 분산·투명 금융 실험을 주목하며, 지역 공동체 기반의 자본 배분을 통해 금융의 공공성과 민주성을 높일 수 있다고 강조한다. 디트로이트의 공동체 재건, 에콰도르 FLOK Society의 지식 공유 실험 역시 금융·경제 시스템을 공공적 질서로 전환하는 사례로 소개된다. 한국 사회도 채무 중심 질서를 넘어, 분산·공정·투명한 금융을 제도화하는 장기 전략을 모색해야 한다.

이 모든 논의는 결국 하나의 결론으로 모인다. 소버린 AI의 완성은 더 큰 모델이 아니라 더 나은 거버넌스에 달려 있다. 정책은 "누가 무엇을 어떤 규칙으로 소유·설계·감시하는가"라는 질문에 답해야 한다. 플랫폼 협동주의, 슬로우 컴퓨팅, 전력협동조합, 커먼웰스는 한국 사회가 기술 주권·공공성·생태적 지속가능성을 동시에 달성할 수 있는 실천 경로다.

따라서 이 책은 단순한 문제 진단서가 아니라, 원리(설계)-사례(운영)-행동(전환)을 연결하는 구체적 지도다. 정책 입안자에게는 제도 설계의 기준을, 협동조합과 사회적 기업가에게는 새로운 운영 모델을, 기술 개발자와 연구자에게는 윤리적 설계 원칙을, 시민사회와 환경운동가에게는 실천 전략을 제공한다. 『모두에게 모든,』은 독자가 기술 시대의 불확실성 속에서도 "함께 만드는 미래"를 구체적 실천으로 연결할 수 있도록 안내하는 나침반이다.

이 책이 필요한 사람들

『모두에게 모든,』은 오늘날 우리가 직면한 기술의 위기를 극복하고, 민주적 거버넌스와 생태적 지속가능성을 실현하기 위한 실천적 지도를 제시한다. 따라서 이 책은 특정 독자층에 국한되지 않고, 다양한 분야의 사람들에게 의미

있는 길잡이가 된다.

먼저, 정책과 공공 부문에서 활동하는 이들은 이 책을 통해 AI 육성 정책을 단순한 산업 경쟁이 아니라 민주적 거버넌스와 공공성 강화의 관점에서 설계할 수 있다(서문, 제2장, 제5장, 제6장, 제7장). 중앙정부와 지방정부 정책 담당자, 국책·지자체 연구원, 공공기관과 공기업의 경영진과 감사는 이 책에서 제시하는 원리와 사례를 정책과 제도에 직접 반영할 수 있을 것이다.

법·제도·연구 영역 역시 이 책의 주요 수혜자다. 법률가, 입법보좌관, 공익 변호사는 플랫폼과 데이터 거버넌스의 제도 설계에 참고할 수 있으며(제2장, 제5장, 제7장), 정치·법·경제·정보·환경 분야의 연구자와 대학은 민주적 설계 원리를 교육·연구 커리큘럼에 접목할 수 있다(서문, 제1장, 제2장, 제5장, 제6장, 제7장).

또한 협동조합과 사회적 경제 영역에 있는 이들은 구체적 영감을 얻을 수 있다. 협동조합 설립자와 사회적 기업가들은 플랫폼 협동주의와 지분 구조의 다양한 사례를 확인할 수 있고(제2장, 제3장, 제6장, 제7장), 플랫폼 노동자와 노동조합은 데이터 권리와 소유 구조 전환을 의제화하는 전략을 마련할 수 있다(제2장, 제4장, 제5장, 제7장).

기술과 기업 실무자들에게도 이 책은 중요한 참고서다. 스타트업 창업자와 임팩트 투자자는 투명성과 참여 설계를 조직 운영에 내재화할 수 있는 길잡이를 발견할 수 있으며(제2장, 제4장, 제5장, 제7장), AI·블록체인 개발자와 PM, UX 리서처는 슬로우 컴퓨팅 원칙과 분산 금융 실험을 실무에 적용할 수 있다(제4장, 제5장, 제7장). 데이터 보호책임자와 보안·컴플라이언스 담당자는 개인정보와 알고리즘 투명성을 강화할 수 있는 기준을 얻을 수 있다(제2장, 제5장, 제7장).

생태와 지역 공동체 영역 역시 이 책의 메시지를 절실히 필요로 한다. ESG 실무자와 탄소 회계 담당자는 데이터센터와 전력 협동화를 통한 탈탄소 거버넌스 모델을 확인할 수 있으며(제5장, 제6장, 제7장), 에너지 전환 활동가와 재생에너지 협동조합은 지역 분산형 전력망 운영의 구체적 원리를 배울 수 있다(제3장, 제6장, 제7장). 도시재생과 지역 공동체 조직가들은 디트로이트의 재건 사례를 통해 주민 주도 전환의 실천 전략을 확인할 수 있다(제1장, 제2장, 제3장, 제6장).

마지막으로, 시민사회와 문화 영역의 독자들도 이 책에서 많은 도움을 얻을 수 있다. 시민단체, 환경운동가, 시빅테크 커뮤니티는 공공성과 참여 거버넌스를 제도화하는 전략을 마련할 수 있으며(제2장, 제3장, 제5장, 제7장), 언론인과 저널리스트, 문화기획자는 공동 소유와 참여 설계의 관점을 기사와 콘텐츠에 반영할 수 있다(서문, 제1장, 제3장, 제5장, 제7장). 도서관, 박물관, 아카이브 종사자들은 공유 지식 인프라를 위한 라이선스와 운영 모델을 설계할 수 있을 것이다(제1장, 제5장, 제7장).

결국 『모두에게 모든,』은 정부와 연구기관, 협동조합과 기업, 개발자와 시민사회, 지역과 문화 현장에 이르기까지 모두가 함께 읽고 토론해야 할 책이다. 기술을 소수의 독점적 자산이 아니라, 모두가 함께 설계하고 운영하는 공동의 자산으로 만들고자 하는 이들에게 이 책은 가장 실천적인 나침반이 될 것이다.

역자를 대표하여 한동숭

차례

펴내는글 ··· 004

서문 공정 선구자들 ··· 014

1장 모든 것을 공유하다 [오래된 기원] ··· 032

2장 아름다운 원칙은 어떻게 만들어졌는가 [양성] ··· 059

3장 세상의 시계 [붕괴] ··· 096

4장 골드 러쉬: 가상화폐 [돈] ··· 133

5장 슬로우 컴퓨팅 [플랫폼] ··· 171

6장 땅을 공유화 하라 [전력] ··· 215

7장 국면전환 [커먼웰스] ··· 263

Notes ··· 299

Index ··· 320

역자 후기 ··· 322

역자 소개 ··· 327

공정 선구자들

외할아버지는 1916년 콜로라도 존스타운 북쪽 마을에서 태어났다. 그곳은 건조한 고원지대로 서쪽 지평선으로 로키산맥이 펼쳐진 동네다. 돌아가시기 몇 년 전에 녹음된 카세트테이프에는 외할머니와 외할아버지의 당시 삶을 짐작할 수 있는 대화가 담겨 있다. 네브라스카 링컨에서 태어난 할머니는 할아버지와 같은 독일계 이민이었고, 출신지도 두 분 모두 러시아 지배 하의 우크라이나였다. 할머니는 할아버지의 부모님이 자식에게 학교 교육을 제대로 시키지 않아 겨우 읽기와 셈을 배우는 데 그친 것을 원망하고 있었다. 할아버지는 "현대식 기준을 그 당시 방식에 적용해서는 안 된다"고 퉁명스럽게 반박했다. 할아버지는 어렸을 적에 가족이 소작하던 사탕무 농장에서 형제들과 일 년 내내 허리 한 번 펴지 못하고 일하면서 부족했던 땔감에서 나오는 온기와 불빛으로 버티며 살았다고 했다. 두 분은 같은 또래였고 민족적 배경도 같았지만, 할머니가 자란 도시와 할아버지가 자란 농촌지역은 완전히 다른 세계였다.[1]

링컨 같은 도시에서는 할머니가 태어날 당시에도 전깃불을 켰지만, 농촌에서는 여기저기 떨어져 있는 농가들에 송전선을 연결하려는 전기회사는 없었다. 존스타운 북쪽 마을에 전기가 들어온 것은 1940년대 푸드르밸리농촌전기협회(Poudre Valley Rural Electric Association)가 설립된 후였다. 소비자협동조합인 이 회사는 프랭클린 루즈벨트 대통령이 1936년에 제정한 농촌전력화법

(Rural Electrification Act)에 따라 보조금을 받아 설립되었다. 푸드르밸리농촌전기협회는 여전히 협동조합 방식으로 운영되며, 최근엔 태양광발전을 적극적으로 도입하고 있다. 이것은 미국 내 전력공급의 75퍼센트를 담당하고 있는 주민 소유 전력망의 일부이다.

십대 시절 할아버지는 그릴리(Greeley)로 형과 함께 이주하여 자동차부품 가게에서 일하며 독일계 이주민 농가에 송전선을 연결하고 세탁기를 팔며 살았다. 군 복무 후, 할아버지는 철물점 매니저로 취직하여, 경영진을 거쳐 마침내 리버티 디스트리뷰터(Liberty Distributors)의 임원이 되었다. 이 회사는 할아버지가 재직할 당시에 대기업으로 성장했다. 전국 각지의 철물 도매상이 리버티의 조합원 회사이자 할아버지의 거래처였다. 조합원들은 톱, 사포 등의 물건을 공동구매하고 이것들을 다시 동네상점과 목재소에 소매로 팔았다. 조합원들은 각각 주식 한 주와 한 표의 투표권을 가졌으며, 모든 수익은 동등하게 분배했다. 이것이 협동조합이다. 대형 할인점들의 맹공격에도 불

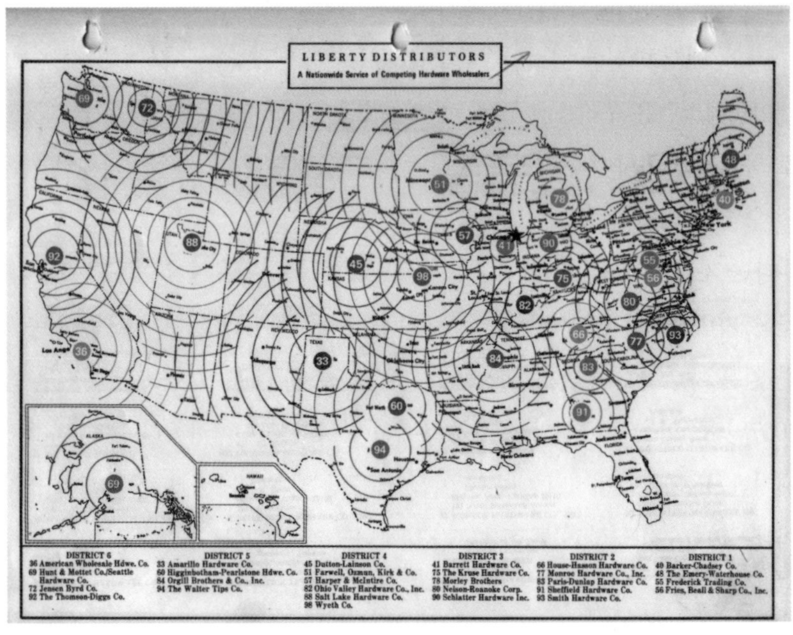

1980년대 리버티 회원 지도

구하고 지금까지 작은 철물점들이 생존할 수 있었던 것은 협동조합 방식의 경영이 큰 역할을 했기 때문이다. 아마도 이러한 협동조합 모델은 우리 가족의 수수께끼를 푸는 데도 도움을 줄 것이다. 어떻게 할아버지가 거대한 기업을 세웠는데도 대부호가 되지 않았는지 말이다.

1980년대 초 리버티는 매년 3천여 곳의 사업장을 두고, 현재 기준으로 연간 약 20억 달러 규모의 거래를 했다. 정관에 따르면 기업의 목표는 조합원들의 "지속적인 욕구를 함께 노력하며 지원하여 각 사업장의 경제적 압력에 공동 대응"하는 것이다.[2] 이로 인해 에이스 하드웨어(Ace Hardware) 같은 협동조합과 달리 좀 더 유연한 계약을 체결할 수 있었다. 그래도 리버티의 우선적인 목표는 여느 조합과 마찬가지로 생존이었다.

우리 가족과 얽힌 협동조합은 리버티뿐만이 아니다. 지금도 그릴리에서 농장을 운영하는 오촌과 함께 자동화된 트랙터를 타면서 얘기를 나눈 적이 있다. 그는 수확한 사탕무를 포트 모건(Fort Morgan)으로 가져가서 가공하는 과정을 이야기해 주었다. 그는 그레이트웨스턴설탕회사(Great Western Sugar Company)에서 발전한 웨스턴설탕조합(Western Sugar Cooperative)의 일원이다. 그레이트웨스턴은 우리 선조들이 1907년 미국에 도착했을 때 그들을 콜로라도로 불러들인 회사이기도 하다.[3] 이렇듯 협동조합은 우리 가족의 가업이 지속될 수 있는 기반이었다.

나는 자라면서 협동조합이 우리 가족과 이렇게 큰 연관이 있는지 몰랐다. 물론 가족들이 나에게 말해줄 이유가 없었다. 회사의 형태가 그렇게 중요한 일은 아니지 않은가? 동부에서 자라서 동부와 서부 두 곳에서 살던 나는 2007년 초, 임신한 아내와 함께 뉴욕에서 콜로라도로 이사했다. 우리 아들이 태어난 곳은 할아버지가 태어난 이름 없는 동네에서 자동차로 한 시간 거리이다. 그때와 비교하면 콜로라도는 너무나도 달라졌다. 스키 리조트와 수압 파쇄기, 기술 스타트업 등이 곳곳에 보인다. 이 지역의 부를 지속가능하게 하는 것은 협동조합 기업이다. 신용협동조합부터 베이비시터, 타임뱅크, 스키 및 등산용품을 파는 소비자협동조합 매장까지 다양하다. 고지대의 전력협동조합은 휴양마을이 발전하는 데 큰 도움이 되었다. 콜로라도는 여전히 지역 순환경제 시스템이 운용되고 있는 곳이다. 그린택시 소속 동아프리카계 택시기사를 만나거나, 스페인어만 할 줄 아는 육아협동조합 조합원을 만날 때면, 100년 전 이민자 신분으로 이 땅에 온 증조부모님들을 기억한다.

내가 협동조합을 연구하게 된 계기는 우리 가족사 때문이 아니다. 기자였던 나는 2011년 시작한 시위, 월가 점령시위나 스페인 시위에 참여한 사람들을 조사 중이었다. 시위가 끝난 후, 시위자들은 바뀌지 않은 경제체제에서 살아남기 위해 협동조합을 만들었다. 몇몇은 소프트웨어를 활용했다. 소셜미디어나 클라우드 데이터, 음악 스트리밍, 디지털화폐, 긱 경제(Gig Economy) 등이 그것이다. 하지만 모든 세대가 디지털을 활용한 건 아니었다. 일부는 땅을 일구며 살기 위해 협동조합을 활용했다. 이 젊은 혁명가들이 일으킨 사업들은 공교롭게도 보수적이며 구시대 사람인 우리 할아버지가 했던 사업과도 일치했다. 그들을 조사하면서 나는 할아버지의 발자취를 따라가고 있음을 뒤늦게 알아차렸다.

할아버지와 시위자들 모두 19세기 중반 영국에서 일어난 작은 공동체, 로치데일 공정 선구자들(the Rochdale Society of Equitable Pioneers)의 사상을 따르고 있었다. 이 로치데일 공정 선구자들은 대부분 방적공으로, 방적공장에서 힘들게 일하고 적게 버는 사람들이었다. 그들은 자신들이 합당하다고 생각하는 가격에 밀가루, 양초 등을 살 수 있는 상점을 세웠다. 그들이 내세운 원칙은 공동 소유와 공동 경영이었다. 그들은 민주적 경영으로 비용을 절감하고, 조합원 사이에 평등함을 보장하면서 언젠가는 세계적인 운동으로 이어질 사상의 첫 단추를 끼웠다. 하지만 어떠한 운동이든지 시간이 지나면 퇴색되기 마련이다. 이러한 이유에서 세대마다 새로운 공정 선구자들이 필요하다.

협동조합이 대세가 되는 시기는 주로 혼란스러울 때다. 이러한 시기에 사람들은 남들이 해주지 않는 것을 직접 하기 위해 방법을 찾는다. 농장에 전기를 댄 것은 투자자들이 아니라 농부들이었으며, 지역 상품 구매 운동이 있기 전 작은 철물점들이 대형 할인점과 경쟁하기 위해 협동조합을 만들었다. 회사와 정부가 보험을 제공하기 전에 보험을 만든 것도 이런 사람들이다. 협동조합은 사회계약이 당연하게 받아들여지기 전부터 존재했으며, 최근 다시 뜨고 있다.

이 책은 협동의 경계, 과거와 현재 사이에 있는 책이다. 여기서 협동은 "서로 배려하는 행동" 같은 일반적 의미가 아니라 사업적인 측면에서 진정으로 고객을 위해 책임을 지는 것을 의미한다. 오랜 역사 속에서 사람들은 자신이 일하고, 구매하고, 신뢰하는 사업을 소유하고 관리할 수 있었으며, 그로 인해 리스크를 관리하고 보상을 공유할 수 있었다. 오늘날 이 같은 사업 형태가 다시 부흥하는 중이다. 그동안 무시되었던 전통이 새로운 사람들과 네트워크를 통해 더 혁신적인 모습으로 재정비되고 있으며, 이는 미래를 좌우할 것이다.

협동조합 기업은 매우 오래전부터 있었다. 협동조합의 근간이 되는 사상들 역시 경제 개념이 존재했을 때부터 있었다. 나는 이 책에서 협동조합의 역사를 특히 현재 그것을 새롭게 되살리고 있는 사람들의 관점에서 얘기하려고 한다. 수 세기 동안 이어온 이 역사는 사람들이 자신에게 기회가 주어진다면 스스로 자신의 삶을 헤쳐 나갈 수 있음을 보여준다. 협동이란 전통이자 혁신이며, 자생적이면서도 이질적이고, 생존을 위한 세계적인 흐름이었다. 나의 가족사 중 한 부분을 차지할 정도로 가까운 사상이었으며, 공정 선구자들에 의해 새로운 협동조합 세대가 만들어지고, 또 이어져 왔다. 프랑스 사상가이자 종교인인 피터 모린(Peter Maurin)의 말을 인용하자면, "너무 오래되어서 새것처럼 보이는 철학"이다.[4] 이 철학의 조용한 귀환을, 현재 내 눈으로 보고 기록할 수 있는 것은 행운이다. 이는 유토피아적이고 지루한 실용성의 철학이면서, 전에도 여러 번 시행되었으나 우리가 망각하고 가능성을 잊어버린 사상이다. 이제, 그것을 다시 깨달을 때가 되었다.

* * *

내가 할아버지의 협동조합 내력을 알지 못하고 자란 것은 크게 놀랄 일이 아니다. 제2차 세계대전 후, 1930년대 노사갈등을 기억하던 미국은 해외 공산주의 혁명에 큰 공포를 느꼈다. 결국 민주주의는 투표소에만 적용하고, 이사회에서는 이에 대해 함구하기로 무언의 합의가 있었다. 법과 문화가 이를 뒷받침했다. 리버티 디스트리뷰터를 포함한 대부분의 대형 협동조합은 이러한 기업 질서에 녹아들기 위해 최선을 다했다. 이 민주적 기업들은 '빨갱이 사냥'을 피하기 위해 자신들을 전통적인 미국 자본주의로 포장했다.[5]

하지만 이 전략은 협동조합의 설립 취지를 잊게 하는 부작용을 낳았다. 할아버지 세대 사회개혁가들은 주로 '협동조합공동체(cooperative commonwealth)'를 주장했다. 이는 서로 연결되어 있지만, 자치적으로 운영되는 기업들로 이루어진 경제체제로서, 생산과 소비에 대한 통제권을 가장 관련 있는 사람들의 손에 맡기는 것이었다. 이 사람들은 무엇을 생산할지, 어떻게 생산할지, 그리고 이윤을 어떻게 처리할지를 선택했다. 협동조합공동체와 그에 도달하는 점진적이고 발전적인 과정은 당시 팽배하던 권위주의에 대한 대안이었다. 6연속 사회당 대통령 후보였던 노먼 토머스(Norman Thomas)는 1934년에 "전체주의적 파시스트 정부를 막을 유일하고 효과적인 해답은 협동조합공동체"뿐이라고 했다. 농부들은 수십 년 동안 도시 산업 자본가들의 힘에 대항하기 위해 구매와 판매 협동조합을 설립해 왔다. 흑인운동지도자인 듀 보이스(W.E.B. Du Bois) 또한 흑인 협동조합기업 내 '공동체적 영혼'을 기록하면서 찬사를 보냈다.[6]

이 모든 것은 평범한 사람이 주체적으로 운명을 결정할 수 있다는 믿음에서 시작되었다. 당시 노동운동 슬로건 중 가장 유명했던 것은 아동 노동자 출신 사회운동가 로즈 슈나이더만(Rose Schneiderman)이 말이었다. "노동자에겐 빵뿐만 아니라 장미도 필요하다." '빵'이 임금으로 인한 구매력이었다면,

'장미'는 합리적인 노동시간에서 나오는 자유시간, 즉 즐거움과 자기관리를 위한 시간에 대한 권리였다. 슈나이더만이 1912년 클리블랜드에서 수백 명의 부유한 여성들 앞에서 이 말을 했다. 여성 참정권이 그 연설의 당면 주제였지만, 그녀에게 투표권은 몇 년에 한 번꼴로 정치인들에게 투표하는 것 이상을 의미했다. 그것은 협동조합공동체로 가는 열쇠였다. 그녀의 조직인 여성노동조합연맹(the Women's Trade Union League)은 "작업장 내 자치(self-government in the workshop)"를 최우선으로 삼았다. 노동시간, 임금, 참정권을 둘러싼 순간적인 투쟁은 그 목적을 이루기 위한 수단이었다. 그녀가 참여했던 국제여성의류노동자연합(The International Ladies' Garment Workers' Union)은 회원들을 위해 공동소유 아파트를 조직함으로써 협동조합공동체 형태를 추구했다.[7]

오늘날 소위 진지한 기업인들은 주주 소유 기업에 대한 대안들을 전부 비상식적이거나 불가능하다고 간주한다. 그러나 대안들이 이미 주주제도 이전에 소개되었다. 영국에서는 1856년 주식회사법이 통과되기 4년 전에 이미 협동조합 관련법이 승인되었다. 법학자 헨리 한스만(Henry Hansmann)은 주주가 소유한 회사가 주주의 이익만을 도모한다는 점에서 협동조합의 왜곡된 형태임을 주장했다. 현재 정상으로 보이는 사업 형태는 한때 낯선 것이었으며, 언젠가 다시 낯설게 보일 수도 있다.[8] 아마도 그 낯선 느낌이 다시 스며들고 있는지도 모른다.

설문조사에 따르면 전 세계 노동자 약 85퍼센트가 자신의 직업에 흥미를 느끼지 못한다. 임시방편으로 컨설턴트들은 기업 관리자들에게 많은 사람이 그토록 원하는 '주인의식'을 심어주라고 조언한다. 이는 직원뿐 아니라 소비자에게도 마찬가지이다. 월마트의 직원용 웹사이트 이름은 '마이월마트(MyWalmart.com)'이며, 알버트슨 슈퍼마켓은 "당신의 가게입니다"라고 홍보하기도 했다. 하버드대 경영학과 프란체스카 지노(Francesca Gino) 교수는 한 연구를 통해 직원들이 '심리적 주인의식'을 지니게 될 때 생산성이 올라간다고 보고했다. 해군 특수부대 출신 임원 코치 두 명은 '극한의 주인의식'을 강조하기도 한다. 그러나 이러한 현실과 동떨어진 허울을 유지하는 것은 힘든 일이다. 어쩌면 일정 부분 종업원지주제(ESOP)를 도입하는 것이 더 효과적일 수 있다. 사우스웨스트항공사나 고어텍스 기업인 고어사처럼 종업원지주제는 미국 기업계의 오랜 전통이지만, 그것조차도 경영 분야에서 거의 언급되지 않는다. 생각해보면 이상한 현상이다.[9] 왜 직원이 회사 운영에 참여하고자 하는 욕구를 진지하게 고려하지 않는 것인가?

새로운 형태의 협동조합들을 만나면서, 나는 내 주변에 아직도 남아있는 과거 그리고 부분적 협동조합공동체의 잔재들을 알아챌 수 있었다. 여러 곳에서 그 흔적을 찾아볼 수 있었다. 이러한 협동조합공동체의 흔적은 현재 당연시되는 경제원칙을 거부하고 자신들만의 규칙을 따르는 경제, 즉 현실이라고 주장하는 것 안에 도사리고 있는 반전된 현실인 비밀사회처럼 보이기 시작했다. 이 흔적들은 경쟁 시장에서도 아직 협동의 가치가 인정받고 있음을 보여준다. 이러한 사례들은 경제 역사의 허점을 드러내며, 경쟁과 이익 추구의 원칙은 허구라는 것을 확인시켜준다. 경제에는 다른 법칙들이 존재해온 것이다.

미국 고속도로에서 흔히 볼 수 있는 베스트웨스턴호텔(Best Western Hotel)이나 데어리 퀸(Dairy Queen), 카펫회사 카펫원(Carpet One) 등을 보라. 이들 회사의 프랜차이즈 모델에는 협동조합 방식이 존재한다. 골동품가게는 스테이트팜(State Farm)보험 판매지점을 겸하고 있다. 이 회사는 차량 보험계약자 협동조합 방식으로 운영된다. 유기농식품협동조합은 홀푸드마켓(Whole Foods Market)으로 성장했다. 이를 인수한 아마존(Amazon)에도 협동조합의 자취가 남아 있을지 모른다. 벌리(Burley) 자전거 트레일러 또한 과거에는 직원들이 회사를 소유했다. 버몬트 킹아서 밀가루(King Arthur Flour) 공장이나 플로리다 퍼블릭스(Publix) 식료품점, 북 콜로라도 뉴 벨기에(New Belgium) 양조장까지 1천 4백만 명의 노동자들이 종업원지주제(ESOP)의 혜택을 받고 있다.[10] 농촌의 태양광 단지 또한 지역의 전력협동조합 조합원들에게 전기를 공급하고 있으며, 이를 지원하는 것은 멀리 도시에 위치한 천억 달러 규모의 협동조합 은행이다. 식당에서 신문을 하나 집으면 기사 중 반이 AP통신(Associated Press)에서 제공한 기사다. AP통신은 남북전쟁 이전 설립된 협동조합이다. 농촌에 녹슨 곡물 저장고, 내가 사는 지역 병원의 세탁 서비스, 1950년대 건축양식의 신용협동조합 건물까지 전부 협동조합이다.

국제협동조합연맹(ICA: International Cooperative Alliance)에 따르면 전 세계에 대형 협동조합이 생산하는 매출액은 약 2.2조 달러이며, G20 국가 내 취업 인구 중 12퍼센트가 협동조합에 고용되어 있다. 또한 전 세계 고용자 중 10퍼센트가 협동조합을 통해 일자리를 찾았다. UN에 따르면 전 세계 260만 개 협동조합에 10억 명이 넘는 조합원과 고객이 있고, 20조 달러의 자산과 총수익이 세계 GDP의 4.3퍼센트에 달한다. 협동조합 조합원 수가 가장 많은 나라는 미국이지만, 협동조합원들도 이를 모르는 경우가 많다. 미국엔 협동조합 기업이 4만 개가 넘는다.[11] 미 전국조사에 따르면 소비자 중 거의 80퍼센트가 협동조합을 알고 있으며, 선택권이 있다면 협동조합을 고를 것이라고 답했다.[12] 나 또한 협동조합을 알아보는 법을 익히는 중이다.

협동조합공동체들은 서로를 알아보는 데 애를 먹는다. 도시의 집 청소 협동조합의 종업원 지주는 사료를 공동구매하는 카우보이협동조합의 농장주를 알아보지 못할 수 있으며, 해커들이 협동 서버를 공유하는 것도 모를 수 있다.[13] 우리 동네의 공정무역 조미료 배급업체와 노동자협동조합인 정신건강센터는 서로 이웃이지만 서로가 협동조합임을 얘기해 본 적이 없다고 한다. 이와 다르게 몇몇 크고 오래된 협동조합은 자신들의 정체성을 숨기는 대신 드러내기 시작했다. 이들이 인정하든 그렇지 않든 간에 이들 모두는 필요에 있어서 민주적 경영방식을 택한 기업들이다.

경제학자 브렌트 후스(Brent Hueth)는 협동조합이 출연하는 이유를 '실종된 시장(missing markets)'에서 찾았다. '실종된 시장'은 현존 기업들이 수요를 충족시키지 못하거나 잠재되어 있는 공급을 활용하지 못하는 것을 일컫는다. 대부분의 커피 기업들이 경쟁을 통해 환경과 노동면에서 최악을 향해 달릴 때,

협동조합은 공정무역운동을 통해 다른 방향으로 나아갔다. 그 운동은 커피 로스터 노동자협동조합인 이퀄익스체인지(Equal Exchange)에서부터 소비자협동조합 방식의 식료품판매기업, 그리고 전 세계 수많은 커피 농부 협동조합에까지 이르렀다. 서로 경쟁하던 은행들이 협업이 필요했을 때, 그들은 비자(Visa)와 스위프트(SWIFT) 네트워크를 협동조합 개념을 통해 창설했다. 하향식 조직이 한 걸음 내딛기를 두려워할 만한 상황에서 민주주의적 조직은 창의적이고 유연하게 대처할 수 있다.

그럼에도 불구하고, 협동조합은 세계 경제에서 소수자의 위치에 머무르고 있다. 그 옛날 로치데일 공정 선구자들이 품었던 희망은 아직도 멀어 보인다. 권위주의적, 신봉건주의적 성향들이 많은 분야에서 재조명을 받고 있다. 설문조사에 따르면 세계적으로 민주주의 정치가 쇠퇴하는 중이다. 이는 미국의 청년층에서 점점 더 늘어나고 있는데, 이들에게는 민주주의가 나라를 운영하기에 적합하게 보이지 않는다.[14] 협동조합에도 이 같은 생각이 퍼지고 있다. 많은 신용협동조합, 전력협동조합, 상호신용금고 등이 설립 당시에 가지고 있던 조합원 참여 방식을 버렸다. 관리자들도 조합원들이 공동소유주임을 굳이 공지하지 않는다. 이 같은 결과는 대부분 침체와 부진, 때때로 노골적인 뇌물수수로 이어진다. 세계가 민주주의를 향한 스스로의 역량을 망각하고 있다면, 협동조합 역시 그렇다.

정치인들이 민주주의의 확장을 이야기할 때, 그들이 말하는 것은 다른 나라로의 강제적 확장이며, 그렇지 않다면 대의정치와 그에 따른 정치적 권리의 신장을 의미한다.[15] 하지만 민주주의란 투표소 밖으로도 확장될 수 있다. 슈나이더만이 말한 '장미'처럼 우리의 시간, 직장과 시장, 동네, 우리가 생산하는 부에도 민주주의가 적용될 수 있다. 이전에 없었다 하더라도 사회질서에 뿌리내릴 수 있다. 그렇지 않다면 민주주의는 그저 관중이 보는 스포츠, 즉 리얼리티 TV 프로그램처럼 실재하지만 닿을 수 없는 것이 되고 만다.

IT업계에서 "민주화"를 방향성 측면에서 주목하고 온라인 뱅킹에 많이 사용하지만, 그들이 진정으로 의미하는 건 접근성이다. 이것도 중요하지만, 그것은 민주주의가 아니다. 마치 드라이브-스루에서 창문이 문이 될 수 없는 것과 같다. 접근성은 민주주의가 제공하는 것의 일부일 뿐이다. 진정한 소유권과 관리, 책임 등을 지닌 민주주의는 주어지는 '완성품'이 아니라 만드는 '과정'이다.

1984년 슈퍼볼에서 애플은 조지오웰의 소설을 연상시키는 광고를 통해 개인 컴퓨터가 빅브라더에 대한 강력한 저항의 수단임을 얘기했다. 그리고 선거일이 지난 연말에 애플은 〈뉴스위크〉에 광고를 하나 실었다. "민주주의의 원칙을 기술에 적용했다: 한 사람당 한 컴퓨터." 당시 미래주의자의 지침서 같았던 『메가트렌드(Megatrends)』에서 존 나이스비트(John Naisbitt)는 "컴퓨터가 피라미드를 부술 것"이며 "네트워크를 통해 기관들을 수평적으로 재구성할 수 있다"고 말했다.[16] 정작 우리가 얻은 건 주식시세로 돌아가는 온라인 시장을 독점한 기업이 제공하는 애플리케이션뿐이다. 이 회사들은 우리 관계를 관리해주면서 대가로 우리 개인정보를 받아 간다. 오늘날 인터넷에 의한 소위 공유경제는 영구적인 시간제 배달 기사들과 콘텐츠 운영자들에게 사회계약의 일부인 근로자 권리를 포기하도록 요구한다. 그러나 진정한 공유경제는 이미 예전부터 존재했다.

* * *

2016년 나는 퀘벡에서 열린 협동조합 국제정상회담(International Summit of Cooperatives)에 참가했는데, 궁전과도 같은 퀘벡의 랜드마크, 샤토 프롱트낙(Chateau Frontenac) 호텔에서 만찬이 열렸다. 국제협동조합연맹 회장 모니크 르루(Monique Leroux)는 연설에서 퀘벡은 협동조합공동체가 특히 잘 발달된 도시이고, 그곳 사람들은 일상을 육아, 식료품점, 직장 등 여러 협동조합과 함께 보낸다고 말했다. 참석자 가운데는 전 세계 각지에서 온 협동조합의 관리자도 있었는데, 그들은 벤처사업가와 헤지펀드 투자자가 등장하기 전에 지배계층이 차려입었을 듯한 옷을 입고, 내가 뉴욕시에서 공짜 손님으로 참석하곤 했던 호화로운 자선 파티에나 어울릴 법한 식사를 즐겼다. 이 자리에 모인 신용협동조합과 농업협동조합의 관리자들, 도매상들은 세계 경제 질서에서 무시할 수 없는 한 부분을 담당하는 사람들이다. 비록 이 협동조합이 벌어들이는 돈은 연간 수백만 달러에 달하는 대기업 총수의 수익에 비해 적을지 몰라도 수십만 달러 정도는 된다. 체제를 지지하는 모임의 모순이 여기서도 여실히 드러났다.

캘리포니아대학 데이비스 캠퍼스에서 협동조합을 연구하는 키스 테일러(Keith Taylor)는 미국에서 나에게 이런 문자를 보냈다. "아마 자네는 협동조합 조합원들과 공동체에 대한 립서비스를 많이 볼 것이네. 그러나 그들을 대변하는 행동은 없을 거야." 맞는 말이었다.

모순적이지만, 이 고상한 식사를 통해 깨달은 것이 있다. 내가 몇 년간 만난 대부분의 신생 협동조합은 처음부터 고립되어 일하는 조합이었다. 그들은 이런 모임이 가능하리라고 상상하지 못했을 것이다. 퀘벡에서의 이 회동은 관료들조차도 '운동'이라 칭할 수밖에 없는 협동조합 운동이 결코 이론적이거나 상상 속 현상이 아님을 보여주었다. 이 자리에 모인 임원들은 전 세계 협동조합에서 왔으며, 협동조합은 노동자, 농부, 예금자, 보험계약자가 공동 소유하는 것이다. 여러 언어와 서로 다른 옷차림을 비롯한 다양한 차이가 존재했지만, 공통점은 이들이 소유욕에 의해 돌아가는 세상에서 협동조합을 운영하기 위해 오랜 전통을 가진 협약을 이행하고 있다는 사실이었다.

국제협동조합연맹은 1895년 런던에서 처음 결성되었다. 그들이 채택한 원칙은 로치데일 공정 선구자들이 1844년에 세운 규칙에서 나온 것으로 국제운동을 정의하고 이끌었다. 이 원칙들은 오랜 기간에 걸쳐 더욱 진화했다. 가장 최근의 원칙은 1995년에 인준된 것으로서 현재 전 세계 협동조합에 공지되어 있다.

제1원칙: 자발적이고 개방적인 조합원 제도

제2원칙: 조합원에 의한 민주적 운영

제3원칙: 조합원의 경제적 참여

제4원칙: 자율성과 독립

제5원칙: 교육, 훈련, 정보

제6원칙: 협동조합 간의 협동

제7원칙: 지역사회에 대한 기여

이와 더불어 국제협동조합연맹(ICA)은 '협동의 정체성'에 관한 자료를 통해 이 원칙의 의미를 설명하는 가치를 제시했다. 자조, 자기책임, 민주주의, 평등, 공정, 그리고 가장 중요한 연대. 이 원칙과 가치에는 많은 것이 내포되어 있다.[17] 이들의 더 구체적인 의미는 뒷장에서 설명할 것이다. 이것은 방식인 동시에 기념비이기도 하다. 하지만 전 세계 협동조합공동체에서 빈번하게 위반되는 사항이기도 하다. 그럼에도 불구하고 이 원칙은 협동조합의 심장부를 이룬다.

협동조합의 정동맥을 담당하는 것은 참여와 관리다. 기업을 운영하는 사람은 기업을 소유하면서 동시에 관리·운영도 겸한다. 협동조합은 운영에 직접 참여하지 않으며 이윤만을 추구하는 투자자들을 위한 것이 아니다. 이러한 적극적이고 자발적인 참여자들이 공동소유자가 되면 회사는 이윤 그 이상의 가치를 지니게 된다. 협동조합의 조합원은 개인이나 개별적인 기업, 또는 다른 협동조합이 될 수 있으며, 그들 자체로 조합에 참여할 수 있다. 이렇게 수익 이상의 것을 추구할 자유가 보장된다.

일정 규모에 도달한 협동조합은 관리를 위해 직원을 고용하게 된다. 그러나 중대한 결정을 내려야 할 때는 조합원들은 1인 1표 원칙을 따른다. 주식회사의 경우, 주식을 더 많이 가진 주주에게 더 많은 권한을 주지만, 협동조합은 투자금액이 아닌 협동의 정신으로 조합원을 평가한다. 공동소유자들은 모두가 관리·운영에 어떻게 기여하느냐에 따라 평가받는다. 기업은 이들의 관리에 따라 흥망이 결정되기 때문이다. 따라서 제5원칙, 교육이 중요한 것이다. 일생 동안 사업의 세부사항들을 배우며, 궁극적으로 스스로를 다스릴 줄 아는 지혜로 나아가는 형태의 교육을 필요로 한다. 협동조합은 지속적으로 조합원들에게 관리자로서 필요한 지식과 기술을 전수해야 한다. 또한 협동조합의 목표와 운영방식을 협동조합 외부에 알려야 한다. 이와 같은 일을 위해 협동조합과 협동조합이 협력한다. 제6원칙 협동조합 간의 협동을 통해 경쟁적인 시장에서 우월적 위치를 차지할 수 있다. 마지막 제7원칙은 지역사회에 대한 기여다. 협동조합의 소유주, 조합원은 협동조합이 운영되는 지역에 사는 주민이기 때문에 지역공동체에 끼치는 영향을 반드시 고려해야 한다. 공동체는 단순히 외부효과가 아닌 사업의 일부인 것이다.

이러한 원칙들은 일종의 피드백이 계속 되풀이되는 방식이다. 각 원칙이 다른 원칙을 강화하며, 이로 인해 각 기업이 제대로 운영되고, 조합원들과 공동체에 이익을 창출한다. 물론 이러한 원칙이 모든 문제의 해결책이라고 말하는 것은 아니다.

현재 협동조합공동체는 과거 번영했던 분야와 지역에서 정체 중이다. 협동조합 내에 과거의 역사를 세웠던 세대와 새로운 방식을 시도하려는 신세대 사이에 큰 격차가 존재한다. 젊은 혁신가들은 비트코인으로 새로운 실험을 시도하면서도 지역 신용협동조합의 투표에는 애써 참여하지 않는다. 신용협동조합도 이런 현상을 선호하는 모양이다. 내가 사는 지역의 신용협동조합 이사장에게 더 많은 신규 조합원이 찾아오면 좋겠는지 물어보니 그는 그런 시대는 이미 지났다고 답했다. 한편, 내가 가입되어 있는 자동차보험 협동조합의 연례모임에서 투표권을 행사하려면 아직도 참가신청서를 써서 우편으로 보내야 한다.

사람들이 자신이 가진 능력을 발휘하려면, 그러한 능력을 자신이 가지고 있다는 것을, 아니면 가질 수 있다는 것을 먼저 인지해야 한다. 협동조합이 경제적인 이유로 설립된 이상, 협동조합의 성패는 아래로부터의 지지와 풍요로운 문화, 그리고 위로부터의 정책집행에 달려있다. 이를 위해서는 시대에 뒤떨어진 민주주의가 아닌, 유연한 민주주의가 필요하다. 참여와 헌신은 민주주의를 움직이는 생명수와도 같다. 다만, 협동조합의 가치와 원칙은 기업의 운영기반이 탄탄하게 정립되지 않은 이상 쓸모없다는 것을 알아야 한다.

* * *

협동조합은 자본주의일까 아니면 다른 경제체제일까? 어떤 협동조합 임원은 내게 "자본주의"라고 말했다. 자본주의가 경제체제 내에서의 자유로운 연합, 독창성과 혁신, 기업을 세우는 과정에서 벌어지는 엎치락뒤치락, 가격에 기반한 사고와 추론을 의미한다면, 협동조합의 가치와 겹치는 부분이 있다. 반면, 주주의 이윤만을 추구하는 체제가 자본주의의 핵심이라면 협동조합은 이와 정면충돌한다. 협동조합은 이익뿐만 아니라 참여도 중요하다. 협동조합은 자본주의 체제에 반하는 것처럼 보이면서도 자본주의 체제 내에서 공존한다.

대부분 사람은 자신이 구매하고, 일하고, 예금하고, 보험을 드는 회사에 투자하는 경향이 있다. 하지만 그러한 주식의 소유는 협동조합의 조합원이 되는 것과는 전혀 다르다. 주식시장의 법칙은 주주들이 오로지 수익만을 원한다고 전제한다. 하나의 사례를 들자면, 2017년 그린펠타워(Grenfell Tower)의 화재로 71명이 죽자, 이 회사의 주주들은 회사를 고소했다. 그러나 인명피해나 도덕성의 해이가 아닌 주주의 손실이 고소의 이유였다. 엑슨모빌(Exxon Mobil)의 주주들이 기후변화 자료를 속인 것에 대해 회사를 고소했을 때도 비슷한 이유였다.[18] 이외 어떤 사유도 법정에서 제기되지 않았다. 이러한 체계는 인간성을 거의 고려하지 않는다. 이러한 시장논리는 수익만을 계산하는 일종의 인공지능과 같다. 일하고 구매하고 발명하고 쉬는 것까지 이 시스템으로 이뤄지는 것이다. 그러나 시장 밖의 문제, 가난이나 기후변화를 해결하기 위해 우리에게 필요한 것은 인간처럼 세상을 보는 기업이다.

* * *

협동조합이 산업화 시대의 탄생에 일조했듯이 다음에 도래할 세계에도 역할을 하고 있다. 그들은 다른 체제들과 경쟁하고 있으며 벤처자본가와 권위주의 정부 아래에서 다양한 기업활동을 하고 있다. 이 같은 상황에서 협동조합 네트워크는 더욱 주목받고 있다. 와튼스쿨(Wharton School) 경영학 교수 제레미 리프킨(Jeremy Rifkin)은 퀘벡에서 열린 협동조합 국제정상회담에서 "협동조합의 전통이 곧 미래"라고 말했다. 그리고 "협동조합은 오늘날의 디지털 혁명을 헤쳐 나가는 데 이상적인 방식이다. 협동조합이 존재하지 않았더라도 이 같은 모델을 창조해야 했을 것"이라고 덧붙였다.

사회운동 또한 협동조합을 눈여겨보고 있다. 미국과 유럽 내 궁지에 몰린 노동조합들이 협동조합을 통해 새로운 비전과 전략을 짜려고 한다. 이로 인해 100년 전에 사라진 노조와 협동조합과의 공생을 되살리려고 한다. 많은 환경보호론자들, 원주민 부족에서부터 프란치스코 교황까지, 기후정의를 실현하기 위해 협동조합에 눈을 돌리고 있다. 인종문제에도 협동조합이 있다. 흑인생명을위한운동(Movement for Black Lives) 또한 공식 플랫폼의 경제정의 부분에서 협동조합의 동의어를 42번 사용함으로써 경제에 대한 "단순한 접근보다는 공동체적 소유권"을 주장했다. 영국 노동당의 제레미 코빈(Jeremy Corbyn)과 미국의 버니 샌더스(Bernie Sanders) 등 유망한 정치인들도 협동조합과의 협업을 전개하고 있다.[19]

이는 새로운 일이 아니다. 스칸디나비아의 사회민주주의는 널리 퍼진 협동조합과 민속학교*를 토대로 자라났다. 1960년대 미국의 시민권 운동은 협동

---

* 산업혁명과 병행한 사회적, 정치적 혁명은 더 많은 교육에 대한 수요를 창출했다. 교육이 상류층으로 제한되고 대학의 교육이 라틴어로 이루어지던 시절, 민족학교 운동은 민주주의 철학을 통해 새로운 도전을 제시했다. 19세기 덴마크의 위대한 민족주의 시인이자 철학자이자 신학자인 니콜라이 프레데릭 세베린 그룬트비히(Nikolaj Frederik Severin Grundtvig)가 덴마크에서 고안한 이 운동은 변화하는 세상에서 사람들의 변화하는 요구에 부응할 새로운 방법을 모색하면서 계속 성장하고 있다.(편집자 주)

조합으로 자급자족이 가능했던 흑인 농부의 참여가 주요했다. 인도의 간디 (Mohandas K. Gandhi)는 영국의 지배에 맞서 폐쇄적인 방식으로 저항운동을 펼친 것으로 유명하지만, 정작 자신은 물레를 돌리고 마을공동체를 세우는 '건설적인 프로그램'이 본인 전략의 핵심이라고 했다.[20] 그러나 협동은 과거에도 현재에도 한 명의 정치사상가나 하나의 정당에 한정된 것이 아니다. 전력협동조합과 신용협동조합은 설립 당시엔 워싱턴D.C. 진보주의자들의 지지를 얻었으나 현재는 규제를 완화해줄 우익 입법자들과 더욱 연결되어 있다. 2016년에는 민주당, 공화당 모두 종업원지주제를 찬성했다. 여기에 협력하고 있는 사람들 가운데 우익자유주의자인 론 폴(Lon Paul)의 지지자들을 어렵지 않게 찾을 수 있다.

그럼에도 불구하고 협동조합공동체는 아직 확실한 체제가 아니다. 내 생각에 리프킨은 자본주의를 과소평가한 경향이 있다. 디지털 네트워크가 동료 생산자들에게 힘을 실어 주기는 하나 이들이 정비하려는 것은 전례 없는 세계적 독점체제와 상상할 수 없던 감시체제이다. 공정 선구자들이 승리한다는 보장은 없다. 그러나 협동조합의 과거 사례를 잘 참조한다면, 그들이 만들어갈 미래는 내 할아버지 세대의 협동조합 조직과 오늘날 자본에 의해 강요되는 시스템, 이 두 체제 전부에 도전과제가 될 것이다. 따라서 내가 여기서 이야기하고자 하는 것은 협동조합의 성공사례가 아닌 아직 진행 중인 것들이다.

이 새로운 협동조합들은 과거의 조합보다 더 멀리 나아가 더 많이 포용하는 것을 목표로 한다. 협동조합의 지지자들은 경제시스템과 협동조합 내에서 승자와 패자를 너무 쉽게 구분하려는 관행에 도전하고 있다. 이러한 성향은 협동조합의 제1원칙인 개방성을 자신들의 네트워크를 이용해 최대한 활용하고 있다. 이들은 투명성의 한계를 과감하게 끌어올리고 있으며, 또한 복잡한 다중이해관계 소유 구조를 이용하여 복잡한 문제를 해결하려고 한다. 내가 아는 어떤 협동조합의 이사회에서는 지구를 위한 자리를 공석으로 둔다.[21] 이들은 조합과 조합원들의 환경을 개선하는 것에서 나아가 전 지구적으로 공헌하고자 한다. 이들은 사회적 영향력에 따른 글로벌 사회적기업 인증제도인 비콥(B Corp: Benefit-Corporation) 인증*을 취득하여 그것을 입증했다. 또한 공통의 자산을 공유하여 개인의 소유가 불필요해지는 방법을 모색하고 있다.

첨단기술을 도입하여 공유재를 만들고자 하는 이러한 길은 모순으로 보일 수도 있다. 협동조합의 소유권으로 개인 소유권을 무효화하는 방식 말이다. 이들 신생 공정 선구자들은 선배들과 마찬가지로 대담한 사상적 기반을 갖추고 있다. 그러나 여기에는 탄탄한 형식을 버리고 그럴듯한 자유를 택한 것에 따르는 불안한 위협 또한 도사리고 있다.

철학자 자크 데리다(Jacques Derrida)는 여러 수수께끼 같은 말을 했는데, 종종 "오게 될 민주주의"에 대해 이야기했다.[22] 민주주의란 기본권, 평등과 다양성, 자유와 책임 등이 서로 간에 늘 긴장을 일으키기 때문에 절대 정적이거나 안정적인 상황이 될 수 없다고 주장했다. 우리는 절대 완전한 민주주의를 쟁취할 수는 없다. 다만 그를 향해 나아갈 뿐이다. 그러면서 긴장을 해소하기 위해 우리 삶 속에서 계속 노력할 뿐이다. 긴장은 예를 들어 퀘벡에서의 고상한 만찬과 내 친구 키스(Keith)의 비꼬는 듯한 문자메시지 사이에서, 그리고 클라우드를 통한 데이터 공유와 전통적인 개념의 소유방식 사이에서 일어난다. 지속적으로 노력하지 않는다면, 한때 우리가 민주주의라고 불렀던 것은 경직되고 둔탁해진다. 이러한 노력에 의해 오늘 우리가 발견한 것이 다가올 미래의 사회계약을 결정하게 될 것이다.

누구도 혁신이 언제 어디서 일어날지 알 수 없다. 협동조합공동체 체제는 보다 완전한 민주주의가 가능할 것이라는 지속적인 희망에서, 그리고 끊임없는 위기를 통해, 사람들이 자신과 서로를 믿고 운명을 서로 맡길 것이라는 희망에서부터 출발한다. 나는 이 책을 통해 그 위협과 희망을 그려내고자 한다.

---

* 미국의 비영리단체 B랩이 사회적 책임을 다하는 기업에 수여하는 인증 마크.(역자 주)

1장

모든 것을 공유하다
[오래된 기원]

그레고리안 성가(Gregorian chant)와 프리재즈(free jazz)는 전혀 다른 종류의 음악이다. 그레고리안 성가는 중세 유럽의 수도원에서 시작되었고, 수도사와 수녀들이 성경 구절을 한목소리로 읊조린다. 프리재즈는 1950년대부터 1960년대 초, 백인 중심 사회에서 사회구성원으로 대접받지 못하던 아프리카계 미국인들이 기존의 정형화된 멜로디와 리듬을 버리고 불협화음으로 자유를 노래하던 것에서 시작되었다. 그레고리안 성가와 프리재즈, 이 둘만큼 성격이 다른 무언가를 찾기도 쉽지 않을 것이다. 그럼에도 둘은 자치(自治)의 목소리라는 점에서 공통점을 가진다.

밴드가 어둠 속에서 연주하고 있다. 무대 위 연주자들은 자기 할 일에 열중한다. 드럼은 한 비트에서 쿵쿵대다가 다른 비트로 바뀌고, 베이스는 비트를 따라가면서도 예기치 않게 다른 곳으로 흘러갔다가 몇 분 뒤에 다시 합류한다. 피아노, 색소폰, 그 외 밴드 세션에 있는 다른 악기들도 마찬가지다. 악기마다 저마다의 박자와 음정을 타면서 각자의 음악을 하고 있다. 그러다가 모이고 싶을 때 한데 모여 연주한다. 한 악기가 주도적으로 이끄는 곡조에 익숙한 관객들은 그제야 안도한다. 처음부터 주어지지 않은 화음은 더 소중하게 느껴지고, 불협화음 또한 얼마 지나지 않아 그 자체로서 아름다움을 갖추게 된다. 이것이 바로 자유의 음악이자 자유로운 연합의 음악이고, 강압이 아닌 선택을 따라 사는 삶의 노래다.

프리재즈의 영향을 받은 아프로퓨처리스트(afrofuturist) 작곡가인 선 라(Sun Ra)는 1974년에 제작된 영화 〈Space Is The Place〉에서 "행성 전체를 순간이동" 하기 위해 노래 부를 것을 제안하며, "(우리 같은 사람들이 생존하기 위해서는) 그 방법밖에 없다. 여러 서로 다른 운명이 마주할 수 있어야 한다"고 말했다.[1] 이런 종류의 음악은 자신에게 맞지 않는 규칙을 강요하는 세상 속에서 살아가며, 생존을 위해 즉흥적인 경제수단에 의존해야 하는 사람들을 위한 것이었다.

수도사들이 어둠을 향해 노래한다. 아직 동이 트기 전, 예배당의 차가운 석벽 사이에서 노래한다. 매일 아침, 같은 기도를 드리며 하루를 시작한다. "주여, 내 입술을 열어주소서, 내 입이 주를 찬송하여 주의 말씀을 전파하리다." 수도사들은 은혜가 아니면 살 수 없는 타락한 죄인들처럼 최선을 다해 한목소리로 기도한다. 이것이 성무일도(聖務日禱, Divine Office)이다. 곧 해가 뜰 것이다. 기도를 더 하고 나서 수도사들은 수도원을 둘러싼 들판과 헛간으로 나가 수도원을 유지하기 위한 육체노동을 시작한다. 예배당에서 드린 기도와 동일한 방식으로 말이다.

예배당에서 수도사들은 전쟁터에서 전우를 위하듯 피곤을 무릅쓰고 서로를 위해 깨어 있다. 12세기 프랑스 필사본에서 발견된 한 짧은 성구(聖句)는 기도하다가 잠든 젊은 수도사를 보는 신, 악마, 그리고 수도원장의 반응을 보여준다. 악마는 자기가 수도사의 영혼을 빼앗을 수 있을 거라고 장담한다. 수도원장은 신에게 도움을 청하지만, 신은 그런 사소한 일에 개입하기를 거부한다. 이 일을 심각하게 여기는 건 젊은 수도사 그 자신뿐이다. 그는 무시무시한 말로 후회를 표현한다. "다시 잠들어버릴 바에는 내 목을 자르리라."[2]

이것은 상호책임의 음악이다. 잠이 들어 수치 속에서 성가를 부르든, 박자를 맞춰가며 부르든 말이다. 또한 '기도하고 일하라(ora et labora)'는 가르침이 기도 하다. 사도 바울까지 거슬러 올라가는 기도와 노동의 유서 깊은 역사의 산물이다. 흑인 노예들에게는 스와힐리어로 자기결정과 협력을 뜻하는 '쿠지차굴리(kujichagulia)', '우자마(ujamaa)'가 되는데, 음악은 기도와 노동의 일부였다. 그리고 이런 음악의 전통은 협동조합주의를 재조명하는 사람들에게 유용하게 쓰일 역사의 일부다.

* * *

이런 종류의 책에서는 선사시대에 대한 우리의 무지를 남용하여 그때는 모두가 협력했다고 주장하고 싶은 유혹을 받는다. 인간이 존재하기 훨씬 전 진화의 역사에는 생존에 중요한 요소로서 잔인하고 개인적인 경쟁보다 유기체 간 공생과 사회성을 강조하는 일화들이 인용될 수 있다.[3] 선사시대에 '블롭(blob)'이라 불리는 황색망사점균이 유용한 효소를 서로에게 먹여주는 광경이나 보노보가 새끼의 몸에 묻은 오물을 핥아내는 상황을 상상해보라. 장대한 우주의 역사를 보면 협력은 자연스러운 일이다. 하지만 쉬운 결론으로 만족하지 말자. 자연스러운 일은 협력만이 아니다. 친절한 이웃도, 잔인한 살인자도 모두 인류의 신비로운 기원에 각자 기여했으며, 한쪽만 강조하는 것은 부분적인 사실일 뿐이다.

나 또한 박물관에서 자연사로 분류하는 초기 인류에 대해서는 깊이 다루지 않을 것이다. 우리가 부족사회, 혹은 원시사회에 대해 가진 환상은 일반화된 사실이 시대와 거주지에 관계없이 온갖 종류의 생물대에 동일하게 적용될 수 있다는 가정 위에 세워졌다. 게다가 이야기하기에는 너무 먼 과거이거나 이미 사라진 사회다. 서슴없이 강한 주장을 펴는 데 주저함이 없는 인류학자 마거릿 미드(Margaret Mead) 역시, 자신의 책『원시인류의 협력과 경쟁(Cooperation and Competition Among Primitive Peoples)』에서 '한 사회의 개별 구성원들에 대한 협력과 경쟁 행동은 근본적으로 그 사회 전체가 강조하는 바에 의해 조건화된 것' 이상의 주장을 하지 않고 있다. 즉 '그것은 상황에 따라 달라진다'는 말이다. 하지만 주식중개인이라는 직업이 없고, 생존이 소수 상호의 존적 사람들 사이에서 수행되는 일상 활동인 사회에서, 경제라는 것은 아마도 우리 대부분이 익숙한 것에 비해 더욱 평등한 일로 귀결된다고 할 수 있다. 오늘날 몇몇 새로 만들어진 조합들이 그들의 초국가적 사업단체를 '신(新)부족'이라고 부르는 것은 우연이 아니다.[4] 노벨상을 수상한 정치경제학자 엘리너 오스트롬(Elinor Ostrom)은 전 세계 다양한 공동체가 그녀가 '공유자원(common-pool resources)'이라고 일컫는 것을 어떻게 관리하는지 수십 년 동안 연구했다. 공유자원은 공동체 내에서 함께 사용하는 것들을 말한다. 공동체 내에서는 어장, 삼림, 수도, 전문지식체계 등이 수백 년간 발달시켜온 전략을 통해 관리된다. 오스트롬은 이러한 관리체계에 몇 가지 특징이 있다는 사실을 발견했다. 앞서 서술한 협력의 원칙과 유사하게 오스트롬은 주요 '설계원칙' 7가지를 제시했다.

제1원칙: 명확한 경계

제2원칙: 지역 상황과 필요에 따라 지역별 규범 적용

제3원칙: 규범의 영향을 받는 객체가 규범을 개정할 방법 마련

제4원칙: 공동체 구성원의 행동 모니터링

제5원칙: 규범을 위반한 자에게 가하는 적절한 처벌

제6원칙: 갈등 해결을 위한 순차적 과정

제7원칙: 자유롭고 유연한 자기조직화[5]

이에 더하여 오스트롬은 규모가 큰 공동체에서 발견한 제8원칙으로 '둥지 틀기(nesting)'를 제시했다. 작은 결정은 소규모 모임에서 이루어지도록 하고 큰 문제는 대규모 지방정부나 기관이 해결하도록 하는 연합의 원칙이다. 다른 원칙들과 마찬가지로 제8원칙은 현대적 협력(cooperation)과 겹치는 부분이 많다. 그녀가 발견한 사실들이 이 주제의 기나긴 역사를 증명하는 셈이다.

역사 속 협력의 선례는 유교 경전에 나오는 대출 계모임(lending circle)에서 부터 아프리카 상인들의 캐러밴까지 세계 곳곳에서 발견할 수 있다. 지금까지 전해 내려오는 다양한 사례가 있지만, 그 가운데 국제경제 질서 확립에 특별히 큰 영향을 미친 계통적 사례에 대해 서술하고자 한다. 바로 지중해를 중심으로 발달한 문명에서 시작한 협력이다. 고대의 유대교 에세네 공동체(essene communes)는 현대 이스라엘의 바탕이 되는 농촌마을 '키부츠(kibbutzim)'의 전신이라고 할 수 있다. 이슬람교에서도 유대교와 마찬가지로 한 번 기증한 재산을 영원히 공유재(common good)로 사용하는 '와크프(waqf)'와 상호부조 조직(공동재산관리)인 '타카풀(takaful)'을 도입했다. 이러한 것들은 그리스 밀교 집단'에서 로마 장례사회(burial society)''까지 지중해 전역에 널리 적용되었으며, 그들의 체제전복적인 영향력은 로마황제 율리우스 카이사르가 금지하려고 했을 정도로 컸다.[6]

협동조합공동체의 자취는 초대교회 모습에서 특히 선명하게 드러난다. 사도행전에서 예수가 제자들 곁을 떠나고 얼마 지나지 않아 제자들이 공동으로 재산을 모으기 시작했다고 쓴 사례가 두 번이나 기록되어 있다. 다음은 사도행전 2장에 기록된 첫 번째 사례이다.

사람마다 두려워하는데 사도들로 말미암아 기사와 표적이 많이 나타나니 믿는 사람이 다 함께 있어 모든 물건을 서로 공유하고, 또 재산과 소유를 팔아 각 사람의 필요를 따라 나눠준다.[7]

사도행전 4장에 이와 유사한 기록이 다시 등장한다. 또 다른 '기사와 표적'을 경험한 후, "믿는 무리가 한마음 한뜻이 되어 모든 물건을 공유하고 자기

---

* 밀교(密敎, Mysteries, μυστήρια) 또는 밀의종교(密儀宗敎, Mystery religion)는 종교의 입문자, 비전가(initiates)에게만 그 가르침의 내용이 알려진 고대 그리스와 로마의 컬트 종교들을 통칭한다.(편집자 주)
** Burial Society: 장례식은 고대 로마에서 처음 알려진 것으로, 종교 단체, 정치 클럽 및 무역 길드뿐만 아니라 형제적 성격의 다양한 협회가 장례 사회로 기능했다.(편집자 주)

재물을 조금이라도 자기 것이라 하는 이가 하나도 없더라"는 것이다. 그다음 장에는 아나니아(Ananias)와 삽비라(Sapphira)의 이야기가 나온다. 이 부부는 땅을 팔아서 얻은 돈을 공동체에 숨기려고 하다가 갑작스러운 죽음을 맞이한다. 이야기 끝에 "사도들의 손을 통하여 민간에 표적과 기사가 많이 일어났다"고 한 번 더 기록되어 있다.[8] 분명히 기독교 공동체 속에서 개인재산의 공유는 영적인 경험과 연관되어 있으며, 이 계약 안에서 부정직한 거래는 끔찍한 결과를 초래한다. 아나니아와 삽비라 이야기가 주는 교훈은 로마 성베드로대성당의 '거짓의 제단' 위에 그림으로 묘사되어 있다.

사도행전 6장에 의하면 기독교 공동체는 점점 늘어나는 문제들에 직면한다. 사도들은 공동재산 관리를 감당할 수 없게 되었고, 과부들은 소외되는 상황이 일어났다. 그래서 그들은 공동체 내에서 믿을 만한 사람 일곱 명을 뽑아 자원의 배분을 맡긴다.[9] 그들이 협력하기 위해서는 현대의 여느 대규모 협력집단과 마찬가지로 임원단이 필요했다.

기독교가 가장 지배적인 종교임에도 불구하고, 성경에 기록된 협력적 공동체의 모습은 계속해서 기독교 국가, 혹은 기독교 공동체에 끊임없이 출현한다. 콘스탄티누스가 기독교를 로마의 종교로 인정한 4세기에 수도원이 처음 등장한다. 독실한 신자들은 광야로 피신하여 단순한 형태의 공동체를 이루었다. 그들은 옛 사도들의 검소한 생활양식을 본받아 실천했다. 5세기 초에는 북아프리카에서 성 아우구스티누스가 사도행전을 인용하여 "어떤 것도 자기 소유라 하지 말고 모든 것을 공유하라"고 수도사들에게 권유했다. 약 1세기 후, 이탈리아에서 누르시아의 베네딕토(Benedict of Nursia)***는 더 나아가 "수도원장은 공동체를 하나되게 해야 하며, 수도원에서 중요한 결정을 내리기 전에는 모두와 함께 논의해야 한다"고 규정했다.[10] '베네딕토 칙서(Regula Benedicti)'에서는 공동체 내에서 선거를 통해 수도원장을 뽑도록 하고, 또한

*** 누르시아의 베네딕토는 '좋게 말한' 또는 '축복된'이란 뜻으로 그리스도교의 성인 가운데 한 사람이며, 로마 가톨릭 교회와 성공회에서는 유럽과 학생들의 수호 성인으로 공경받고 있다.(편집자 주)

사업을 공유함으로써 수도원이 자립할 것을 지지하도록 권하고 힘쓰게 했다. 이들 칙서에서는 숙의민주주의적 결정보다 수도원장 혹은 수녀원장에게 순종할 것을 강조하면서 동시에 평등과 공유경제를 지향하고 있다.

사도행전을 따르는 공동체 정신의 부활은 탁발수도회가 태동한 13세기, 수도원 운동이 이루어지던 시기에 일어났다. 맨발의 설교자들이 유럽 전역에 퍼져나갔고, 그들의 청빈한 삶은 교회의 성직자나 부유한 수도원의 호화로운 삶과 대조되었다. 아시시의 성 프란치스코(Francis of Assisi)*의 친구이자 동료인 아시시의 성녀 클라라(Clare of Assisi)는 프란치스코수녀회가 반문화적 자치를 실행할 상세한 방법을 회칙에 명시했다. 교황 인노첸시오 4세(Pope Innocent IV)가 프란치스코수녀회를 위해 제안한 회칙의 초안에는 수녀들의 투표로 선출된 수녀원장이 남성인 수도회 총회장의 승인을 얻도록 하는 항목이 있었다. 성녀 클라라는 이 항목을 회칙의 마지막 판본에서 삭제했다. 그녀는 또한 수녀들이 매주 모여 자신의 죄를 고백하고 '수녀원의 복지와 방향성'에 대해 토론하도록 하는 항목을 추가했는데, 교황은 이 항목이 여성들에게 전혀 필요하지 않다고 여겼다. 성녀 클라라는 공동체에 속한 모두가 이 과정에 참여한다는 점을 강조하며 말했다. "하느님은 종종 우리 중 작은 자들에게 가장 좋은 것을 알게 하십니다."[11]

성녀 클라라와 성 프란치스코가 시작한 운동의 영향력이 뻗어 나가자 교회 지도자들은 이 운동을 관리하고자 했다. 가장 큰 쟁점은 프란치스코회 공동체가 재산을 소유할 것인지, 아니면 지극히 청빈하게 살아가야 하는지에 관한 것이었다.[12] 초기 프란치스코회 학자 몇몇은 복잡한 법적 논거를 발전시켜 수도사들이 음식이나 옷과 같은 재산을 '사용'은 하되 '소유'는 안 된다고 주장했다. 이를 위해 학자들은 성경의 에덴동산, 즉 최초의 인간들이 온 세

---

* 이탈리아의 로마 가톨릭교회 수사이자 저명한 설교가이다. 또한, 프란치스코회의 창설자이기도 하며, 프란치스코 사후 프란치스코회는 1회인 작은형제회와 카푸친 작은형제회, 꼰벤뚜알 작은형제회, 수도회, 2회 클라라 수녀회, 3회 재속회로 나뉘었다. 프란치스코는 생전에 사제 서품을 받은 적은 없었지만, 역사적으로 유명한 종교인 가운데 한 사람이다.(편집자 주)

상의 관리자로서 책임을 공유하던 때의 자연상태를 인용했다. 하지만 이 전략은 실패했고, 로마교회는 수도회의 재산 소유를 법으로 요구했다. 교황청은 프란치스코회의 청빈과 공동체 의식을 욕심 많은 바깥세상으로부터 보호하기 위해서 소유가 반드시 필요하다고 판단했다.

공유하기 위한 재산의 소유가 모순처럼 보이지만, 이는 새로운 것이 아니었다. 12세기에 편찬된 그라티아누스(Gratian)의 저서 『교회법령집』은 이후 800년 동안 교회 운영에 큰 영향을 미쳤다. 여기에도 "모든 물건을 모두와 공유한다"고 기록되어 있다. 자연법에 비추어보면 사유재산의 소유는 일탈 행위에 가깝다. 물론 타락한 인간사회라는 조건 아래에서는 사유재산이 필수지만 말이다. 이 역설은 오늘날 학계와 가톨릭교리에서 '재화의 보편적 목적지향성'이라고 불린다.[13]

'재화의 보편적 목적지향성'이란 얼마나 이상한 표현인가? 모든 재화가 결국에는 보편적으로 사용된다는 뜻이다. 이 표현은 결국 우리가 지금은 전혀 다르게 살고 있다고 해도 결국에는 모든 것이 모두의 것이 된다는 말이다. 이 표현은 실용적인 경영방식은 제시하지 않지만, 모든 독점회사가 그 기저에 깔린 공동체 의식을 반영하도록 요구하는 셈이다. 그리고 이런 요구는 충족시키기에는 상당히 어려운 일임에도 불구하고 지속적으로 거론된다.

* * *

이탈리아 마테라(Matera) 지역의 사씨(Sassi)는 9000년 동안 동굴 거주지로 사용되어온 것으로 알려져 있다. 협곡으로 이어지는 뾰족한 절벽 끄트머리에는 떨어질 듯이 돌로 만든 계단식 파사드가 줄지어 있다. 2차 세계대전 이후, 사씨는 이탈리아에서 가장 악명 높은 빈민가가 되었고, 정부는 거주민들을 고원지대의 현대적인 아파트로 몰아냈다. 이후 수십 년간 고대 동굴들은 비어 있었고, 피에르 파올로 파솔리니(Pier Paolo Pasolini) 감독과 배우 멜 깁슨

(Mel Gibson)이 예수 그리스도에 관한 영화를 찍을 촬영지로 이곳을 선택했다. 1990년대에 교양 있는 불법 거주자들 한 무리가 들어와 살면서 동굴을 개조하기 시작했고, 이렇게 잠자고 있던 도시에 관광산업이 시작되었다. 사씨의 동굴들은 유네스코 세계유산으로 지정되었으며, 마테라의 경찰차 옆면에는 '사씨의 도시(Città dei Sassi)'라고 자랑스럽게 적혀 있다. 하지만 6만 명의 마테라 주민들은 낭만적 과거가 아니라 현실의 도시에 살고 있다. 관광 외에 제대로 된 일자리는 찾기 힘들고, 젊은이들은 도시를 떠나고 있다.

2014년 초, 마테라의 고대 동굴들은 가상수도원 문화의 새 시대를 여는 첫 실험실이 되었다. 유럽과 북아메리카 전역에서 온 12명 남짓 되는 가상 수도사들과 그들의 행보를 따라온 수백 명이 모였다. 이들은 불완전 고용을 겪는 세대로서 자신들을 상품화하고 감시하던 기술로부터 통제권을 되찾겠다는 돈키호테 같은 꿈을 꾸기 시작했다. 수도원이 중세시대 암흑기 동안 학자, 발명가, 작가의 거처가 되어주며 문명화를 이끌었듯이 어쩌면 '가상수도원(unMonastery)'은 수도사들의 도그마(dogma)와 자기편모(self-flagellation)*를 피하면서, 인터넷이 약속했던 자유를 지켜줄지도 모르는 일이었다.

가상수도원에 대한 구상은 2011년에 시작되었다. 유럽평의회의 다소 무거운 이름을 가진 '사회통합 연구와 조기 경보(Social Cohesion Research and Early Warning)' 부서는 의장의 말을 빌리면 "사회 내 불안정의 정도를 좀더 깊이 이해하기 위한" 방법을 찾았다. 유럽평의회의 후원으로 이름하여 '엣지라이더스(Edgeryders)'가 탄생했다. 엣지라이더스는 온라인 소셜네트워크와 연이은 회의를 통해 일하는 사람들이 만든 '개방적이고 광범위한 싱크탱크(think tank)'이다. 참여 인원에 대한 규정과 제한은 없었지만 결국 참여한 회원들은 대부분 젊고 기술에 대해 잘 알고 기업가정신을 갖추었으며 대다수가 서유럽 출신이었다. 그들을 하나로 결속시킨 것은 정치적 이데올로기가 아닌, 출구 없

---

* 자기편모는 고통을 가하는 채찍이나 다른 도구로 자신을 채찍질하는 규율적이고 헌신적인 관행이다. 기독교에서 자기편모는 육체의 고행 교리의 맥락에서 행해지며, 영적 훈련으로 여겨진다.(편집자 주)

는 궁핍한 생활과 더 나은 길이 있을 거라는 희망이었다. 그들은 '미래로 가는 안내서'라는 제목으로 경제위기에 대한 보고서를 작성했다. 얼마 지나지 않아 유럽평의회의 후원은 끝났지만, 엣지라이더스는 2,000명이 넘는 회원을 보유한 온라인 네트워크 법인으로 활동을 이어갔다. 엣지라이더스는 스스로를 '오픈 컨설팅(open consulting)' 업계에 속한 회사로 소개하기 시작했다.

2012년 6월, 엣지라이더스의 첫 회의가 끝나갈 무렵, 모인 회원들은 손에 와인을 한 잔씩 들고 프랑스 스트라스부르의 한 교회 그림자 아래에서 가상수도원을 구상했다. 젊은 해커들 한 무리가 들어가서 살 수 있을 정도의 쓸모 없고 버려진 공간을 찾는 것, 그것이 가상수도원의 시작이었다. 저렴하게 다 같이 살면서 지역주민들과 오픈소스 기반 구조를 설계한다. 이것이 네트워크가 될 때까지 반복한다.

가상수도원 아이디어는 엣지라이더스 회원들 사이에서 급속도로 퍼져 나갔다. 가상수도원 개념은 당시 많은 사람이 원하던 바에 들어맞았다. 기존 체계의 실패를 겪으며 실용적인 대안을 찾고자 유럽과 북아메리카 여기저기서 시위가 일어나던 때였다. 게다가 이 시기는 에드워드 스노든(Edward Snowden)[**]이 미국 국가안보국(National Security Agency)의 기밀문서를 공개하고, 체포되었던 해커 애런 스워츠(Aaron Swartz)[***]가 자살하는 등 여러 사건이 맞물려 일어났다. 이뿐만 아니라 샌프란시스코에서 IT기술자들의 통근 버스 앞을 막아서는 시위가 벌어진 때였다. 구글은 세계의 주요 로비스트 중 하나가 되었고, 아마존의 최고경영자 제프 베이조스(Jeff Bezos)는 〈워싱턴 포스트〉를 인수했다. 인터넷은 더 이상 냉전 이후 포스트 정치(post-politics)의 하위문화가 아니었다. 인터넷이 하나의 제국이 된 것이다.

[**] 미국 중앙정보국(CIA)과 미국 국가안보국(NSA)에서 일했던 미국의 컴퓨터 기술자다. 2013년 스노든은 가디언지를 통해 미국내 통화감찰 기록과 PRISM 감시 프로그램 등 NSA의 다양한 기밀문서를 공개했다.(편집자 주)
[***] 미국의 컴퓨터 프로그래머이자 인터넷 활동가이다. 스워츠는 인터넷 상의 정보 공유 운동에 주력하여, 온라인 활동가 모임인 디맨드 프로그레스(Demand Progress)를 조직했다. 2011년 1월, 학술 저널 데이터베이스인 JSTOR에서 다량의 저널 문서를 내려받은 일 때문에 체포되었으며, 2년 후인 2013년 1월, 26세의 나이로 자살했다.(편집자 주)

기술이 점차 로마황제 콘스탄티누스만큼 신격화되자 오래된 종교적 시구들은 잃어버린 순수로 돌아가라고, 혹은 실리콘 밸리의 정반대로, 광야로 떠나라고 지시하는 듯했다. 기술회의에 보닛을 쓰고 와서, 마치 인터넷이 없는 세상에서 온 것처럼 전문가들에게 궁극적 의미를 묻는 '아미쉬파 미래학자(Amish Futurist)'들이 등장하기 시작했다. 아리아나 허핑턴(Arianna Huffington)은 그녀가 운영한 '영혼을 위한 GPS' 모바일 앱으로 돈을 벌어들였다.

가상수도원 구상은 1년 반 동안 발전하고 성장했다. 엣지라이더스 회원들은 그들이 좋아하는 소셜이노베이션, 네트워크분석, 오픈소스와 같은 개념적 어휘를 사용했다. 해커스페이스와 메에커스페이스, 공동작업의 경험도 보탰다. 이탈리아 출신의 오픈데이터 지지자이자 엣지라이더스의 리더인 알베르토 코티카(Alberto Cottica)는 '베네딕토 칙서'를 정독한 후, 저자가 네트워크에 정통하고 근거중심적 사회개혁가라는 것을 알아냈다.

코티카는 엣지라이더스의 IT기술자에 다음과 같이 설명했다. "각 수도원은 독립된 기관이며, 수도원 간 계층구조는 없다. 수도원 규칙은 수도원 간 소통을 돕는 역할을 한다." 코티카는 베네딕토와 위키피디아의 창립자 지미 웨일스(Jimmy Wales), 오픈소스 운영체계 리눅스의 개발자 리누스 토르발스(Linus Torvalds)를 비교했다. "수도원 규칙은 잘 만든, 탄탄한, 오픈소스 소프트웨어였고 여전히 그렇다."

벨기에 브뤼셀에서 코티카는 마테라가 유럽연합이 지정하는 유럽 문화수도에 선정되기 위해 타 도시와 경쟁하고 있다는 사실을 알게 되었고, 엣지라이더스가 끼어들 기회를 잡았다. 마테라의 주력 테마는 '오래된 미래'였다. 유럽 문화수도 지정을 위한 제안서는 "근대화의 끝자락으로 밀려나 사람들의 기억에서 잊힌 장소에 고유성을 부각하는 동시에 본질적 가치를 삶으로 살아내고 있는 사람들은 그곳에 남겨두기 위해서" 작성되었다. 담당 위원회는 대륙 곳곳에서 지지받는 새로운 수도원의 개념이 마테라의 포트폴리오에 도움이 될 것이라 판단했다. 이에 마테라는 4개월 동안 작은 동굴복합단지

가상수도원 동굴 밖에서의 저녁식사

와 여행경비, 기타 비용으로 3만 5,000유로를 제공할 것을 약속했다. 이후에 기한은 6개월로 늘어났다.

가상수도원의 수도원장 역할을 맡은 건 벤 비커스(Ben Vickers)였다. 그는 짧은 헤어스타일, 검은색 셔츠 위에 모자 달린 검은색 코트를 입은 27세 청년이었다. 런던 서펜타인 갤러리에서 '디지털 큐레이터'로서 일하는 중에도 비커스는 가상수도원의 이론가이자 진행자 역할을 맡았다. 그는 회원들의 각기 다른 관점을 이해하고 소화하여 소통을 위해 온라인 플랫폼에 문서로 정리했고, 사람들의 찬사를 받았다. 아침 식사를 준비하면서 조지 마이클의 노래를 큰 소리로 틀었고, 실패할 가능성에서 어떤 희열을 발견했다. 이것은 아마도 결국에는 실패로 끝난 아나키스트들의 마음가짐일 것이다. 그는 이 계획을 유럽 문화수도 제안서로 문서화함으로써 실패조차 극복할 수 있다고 믿었다. 실패한 시도를 다른 사람들이 연구하고 변형해서 다시 시도할 수 있으니까 말이다.

가상수도원의 안뜰이 된 절벽 밑과 위에서는 돌에 새겨진 역사를 볼 수 있었다. 과거에 성당과 은신처로 사용되었던 흔적이 내부 구조와 벽화로 남아 있었다. 한때 그곳에 살았던 수도사와 수녀들은 매일 정해진 틀에 맞춰 몇 시간씩 기도했고, 가상수도원 계획에 참여하는 '수도사'들은 모든 오픈소스 프로젝트의 경건한 기초 작업인 문서화 작업을 했다. 알고리즘은 복사, 적용, 재배치되기 전에 먼저 철저하게 투명해야 했다. 마치 수도사들이 기도로 자신들을 신에게 바치듯이 가상수도사들은 인터넷에 자신들의 행위를 공표했다.

몇몇 문서화 작업은 외부로 확장되었다. 미국 출신의 비디오아티스트 마리아 줄리아나 바이크(Maria Juliana Byck)는 도시의 공공자원을 분석하여 마테라 주민, 일명 '마테라니'들이 서로 협력할 수 있도록 돕는 프로젝트를 진행 중이었다. 지역 시간표 조정과 오픈 데이터 복음을 위한 워크숍을 진행하는 데 '언트랜지트(unTransit)' 앱이 사용되었다. 마테라 주민들을 위하여 진행되는 다른 프로젝트로는 오픈소스 태양 추적기, 오픈소스 풍력발전기, 가상수도원에서 진행하는 어른과 아이를 위한 코딩수업 등이 있었다.

진짜 수도원과 비슷하게 가상수도원의 독실함은 일상의 사소한 부분들을 자세히 살펴보는 일로 이어졌다. 말총머리를 한 31세 소프트웨어 개발자 엘프 파블릭(elf Pavlik)은 이에 대해 유독 진지했다. 파블릭은 최근 5년 동안 돈이나 정부에서 발급한 신분증을 사용하지 않고 있었다. 파블릭은 동료들에게 어떤 물건이 거래되는지 음식부터 생리대까지 더욱 더 자세히 문서화해 달라고 매우 순수한 의도로 요청했다. 그는 예산을 비용에 맞추어 책정하지 않고, 공동체 내에서 자원의 개념으로 예산을 책정하길 원했다. '오픈 에너지 모니터(Open Energy Monitor)'라는 소프트웨어 팩을 이용하여 가상수도원의 전기사용을 분 단위, 방(Room) 단위로 확인하기도 했다.

장기적 전망에 대한 모니터링은 벰보 데이비스(Bembo Davies)의 몫이었다. 지금은 싱글이고 할아버지이면서 캐나다에서 노르웨이로 귀화한 데이비스는 서커스와 무대의 베테랑으로 자신의 워드프레스(WordPress) 사이트에 당당한 문체로 일대기를 써나갔다. 이와 함께 물리적 증거, 예를 들어 기초적 설계나 머리 없는 마네킹의 몸통 등은 화가 카탈린 하우셀(Katalin Hausel)이 제공했다. 하우셀은 한때 조국인 헝가리의 공식 역사를 다시 쓰는 일을 도왔다. 가상수도원의 시작 초기에도 이들은 가상수도원이 마치 200년 역사의 시작인 것처럼 이야기했다. 수천 년 동안 존재해온 동굴에서는 200년도 짧게 느껴졌다.

가상수도원은 물리적인 벼랑 위에 세워진 것만은 아니었다. 그것은 오만한 과학기술의 문화를 대표하는 사절단이면서도 구원을 기다리는 참을성 있는 시도였다. 가상의 수도사들은 수백 년 미래를 내다보면서 애자일소프트웨어 개발(Agile software development)*의 일회일보(一回一步) 철학을 실천했다. 아침 식사가 제때 식탁에 차려져 있지 않을 때, 혹은 그들이 마테라에 아무 소용없는 일을 한 것일까 걱정될 때 가상의 수도사들은 서로 상기시켰다. "모든 건 다 처음이 있는 법이다."

* * *

그 동굴과 하나 되어 낮과 밤을 보내는 동안, 나는 옛것과 새것의 스펙트럼, 즉 내 정보원이자 주최 측이 그곳에서 몇 달 동안 한정된 예산으로 경험하고자 한 과학기술, 수도원문화, 비영리문화, 지역문화, 미술, 저항문화, 기업가문화 등등, 그 모든 것에 이르렀다. 그들이 그렇게 단명하지 않았다면, 그들 자신을 하나의 협동조합이라 부를 수도 있었을 것이다. 가상수도원 내에서 명확성에 대한 요구는 기독교 수도주의의 창시자, 사막 교부모들(Church

---

* 애자일 방법론은 소프트웨어 개발 방법에 있어서 아무런 계획이 없는 개발 방법과 계획이 지나치게 많은 개발 방법들 사이에서 타협점을 찾고자 하는 방법론이다.(편집자 주)

father and mother)의 금언집에서 읽을 수 있는 내용과 별 다를 바 없었다. 교부들 중 자기가 무엇을 하려고 하는지 아는 사람은 한 명도 없었다. 어찌 보면 미쳤다고 할 수 있는 그 고대의 은둔자들은 생각해낼 수 있는 모든 방법으로 계속해서 서로에게 물었다. "우리는 여기서 뭘 하고 있는 거지?"

수도원 규칙은 마치 회사 내규와 같이 규율을 형성한다. 규칙을 통해 날 것 그대로의 것들에 질서가 부여되고 이로써 우리는 필연적으로 오고 가는 영감을 견뎌낼 수 있게 된다. 하지만 대립이 없다면 또한 규율은 쓸모가 없다. 그래서 나는 실수 많고 어설픈 이 이야기들 없이는 협동조합의 과거를 이해하거나 협동조합의 미래를 상상할 수 없다고 생각한다. 이야기가 보통 그렇듯, 끝날 때까지는 끝이 어떨지 알 수 없다. 이 이야기에 끝이 있다면 말이다.

* * *

바람이 많이 불던 5월 어느 날, 가상수도원의 1층 동굴에 바람이 불어 닥쳤다. 회의 시간에 만들어서 기대와 희망을 가득 담아 동굴 벽에 붙여둔 형형색색의 포스트잇과 손으로 그린 포스터들이 흩날렸다. 거기에는 일정표, 나열한 원칙들, 기억해둘 문구나 해야 할 일들이 적혀 있었다. 예를 들어, 엣지라이더스의 신조인 '두-어크러시(Do-ocracy)"를 나타내는 격언, "일하는 자가 결정권을 가진다"는 문구가 적혀 있었다. 이러한 기록들은 사람들이 그것이 쓰인 포스트잇을 주울 만큼의 충분한 동기를 일으키지 못한 채 몇 시간이 지나도록 바닥에 널브러져 있었다.

가상수도원의 첫 몇 주 동안은 일종의 수도원 일과처럼 진행되었다. 정해진 시간에 동그랗게 둘러앉아 각자의 기분이나 걱정거리에 대해 이야기했다.

---

* 3세기 경에 시작된 주로 이집트의 스케티스 사막에서 생활한 은수자들, 금욕주의자들, 수사들(사막 교부), 수녀들(사막 교모)이다.(편집자 주)
** 민주주의를 뜻하는 democracy에 '한다'는 뜻의 'do'를 합성한 단어로 '하고 싶으면 한다.(역자 주)

벰보 데이비스의 주도로 아침 운동을 연출하는 모습을 드론으로 촬영한 적
도 있다. 하지만 시간이 지나 5월 즈음이 되자 모임도 아침 운동도 기약 없이
중단되었다.

어느 날 아침 7시에 울려야 할 기상 알람이 30분 늦게 울렸을 때, 데이비스
는 속옷 차림으로 샤워하러 가면서 앓는 소리를 했다. "이러다가 선사시대처
럼 살게 되겠군." 데이비스는 사람들이 각자 가져온 노트북을 '내 것'이라고
우기는 때로 돌아가고 있다고 슬퍼하며 블로그에 글을 남겼다. 베네딕토 수
도회 회칙에서는 사유재산에 대해 다소 강한 표현을 사용한다. "무엇보다,
수도원 내에서 이 악한 관행을 반드시 뿌리 뽑아 없애야 한다."[14]

시작한 지 몇 달이 지나자 가상수도원의 대화는 플랫폼의 정글이 되었고,
그중 다수는 개인의 소유였다. 게다가 엣지라이더스 공식 웹사이트, 트렐로
(Trello) 공공 게시판, 폐쇄적인 구글 그룹(Google Groups) 그리고 구글 문서로 가
득한 공유 폴더까지, 내부와 외부를 구분 지을 분명한 기준도 찾아보기 어려
웠다. 엘프 파블릭이 설계한 '이상적인' 가상수도원 웹사이트는 굉장히 구식

가상수도원 부엌에 있는 소프트웨어 개발자 엘프 파블릭

이 되어 사용하기 어려웠고, 따라서 페이스북 페이지가 세상과 정보를 공유하는 주요 수단으로 자리잡은 상태였다. 가상 수도사 중 한 명은 자신의 신념에 따라 페이스북 사용을 계속 거부했다. 그는 자칭 오픈소스 해커 공동체인 가상수도원에 오고 나서야 페이스북 계정을 만들어야겠다고 생각했다. 오픈소스 방식의 삶을 꿈꾸던 가상수도원은 현재 상황에서 봤을 때 전액출자 자회사가 되어버릴 위기에 처해 있었다.

그들은 모여서 근본적인 문제가 무엇인지를 두고 옥신각신했다. 정해진 일과를 지키지 않았기 때문일까? 아침 운동을 다시 시작해보려는 시도는 실패를 거듭할 뿐이었다. 마테라 주민들과의 연대가 부족했던 것인가? 마테라에서 왜 외국인 무리를 위해 돈을 쓰는지 모르겠다고 불평하는 주민들이 있다는 것은 그들도 알고 있는 사실이었다. 소프트웨어가 너무 많은가? 혹은 충분치 못한가? 알베르토 코티카는 엣지라이더스가 실제 사회적 교류보다 기술 자체에 집착하지 않도록 주의하라고 경고했다. 엣지라이더스는 그들의 규칙을 두고 다퉜을 뿐 아니라 처음부터 규칙이 있었는지에 대해서도 논쟁했다. 가상수도원과 협력관계를 맺은 마테라 주민 사이에서 한쪽으로 치우쳐 진행되는 회의에 인내심을 잃어가던 리타 올랜도(Rita Orlando)는 "우리는 회사가 아니지만 회사인 것처럼 생각해봅시다, 제발요!"라며 호소했다. 적어도 회사는 타인을 위해 어떤 가치 있는 일을 할 수 있는지 고민해야 하니까 말이다.

그래도 실험의 마지막 두 달 동안은 이뤄낸 성과가 꽤 있었다. 벰보 데이비스는 마지막 날들에 대해 평소처럼 모호하게 보고했다. "악마 대다수가 떠나가고 사람들은 급속도로 근면성실해지고 있다." 파블릭은 잠시 동안 해커 한 무리를 새로 영입했고, 현지 아이들 수십 명이 코딩 수업에 참여했다. 마테라 거리 한복판에서 진행한 '단체로 낮잠자기(co-napping)' 실험 영상은 인터넷을 뜨겁게 달궜다. 몇몇 마테라 주민들이 겁먹긴 했지만 말이다. 풍력발전기와 언트랜지트 프로젝트는 가상수도원의 프로토타입을 폐기해도 운영에 문제없을 정도로 독립적인 프로토타입 완성에 가까워지고 있었다. 이것을 주제로 젊은 지역주민 몇 명은 다큐멘터리를 제작하기 시작했다. 벤 비커스는 잽싸게 가상의 수도사들이 열정적으로 문서화한 내용을 '가상수도원 BIOS'에 모았다. 'BIOS'는 컴퓨터 초기화 펌웨어의 앞글자를 따서 지은 이름이다. 여기에는 앞으로의 모델을 찾기 위해 반복되는 과정에서 필요한 온갖 교훈들과 설계 패턴들이 담겨 있다. 비커스는 거창함과 겸손 사이를 오갔다. 그는 엣지라이더스 웹사이트의 스레드에 이렇게 적었다. "나에게 가상수도원은 세상의 문제를 해결하고자 하는 유토피아 만들기 프로젝트가 아니라, 소화전 발명 정도의 규모로 운영되는 것이다."

리타 올랜도는 가상수도원 프로젝트가 시작되기 전부터 마테라에 살고 있었고 프로젝트가 끝난 후에도 그곳에 남았다. 그녀는 가상수도원이 떠나간 자리의 여파를 보며 답답해했다. 대다수 마테라 주민들이 가상수도원 프로젝트의 약속이나 비전은 알지 못하고 낯설고 어설픈 순진함만을 봤던 것이다. 올랜도는 "우리에겐 시간이 너무 부족했다"고 말했다.

2014년이 끝나갈 무렵 가상수도원 덕분에 가시성을 높이는 데 조금이나마 성공했는지, 마테라는 2019년도 유럽 문화수도로 지정되었다. 가상의 수도사 중 몇은 마테라에 남았고, 나머지는 그리스에서 새로운 가상수도원을 시작하고자 했다. 지금도 그들은 가상수도원이 타지로 옮겨갈 수 있는 체계인지 즉 또 다른 버려진 공간에서 쓸모 있는 일을 하려는 사람들이 모일 수 있는지 알아내려고 하는 중이다. 오늘날 오래된 종교 공동체 가운데 많은 곳이 전통의 핵심을 유지하면서 빈 건물을 사용할 방법을 고민하고 있다.

가상수도원 'unMonastry'에서 접두사 'un'은 부적합한 과거의 특정 요소를 거둬내고 새로운 시작을 나타내는 용도로 사용된다. 하지만 모든 것을 부정하고 재창조하는 일이 영원히 반복될 수는 없다. 고대 수도사들도 이 사실을 깨우쳐야 했다. 사막 교부에서부터 시작해 베네딕토 수도회의 수도사들, 프란치스코회 수도사들까지 모두 속세를 떠나려 했지만 결국 변화하는 세상의 일부가 되었다. 언젠가 마테라에서 진행한 가상수도원 프로토타입의 특징을 도입한 영적, 사회적, 기술적 기관이 설립되면 'un'을 떼어 버리고 간단히 '수도원'이라고 부르기에 충분한 때가 올지도 모를 일이다.

그래도 은유법은 여전히 유용하다. 새로운 협력자들은 오래전 중세시대로부터 여러 가지 풍부한 은유를 찾을 수 있다. 수도원이란 영혼이 속세를 멀리할 방법을 찾고자 했을 때 만들어졌고, 또 다른 기관은 속세 안에 속해 있으면서 경건함을 구하고자 했다. 이들이 사도행전의 제자들을 모방하기 위해서는 서로 다른 전략이 필요했던 것이다.

* * *

마테라에서 돌아오고 몇 달 후에, 나는 크리스 차베스(Chris Chavez), 제론 수(Jerone Hsu), 댄 태영(Dan Taeyoung)과 함께 맨해튼 헬스키친 근처의 옥상에 버려진 I자형 빔과 사다리 옆에 자리를 잡았다. 우리는 서로의 작업공간과 세계의 역사에 대해 이야기했다. 20대 후반, 30대 초반 친구 셋은 발밑에서 진행 중인 그들의 공동 작업공간 리모델링을 감독하고 있었다. 1919년에 차고에서 시작한 공간이 이제는 지하에 미술 스튜디오, 1층에는 개방형 사무실과 카페, 2층에는 워크숍과 명상을 위한 공간을 갖춘 건물로 변화하고 있었다. 차베스는 공사장 인부가 지나가자 이름을 부르며 인사했다.

친구들은 그들이 세운 계획이 세계 역사의 흐름 속에서 어느 위치에 있는지 말해주었다. "산업혁명의 잔재를 넘어서기까지 수백 년이 걸렸지." 차베스는 설명을 이어갔다. 산업혁명의 숙취는 디지털 시대까지 지속되었다. 최근 점점 가까워지는 자동화의 물결이 불러일으킨 불안에서 산업혁명의 영향을 명백하게 볼 수 있다. 그들이 믿기로는 지금이 바로 산업화 이전에 사용되던 방식으로 돌아가야 할 때였다. 친구들은 몇 년 전 수(Hsu)가 설립한 작은 비영리단체 '프라임 프로듀스(Prime Produce)'를 중세시대 길드를 바탕으로 완전히 새롭게 변화시켜 보기로 계획했다.

친구들은 이 아이디어를 작년 봄, 블루스톤팜(Bluestone Farm)에서 기업가들을 위한 연수를 계획하던 중 떠올렸다. 블루스톤팜은 에코페미니즘적 미국 성공회 수녀 공동체로서 메트로 노스 철도에서 한 시간가량 북쪽에 있는 브루스터(Brewster)에 있다. 세 명의 친구들은 몇 년 동안 다양한 형태의 기업가 정신을 경험하면서 변화하는 작업환경을 가진 블루스톤팜에 가장 적합한 형태의 조직을 찾고자 했다. 고정된 작업공간이 없는 세대에는 노동조합도 상공회의소도 적절치 못했다. 블루스톤팜 건너편에 사는 성직자 겸 감독자 렝 림(Leng Lim) 신부는 차베스와 친구들에게 길드에 관해 찾아보라고 조언했다.

처음 천 년을 맞이한 때부터 프랑스혁명이 일어날 때까지 길드는 유럽의 도시를 중심으로 경제 주체들을 조직화했다. 길드는 독립적인 수공업 상인들의 조합으로 그들의 노동에 관한 기준을 정하고 활발한 하위문화를 형성하는 역할을 했다. 각각의 길드는 주로 관할 도시에서 수공업으로 제작된 상품의 판매에 대해 법적으로 독점적 지위를 가졌다. 예를 들어, 어떤 길드에 속한 상인들은 도시에 있는 모든 석상을 조각하는 일을 도맡아 하고, 다른 길드에 속한 상인들은 대장장이업 관련 시장을 규제했다. 또한 길드 조합원들은 통상적으로 서로를 의지하고 보호해야 했다. 캔자스대학교의 역사가 스티븐 엡스타인(Steven A. Epstein)의 저서 『중세 유럽의 임금노동과 길드(Wage Labor and Guilds in Medieval Europe)』에서는 조합원들에게 대금을 지불하지 못한 고객을 단체가 처벌하고 그로부터 서로 보호하는 의무를 지웠던 10세기 길드를 인용한다. 엡스타인은 다음과 같이 기술한다. "또한, 사망한 조합원의 시체를 지정된 묘지에 장사하고 장례식 만찬의 절반을 제공할 것을 약속하는 등 길드 조합원은 서로에게 충성을 다할 것을 맹세했다."[15] 프라임 프로듀스를 창립한 일원 중 한 명은 차베스가 엡스타인의 책을 한 손에 들고 와서 자신을 설득했다고 말해주었다.

프라임 프로듀스 길드에 속한 12명 남짓 조합원들은 아직 상호부조 조직을 계획하는 것은 아니었고, 다만 특정 무역이나 산업으로 길드를 정의하지 않을 뿐이었다. 이 길드에는 건축가, 회계사, 식음료업자 노점인, 화가 등 다양한 직업을 가진 조합원이 속해 있었다. 보통의 공동 작업공간은 필요한 사람들이 사용료를 회사에 지불하는 방식으로 운영되었다. 이와 달리 프라임 프로듀스는 다수의 회원을 협동조합의 공동소유자로 지정하여 회원들이 납부하는 회비를 관리하고 건물 임대료를 (협동조합 대의에) 공감하는 건물소유주이자 투자자인 개인들에게 지불하도록 했다. 차베스는 공동소유권을 갖는 것이 넓은 영역에 걸친 경제적 압박에서 빠져나오는 하나의 방법이 될 수 있고, 인류가 자본주의에 강제로 편입되기 전 단어들의 본래 의미를 되찾기 위한 방법이라고 설명했다. "시장 논리에서 '회사'라는 단어는 존재할 필요가 없어"라고 차베스가 말했다.

중세 길드의 조합원들은 주로 '도제(견습생)'에서 '직인(숙련공)'을 거쳐 '장인'으로 진급했다. 오늘날까지 이 체계를 따르는 무역협회도 몇몇이 있다. 프라임 프로듀스에서도 세 계급 즉, 도제, 직인, 장인을 도입하되, 경험과 숙련도에 따라 구분하지 않고 헌신의 정도에 따라 나눴다. 통과의례로서 신규 회원들은 건물 내에서 지정된 슬리퍼를 신어야 했다. 차베스는 이것이 회원과 방문객을 '구분하는 메커니즘'이라고 말했다.

미래에 대비하기 위해 옛 길드를 살펴본 건 프라임 프로듀스만이 아니었다. 어떤 사람들은 할리우드의 세트장 제작자 노동조합에 가입된 프리랜서들을 체계화할 방법으로 길드를 선택한다. 영화산업의 전반적 기준은 이 노동조합이 세우는데, 이는 조합원들이 제작사에서 제작사로 옮겨 다니며 일하기 때문이다. 래퍼 제이 지(Jay Z)의 타이달(Tidal) 스트리밍 플랫폼은 일종의 뮤지션 길드라는 점을 내세워 소비자들의 관심을 끌었다. 실리콘 밸리 기업 저널리스트들은 자체적으로 '실리콘 길드(Silicon Guild)'를 결성하여 서로의 네트워크를 키워나갔고, 긱 경제(Gig-economy) 노동자들은 자신들의 임금과 혜택이 차질없이 보장될 수 있도록 인디 노동자 길드를 만들었다. 20세기에 찰리 채플린(Charlie Chaplin)과 동료들은 '유나이티드 아티스츠(United Artists)'를 결성하여 자체 제작한 영화를 배급했고, 앙리 카르티에 브레송(Henri Cartier-Bresson)과 로버트 카파(Robert Capa) 같은 사진작가들은 협력적 신디케이션 길드인 '매그넘포토스(Magnum)'를 설립했다. 이만큼 유명하진 않으나 의사, 변호사, 부동산 중개업자, 미용사들도 각각 길드 형태의 전문가협회를 만들어 정부와 동종업계가 인정하는 독점력을 가진다.

옥상에서 이야기를 나누면서 프라임 프로듀스를 창립한 친구 셋은 중세시대 속담과 실리콘 앨리(Silicon Alley)*의 용어를 자유롭게 섞어 사용했다. 태영(Taeyoung)은 프로그래밍 전문가 도널드 커누스(Donald Knuth)의 격언을 인용하여, "섣부른 최적화는 모든 악의 근원"이라고 말했다. 즉, 그들이 시간을 너무 앞서가 과도하게 자세히 계획을 세운다면 더 유연하거나 반복적이지 못할 것이다. 수(Hsu)는 프라임 프로듀스가 무엇을 하는 지에 대해 수는 '손으로 만드는 사회혁신', 즉 '느린 기업가정신'의 한 형태라고 표현했다. 그들에게 길드의 매력은 향수를 불러일으킬 뿐만 아니라, 탁월함이 몸에 배도록 습관을 형성하고 사무실 공간, 동료애, 광대역 통신망과 같은 자원을 공유함으로써 종종 외롭고 주목받지 못하는 경제를 인도하는 도구였다. 시대를 역행하는 수많은 요소에 더하여 차베스는 과거의 길드를 더 좋은 방향의 기술적 진보를 위한 '촉진제'라고 불렀다. 차베스는 덧붙여 말했다. "길드는 인간적 노동을 파괴하는 혁신이 일어나지 않도록 막았어. 언제나 사람이 먼저였지."

반박하는 사람도 있을 것이다. 애덤 스미스(Adam Smith)는 길드의 가격 책정방식을 '대중을 상대로 꾸미는 음모'라고 불렀고, 프랑스혁명 초기에 길드는 앙시앵 레짐(ancien régime)**과 함께 가장 먼저 폐기 처분돼야 할 것으로 취급되었다. 그때부터 길드는 사실상 효율성을 떨어뜨리고 기술혁신을 방해한다는 믿음이 자리 잡았다. 엡스타인은 저서를 통해 이러한 기록을 정정하려고 했고, 네덜란드의 사회역사학자 마르텐 로이 프락(Maarten Prak)의 연구목

---

* 미국 뉴욕 맨해튼과 브루클린에 위치한 인터넷, IT, 뉴미디어 콘텐츠 관련 벤처기업과 스타트업이 밀집한 지역(편집자 주)
** 옛 체제라는 뜻으로, 프랑스혁명 이전 절대왕정 체제를 가리킴(편집자 주)

적도 이와 같았다. 프락이 말하길, 길드는 "혁신 자체를 반대한 것이 아니라, 노동자의 일자리를 빼앗는 기계를 반대한 것이다." 공장에서 생산된 물건들이 수공업 제품을 밀어내고 그 자리를 차지했을 때, "노동은 다소 지루한 일에서 극도로 지루한 일로 변해버렸다." 제품의 생산가는 더 낮아지고 품질은 더 균일해졌고, 더 적은 인력이 생산에 투입되었다. 하지만 수공업 장인들의 손길도 함께 사라졌다. 프락은 중세 길드에서, 그의 표현에 따르면, '공식적 정착(formal anchoring)'의 중요성도 강조했다. 공식적 정착은 지역 정부와 관계를 수립하는 일로서, "길드를 창립한 조합원들의 열정보다 더 오랜 시간 동안" 길드를 유지할 수 있게 해주었다.

정치는 정당성을 의미했지만 동시에 결탁을 의미했다. 이에 대해 케임브리지대학교의 경제역사학자 쉐일라 오길비(Sheilagh Ogilvie)는 "소상공인과 권위자들 간 합의라고 볼 수 있다"고 말했다. 오길비는 엡스타인이나 프락보다 길드가 남긴 유산에 대해 비판적인 태도를 취한다. 오길비는 길드가 그들이 좋아하지 않는 사람들, 주로 여자, 유대인과 이민자와는 거래하지 않음으로써 배타적인 경제체제를 형성했다고 믿는다. 그는 길드가 독점력을 거의 다 잃고 배타적인 거래행위를 금지당하며 몰락해 갈 때가 되어서야 이러한 태도

진나 나임, 삭스 아프리디와 제론 수가프라임 프로듀스 건물 옥상에서 이야기를 나누고 있다.

가 바뀌었다고 주장한다.

적어도 여태까지 프라임 프로듀스 회원들은 꽤 다양한 민족, 성별, 직업을 가진 사람들로 이루어져 있었다. 그리고 창립자들은 정치적 관계를 맺기보다 신입회원과 업무성과의 시너지에 만족하는 것처럼 보였다. 여러 가지 문제와 수차례 지연에도 불구하고 아직 그만둔 사람은 아무도 없었다. 지하 스튜디오에서 작업할 예정인 아티스트 진나 나임(Qinza Najm)이 알려주었다. "이 모든 일의 중심 역할을 하는 건 신뢰입니다." 도난과 부실 시공으로 인해 개업이 늦춰지자 회원들은 건물 공사현장에서 앞으로의 조합문화와 참여방식에 대한 행사를 진행했다.

옥상에서의 오후가 끝나기 전에 또 다른 마스터 회원 마르코스 살라자르(Marcos Salazar)가 찾아왔다. 그는 키가 컸고, 옷을 제대로 차려입고 있었다. 살라자르는 '목적이 이끄는 직업, 기업과 삶'을 성취하도록 돕는 컨설턴트였다. 또한, 도시의 사회적기업 운영자들을 위한 행사를 주최했고, 프라임 프로듀스 공간이 준비되면 여기서도 행사를 진행할 계획이었다.

"길드에 관해서는 많이 들었습니다." 살라자르는 마치 들을 만큼 들었다는 투로 말했다. 그러나 내가 슬리퍼에 대해 물어보자 그는 어깨를 으쓱해 보이고는 창립자인 내 친구들을 불편한 눈빛으로 바라보았다. 친구들은 미소를 지었다. 친구들은 그 부분에 대해 아직 살라자르에게 언급하지 않은 것이다.

＊ ＊ ＊

실용적인 길드가 하는 일은 수도원의 신비와 비슷했다. 길드와 수도원은 재산과 권리행사 간 균형을 잡기 위한 일종의 사업을 각각 운영했다. 그러나 현대에 인쇄술의 보급과 식민지 개척으로 '기사와 표적'이 나타나기 시작하자 균형의 추는 재산 쪽으로 급격히 기울었다. 균형을 이루려는 노력이 피투성이 저항으로 일어날 만큼 누구나 알아차리기 쉬운 변화였다.

전해지는 말에 의하면 독일인 목사 토마스 뮌처(Thomas Müntzer)가 1525년 단두대에 오르기 전에 고문당하던 중, 그가 '모든 물건은 공유자산(omnia sunt communia)'이라는 말을 믿는다고 고백했다. 고문의 강도가 최고조에 이르렀을 무렵 고백한 내용이 정말 뮌처와 그를 도왔던 민중반란군의 입장이었는지, 아니면 그저 뮌처의 죽음을 앞당기기 위해 만들어낸 정교한 이야기인지는 별로 중요하지 않을지도 모르겠다. 어쨌거나 사도들의 가르침과 교회법의 원칙에 대한 믿음을 주장하는 일은 뮌처의 처형을 정당화하기 위한 증거로 사용되었다. 고문자의 기록에 따르면 뮌처는 재산이 "각 사람의 필요와 상황에 따라 배분되어야 하며, 왕자, 백작, 귀족을 포함해 누구든지 경고를 받고서도 이에 반대하는 자는 참수형이나 교수형에 처해야 한다"고 믿었다.[16]

뮌처는 마틴 루터(Martin Luther)와 동시대 인물이었다. 다만 뮌처는 마틴 루터처럼 권력 있는 엘리트들 편을 드는 일에 능하지 못했다. 뮌처가 이끌었던 운동은 뮌처 자신이 그랬듯이 군주의 처벌을 받았다. 그러나 뮌처가 참여했던 '급진 종교개혁(Radical Reformation)'의 잔재는 오늘날까지 남아 아미쉬파나 메노파(Mennonite) 등의 재세례파(Anabaptist) 교파의 계획경제에서 볼 수 있다. 칼뱅주의자들이 일으킨 종교개혁의 공동체적 욕구 또한 뉴잉글랜드에 정착한 청교도인들을 통해 표현되었다. 비록 청교도인들이 초기에 목초지와 농작물을 공유하며 진행한 실험은 단기간에 끝났지만, 그 유산은 뉴잉글랜드의 마을 모임과 회중정치 구조 등의 형태로 지속되어 미국 개신교에 꽤 큰 영향력을 행사하기에 이르렀다. 법인 건강보험 시스템의 대안으로 불리는 의료단체가 도입한, 고객과 비용을 분담하는 체계에서도 이러한 유산을 찾아볼 수 있다.[17]

이렇게 오래된 공동체들은 현대 협력적 기업과 정확히 부합하지는 않는다. 어떤 점에서는 옛 공동체들이 협력의 원칙을 거스른다. 종교적 성격을 띠는 공동체들은 대체로 소유권보다 빈곤을, 자치보다 순종을 영광스럽게 여기는 경향이 있다. 하지만 그런 선구자들이 의미하는 것은 현대 협력의 시작이 과거와 갑작스럽게 단절되어 일어난 것이 아니라, 사람들이 오랜 시간 지키며 살아온 전통적인 공유와 협력의 연장선에서 나타난 것이라고 말하고 있다.

마그나 카르타(Magna Carta)와 '삼림헌장(the Charter of the Fores)'에서 13세기 영국 왕은 평민들이 왕국의 가장 울창한 야생 지역에 살면서 그 땅을 공동으로 관리할 오래된 권리가 있다는 사실을 인정해야 했다. 예를 들어, 조항 중 하나는 과부의 권리인 '공유재산에 대한 필수재(必須財) 수취권'을 보호했다. 공유재산에 대한 필수재 수취권은 과부가 살아남기 위해 공유지에서 필요한 물품을 취하도록 하는 권리였다. 그러나, 종교개혁이 일어나 유럽을 장악하고 있던 로마 교황청의 영적 주도권이 해체되었던 시대에 기업과 자본의 경제가 길드와 평민들을 몰살시켰다. 이 과정이 불러일으킨 사회적 대변동은 수 세기가 지난 지금의 기준으로는 이해하기 어려울 수 있지만, 현시대 국제 경제에서 일어나고 있는 대변동의 화려함과 비열함에 비교하면 이해가 가능할지도 모른다. 오랜 시간 동안 공동으로 사용할 수 있었던 토지는 울타리 쳐진 땅 조각들을 기워 놓은 모양이 되었고, 이전에는 당연하게 공동으로 부담했던 노동도 회사에 의해 엄격히 통제되기 시작했다.[18]

발전을 향해 나아가는 이 과정에는 스스로를 '디거스(Diggers)' 혹은 '진정한 수평파(True Levellers)'라고 칭하는 사람들이 있었다. 이들은 잉글랜드 내전 중에 짧은 시간 존재했던 평화주의 반란군으로 제라드 윈스탠리(Gerrard Winstanley)라는 이름의 유랑자가 이끌었다. 그들은 세인트조지스힐(St. George's Hill) 지대를 점령한 지 몇 주 이내에 영적이고 사회적이면서 다소 저속한 목표를 담은 선언문을 발표했다.

그리하여 우리는 조지스힐에서 땅을 파기 시작할 것이다. 땀과 노동의 정당한 대가로 함께 빵을 먹기를 원한다. 그것은 우리가 꿈꾸었던 비전, 그리고 이제 현실이 된 비전으로 우리에게 드러났습니다. 바로 이곳이 우리가 시작해야 할 땅이다. 육신의 노동만으로 일구기에는 매우 척박한 땅이지만, 우리는 축복을 주실 성령님을 믿어야 한다. 그리고 비단 이 땅, 혹은 이 황야만 쟁취하여 거름을 주는 것이 아니라, '영국'의 모든 땅과 모든 버려진 황무지, 나아가 전 세계가 의로운 자들의 것이 되어야 한다. 의로운 자는 아무것도 소유하지 않으나, 이 땅을 공동의 보물로 삼는다. 땅이 처음 만들어질 때 모두를 위하여 창조되었듯 말이다.[19]

수도원이 그렇듯이 디거스의 우주론은 모두를 위해 모든 것을 창조한 신을 전제로 했다. 세상이 그들을 알아보기를 기다리면서 디거스들은 하찮은 땅 한 조각 위에 그들만의 협력적 공동체를 만들어 믿음을 실천에 옮겼다. 그리고 디거스들은 머지않아 이 생각을 매우 불쾌하게 여기고 토지 공유를 무단 침입이라 여기는 권력의 앞잡이로부터 쫓겨나게 된다.

디거스의 사상도 뮌처와 같이 변화하는 세계에서 통제권을 잡으려는 경쟁자들에게 영향을 미치지 못할 터였다. 봉건적 공유 재화(feudal commons)를 취할 수 있는 세상에서 초기 기독교인들처럼 재산을 더욱 더 공유하자는 제안은 군대를 지휘하는 권력자에게는 불편할 뿐이었다. 급진적 종교개혁가들의 사상은 주로 희망 없는 것들을 신봉하는 사람들에게 빌붙어서 계속 이어져 왔다. 그들은 주기적으로 공유에 대한 아이디어를 재발견하는 사람들로 1차와 2차 세계대전 사이에 존재한 독일의 마르크스주의자들부터 1960년대 후반 샌프란시스코의 반문화 활동가들이 여기에 해당한다. 뮌처와 디거스의 요구는 한순간도 완전히 충족된 적이 없지만, 그들의 사상은 향수를 불러일으킨다. 그래도 그들의 선언 안에는 공유하는 생활이 더 익숙했던 세계, 토지가 상품이 아니었던 세계, 노동이 함께하는 기업이었던 세계에 대한 기억이 담겨 있다. 그들이 살던 세상은 그대로 두고 앞으로 나아가는 것이 여러모로 더 좋았다. 하지만 이상적 미래를 꿈꾸는 혹은, 미래에 기여하는 모두가 평등하게 공유하는 세상을 상상하고 실천하려는 자들에게는 어느 정도의 향수는 가치가 있다. 그것으로 인해 우리가 잊어버린 성취이자 다시 한번 사용하게 될지 모르는 숨어 있는 능력을 추억할 수 있으니까 말이다.

2장

아름다운 원칙은 어떻게 만들어졌는가
[양성]

대공황은 보통 승리의 시기로 기억되지 않는다. 하지만 제임스 피터 워바스(James Peter Warbasse)는 논저 『협동조합 민주주의(Cooperative Democracy)』(1936)에서 "1929년 이후 이 나라에서는 협동조합이 그 어느 때보다 더 위대한 진보를 이뤘다"고 썼다. 외과의사인 워바스는 1916년 전미협동조합연맹(Cooperative League of the United States of America)의 초대 의장이 되어 1941년까지 종사했다.[1] 미국 협동조합 운동의 전국적 통솔기구였던 이 연맹은 현재 전미협동조합사업협회(National Cooperative Business Association), 즉 NCBA CLUSA로 바뀌었으며, 워싱턴D.C.의 로비 거리*에 본부를 두고 왕성한 국제원조활동을 벌이고 있다. 1920년대 초 연맹은 동그라미 안에 두 그루의 소나무가 나란히 있는 로고를 만들었는데, 협력을 나타내는 로고는 지금도 널리 사용된다. 2000년도 NCBA는 협동조합의 웹사이트들을 위한 최상위 도메인(TLD)으로 ".coop"을 확보하는 데도 기여한 바 있다. NCBA는 오늘날까지 미국 지역에서 협동조합 운동의 공식적 전도사 역할을 해오고 있다.

워바스의 후임으로 협동조합연맹의 의장이 된 머레이 링컨(Murray Lincoln)은 회고록에서 워바스가 "훌륭하고 진실된 사람"이며 "이론을 상세하게 설명하

---

* lobbying district: 로비회사가 밀집한 워싱턴D.C.의 K스트리트를 가리킨다.(역자 주)

는 데 탁월한 재능이 있었다"고 회상했다.[2]

1930년 워바스가 보여준 열정은 이해할만한 것이었다. 대공황이라는 상황은 미국 전역에 걸쳐 협동조합의 형성을 촉진했다. 뉴딜 프로그램이 협동조합을 홍보하고 있었으며, 1934년에는 의회에서 신용조합법(Credit Union Act)이 통과되었다. 『협동조합 민주주의』에는 "세계 도처에서의 협력"이라는 제목이 붙은 장(章)이 있는데, 여기서 워바스는 프랑스의 노동자 소유 공장과 독일의 소비자 소유 은행, 러시아의 초창기 소비에트 협동조합에서 저 멀리 일본과 중국에서의 유사한 성취에 이르기까지, 협동조합 건설 운동의 성과들을 길게 열거한다. 그리고 상승하는 파시스트 체제와 협동조합 간의 싸움에 대해서도 틈틈이 언급한다(독일 협동조합운동의 표어는 "협동이 평화다"였으며, 그 가맹점들은 '깨진 유리의 밤(Kristallnacht)' 이후 나치의 표적이 되었다).* 이 책의 속표지 맞은편에 실

제임스 피터 워바스의 『협동조합 민주주의』 권두삽화

---

* '깨진 유리의 밤'은 1938년 나치가 유대인 소유 상점들을 파괴하고 약탈한 사건이다.(역자 주)

린 권두삽화는 영국 협동조합 도매업 협회(British Cooperative Wholesale Society)가 소유한 스물다섯 개의 멋진 건물을 피라미드처럼 쌓아 올린 것이다. 떠오르는 협동조합 제국의 절대군주인 조직된 소비자에게 바치는 기념비라고 할 만하다. 공동소유와 공동경영의 오랜 전통은 이 시기에 분명히 새로운 것이었으며 산업적인 표현의 발견이었다.

워바스의 비전은 지정학적이며, 그것은 또한 우리가 어떤 종류의 사람이 될 것인가에 대한 비전이기도 하다. 워바스는 책 말미에서 "이 모든 것의 핵심은 아름다움과 진리와 정의를 열망하며 문화적 가치들을 소중히 여기는 더 나은 개인들로의 성장"이라고 결론지었다.[3] 그는 수도원을 배움의 장소로 여겼던 초창기 수도사들처럼, 학교로서의 협동조합에 대해 이야기한다. 협동조합은 우리가 살게 될 더 나은 사회일 뿐 아니라, 그들과 우리 모두를 더 나은 인류로 발전시켜 줄 수단으로서의 사회이기도 하다. 그의 비전은 다른 것이 될 수 없었다. 산업화 시대에는 그런 구상의 실현 가능성 자체가 미리 주어진 것이 아니라, 배움에서 얻어지는 교훈을 통해 분명해지는 것이기 때문이다. 이런 종류의 사업은 시행착오를 거듭하면서 이뤄져야 했다.

＊ ＊ ＊

협동조합 운동의 역사에서 워바스의 낙관주의 시대는 이미 한 세기를 지나고 있었다. 그것은 자본주의 발상지인 영어권 국가들을 포함하여 수많은 나라와 언어권에 나타난 운동 가운데 하나였다.

미합중국(이라고 나중에 불리게 될 곳)에서 일어난 기록상 최초의 노동자 파업 중 하나인 1768년 뉴욕시 재단사들의 파업은 이들이 직접 운영하는 협동조합 작업장을 탄생시켰다. 뉴올리언스에 살고 있던 자유인 신분 흑인들은 1783년 인내와 자선, 상호부조를 위한 공제회(Perseverance Benevolent and Mutual Aid Association)를 결성했다. 토마스 제퍼슨은 조지 워싱턴 대통령 밑에서 국무장관으로 있으면서 대구 잡이를 위한 세금경감 패키지가 입안되는 것을 거들었다. 노동자들이 이익을 나누어 갖도록 장려하는 이 법안은 제퍼슨의 공약이었던 소규모 가족농장에 기초한 경제의 해양 버전이었다. 벤자민 프랭클린은 협동조합식 사업모델에 의지하여 필라델피아에 공공도서관과 소방서의 원형을 만들었다. 프랭클린을 비롯한 식민지 백인들이 원주민과 교섭하면서 관찰했던 이로쿼이연맹(Iroquois Confederacy)의 연합민주주의는 그들이 영국의 지배에서 벗어나기 위해 조직한 대륙회의(Continental Congress)의 구조가 형성되는 데 영향을 끼쳤을 가능성이 있다.

미국 협동조합 초기 역사와 관련된 부분에서 나는 주로 다음과 같은 문헌들을 참고했다.[4] 알렉시스 드 토크빌은 프랑스에 있는 집으로 보낸 편지에서 신생 미국에 대해 이야기하면서 미국인들이 지닌 결사(結社, associational democracy-결사체민주주의)의 재능에 감탄했다.

남북전쟁 이전에는 미국 전역에서 유토피아적 공동체가 만개했는데, 여기에는 종교, 성, 인종, 그리고 식생활과 관련된 흥미로운 실험, 달리 말하자면 산업발전과 더불어 사라져가는 초창기 순수함을 회복하려는 시도들이 포함된다. 그중에는 셰이커(Shakers), 오네이다(Oneidans), 모르몬(Mormons) 같은 종파들이 있었다. 남부연합 대통령이었던 제퍼슨 데이비스의 동생 조셉 데이비스는 미시시피 주 데이비스벤드 지역에 하나의 '모범적인' 노예 공동체를 설립했다. 이 공동체는 노예제가 허락하는 한에서 협동조합의 성격을 띠었다. 매사추세츠 주에서는 인종혼합적인 노샘프턴 교육 및 산업 협회(Northampton Association of Education and Industry)가 선각자 소저너 트루스(Sojourner Truth)에게 활동의 거점을 제공했다. 이곳을 때때로 찾아왔던 프레데릭 더글라스(Frederik Douglass)는 나중에 이렇게 회고했다. "그 장소와 사람들은 내게 깊은 인상을 주었다. 그들은 내가 만나본 사람 중 가장 민주적이었다."[5]

근대적 산업화에 시동이 걸리면서 근대적 협동도 시작되었다. 산업노동과 자본의 접전 속에서 태어난 전국노동조합(National Trades Union)은 노동자가 다스리는 경제가 자기들의 목표라고 천명했다. 1830년대는 농산물 판매와 가공을 위한 초창기 협동조합들뿐 아니라, 기본적으로 노동자 가정의 내 집 마련을 돕는 대부회사들의 연합체였던 "주택금융조합들(building societies)"의 탄생하는 동기를 제공했다. 19세기의 나머지 기간에는 협동과 노동자의 조직화가 발을 맞추어 함께 나아갔다. 협동조합 작업장과 자선단체, 그리고 지역 공동체(communes)는 오늘날에는 오래전에 사라져 버린 동기들을 반영했다.

에이브러햄 링컨은 그가 대통령선거에서 승리하기 1년 전인 1859년 위스콘신 한 연설에서 아메리칸드림은 "무임 노동(free labor)"에 토대를 두고 있다고 강조했다. 어떤 사람들은 처음에는 돈벌이하러 나가야겠지만 이는 언젠가는 자기 노동의 결실인 농장, 가게, 사무실 등을 소유하고 자기 방식대로 일하기 위해서라는 것이다. "일생 동안 남의 밑에서 일하는 사람이 있다면, 그것은 시스템의 잘못이 아닙니다. 그것을 더 선호하는 의존적인 성격 때문이거나, 선견지명의 부족, 낭비, 또는 불운의 탓"이라고 링컨이 말했다.[6] 그는 "주인이 되는 것은 자아를 실현하는 길이다. 임금노동자들을 불쌍히 여기자"고 했다.

그 시절 이러한 발언은 노예노동–자유가 가장 적은 노동–의 문제와 분리될 수 없었다. 그 함의는 임금노동이 노예 상태에서 그리 멀지 않은 어떤 곳에 있다는 것이었다. 일생을 직업에 바치고도 자신의 노동에 대해 어떤 소유권도 행사하지 못하는 것의 부조리함은 청중들에게 더 극단적인 버전의 불평등으로 느껴졌다. 노예제 폐지를 얻어내려던 링컨의 노력은 역설적이게도 임금노동에 기초한 산업경제의 발전을 위해 애쓰는 셈이었다. 남북전쟁에서 북부의 승리는 농장자본에 대한 공장자본의 승리였다. 그리고 공장주들은 임금노동자들을 원했다.

링컨이 임금노동과 노예제의 연속성을 지적한 최초의 사람이 아니었다. 고용계약을 맺어 노동을 파는 일을 노예로 팔리는 일과 비슷하게 취급하는 것은 유스티니아누스 황제와 존 로크부터 노벨 경제학상 수상자들에 이르기까지 법학과 철학의 오랜 전통의 일부였다(로크는 임금노동을 그 괴로움의 정도가 노예제에는 못 미치기 때문에 허용될 뿐인, 단순한 "고역(drudgery)"으로 묘사했으며, 경제학자들은 그것을 일종의 자기 대여로 본다). 법적으로 노예제가 존재했던 시대에는 돈을 받는다고 해도 남을 위해 일하는 것이 왠지 불편하게 느껴졌다. 적어도 링컨에게는 경제적인 자기 존중을 위한 선결조건이 생계수단의 소유와 운용이라는 점이 분명했다. 1836년 매사추세츠 주 로웰에서 방직공장 여성 노동자들이 파업했을 때, 가장 애창되었던 행진곡은 이렇게 끝난다. "자유를 너무나 사랑하기에 나는 노예가 될 수 없노라."

오늘날 지배적인 이데올로기는 취업을 자유로운 선택이자 축하할 만한 성취로 본다. 일자리는 정치인들의 대화에서 궁극적인 마침표다. 일자리 창출에 반대한다면 워싱턴에 있는 누구도 무사할 수 없다. 괜찮은 일자리는 최소한 괜찮은 삶의 가능성을 약속한다. 인간적이고 보수가 적절한 일자리는 링컨이나 로크가 부여했던 것보다 더 높은 평가를 받을 자격이 있다. 하지만 거기에 실제로 얼마나 많은 선택의 여지가 있는가? 대부분 사람은 물질적인 필수품을 확보하려면 일자리를 얻어야 한다고 느끼며, 따라서 선택의 문제는 이미 일자리를 얻느냐 마느냐가 아니라 어떤 일자리를 얻느냐이다. 성공적인 직업 생활의 공통된 잣대는 어떤 과업에 얼마나 훌륭하게 기여했느냐인데, 그 과업의 목적과 성과는 다른 누군가에게 속한다. 만일 그러한 기여가 자발적으로 선택된 것이라면 이타적이라고 말할 수 있겠지만, 그런 경우는 흔하지 않다. 링컨의 시대에 놀라운 발견들을 낳았던, 좀 더 나은 것을 찾으려는 시도를 우리는 더 이상 하지 않게 되었다.

* * *

미국 남부 출신의 노예들이 거둬들인 목화는 최신 방직기와 결합하여 영국의 섬유산업에 막대한 이익을 가져다주었다. 찰스 디킨스는 그 참상을 묘사했다. 하지만 협동조합 운동가들이 가장 사랑하는 이 시기의 기록자는 조지 제이콥 홀리요크(George Jacob Holyoake)일 것이다. 그는 영국 협동조합 기업에 대해 참여관찰적 역사서들을 썼고, 세속주의(secularism)와 배외주의(jingoism)라는 용어를 만들었을 뿐 아니라, 대중강연에서 신성모독을 범한 죄로 옥살이를 한 마지막 영국인이다.

홀리요크가 들려주는 이야기에서 촉진제 역할을 하는 것은 기술의 남용이다. 그는 『협동의 역사(History of Cooperation)』에서 "기계의 발전은 노동자 계급에 절망을 안긴다"며 "기계를 사용할 수 있는 자본가는 부유해지고, 기계에 밀려난 가난한 사람들은 대규모로 구빈원에 보내진다"고 했다. 기계는 노동을 절약하고 삶을 개선할 수도 있었다. 하지만 산업화 초기의 무한경쟁은 14시간 노동, 아동노동, 빚을 지지 않고는 살 수 없는 수준의 임금 등을 낳았다. 홀리요크는 이런 상태를 선행하는 시대의 질서와 대비시켰다.

자본가는 새로운 봉건 영주였다. 그는 정복을 통해 군림했던 왕보다 더 잔인했다. 옛날의 봉건 영주는 가신들에게 어느 정도 신경을 썼고 먹을 것과 잘 곳을 마련해주었다. 새로운 자본가 영주는 이런 의무를 전혀 지지 않았으며, 노동자에게 생존권이 있다는 사실조차 인정하지 않았다.[8]

하지만 바로 이 자본가 계급에서 로버트 오웬이 나온다. 홀리요크에게 오웬은 영국 협동조합 운동의 최초 영웅임과 동시에 위대한 마지막 영웅이었다. 홀리요크처럼 종교적 회의주의자였던(말년에는 강신술 모임에도 자주 참여했다) 오웬은 그의 젊은 시절을 자수성가한 기업가의 신화적 약속을 이행하는 데 바쳤다. 그는 웨일즈 마구 제조인의 아들로 태어나 열 살까지만 교육을 받았고, 맨체스터에서 방직공장 지배인으로 일했다. 결혼을 통해 부를 얻은 그는 스코틀랜드의 뉴 라나크에 있는 공장을 매입하려는 계획을 세운다. 1813년부터 실질적으로 관리했던 이 공장은 그의 실험 무대가 된다.

1816년 새해 첫날 오웬은 공장노동자 자녀들을 위한 인성학교(Institut for the Formation of Character)를 열었다. 아이들은 걸음마를 뗄 나이부터 이 학교에 다닐 수 있었는데, 당시에는 이러한 조기 교육은 이례적인 것이었다. 하지만 곧 이를 모방하는 학교들이 생겨난다. 커리큘럼은 책 중심의 정규교육 대신 아이들의 타고난 호기심과 자기주도성에 기초했다. "그리하여 협동조합의 대의를 이해한 사람들은 이러한 조합원들의 교육이 당연히 협동조합 체계의 일부라고 여기게 되었다"고 홀리요크는 설명한다.[9]

오웬의 학교는 사익보다는 공동선을 앞세우며, 소유주들만을 위하는 것이 아니라 노동자들에게 봉사하는 산업주의를 만들어내려는 뉴 라나크 실험의 일부였다. 영국과 미국 전역에서 공장 노동자들이 하루 10시간 노동을 요구하고 있을 때 오웬은 8시간 노동을 도입했다. 그런데도 공장은 여전히 번창했다. 오웬의 실험으로 다른 종류의 산업 질서가 가능하다는 것이 증명된 것처럼 보였고, 러시아의 짜르를 비롯한 유명한 사람들이 뉴 라나크를 방문했다. 오웬은 또 노동자들이 가격 인상 없이 필수품을 살 수 있는 상점을 만들었는데, 여기서는 서로 다른 종류의 노동이 동급의 시간으로 교환되었다. 노동자들 간 갈등을 중재하는 시스템도 있었다. 오늘날 뉴 라나크 단지는 유네스코 세계유산으로 지정되어 있다.

이 놀라운 고안물을 지탱하는 결정적인 요소는 사실 오웬 자신이었다. 그는 수완 좋은 기업가였을 뿐 아니라 강력한 선전가였다. 많은 사람이 영감을 얻고 그를 모방했지만, 진정한 복제와는 거리가 멀었다. 1825년 오웬은 새로운 뉴 라나크를 건설하기 위해 미국으로 건너간다. 인디애나 주 남쪽 끝에 세워진 뉴 하모니(원래 하모니라고 불린)는 독일 계통의 유토피아적 공동체가 있던 곳이다. 하지만 뉴 하모니는 그가 떠나자 2년 만에 무너지고 만다. 오웬의 협동은 유능한 선구적 지도자 같은 존재에 의지하는 협동이었던 것이다. 비록 순식간에 생겨났다가 사라졌지만, 뉴 하모니는 협동조합적 산업주의라는 개념의 확산에 기여했다. 더불어 오웬주의의 변종을 시험하고 완성하려는 시도들이 퍼져나가기 시작했다.

홀리요크가 찾아본 바에 의하면, 협력(cooperation)이 경제시스템을 가리키는 의미로 사용되는 것은 사람들이 오웬주의에 열광하던 시기부터다. 〈이코노미스트the Economist〉라는 제목으로 잠깐 나오다가 만 정기간행물의 첫 호(1821년 8월 27일 발행)에는 다음과 같은 구절이 있다. "비밀은 밝혀졌다. 그것은 사회생활의 모든 목적을 위해 모든 구성원이 행하는 자발적이면서 억제되지 않는 협력이다."

* * *

오웬의 뒤를 좇아 영어권에서 수십 년에 걸쳐 행해진 실험이 막다른 골목에 다다르자, 사람들은 좀더 평범하면서도 제대로 기능하는 모델을 주목하기 시작했다. 이질적인 집단들이 각자 실험 끝에 동일한 결론에 도달했고, 형태는 다르지만 질적으로 유사한 시도들이 중대한 발견을 중심으로 동시에 나타났다. 로치데일은 이런 발견이 이루어진 장소 중에서 가장 유명하다. 맨체스터에서 북쪽으로 10마일(16.09㎞) 떨어진 곳에 위치한 이 작은 도시는, 홀리요크에 따르면, 협력의 역사 전체에서 중심점이자 전환점이었다(홀리요크는 그 자신이 여기서 했던 역할 때문에 더욱 그렇게 생각했을 것이다). 홀리요크의 영향으로 로치데일의 의의가 부풀려졌다는 지적들이 있다."

홀리요크는 1843년 이곳의 방직공장 노동자들 앞에서 협동에 관해 연설했다. 그가 신성모독죄로 고초를 겪은 다음 해이자, 저 유명한 가게가 문을 열기 일 년 전이다. 그는 투표권을 비롯한 정치적 권리를 추구하는 운동이었던 차티스트 운동에 대해 이야기했고, 노동자들을 덮치는 채무의 재앙에 대해 분개했다. 로치데일에는 오웬주의를 포함하여 이런 사상들이 오래전부터 퍼져 있었다. 협동조합과 관련된 실험 역시 이미 이루어지고 있었지만, 중요한 변화는 그 뒤에 일어났다. 홀리요크가 다녀간 다음 해에 스물여덟 명의 노동자—일부는 방직공이었고 나머지도 직물업 관련 일을 하고 있었다—가 토드 레인에 작은 가게를 열기로 했다. 질 좋은 식료품과 의류, 그 밖의 물건들을 합리적인 가격에 살 수 노동자를 위한 가게였다. 가게는 1844년이 끝나기 직전에 문을 열었다.

로치데일 공정 선구자 연합(Rochdale Society of Equitable Pioneers)은 이렇게 시작되었다. 로치데일 상점은 오래전부터 다양한 조합(調合)으로 소용돌이치고 있던 협동주의의 관행들을 독특한 방식으로 혼합하여 시행했다. 로치데일 상점의 주인인 조합원들은 손님이기도 했다. 그들은 매주 2펜스씩 회비를 냈고, 모든 조합원이 동등한 투표권을 부여받았다. 가장 결정적인 혁신은 각자가 얼마나 많이 이 상점에서 돈을 썼느냐에 따라 이익을 배당받았다는 점이다. 이 시스템은 이용실적 배당(patronage dividend) 또는 간단히 디비(divi)라고 불리게 된다. 배당 받는 사람에게는 생각지 않은 소득이 생기는 셈이다. 찾아가지 않은 배당은 자동으로 적립된다. 이 상점의 철칙은 외상을 주지도 않고 기대하지도 않는다는 것이었다. 모든 거래는 현금으로 이루어지고, 빚지는 사람은 없다.

오웬의 업적과 비교한다면, 로치데일의 의의는 수혜자들, 즉 어려움에 처한 사람들을 책임지게 했다는 것이다. 그들이 없다면 상점이 운영될 수 없었다. 이 시스템에서는 아버지 같은 존재의 도움이 필요 없다. 필요한 것이 지혜이든 자금이든 말이다. 로치데일 상점이 거둔 초기의 성공은 그 가시적 효과 때문에 쉽게 퍼져나갔다. 홀리요크는 "조합원들은 더 잘 먹는 것처럼 보였다. 배고픈 방직공 사이에서 이것이 눈에 띄지 않을 리 없었다"고 설명한다. "아이들은 얼굴이 더 깨끗했고, 새 앞치마나 새 재킷을 입고 있었다. 그리고 자기 집에 새로 생긴 물건들을 자랑했다. 그러면 다른 아이들은 집으로 돌아가서 부모에게 자기가 본 것을 이야기했다." 오웬이 온정주의적 공동체를 위해 사유재산 포기를 원했던 반면 로치데일 상점은 그 구성원들이 소유의 세계에서 더

잘 살아갈 수 있도록 공동의 자산 역할을 해주었다.[12]

부도덕한 중간상인들이 위험한 수준으로 밀가루나 세제에 불순물을 너무 많이 섞을 때, 협동조합은 또한 좋은 품질(물건 자체의 품질과 그것을 생산한 노동의 질)을 골라내고 보증하는 수단이 되어주었다. 이 점에서 로치데일은 협동조합이 어떻게 공정무역의 선구자가 될 수 있는지 미리 보여준다. 협동조합에 대한 나의 가장 오래된 기억은 내가 어릴 때 어머니와 같이 갔던 상점이다. 어머니는 거기서 여느 슈퍼마켓에서는 구할 수 없는 종이곽에 든 유기농 두유를 사셨다.

홀리요크는 명랑하게 서술하고 있지만, 그 대단한 로치데일 상점도 나름대로 어려움을 겪었다. 로치데일 안에도 "언제나 가시를 내밀고 있는 사회적 고슴도치들"이 있었다. "그들은 모든 말에 두 가지 의미가 있다는 것을 안다. 그리고 언제나 당신이 의도하지 않은 의미로 받아들인다. 그들은 모든 게 수포로 돌아갈 거라고 예언한다. 성공이 불가능해질 때까지 말이다. 그러고 나서는 자기 말대로 되었다고 우쭐거린다." 그럼에도 불구하고 홀리요크의 가장 서정적인 문장은 그가 조합원의 수, 기금, 매출, 그리고 이익의 연도별 증가세를 보여주는 표에 관해 이야기할 때 나온다. "모든 숫자가 화학자들에게 알려지지 않은 어떤 빛으로 반짝인다. 각각의 기둥(column, 칸)은 산업의 밤 한가운데 불기둥처럼 타오르며 방랑자들을 인도한다. 이집트를 탈출하여 광야로 나온 이스라엘인들을 인도하듯이 말이다."[13]

1844	28	£28	—	—
…				
1876	8,892	£254,000	£305,190	£50,668

하지만 이런 성장이 아무리 놀랍다고 해도, 만일 그것이 또 하나의 역사적인 예외에 지나지 않았다면, 로치데일 조직은 오웬의 공동체보다 별로 나을 게 없었을 것이다. 그러나 로치데일은 언젠가는 죽기 마련인 구성원들의 조

합을 유지하기 위해 제도화 방식을 택했다. 로치데일 상점은 설립 후 몇 년이 지나지 않아 새끼를 치기 시작했다. 새로운 지점들이 시내 여기저기에 생겨나서 신발 만들기에서 집짓기에 이르기까지 다양한 서비스를 제공했다. 그리고 유사한 조합들이 다른 곳에 나타났다. 영국의회는 이를 위해 법적인 길을 터주었다. 1852년의 산업공제조합법(Industrial and Providence Societies Act)은 1856년 주식회사법(Joint Stock Companies Act)이 제정되기 전까지 투자자소유 공개기업(public, investor-owned corporations)을 위한 기본법으로 기능했다. 하지만 협동조합으로서 로치데일 상점은 탐욕스러운 대기업이 되기 위해 생겨난 것이 아니었다. 소유자들은 투자자 입장에서 그걸 원할 수도 있겠지만 말이다. 로치데일은 다른 방식으로 성장해야 했다.

북부 잉글랜드에 흩어져 있는 수백 개 지역협동조합이 공모하여, 1863년 맨체스터에서 로치데일 선구자 여러 명이 지도자로 활약하는 협동도매협회(Cooperative Wholesale Society, CWS)를 만들었다.[14] 이전에도 이것과 비슷한 도매업 협회가 시도되었지만, 이제 그들은 로치데일 모델이라는 단단한 토대를 가지고 있었다. 도매업 협회의 업무는 대량구매나 자체 생산을 통해 지역조합에 상품을 공급하는 것이다. 또 전국적인 브랜드로 그들을 밀어줌으로써 마케팅을 돕는 것이다. 도매업 협회 역시 그것을 후원하는 지역의 협동조합 상점들로 구성되는 하나의 협동조합이라고 할 수 있다. 지역 상점들이 각각의 단골들을 책임지는 것과 마찬가지로, 협회는 협동조합 상점 경영의 책임을 지게 된다.

이런 종류의 구조를 연합(federation 또는 연맹Confederation), 또는 조합들의 조합이라는 의미에서 이차적 협동조합이라고 부른다. 전 세계 협동조합들은 이런 식으로 규모의 도전에 맞섰다. 한편으로는 그 구성원들의 요구에 즉각적으로 반응할 수 있도록 작고 자율적인 단위를 유지하면서도, "협동조합 간 협동"이라는 여섯 번째 협동의 원칙에 의거하여 작은 규모의 한계를 극복한 것이다. 이는 공유지 안에 또 다른 공유지를 포함시키는 엘리너 오스트롬

(Elinor Ostrom)의 여덟 번째 디자인 원칙에도 반영되어 있다.

1936년 워바스의 권두삽화에서 웅장함을 자랑하는 건물들은 바로 이 협동도매협회의 소유이다. 오늘날에는 차곡차곡 쌓인 그 건물들이 더욱 인상적으로 느껴진다. CWS는 코퍼라티브 그룹(Cooperative Group), 줄여서 쿱(Co-op)이 되었다. 쿱은 식료품점, 협동조합 은행(Cooperative Bank), 전화협동조합(Phone Co-op), 가전제품 사업, 보험, 그리고 상조회 등을 거느린 거대한 소비자 조직이다. 1917년 이래 쿱은 협동조합 친화적인 정책을 추구하는 정치 연합체인 협동조합당(Cooperative Party)의 가장 중요한 후원자였다. 영국의 협동조합 운동은 투자자 소유기업 질서를 대체하기보다는 궁극적으로 그것의 동반자가 되었다. 하지만 쿱이 제공하는 서비스 폭은 지역 협동조합들을 공동의 부와 연결시키는, 오래되고 포괄적인 아이디어의 존재를 증명해준다.

* * *

로치데일 모델이 잘 작동한 것은 단지 모두가 모든 것을 공유하기 때문이 아니었다. 선구자들은 사도행전을 재연하려고 하지 않았다. 더욱 경이로운 점은 그들이 균형을 유지했다는 사실이다. 로치데일은 협동조합의 규칙들을 결합하여 인간 본성과 경제, 이웃 간 관계가 하나로 수렴하여 사업이 가능해지도록 만들었다. 이런 방식의 협동조합이 퍼져나감에 따라, 특히나 협동조합이 자신들에게 친화적이지 않은 시장경제에서도 어떻게 경쟁력을 갖게 되는지 밝히려는 연구들이 불충분하나마 이루어져 왔다. 그 발견들은 대략 다음과 같다.

• 협동조합은 충족되지 않은 필요를 충족할 수 있도록 수요 또는 공급을 재조직

함으로써 부재시장(missing markets)*을 만들어 낼 수 있다.

- 자원봉사와 창업자의 헌신(sweat equity)은 초기비용을 낮출 수 있다.

- 생산성 혜택(productivity benefits)은 조합원들이 조합의 성공으로부터 직접적인 혜택을 경험할 때 생겨난다.

- 협동조합은 조합원들을 착취로부터 보호하고, 이를 통해 신뢰와 충성을 얻는다.

- 공동소유는 조직 안에서의 정보 공유를 더 쉽게 만든다.

- 협동조합은 실패할 위험이 더 적다. 특히 초기 단계를 지나면 그렇다. 그리고 조합원들이 역경을 무릅쓰고 희생을 분담하기 때문에 불황 시기에 회복탄력성이 더 높다.

- 소비자들이 공동소유권을 갖게 되면 거래비용 및 계약비용이 감소한다.[15]

협동조합이 경쟁에서 누리는 이러한 이점들에는 고유한 비용이 수반된다. 이런 식으로 사업을 하면, 자본을 늘리거나 더 엄격하게 경영하는 것이 어려워진다. 비용과 혜택 사이에서, 그리고 실용주의와 목적 사이에서 균형점을 찾으려는 노력이 협동조합의 역사를 이끌어왔다.

* * *

〈뉴욕트리뷴(the New-York Tribune)〉을 창간한 호레이스 그릴리(Horace Greeley)는 19세기 미국에서 가장 효과적으로 협동조합을 선전한 사람 중 하나다. 그는 다양한 협동조합 이사회에 참여했고, 홀리요크의 저술들을 《뉴욕트리뷴》에 실어서 미국인들에게 소개했으며, 이 신문사 자체를 종업원 이익공유제로 운영했다. 〈뉴욕트리뷴〉은 뉴스 취재를 위한 협동조합인 연합통신사(Associated Press)의 초기 멤버이기도 했다. 나의 할아버지가 처음 사업

---

* 생산자의 수익성이 보장되는 가격 수준에서 소비자가 구매할 의향이 있어도 재화나 서비스를 구할 수 없는 시장.(편집자 주)

을 시작한 곳이자 가족 중 일부가 아직도 살고 있는 도시인 콜로라도 주 그 릴리는 호레이스 그릴리의 이름을 따왔다. 이 도시는 〈뉴욕트리뷴〉 농업전 문기자*가 1870년 유니온 콜로니라는 이름으로 세운 금지론자(prohibitionists)** 마을공동체에서 출발했다. 남북전쟁 이후 수십 년간 미국의 기업 시스템은 공고해졌고, 그와 함께 (기업이 아닌) 어떤 다른 것을 요구하는 다양하고 새로 운 목소리들이 나타났다. 그릴리는 "협동조합이 노동자 계급을 의존, 방탕, 낭비, 궁핍…으로부터 구할 운명적인 수단이며, 물질적 안락과 지적 문화, 도 덕적 고양에 이바지할 것"[6]이라고 예견했다.

전인적 인간 향상의 야심이 다시 한번 후렴처럼 반복된다. 협동조합의 후 원자들에게 이것은 결정론적이고 일차원적인 칼 마르크스의 계급투쟁 이론 에 대한 해독제였다. 그들은 한 사람을 그가 속한 계급으로 환원해서는 안 되며, 이런 종류의 사업이 알코올 의존이나 기타 노동자 계급이 빠지기 쉬운 유혹을 극복하는 수단이라고 믿었다. 그들은 임금노동으로부터의 "해방"에 대해 이야기했고 노예해방 전선을 목화농장에서 방직공장으로 확대했다. 남 북전쟁이 끝난 해에, 필라델피아에서 한 무리의 협동조합원들이 그릴리를 연 상시키는 표현을 써서 자기들의 가게를 홍보했다. "협력은 인류를 도덕적, 신체적, 사회적, 그리고 정치적으로 향상시키는 것을 목표로 삼는다." 안내 포스터는 독자들을 이렇게 타일렀다. "진리를 지키기 위해 한마음이 되어라. 협력의 아름다운 원칙에 대해 믿음을 가져라. 그러면 여러분은 당신의 산더 미 같은 근심을 망각의 바다로 던질 수 있을 것이다."

협력의 원리에 홀딱 반한 사람 중 일부는 깊이 빠져들었다. 1868년의 노조 신문에서 뉴욕 트로이의 한 주물공은 협동조합에 대해 경의를 표시하면서 이렇게 고백했다. "나는 그것을 꿈꾸었고, 그것에 대해 생각했다. 일터에서 도, 거리에서도, 교회에서도, 솔직히 어디에서나."[7] (정말이지) 모든 곳에서 아

** Nathan C. Meeker를 가리킴.(역자 주)
*** 도박이나 알코올 등을 법으로 금해야 한다고 주장하는 사람들.(역자 주)

름다운 원칙이 퍼져나가고 있었다.

이 시기는 근대적 보험산업의 태동기였다. 우선 사람들이 함께 안전망을 마련하기 위해 만들었던 지역의 친목조직들과 비밀결사들이 협동조합과 유사한, 계약자들이 소유권을 갖는 공제회로 진화했다. 그중에는 뉴욕생명(New York Life)이나 노스웨스턴뮤추얼(Northwestern Mutual) 같이 지금도 미국 보험업계의 선두를 지키고 있는 회사들도 있다. 노동쟁의의 수렁에 빠진 앤드류 카네기나 존 D. 록펠러, J. P. 모건 같은 산업가들이 종업원 소유와 이익배분에 잠시 손을 담그기도 했다.[18] 한편 가족농들은 거대도시의 공업에 비해 자기들의 영향력이 줄어드는 것을 지켜보면서 협력 시스템을 만들기 시작했다. 오늘날까지 살아남은 가족농장들은 이 시스템에 의지하고 있는 경우가 많다.

여전히 미국의 농촌 여기저기 흩어져 있는 그레인지홀(Grange halls)*은, 지금까지 활동을 지속하든 그렇지 않든 간에, 당시의 어려움과 상호부조를 증언해준다. 내가 사는 곳에도 차로 한 시간 거리에 여러 개의 그레인지홀이 있다. 그레인지홀에서 농부들은 서로 기술을 배우고 경제적인 어려움을 나누었다. 1867년 전쟁의 참화를 딛고 출현한 그레인지(National Grange of the Order of Patrons of Husbandry, 전국농축산보호협회)는 남북의 경계를 가로질러 서부에 흩어진 마을들을 아우르면서 농민들을 뭉치게 했다. 친목회원들은 구매, 가공, 신용, 소매 등을 위해 협동조합을 조직했는데, 로치데일 모델을 따르는 게 보통이었다. 그들의 표어 중 하나는 "모든 일을 협력하자"였다. 이것은 교육적, 정치적, 사회적 운동이었으며, 서부에서는 개척운동이기도 했다. 그리고 협동조합들은 이 운동의 성과물이자 토대였다. 더 많은 협동조합이 훗날의 농민동맹(Farmers' Alliance)으로부터 성장했다. 다인종적인 네트워크였던 농민동맹은 현금 융통이 어려운 조합원에게 외상거래를 허락함으로써 로치데일의 규칙을 깨뜨렸다.

---

* 농민공제조합의 회관.(역자 주)

한편, 도시에서는 1870년대에 노동기사단(Knights of Labor)이라는 범산업적 전국노동조합이 성장했다. 당시 노동기사단에 있어서 노동자를 조직한다는 것은 곧 협동조합을 만드는 것이었다. 그레인지가 농민들을 대상으로 했던 것처럼, 노동기사단은 공장노동자들을 상대로 협동조합 상점을 열었을 뿐 아니라, 광산, 주물공장, 제분소, 세탁소, 인쇄소, 목재 집하장 같은 노동자소유 기업을 운영했다. 그리고 여기서 생산된 물건에 '노동의 기사' 라벨을 붙였다. 1880년대 동안 이런 협동조합이 적어도 300개 이상 생겼다. 기사들은 농민과 손을 잡고 인민당(People's Party)을 창설하여 전국 정치 안에서 반란을 일으키면서 정부에 대한 자본가들의 장악력에 균열을 냈다.

그것은 금지주의적, 페미니즘적, 반독점주의적 성격을 띠는 포퓰리즘이었다. 오늘날 미국을 갈라놓고 있는 농촌-도시, 레드-블루** 대립 구도에서는 상상하기 힘든 조합이다. 그 핵심적인 요구는 금본위제보다 더 유연한 화폐제도를 만들어서 신용의 공급을 거대 은행이 아닌 소규모 생산자들의 통제 아래 둘 수 있게 해 달라는 것이었다. 인민당은 1893년 노동기사단 지부장 한 명을 콜로라도 주지사로 선출했다. 그리고 그 해가 끝나기 전에 콜로라도는 여성에게 투표권을 부여한 두 번째 주가 되었다. 시종일관 민중주의자들의 기본 전제는 기득권에 대한 저항과 협동조합의 창설은 같이 간다는 것이었다.[19]

아프리카계 미국인들은 이미 이러한 전략을 잘 알고 있었고 널리 실천하고 있었다. 당시 가장 저명한 흑인 지식인이었던 듀 보이스(W. E. B. Du Bois)는 1907년 애틀랜타 대학에서 "미국 흑인 간의 경제적 협력"이라는 제목의 컨퍼런스를 열었다. 이 행사의 결의안은 "흑인 사이에는 현대적 삶을 특징짓는 거대한 부의 불평등이 아직 존재하지 않기 때문에 그들의 경제적 노력이 진정한 협력을 향해 나아간다"[20]고 규정했다. 거의 200페이지에 달하는 보고서는 넓은 의미에서 흑인들의 협력경제의 여러 유형-교회, 학교, 보험, 비밀결사, 은행-

---

** 공화-민주(역자 주)

유형에 대해 자세하게 설명하면서, 150개 이상의 사업체 이름을 열거했다. 협동조합 공동금고(lending circles), 보험풀(insurance pools), 그리고 상점들은 백인이 운영하는 사업체나 공공기관으로부터 서비스를 받을 수 없는 흑인들에게 필수적이었다. 협동은 듀 보이스의 지속적인 관심사였던 듯하다. 1918년 그는 협동조합 간의 통합을 돕기 위해 흑인 협동 길드를 조직했다. 백인사회가 자본주의의 유혹과 불공평함에 빠져들었을지라도, 그는 자신의 민중들은 다른 길을 선택할 수 있다고 믿었다.

상호교육(mutual education)은 언제나 이런 과정의 일부였다. 정치경제학자 제시카 고든 넴바드(Jessica Gordon Nembhard)는 최근의 연구에서 "아프리카계 미국인이 소유했던 과거의 협동조합 모두와 오늘날의 협동조합 거의 모두가 스터디그룹으로 시작되었거나 조합원들을 대상으로 한 목적 의식적인 훈련과 오리엔테이션에 기대고 있다"[21]고 밝혔다. 개별적인 사업이 번성하든 좌초하든, 이러한 교육의 효과는 그 참여자들에게 각인되었다.

듀 보이스의 컨퍼런스가 열릴 무렵 급성장세를 보이던 민중주의자들의 움직임이 멈췄다. 1886년 헤이마켓 사건*에 뒤이은 탄압은 노동기사단 종언의 시작이었다. 그 자리를 차지한 미국노동총연맹(American Federation of Labor)은 협동에 무관심하고 소유에 더 친화적인 노동조합주의를 실천했다. 인민당은 1896년 선거에서 분열된 후 무너져버렸다. 워바스의 협동조합연맹이 등장하기 전에 일종의 전국 협동조합 연합을 결성하려는 시도는 있었지만, 단지 1899년까지만 지속되었다. 그럼에도 불구하고 그 '아름다운 원칙(lovely principles)'은 사람들을 계속 매혹했다.

내가 있는 곳에서 고작 10마일 떨어진 곳에도 그 흔적 중 하나가 남아 있다. 1897년, 콜로라도의 광산장비 공급자인 찰스 캐릴(Charles Caryl)은 유토피아적 계획을 담은 『새 시대(New Era)』라는 책을 자비로 출판했다. 이 책에서

---

* 1886년 5월 4일 미국 일리노이주 시카고의 헤이마켓 광장에서 8시간 노동제를 요구하는 평화행진이 유혈 진압된 사건. 노동절의 유래가 된 중요한 사건으로 꼽힌다.(역자 주)

그는 '새 시대 유니온(New Era Union)'이라는 이름의, 미국 전역에 걸친 일종의 협동조합 건설을 주창하면서, 불더 카운티(Boulder County)에 있는 노동자경영 광산 시스템을 예로 들었다. 뉴욕 투자자들로부터 적지 않은 자본이 들어왔지만, 캐럴의 계획은 실패했다. 그는 심령주의 교주로 변신했고 캘리포니아로 날아갔다. 그의 사무실은 이제 박물관으로 바뀌어 한 달에 한 번 문을 연다. 주변 협곡에는 몇 채의 집이 버려진 금제련소의 우뚝 솟은 굴뚝과 함께 남아 있다. 한편, 메인백화점 소유주인 브래드포드 펙(Bradford C. Peck)은 『백화점 세상(The World a Department Store)』이라는 또 다른 협동조합 판타지를 썼다. 그 후 그는 미국 협동조합협회를 결성하려고 시도하지만, 전국적인 수준에 도달하는 데 실패한다. 그래도 최소한 그 자신의 백화점에서는 1900년에서 1912년 사이 종업원 이윤 공유제를 실시했다.[22] 이 시대에는 협동조합 연합체가 어디서나 출범했다가 시간이 흐르면서 와해되는 것 같았다.

민중주의자들의 조직은 하나의 시스템에 기초를 놓았고, 그다음 세기 동안 거기서 캐벗 크리머리(Cabot Creamery), 랜드 오 레이크스(Land O'Lakes), 오션 스프레이(Ocean Spray), 오가닉 밸리(Organic Valley) 같은 농수축산물협동조합 브랜드가 탄생했다(CHS는 식료품점에서는 별로 눈에 띄지 않지만, 농산물 공급 분야의 거인이며, 제넥스(Genex)는 첨단기술로 황소 정액을 공급한다). 한편, 되살아난 그레인지와 농민회보험시스템(Farm Bureau Insurance system)이 로치데일의 이념을 계속 퍼뜨렸다. 미국 농무부는 협동조합 전용 프로그램들을 개설했고, 1914년과 1922년에 농업협동조합을 독점금지법(anti-trust law)의 적용에서 제외하는 법안들이 의회를 통과했다.[23]

이주자 공동체-그중에서도 스칸디나비아 공동체는 중서부의 북부 지역**에서 가장 활발했는데-는 구(舊)세계에서 협동의 모델을 수입하여 새롭게 개선했다. 백화점업계 거물이자 신용조합(credit union)이라는 용어를 창시한 에드워드 필런(Edward

---

** 미국 중서부에서 위쪽에 위치한 주들. 미네소타, 미시간, 위스콘신, 아이오와, 사우스 다코타, 노스 다코타.(역자 주)

Filene)은 자사 직원들을 돕는 것에서 시작하여, 관련 입법을 위해 로비활동을 전개했으며, 협동조합은행이 전국에 퍼지도록 자금을 지원했다. 1920년에는 협동조합 라디오 네트워크인 뮤추얼 브로드캐스팅 시스템이 설립되어 '론 레인저(The Lone Ranger)'나 '그림자(The Shadow)' 같은 고전적 라디오 드라마가 제작되었다. 협동이 경제의 일부분으로 고정될수록, 그 자체로서는 주목을 덜 받았다. 하나의 협동조합공동체를 이루는 실용적이고 강력하며, 그다지 유토피아적이지 않은 소집단들이 이미 확고하게 들어서 있었지만, 그걸 눈치채기는 어려웠다.

1941년, 머레이 링컨이 워바스의 뒤를 이어 의장이 되었을 때, 협동조합연맹은 '협동조합이 온다(The Co-ops are coming)'라는 제목의 영화를 만들었다. 이 영화는 오하이오 주 콜럼버스의 협동조합 백화점, 협동조합 트랙터, 인디아나농민회(Indiana Farm Bureau)의 협동조합 부화장(孵化場), 기업의 독점에 맞서는 협동조합 비료공장 등을 묘사한다. 이 모든 것은 두 그루의 소나무 로고로 감싸인 48개 주의 지도와 연결되어 있다. 보편성을 향한 이러한 포부는

완벽하지는 않지만 최근 미국 전역에 위치한 협동조합들의 분포를 보여주는 지도.

하나의 농업 중심지가 점점 더 협동조합 사업으로 한데 묶이고 있는 현실을 표현했다. 이대로만 가준다면…. 하지만 이 영화는 협동조합의 발전이 이러한 가속도를 유지하려면 지역적이며 비공식적인 상호교육이 필요하다고 주장한다. 자막에 의하면, "민주주의의 축소판으로서 협동조합의 강력함은 스터디그룹을 통해 서로 가르치는, 깨어 있는 조직원들에게서 나온다".[24] 임박한 전쟁과 그 뒤를 따른 기업의 거대화가 아니었다면, 이와 같은 소그룹들만으로도 충분했을 것이다. 협동조합의 운명은 아무튼 미국 내 이런저런 지지층에게만 중요한 문제가 아니었다. 국제협동조합동맹(International Cooperative Alliance)이 1895년 런던에서 처음 회합을 가졌을 무렵에는 이미 하나의 세계적 운동이 모습을 드러내고 있었다.

* * *

살리나스 데 구아란다(Salinas de Guaranda)는 에쿠아도르의 산악지대에 위치한 마을이다. 수도인 키토(Quito)에서 자동차로 거의 하루가 걸린다. 치즈, 초콜릿, 직물을 생산하는 공장들 덕택에 이곳은 작은 관광지가 되어 있다. 이 사업들이 모두 살라나스 주민들의 소유이고 책임하에 있으며, 신용조합 중심의 복잡한 조직을 바탕으로 운영되고 있다는 점이 매력적이었다. 주변 지역에서 이 마을을 모방하거나 비슷한 체계를 만들면서 이곳이 지역 발전의 원동력이 되었다. 협동조합 호스텔이 방문자들을 맞이하며, 언덕 위로 솟은 콘크리트 십자가 아래, 광장의 교회 옆 윗층 방에서는 매주 주민 회의가 열린다. 예배가 있을 경우에는 모이는 사람이 두 배로 늘어난다. 이러한 시스템 전체는 1970년대에 어느 이탈리아인 신부의 설득으로 만들어졌다.[25]

산악지대 외딴 마을들은 경제적인 면에서 곤궁하고 다국적 기업의 투자를 갈망하는 게 보통이다. 이 점에서 살리나스는 예외적이라고 할 수 있다. 하지만 또 다른 점에서는 그렇지 않다. 로치데일 모델의 확산과 함께, 영향력을

살리나스

가진 또 다른 이야기가 전 세계의 인상적인 협동조합들 속에서 반복되어 왔다. 미국 최초 신용조합인 세인트메리은행(St. Mary's Bank)은 알퐁스 데자르댕(Alphonse Desjardins)의 도움으로 1908년 뉴햄프셔 교구에서 탄생했다. 퀘벡 출신인 알퐁스 데자르댕은 북아메리카에서 가장 큰 신용조합 연합인 데자르댕 그룹의 창설자로서, 에드워드 필린의 멘토이기도 하다. 그런데 그는 이 신용조합이라는 아이디어를 러스티코 파머스 뱅크(Farmers' Bank of Rustico)의 설립을 주도한 어느 예수회 신부로부터 빌려왔다(러스티코 파머스 뱅크는 프린스 에드워드 섬에 있으며, 현재 박물관이 되었다).

지금까지 알려진 것 중에 가장 크고 가장 유명한 노동자협동조합은 스페인 바스크 지방에 있는 몬드라곤 기업이다. 7만 명이 넘는 몬드라곤의 종업원들은 대부분 공동소유자로서 이 기업의 지분을 가지고 있는데, 이는 창립자인 또 한 명의 신부(살리나스의 신부와 무척 비슷한) 덕택이다.[26]

중세의 공동체가 현대의 협동조합 속에서 새롭게 탄생했다. 물론 가톨릭만 이런 일을 한 게 아니다. 세속주의자, 유대인, 공산주의자, 불교도, 프로테스탄

트, 무슬림도 협동조합 운동에 합류했다.[27] 하지만 가장 두드러지게 기여한 것
은 가톨릭이다. 가톨릭 신자들에게는 잘 알려져 있지 않은 사실이지만 말이
다. 나 자신도 가톨릭 신자지만, 한 번도 교회에서 이런 이야기를 들어본 기억
이 없다. 사람들은 그렇게 엄격한 위계질서에서 협력적 민주주의가 나오리라
고 기대하지 않겠지만, 그것은 거기에 존재한다. 그래서 나는 이 이야기를 완
성하기 위해 책을 읽고 여행을 하면서 깨달은 것들, 어쩌다 발견한 사실들과
우연히 만난 스승들의 가르침으로부터 하나씩 조각을 맞춰 나가야 했다.

　1891년 교황 레오 13세가 ('자본과 노동의 권리와 의무'라는 제목으로도 알려진) '레룸
노바룸(Rerum Novarum)'*을 공포했을 때, 그는 교회가 유물론적 사회주의와 벼
락부자 자본주의 사이에서 진퇴양난에 빠져있다고 생각했다. 수십 년간 혁
명과 계급투쟁이 유럽을 뒤흔들었고, 교회의 세속적 지지대들에 균열을 일
으켰다. 레오 13세는 자본과 국가 중 어느 한쪽으로 권력이 쏠리는 것을 경
계하면서 제3의 길을 제시했다. 사적 소유에 힘을 실어 주되, 그것이 더 널리
분배되도록 만드는 것이다. 그는 가난한 노동자들에게 소유자가 되라고 호
소했다. "법은 소유권을 옹호해야 합니다. 그리고 가능한 한 많은 사람이 소
유자가 되도록 도와야 합니다."[28]

　소유권이 우선한다는 것을 단언할 때조차 그는 재화의 보편적 목적이라는
오래된 관념에 담긴 정신, 즉 소유권을 취급할 때는 만물이 실로 모든 이에게
속한다는 것을 잊지 않았다. 레룸 노바룸은 로치데일 스타일의 협동을 명시
적으로 언급하지 않았지만, 그것의 도입을 위한 기반을 제공했다. 그리하여
가톨릭 세계 전역에서, 엄청나게 다양한 방식으로, 교황이 말한 해결책을 실
천으로 옮기려고 노력했다. 그런 노력을 대중화한 힐레어 벨록(Hilaire Belloc)
과 G.K. 체스터톤(Chesterton)은 '분배주의(distributism)'를 정치철학의 하위 장르
로 만들었다.[29]

오스트레일리아 멜버른의 붐비는 오찬회장에서 지역 대교구를 위해 일하는 어느 젊은 조합원이 나를 보면서 한 노인을 손짓으로 가리켰다. 그 노인은 무언가 할 이야기가 있는지, 나에게 다가오더니 말하기 시작했다. 주위가 시끄러웠지만, 그래도 나는 결정적인 한 단어를 알아들을 수 있었다. '양성(formation)'.

그의 이름은 레이스 매튜스(Race Mathews)였다. '양성'이라는 신학적인 개념을 사용했지만, 그는 가톨릭뿐 아니라 다른 종교를 믿지도 않았다. 오스트레일리아 노동당 소속의 정치가이자 관료를 지낸 그는 은퇴하여 근대 협동조합 운동의 기원을 연구하는 데 전념하고 있다고 했다. 그는 자신이 최근 발견한 것을 공유하고 싶어 했다.

'양성'은 오늘날 빈번하게 사용되는 가톨릭 용어로, 한 사람이 기도와 공부, 그리고 경험을 통해 지속적으로 기독교로 개종하는 것을 뜻한다. 한 사람이 받아들이는 '양성'의 종류는 그의 외적 경험과 내적 선택에 달려 있다. 경제적인 삶 역시 '양성'의 한 부분이다.

매튜스는 1980년대부터 몬드라곤을 여러 차례 방문했다. 이 인상적인 노동자협동조합 네트워크는 1950년대 프랑코 독재의 그늘 아래서 태어났다. 한쪽 눈을 잃은 신부 호세 마리아 아리즈멘디아리에타(또는 아리즈멘디, José María Arizmendiarietta)가 몬드라곤의 탄생을 이끌었다. 몬드라곤은 공장, 학교, 은행, 상점들로 이루어진 시스템이다. 거기서 일하는 노동자들이 모든 것을 소유하고 경영한다. 물론 그 이상으로 나아가거나 유사한 사례가 더 많아져야 하겠지만, 몬드라곤은 첨단기술을 사용하며 규모가 엄청남에도 불구하고 민주주의적 방식으로 사업이 번창할 수 있는 가능성을 전 세계에 알리는 등대이다.

매튜스의 책 『우리만의 일자리(Jobs of Our Own)』(2009)는 아리즈멘디 이전 선구자들의 발자취를 좇는데, 여기에는 레룸 노바룸과 분배주의자들도 포함된다. 몬드라곤에서 매튜스는 초기 가톨릭교도들이 암시적으로만 언급했던 아이디어들이 '진화한 분배주의'라는 새로운 이름 아래 현실화된 것을 보았다.

하지만 매튜스가 '양성'이라는 관념에 관심을 집중한 것은 책을 출판한 후, 아리즈멘디에게 영향을 준 '가톨릭 행동과 청년 기독교 노동자 운동(Catholic Action and Young Christian Workers movements)'에 대해 공부하면서부터다.

몬드라곤이 하나의 기념비라면, 그것은 특정한 사업방식을 제시한다는 점에서만이 아니라, 그 조합원들의 정신세계를 만드는 비전을 제시한다는 점에서 그렇다는 것을 매튜스는 깨달았다. 1956년 몬드라곤 협동조합이 처음 문을 열기 전에, 아리즈멘디는 먼저 학부모들이 자금을 대고 공동운영하는 중학교를 시작했다. 그곳에서 학생들과 함께 10년에 걸쳐 학사과정을 계획했다. 그들은 끊임없이, 그리고 창의적으로, 실천을 통해 자신들의 아이디어를 실험했고, 수정했다. 몬드라곤이 성공한 이유는 복합적이고, 무한한 해석이 가능하겠지만, 그중 빼놓을 수 없는 것은 참여자들의 영적인 성장이 (단지 추상적인 경제시스템을 활성화하는 수단이 아니라) 그 자체로 하나의 목표였다는 사실이다. 언젠가 아리즈멘디는 "협동조합주의는 교육을 수단으로 삼는 경제적 운동이었다. 하지만 이 정의를 이렇게 뒤집어놓을 수도 있다. 협동조합주의는 경제를 수단으로 삼는 교육 운동"[30]이라고 썼다. 몬드라곤에 있어서 교육의 중심성은 아무리 강조해도 지나치지 않다.

몬드라곤은 협동조합적 산업주의의 유일한 성공적인 모델로 남아 있다. 하지만 가톨릭의 사회적 가르침을 협동조합을 통해 표현한 예는 그밖에도 많이 있다. 노동기사단 회원 중에는 가톨릭 신자가 아주 많았는데, 레오 13세에게 지지를 탄원한 테렌스 파우덜리(Terence Powderly) 같이 협동조합에 친화적인 지도자들이 포함된다.

1930년대 중반 노바스코샤에서 두 명의 신부가 대학의 성인교육 프로그램을 통해 안티고니시 운동의 씨앗을 뿌렸다. 그 결과 노바스코샤 전체에 수백 개의 협동조합이 생겨났다.* 미국 남부에서는 아프리카계 미국인 목사인 알

---

* 안티고니시는 캐나다 노바스코샤 주의 작은 마을이며, 협동조합을 통해 경제공황을 극복한 사례 중 하나이다.(역자 주)

버트 J. 맥나이트(Albert J. McNight)가 협동조합 시스템의 건축가가 되었다. 그는 수천 명의 흑인 농부가 땅을 소유할 수 있도록 협동조합을 설계했다. 한편 뉴욕에서는 1953년부터 1967년까지 간행된, 평신도가 편집하는 가톨릭 잡지 〈주빌리Jubilee〉가 정기구독자들이 지분을 소유하는 소비자협동조합으로 스스로를 재조직했다. 이 모델은 저널리스트이자 어린이책 저자인 클레르 위셰 비숍(Claire Huchet Bishop)의 『모든 물건을 서로 공유한다(All Things Common)』에서 영감을 얻어 만들어진 것이다. 이 서정적인 긴급 메시지는 2차대전 이후 프랑스 전역에서 나타난 협동조합 기업의 노동자 가운데서 나왔다.* 가난한 농부와 수공업자들이 자신들의 생산물을 좀 더 유리한 조건으로 글로벌 시장에 판매할 수 있도록, 전 세계에서 선교단체들이 협동조합을 후원했다. 가톨릭구제회(Catholic Relief Services)**는 이 방법을 "전인교육"이라고 불렀다. 공정무역 노동자 협동조합인 이퀄익스체인지(Equal Exchange)의 "종파를 초월한 협력자들" 중에는 가톨릭 구호 서비스뿐 아니라 미국 퀘이커 봉사위원회(Quakers' American Friends Service Committee), 유대인 공정무역 프로젝트(Jewish Fair Trade Project), 메노파중앙위원회(Mennonite Central Committee), 미국 장로교회(Presbyterian Church USA), 유니테리언 유니버설리스트 봉사회(Unitarian Universalist Service Committee)도 있었다.[3]

협동은 때로 서로 다른 사람들을 묶어서 색다른 조합을 만들어내기도 하는데, 이것을 가장 잘 보여주는 곳이 바로 이탈리아의 투스카니와 트렌티노, 그리고 무엇보다 에밀리아로마냐다. 협동조합은 여기서 전체 경제의 음색과 박자를 결정한다. 이탈리아에서 가장 큰 식료품점 체인 두 곳은 모두 협동조합인데, 하나가 소비자 소유라면 다른 하나는 지역 소매상들이 소유한다. 에밀리아로마냐 주의 수도 볼로냐의 테라코타 지붕들 위로 우뚝 솟은 현대적

---

* 클레어 위셰 비숍은 스위스 출신 동화작가다. 젊은 시절 파리에서 서점을 운영했고 결혼 후에는 미국으로 건너가 영어로 글을 썼다. 독실한 가톨릭이면서, 가톨릭 내부의 반유대주의와 싸운 저널리스트이기도 하다. 『공통된 모든 것』은 유럽의 노동자 공동체 운동을 설명한 책이다.(역자 주)
** 미국 가톨릭 주교회의가 1943년에 설립한 국제 인도주의 기구.(역자 주)

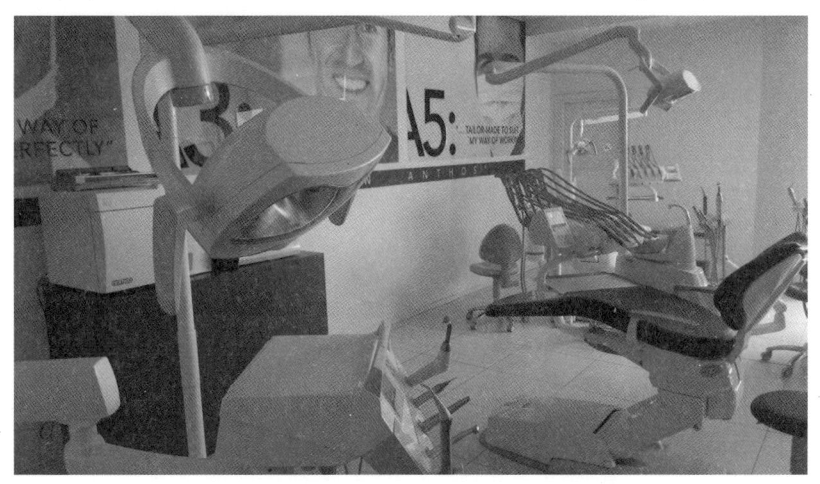

볼로냐 세플라 협동조합공장에서 만든 치과용 진료의자

사옥을 자랑하는 거대보험회사 유니폴도 협동조합의 지배 아래 있다. 협동조합은 건축, 쓰레기 수거, 팩에 든 와인 생산 같은 다양한 활동을 수행한다. 형태 역시 다양하여, 로마의 트라스테베레 지구에서 산테지디오 공동체가 운영하는 트라토리아***일 수도 있고, 베니스의 운하 옆에 있는, 게스트하우스로 사용되는 수도원일 수도 있다. 핵심은 장애가 있는 사람들을 반드시 고용한다는 것이다. 우리는 거대한 노동자 소유 공장의 쇼룸에서 정교하게 제작된 치과 진료의자들을 구경할 수도 있고, 크고 둥근 파르메산 치즈 덩어리들이 그 가치를 보증해주는 낙농협동조합의 채권을 살 수도 있다. 협동조합 네트워크 덕택에 중소기업들은 세계적으로 유명한 자동차, 식품, 포장시설을 수출하는 지역에서 살아남을 수 있었다. 부분적으로 협동조합 문화 덕택에 에밀리아로마냐는 이탈리아에서 평균 가계소득이 제일 높고, 실업률이 제일 낮으며, 그러면서도 여성의 경제활동 참가율이 가장 높다.[32] 저명한 경제학자이자 볼로냐의 전(前)시장인 델보노(Delbono)는 협동조합과 이 지역의 경제지표 사이에 인과관계가 있다고 주장했다. 내가 지금 하고 있는 이야기의 상당 부

***간단한 음식을 파는 식당.(역자 주)

분은 세인트 메리 대학의 협동조합 경영교육 프로그램과 볼로냐 대학의 경제학부가 공동 주관한 스터디 투어의 경험에서 나온 것이다.[33] 이것은 흥미로운 융합(curious convergence)의 결과이다.

에밀리아로마냐는 19세기 후반부터 좌파의 근거지였다. 공산주의자들과 사회주의자들이 1886년에 세워진 최초의 국영협동조합 연합회를 지배했다. 가톨릭 신자들은 또 다른 연합회인 콘프코페라티베(Confcooperative)를 결성했다. 가톨릭교회가 민주주의보다 왕정을 선호했을 때, 그리고 공산주의자들이 그들만의 절대주의 체제를 위해 다투고 있었을 때, 두 협동조합 연합회는 아래서부터 위로의 상향식 사업을 지원하는 쪽을 택했다. 오늘날 두 조직은 자기들의 이데올로기적 차이를 대수롭지 않게 생각하며, 합병을 추진 중이다. 볼로냐의 레가코프 임원인 지안룰카 라우니리는 "베를린 장벽은 더 이상 존재하지 않죠. 이탈리아 사람들은 최근에야 그 사실을 깨달았지만요"하고 말한다. "이데올로기와는 별개로 협동조합은 협동조합이죠."

협력적인 양성은 원래의 신조보다 더 오래 살아남는 것 같다. 그것은 독특한 방식으로 작동하며 그 자체의 가르침을 전달한다. 또한 서로 비슷한 점이 거의 없는 사람들과 장소들 속에서 공동체를 만들어낸다.

* * *

동틀 무렵 내가 탄 비행기가 나이로비에 도착했다. 이 도시는 처음이었고, 사하라 이남 아프리카에 오는 것도 처음이었다. 한 시간 뒤에 도심의 호텔에서 약속이 있었기 때문에, 잠이 덜 깬 채로 택시를 탔다.

공항에서 도시로 이어지는 빽빽한 차량 행렬 속에서 나는 아침 안개에 싸인 풍경을 바라보았다. 길을 따라 늘어선 야자수와 전신주들 사이로 건물들이 다가왔다가 지나갔다. 상점들과 어쩌다 보이는 호텔, 그리고 안에서 무슨 일을 하는 지 알 수 없는 오피스 빌딩들. 손으로 그린 사파리컴(Safaricom) 광고 벽화 위로 높게 솟은 옥외광고판에서 패션모델들이 내가 지나가는 것을 지켜보고 있었다. 사파리컴은 문자메시지 결제시스템 엠페사(M-Pesa)로 유명한 통신회사다. 이어서 코어퍼러티브 뱅크[34] 지점들이 보이기 시작했다. 나이로비의 스카이라인이 눈에 들어오면서, 고층 건물 중 하나에도 같은 이름이 붙어 있는 것을 확인할 수 있었다. 나는 협동조합과 관련해서는 케냐를 방문한 적이 없었고, 그래야 한다는 것도 몰랐다. 케냐 산(Mount Kenya) 근처 연구단지에 사는 친척을 만나러 간 적은 있지만, 협동조합이 그렇게 널려 있고 또 활발하게 돌아가는 곳에 와보기는 처음이었다.

내가 택시 운전사에게 코어퍼러티브 뱅크에 대해 묻자, 그는 자신이 속해 있는 협동조합 은행에 대해 말하기 시작했다. 그는 동료 운전사들과 함께 사코(SACCO)라고 불리는 작은 신용조합 내지는 상호저축금고에 가입해 있었다. 독립 노동자인 택시운전사들에게 사코는 아플 때는 의료비를, 죽으면 장례비를 대주는 사회안전망이다. 그가 택시를 여러 대 사서 사업을 시작할 수 있었던 것도 사코에서 빌려준 자금 덕택이었다. 그는 내게 자기 사업의 비결 -수익이 아니라 매출의 비결- 그리고 빠르게 돈을 회전시켜야 하는 택시운전사 사이에서 생겨나는 까다로운 정치적 문제들에 대해 이야기해주었다. 그는 사코에서 여러 차례 회장을 맡았다. 그래서 경영과 공동체 유지 사이의 갈등에 대해 잘 알고 있었다. 그의 이야기를 듣다 보니, 민주주의의 역학, 그리고 그 모순과 한계를 이렇게 꿰뚫고 있는 사람을 만나보기는 처음이라는 느낌이 들었다. 그에게 있어서 협동이란 선택을 넘어서는 필요의 문제였다. "그것은 양날의 칼이죠"라고 그가 말했다.

케냐에서 근대적인 협동조합은 착취의 도구가 되고 말았다. 19세기 말, 자기네 노동자들의 삶을 향상시키려는 목적으로 협동조합 사업 기술을 발전시켰던 영국은 그것을 식민지에 적용했다. 1931년에도 여전히 식민지 케냐의 협동조합 조례는 가입자격을 백인 정착자들로 한정하고 있었다. 그들이 수출하는 환금작물이 아프리카 땅에서 아프리카 노동력으로 재배되는데도 말이다.[35] 한편 인도에 진출한 영국의 식민주의자들은 협동조합농장을 장려했다. 영국이 지배하는 팔레스타인에서는 유럽에서 온 유대인들이 수 세기 동안 아랍인들의 소유였던 땅에 촌락공동체를 건설했다.

케냐에서 백인 전용 시스템에 변화가 시작된 것은 1940년대 식민지 통치자들이 중산층 흑인 협동조합원을 소요에 대항하는 방어벽으로 쓸모가 있겠다고 생각하면서부터다. 1963년 독립을 이루자마자 케냐인들은 이 착취의 수단을 해방의 수단으로 만들었다. 협동조합은 국가가 후원하는 "아프리카 사회주의"의 토대가 되었다. 공식 이데올로기의 재해석에 의하면 협동조합 시스템은 식민지배 이전의 공동체적 삶으로의 복귀이자, 새로운 국가의 모토인 하람베(harambee), 즉 "함께 어울리기"의 경제적 표현이었다.

오늘날 케냐의 국내 총생산의 절반 가량이 협동조합을 거쳐서 흘러간다. 그리고 국제노동기구(ILO)에 따르면 케냐 인구의 63퍼센트가 협동조합을 통해 생계를 유지해 나간다.[36] 역사적으로 협동조합 발전의 중심이었던 농업은 이제 금융부문에 자리를 내주고 있다. 여기에는 내가 만난 택시운전사가 속

케냐협동조합대학

한 소규모 사코에서 케냐에서 네 번째로 큰 금융기관인 코어퍼러티브 뱅크까지 포함된다. 케냐의 협동조합은 부문별, 지역별로 여러 연합체를 이루고 있으며, 이 연합체들이 모여 그 상부조직인 케냐협동조합연맹을 구성한다. 국제협동조합연맹 역시 나이로비에 지부가 있다.

나이로비에서 보낸 마지막 날, 나는 케냐 협동조합 대학으로 갔다. 서쪽 교외에 있는 이 조용한 캠퍼스는 많은 부분에서 평범한 경영대학원이다. 건물들은 푸른색과 흰색으로 칠해져 있고, 평균보다 더 잘 차려입은 학생들이 마케팅, 회계, 재무 강의를 들으러 인도와 잔디밭을 질주한다. 하지만 여기에는 그 이상의 무언가가 있다.

이 대학원의 학장을 지낸 에스더 지서루는 협동조합원의 딸로 커피농장에서 자랐다. 그녀의 교육은 가족 사업을 돕는 것으로 시작되었다. "협동조합의 실무를 가르치면서 우리는 단지 경영지식이나 기술을 퍼뜨리려고 하는 게 아닙니다." 그의 말은 마치 홀리요크나 그릴리 같은 사람들과 흡사했다. "우리는 사람들을 모든 면에서 성장시키고 앞으로 나아가게 하려고 합니다.

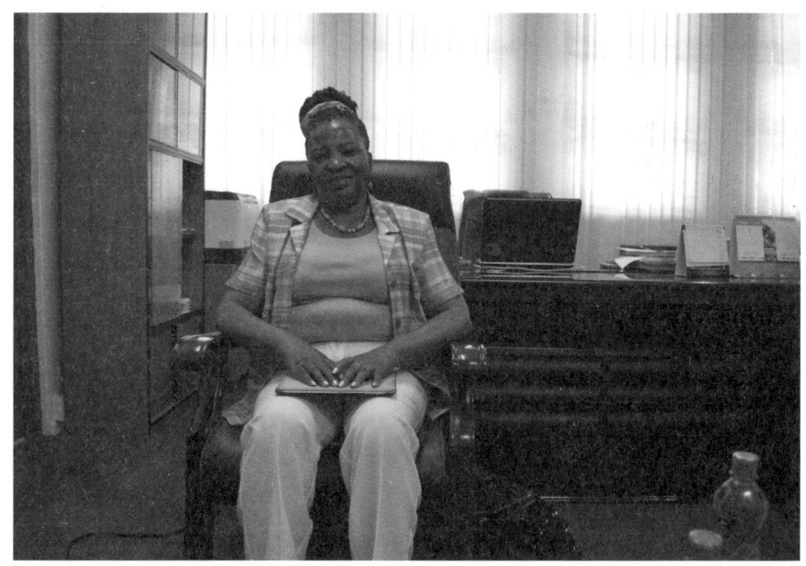

에스더 지서루

일반적인 주식회사에서는 결코 할 수 없는 일이죠." 현재 그녀는 이 대학에 협력개발연구소(Institute for Cooperative Development)를 설립, 운영하고 있다. 그녀는 동료들과 함께 기존의 사업들이 더 잘 굴러가도록 돕는 한편, 노동자협동조합이나 주거협동조합 같은 그 나라에서 아직 덜 일반적인 형태의 사업을 추진하길 원한다.

케냐의 협동조합들은 1997년에 하나의 법이 통과된 뒤에야 정부의 지원과 통제로부터 실질적으로 독립할 수 있었다. 사실 이것은 세계은행과 같은 국제기구가 케냐를 아프리카 사회주의에서 세계시장으로 끌어내기 위해 벌인 더 크고 불확실한 구조조정 과정의 일부였다. 그때부터 케냐의 협동조합은 진정한 협동조합으로, 정말로 자율적이고 자체 관리되는 조직으로 거듭나야 했다. 시장화할 수 없는 부문이 너무 컸던 협동조합들은 자기 무게에 못 이겨 무너지기도 했지만, 경쟁력을 갖추고 번성하는 법을 배운 협동조합들도 있었다. 대학의 업무는 새로운 의미를 띠게 되었다. 지서루는 "예전에는 협동조합이 정부의 연장선에 있는 것으로 간주되었다"며 "협동조합은 이제 매우 진지하게 교육에 임하고 있다"고 했다.

콘크리트 건물들이 빽빽하게 들어선 나이로비 중심가로 돌아온 나는 정부의 산업화와 기업발전부(Ministry of Industrialization and Enterprise Development)에서 협동조합 담당관을 맡고 있는 뇨어 하이린 모라(Nyong'a Hyrine Moraa)를 방문했다. 협동조합들은 자신들만의 부서를 갖는 특권에 익숙해져 있었다. 이제 그녀는 협동조합들이 세계화 시대에 스스로 생존하는 법을 찾도록 인도해야 한다. 케냐의 모든 협동조합은 아직 담당 기관에 회계를 제출해야 하지만, 더이상 예전처럼 국가의 보호를 기대할 수 없다.

"우리는 협동조합들에게 이제까지 하던 대로 해서는 안된다고 말합니다. 더 이상 과거에 해왔던 방식으로는 안됩니다." 모라가 말했다. "그들에게 기업가 정신을 각인시킬 필요가 있습니다." 모라가 특별히 선호하는 것은 협동조합이 그저 원자재를 대량생산하는 게 아니라 그들의 생산품에 가치를 더하는 수단에 투자하는 것이다. 이것은 대영제국 시절로까지 거슬러 올라가는 오래된 문제다. 영국은 식민지에서 값싼 곡물을 재배하게 하면서 가장 수익이 높은 공급 사슬의 연결 부분들은 본국에 두었다. 모라는 가죽, 식품 가공, 섬유에 대해 이야기했다. 하지만 세계의 그토록 많은 다른 곳에서 그런 것처럼, 탈 식민지적 조건의 성가신 역설이 거기 있다. 케냐 인구의 절반은 빈곤 속에서 살아가며, 사코가 있다고 해서 그들이 정치 엘리트가 꼭대기에서 걷어가는 부에 접근할 수 있는 것은 아니다. 협동조합의 발전에 필요한 돈의 많은 부분이 해외에서 온다. 그중에는 케냐로 하여금 전 지구적 시장의 독재에 순응하는 정책을 펴도록 강요하는 부유한 나라들도 있다. 하지만 모라는 케냐의 협동조합이 서로에게 투자하도록 돕기도 한다. 예를 들어 그녀의 부서는 시골의 농부들을 도시의 사코가 제공하는 이자가 낮고 만기조정이 가능한 대출에 연결시켜 준다.

내가 이 금융설계에 대해 질문을 계속하자, 모라는 초조해하며 나에게 이 사무실이 그날 온종일 거의 비어 있었다는 사실을 알아차렸는지 물었다. 정말 그랬다. 그는 종업원들의 사코가 선거 중이라서 그렇다고 설명했다. 그도 투표하러 가야 했던 것이다. 그녀는 미안해하며 엘리베이터가 있는 쪽을 알려주었다.

＊　＊　＊

협력적 사고방식이 시간이 흐르고 시행착오를 거치면서 형성되듯이, 협동조합원들도 그런 과정이 필요하다. 교육은 로치데일 상점의 기본원칙 가운데 하나였으며, 원칙이 업데이트될 때마다 다시 포함되었다. 하지만 이것은 또한 단기적인 관점에서 간과되기 쉬운 원칙이었고, 그래서 나중에는 어디서도 찾아볼 수 없게 되었다. 미국에서는 내가 나이로비에서 보았던 것 같은 종류의 교육을 받기가 더 어렵다. 미국에는 협동조합 경영대학원 같은 게 없다.

협력의 원리와 실천은 뚜렷이 구별되는 논리와 규모를 가진 하나의 부문을 대표하고 있음에도 불구하고, 2차대전 후 경제학 교과서에서 사실상 사라졌다. 2000년에 발표된 어느 연구에 의하면, 북아메리카에서 나온 경제학 개설서 17종 중에서 6종만이 협동조합에 대해, 그것도 짧게, 무시하듯이 언급했다.[37] 내가 조사한 미국의 손꼽히는 MBA 프로그램 20개 중에서 협동조합 기업을 다루는 코스는 하나도 없었다. 나는 협동조합 사업에 대해 경제학과나 경영학과 교수 여러 명에게 질문했는데, 그들은 내가 무슨 이야기를 하는지 확실히 이해하지 못했다.

스탠포드 대학의 설립자인 벼락부자 릴랜드 스탠포드가 이 사실을 안다면 실망할 것이다. 1885년 초기 설립자금을 기부하면서 그는 이 대학이 "협력과 연합의 권리와 이점"에 기여할 것을 명시했다. 미합중국 상원의원으로서 스탠포드는 노동자 소유 협동조합을 지원하는 법을 만들기 위해 싸웠다. 그는 이것을 자신을 그토록 부유하게 만들어준 투자자 소유 기업보다 선호했다. 그는 스탠포드 대학의 첫 입학생들에게 "협력적인 사회에서는 개인의 최상의 역량과 영향력이 전체의 이익을 위해 사용되며, 다수의 선한 영향력이 개인을 돕는다"고 말했다.[38] 하지만 (경영대학원을 포함하여) 그의 대학은 이러한 지침을 거의 완벽하게 무시해왔다.

이 공백에 대한 예외는 일반적으로 MBA 프로그램이 아니라 농경제학이라는 조금은 수수한 분야에서 발견된다. 협동조합은 미국 농부들의 핵심적인 인프라이기 때문에, 농무부는 오래전부터 대학이 협동조합을 연구하는 것을 장려해 왔으며, 특히 토지공여대학(land-grant campus)*을 대상으로 그렇게 해왔다. 이런 프로그램 중에서 가장 활발한 곳이 위스콘신 매디슨 대학교의 협동조합 연구센터(UWCC)다. 이 센터는 1962년 연방정부의 지원으로 설립되었으며, 주법의 규정을 따른다. 하지만 이 센터가 현재의 학장을 찾고 있었을 때는 자격을 갖춘 후보가 없어 어려움을 겪었다. 농업경제학자로 결국 이 임무

---

* 주정부가 연방정부로부터 공여받은 토지를 재원으로 삼아 설립한 대학.(역자 주)

를 맡은 브렌트 휴엣은 거의 혼자서 협동조합을 연구해 오고 있는 중이다. "혼자 암중모색을 하고 있는 것이나 마찬가지"라고 그는 말한다.

그를 이끌었던 것은 독립적인 농부들이 필요한 물품을 구입하거나 생산품을 시장에 내다 팔 때 규모의 경제를 달성하도록 도와주는 유일한 수단이 협동조합이라는 깨달음이었다. 그는 "우리 나라만 그런 게 아닙니다. 이것은 유일무이한 게 아니에요" 하고 나에게 말했다. "시장과 경제환경의 이런 조합들에는 근본적인 무언가가 있습니다. 투자자소유 모델은 감당할 수 없죠."

매디슨 센터가 문을 닫지 않도록 계속 재원을 조달하는 일은 쉽지 않았다. 협동조합 부문은 MBA 프로그램에 명성과 돈을 공급해주는 부유한 후원자들에게 접근할 수 없었다. "협동조합은 커다란 부를 창출합니다. 하지만 그 부는 소수에게 집중되지 않습니다." 휴엣이 말한다. 민주적으로 운영되는 협동조합이 대학 프로그램에 돈을 대도록 설득하는 것은 개인 기부자에게 대학에 재산을 유증(遺贈)하고 이름을 남기라고 유혹하는 것보다 더 어렵다. 캐나다 세인트메리 대학의 협동조합 MBA 프로그램은 종업원들을 그곳에 보내어 공부하게 하는 협동조합들과의 관계에 의지한다.

오늘날 많은 협동조합 경영 교육이 공동체 조직에서 운영하는, 학위를 부여하지 않는 학원들에서 이루어지고 있다. 강의는 실험적일 때가 많고 조별 과제 중심이며, 현실 세계에서의 성공에 의해 평가된다. 하지만 규모가 어떻든, 그리고 얼마나 진지하든 간에, 하나의 협동조합 부문의 형성은 정식 훈련을 필요로 한다. 노동민주화연구소(Democracy at Work Institute) 임원이자 미국 노동자협동조합의 지지자로 유명한 멜리사 후버(Melissa Hoover)는 기다릴 여유가 없다. 그녀는 현존하는 자본주의의 핵심 내용을 가지고 일할 줄 아는 협동조합 기업가들을 가능한 한 빨리 얻고 싶어 한다. "저는 협동조합 교육을 '특별한 눈송이' 버전**으로 만드는 것을 거부합니다." 그녀는 내게 말했다.

** 눈송이란 자신에 대한 비판을 잘 견디지 못하고 다른 사람들을 공격하는 젊은이들을 가리킴.(역자 주)

"자, 움직입시다. 여러분, 전통적인 비즈니스 스쿨로 가서 스스로 학습하면
서 정치화(politicize)하세요."

대학제도 자체는 그 기원을 조합에 두고 있다. 유럽의 초창기 대학들은 자
율적으로 운영되는 학자들의 길드에서 탄생했다. 이 유산은 따분한 교직원
회의와 업무 속에서 지속되고 있긴 하지만, 아마도 새롭게 되살려야 할 것이
다. 어떤 사람들은 학교가 교원들만이 아니라 학생에서 관리직원에 이르는
이해당사자들에 의해 지배되고 운영되어야 한다고 주장한다. 최근 수년간
영국 전역에서는 초중고 부모들과 교사들이 민영화 개혁을 활용하여 함께
소유하고 경영하는 협동조합 학교들을 설립했다.[39]

무엇이 나로 하여금 공정 선구자들의 이야기가 숙고할 가치가 있다고 생
각하도록 만들었는지 자문하면서 나는 학창시절의 기억을 더듬었다. 내가
다닌 고등학교 수학 선생님이 나에게 공립대안학교의 입학정책을 재고하는
위원회에 들어오지 않겠느냐고 제안한 일이 있다. 그것은 까다롭고 복잡한
문제였다. 왜냐하면 우리의 예전 정책이 큰 소송 끝에 무효가 되었기 때문이
다. 나는 어떤 위원회에도 참여해 본 적이 없고, 직책을 맡은 경험은 더욱 없
었다. 그가 왜 내가 그런 일을 할 수 있을 거라고 생각했는지 모르겠다. 그런
데 나는 해냈다. 그 선생님과 나, 다른 학생들, 그리고 방금 퇴근한 학부모들
까지 우리는 만났다. 창밖에 어둠이 내리는 가운데 텅 빈 학교 건물이 우리
이야기에 귀를 기울이는 것 같았다. 우리는 무엇이 가능한지를 놓고 여러 달
동안 토론했고, 주민들이 학교를 더 잘 이용할 수 있도록 제안서를 작성했
다. 그리고 내가 설명하는 일을 맡았다. 우리의 제안서는 통과되었다. 나는
그때 수학을 못하는 십대라 해도 경영을 도울 기회가 주어진다면 어떻게든
해낼 수 있다는 사실을 뼛속 깊이 이해했다.

"더 훌륭한 지성을 가지고, 협력의 원리들을 더 잘 이해하면서 그 원리들을
실천에 적용한다면, 이 나라의 산업 대부분이 이 협력적 조직에 의해 운영될
거라고 저는 생각합니다."[40] 1887년 릴랜드 스탠포드는 의회에서 이렇게 발언

했다. 그는 조금 더 올바른 방향으로 연구하고 가르치고 훈련한다면 하나의 협동사회(a cooperative commonwealth)가 도래할 수 있을 것이라고 믿었다. 하지만 그가 자신이 설립한 대학에 쏟아부은 노력에도 불구하고, 그의 가정은 아직 검증되지 않은 상태로 남아 있다. 오늘날 협동조합에 관심을 갖는 사람들은 그들 스스로 아름다운 원칙들을 재발견해야 한다.

3장

세상의 시계
[붕괴]

　내가 디트로이트에 간 것은 그곳에 있다고 들은 것의 구체적 실체를, 볼 수 있고 만질 수 있는 무언가를 찾기 위해서였다. 버려진 땅에 조성된 게릴라 농장들과 공동체로 바뀐 압류된 집들, 아메리칸드림이 그들을 저버린다면 다른 도시들 역시 겪게 될 종말론적 미래를 엿보려는 생각이었다. 과연 기대한 것이 거기 있었다. 비어 있는 저택들과 공장 폐허 사이를 빌린 자전거로 오가는 동안, 분명한 가능성도 볼 수 있었다. 많은 경우 잔해는 곧 가능성이었다. 이곳은 우리 이야기의 방향을 과거로부터 현재, 그리고 미래로 돌리기에 안성맞춤인 장소다.

　디트로이트는 오랫동안 명소였다. 자동차 도시라고 불리며 미국 자동차 문화의 엔진 노릇을 했고, 흑인 중산층이 북아메리카 양쪽 해안 사이에 세운 엔터테인먼트와 예술의 중심지로서 모타운(Motown)이라는 별명이 붙기도 했다.* 최근 미국은 다른 이유들 때문에 디트로이트에 기대를 걸게 되었다. 탈공업화로 인한 극심한 쇠퇴와 상대적인 공동화가 그것이다. 텅 비었다고까지는 할 수 없지만, 디트로이트의 황량한 상태는 개척자들—공정 선구자들이든 아

---

* 모타운은 디트로이트에서 시작된 미국의 음반회사다. 아프리카계 미국인이 소유한 음반 레이블로, 대중음악에서 인종적 장벽을 무너뜨리는 데 커다란 역할을 한다. 사명(社名)은 모터와 타운을 혼합해서 만들어졌는데 나중에 디트로이트의 별명이 되었다.(역자 주)

니든의 상상력을 자극하면서 이 도시 부흥의 주인공이 되어보라고 손짓하기에 충분해 보인다. 디트로이트는 우리 시대의 붕괴를 예리하게 보여주고 있으며, 또한 협동에 대한 새로운 열망을 잘 드러내고 있다.

이번 방문의 구실은 "새로운 일, 새로운 문화(New Work New Culture)"라는 제목의 컨퍼런스에 참가하는 것이었다. 이 행사는 자동차 산업의 흥망성쇠를 겪으며 노동을 지루한 노역에서 즐거움으로 바꾸려고 한 미시간 대학 철학 교수 프리트호프 베르크만(Frithjof Bergmann)의 수십 년에 걸친 도전을 간접적으로 기리고 있었다. 같은 주간에 시내 한편에서는 "흑인 농부와 도시 농부 컨퍼런스(Black Farmers and Urban Gardeners Conference)"가 열렸고, 또 다른 한편에서는 디트로이트 시 파산 절차로 인해 발생한 가정 수돗물 공급중단사태에 대한 UN 대표단 조사가 이루어지고 있었다.

디트로이트에 있는 동안 나는 뉴 워크 필드 스트리트 콜렉티브(New Work Field Street Collective)** 회관에서 묵었다. 내게 마룻바닥에 잠자리를 마련해 준 한 운영자는 "'새로운 일자리'가 무엇이냐고 묻는다면, 모두 다른 답을 내놓을 것"이라고 말했다. 핵심을 지적하는 말이었다. 베르그만에 의하면, 좋은 일자리는 우리 각자가 자신의 가장 진실하고 특별한 열망을 탐사하는 데서 생겨난다.

도착한 날 밤, 나는 필드 스트리트 콜렉티브의 원로 격인 블레어 에반스(Blair Evans)를 만나 이런저런 이야기를 들었다. 에반스는 블랙 팬서(Black Panther)*** 시절 활동 때문에 수감되었다 풀려난 지 얼마 안 되었다. 그는 그동안 구경하지 못한 온갖 디바이스들을 굉장히 좋아했고, 경찰을 찍기 위해 조그만 비디오카메라를 목에 걸고 다녔다. 회관에서 그는 수감 중에 배운 가죽 공예를 젊은이들에게 가르쳤다. 그다음 날은 마르시아 리(Marcia Lee)를 만났다. 마르시아는 젊고 도회적인 여성이었고, 그 지역의 프란치스코회 수도회에서 일했다. 어느 날 그는 나를 차에 태워 데리고 다니면서 퀴어 활동가들과 사진 촬영을 하고 만찬기도회에 참석하는 등 조직가로서 바쁜 일정을 소화하면서 틈틈이 협동조합을 꿈꾸는 유색인 여성들과의 공부 모임에 대한 이야기를 들려주었다.

이런 활동 중 실제로 효과를 거두고 있는 것은 얼마나 될까? (쇠락하고 있는) 디트로이트에 남아 있는 것으로 무언가를 만들어낸다면, 그것은 어디서나 통할 것이다. 나는 다른 곳과 공유할 수 있는 복제 가능한 혁신 모델들을 발견하고 싶었다. 하지만 컨퍼런스에서 나는 그러한 모델을 찾아내지 못했다. 최소한 첫날은 그랬다.

디트로이트 도심의 웨인주립대학교(Wayne State University) 강당의 형광등 불빛 아래서 행해지는 개회 기도(invocation)*는 아프리카 북소리처럼 들렸다. 뒤이은 토론은 "새로운 문화" 양상들을 주제로 했는데, 활동가들의 관용구와 아프리카 풍물(Africana), 솔직한 경험이 한데 어우러져 세계와 인생에 관한 꽤나 일반적인 반성이 주를 이뤘다. 마마 산드라 시몬스(Mama Sandra Simmons)는 "당신이 여기서(디트로이트) 버티고 살아남는다면, 자아실현에 대해 무언가를 배울 것입니다"라고 말했다. 시몬스는 좌중을 압도하는 여성이었는데, 자기소개를 하면서 안수받은 목사라는 점을 부각시켰다. "우리는 전사입니다. 그래서 여기 함께 있습니다."

하지만 연사들이 가장 자주 반복한 문구는 다음 질문이었다. "지금 이 세상의 시계는 몇 시인가요?" 이것은 이 행사를 조직한 사람들의 멘토인 그레이스 리 보그스(Grace Lee Boggs)가 던진 질문이다. 그레이스는 미국이 2차 세계대전에 참전하기 직전 철학 박사학위를 땄다. 중국계 미국인인 그녀는 아프리카계 미국인 공장노동자이자 노조 조직가인 지미 보그스(Jimmy Boggs)와 결혼했고, 트리니다드 출신 사회학자 C. L. R. 제임스(Cyril Lionel Robert James)

---

* 컨퍼런스의 개회사가 의례적으로 박수를 보내야 하는 기도처럼 느껴졌다는 의미를 담고 있음.(역자 주)

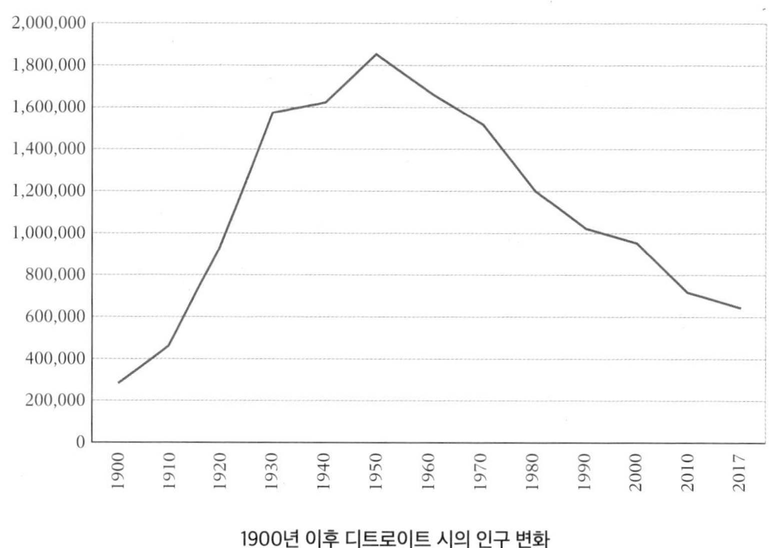

1900년 이후 디트로이트 시의 인구 변화

의 영향을 받았다. 그레이스는 소비에트 공산주의를 거부하고 말콤 엑스와 블랙 팬서에 합류했으며, 주변화된 유색인 공동체들의 힘을 모아 지역경제 혁명을 일으키려 했다. 그녀는 "변화를 원하는 사람들간 연계가 생각없는 대중을 압도하는 힘"에 대해 역설했다.[1] 컨퍼런스가 열리는 시기 동안 보그스는 자신의 집 지하실에 머물면서 위층 방들을 행사관계자들에게 내주었다. 고령이었지만 기력이 있던 그녀는 마르시아 리를 비롯한 아주 가까운 동료들만 만났다(다음 해 백 세가 된 보그스는 세상을 떠났다).

"세상의 시계(The clock of the world)"는 지금 우리가 어디에 있고 다음에 어디로 가게 될지 살펴보라고 요구한다. 보그스는 오랫동안 디트로이트를 미래를 알리는 시계, 다른 곳으로도 곧 퍼져나갈 위기와 그것에 대처할 수단을 예견하는 시계로 이용해왔다. 자동화 공장시스템이 디트로이트 자동차 노동자를 덮친 것은 인터넷이 여행 업체를 덮치기 한참 전의 일이었으며, 디트로이트의 부동산 버블은 2008년이 되기 한참 전에 이미 터졌다. 보그스의 제자들은 대답을 기대해서라기보다는 추가적 탐색을 계속하기 위해 그 질문을 던졌다. 최선의 희망은 "길 없는 곳에서 생겨난 길"이었다.

그날의 세션들이 모두 끝나자 타악기가 든 상자의 행렬이 청중들 사이를 뚫고 지나갔다. 이윽고 연주가 시작되었고, 점점 커지던 불협화음이 몇 분 뒤 하나의 비트로 맞춰졌다. 나는 모래가 반쯤 채워진 오래된 플라스틱 석류 주스 병을 받아 흔들었다.

둘째 날은 내가 처음에 생각한 모습과 조금 더 비슷했다. 버려진 땅에 조성된 텃밭을 둘러보는 버스 투어가 있었다. 하지만 컨퍼런스 장으로 돌아오자 참여자들은 부스스한 은발 위에 검은 가죽 모자를 눌러 쓴 베르크만에게 몰려가 질문 공세를 퍼부었다.

자동차 조립 라인의 폐해에 대한 치유책으로 그가 수십 년 전에 제안한 것(열정에 따라 살고 원하는 시간에 일하기)은, 그 자리에 모여든 긱 이코노미(Gig Economy)*를 잘 알고 있는 청년들에게는 그것을 지지하는 발언처럼 수상쩍게 들렸다. 베르크만이 '해방'이라고 여긴 것이 청년들에게는 끝없는 고용불안 이었다. 베르크만이 3D프린터 덕택에 지역 맞춤형 생산이 가능해졌다고 한껏 기뻐하자, 또 하나의 새로운 기계장치가 구원을 가져온다는 이야기에 질려 있던 청중들 속에서 탄식이 흘러나왔다. 보그스의 큰 질문(세상의 시계는 몇 시인가요)에 대해 "지금은 멈춰야 할 시간입니다"라고 대답한 젠더 연구자 케이시 윅스(Kathi Weeks)는 큰 박수를 받았다. 케이시는 '자신의 열정을 쏟아부을 만큼의 노동'을 신뢰하지 않았다.[2]

그날 오후, 나는 오해를 받고 좌절한 베르크만이 홀로 앉아 있는 것을 발견하였다. (그가 공장노동을 비판한 이래) 정말 많은 것이 바뀌었다. 공장은 더이상 출발점이 아니었다. 그가 꿈꾸던 새로운 노동의 전망은 더 나은 버전으로 자라기도 전에 자본주의에 흡수되어 버렸다.

그의 주위에는 소그룹들이 모여들어 협동조합의 자금조달과 타임 뱅크

---

* 플랫폼 노동 중심의 경제.(역자 주)

(time bank)** 조직화에 관해 논의했다. 나는 최근에 생긴 제작실험실(fab-lab) 견학에 동참했다. 그곳은 "위기에 처한" 청년들이 정밀기구는 물론 3D프린터를 사용하여 컵 받침부터 전기자동차까지 온갖 것을 만들어내는 현장이었다.

그날 밤, 내게 배정된 공기주입식 매트리스 잠자리로 돌아가는 길에, 타와나 페티(Tawana Petty)의 차를 얻어탔다. 페티는 이 컨퍼런스를 조직한 활동가였다. 언제나 웃는 얼굴인 그는 그렇게 웃는 법을 패스트푸드 가게에서 일하면서 배웠다고 말했다. 지금 그는 "데이터 정의(data justice)"에 대한 조사와 교육을 담당하고 있었다. 조수석에 앉은 페티가 운전대를 잡은 친구와 밀린 이야기를 나누는 것을 나는 뒷좌석에서 듣고 있었다. 그는 UN 대표부 앞에서 물 위기(water crisis)를 주제로 연설했던 순간을 회고했다. 그는 선조들이 그의 입을 빌어, 자신과 함께 이야기하고 있는 느낌이 들었다고 했다. 혈연 관계의 선조가 아니라, 예를 들면 채리티 힉스(Charity Hicks) 같은 존재 말이다. 디트로이트 인권 운동가이자 공동체 지도자인 채리티 힉스는 물 공급 중단에 맞서 끈질기게 싸웠는데, 어느 날 뺑소니 차에 치여 사망했다. "채리티가 거기에 있었어요"라고 페티는 말했다.

나의 최선의 판단은 트로이트의 유토피아들은 대개 자본에 의해 강압적으로 밀어부쳐지거나 그렇게 하는 것이 이익이 되기 때문에 흡수되는 과정에 (표류하고) 있다는 것이었다. (일종의) 조수(潮水)에 의해 어떤 배들은 뜨지만, 또 어떤 배들은 가라앉고 있는 중이었다. 그리고 나머지 배들을 구제할 유일한 길은, (역설적이게도) 길이 없다는 사실, 그 자체였다. 나는 디트로이트에서 벌어지고 있는 힘든 저항과 노력이 제시하는 가장 기본적인 방법, 전략, 혹은 모델에 숨겨져 있는 가치를 제대로 보지 못했다. 그것은 바로 자신들의 신념을 끈질기게 발전시켜 나가는 것이었다.

** 시간 단위를 통화로 사용하는 상호 서비스 교환의 관행.(편집자 주)

＊ ＊ ＊

우리 시대의 많은 위험과 근심을 함축적으로 포착해내는 아주 간단한 차트가 있다. 뱀의 입(the jaws of the snake 제레드 번스타인은 2011년 노동통계국 민간 부문 고용 대비 생산성 자료에 근거해서 이 용어를 만들었다)[3]*이라는 이름이 붙은 이 차트는 두 개의 선으로 이루어진다. 들쭉날쭉하면서도 꾸준히 위쪽으로 향하는 첫 번째 선은 2차 세계대전 이후 미국의 생산성 증가율을 나타낸다. 두 번째 선은 초반엔 첫 번째 선을 거의 그대로 따라간다. 이 선은 임금, 즉 대다수 실제 생산자들이 실제로 이익을 얻는 정도를 보여준다. 처음에는 두 선이 동조하며 상승하다가, 1970년 즈음에 두 번째 선이 평평해진다. 그 무렵에 민간 부문 노동조합 조합원 수가 급감했다. 비슷한 일이 2000년에 다시 일어났는데, 다만 이번에는 평평해진 선이 전체 민간 부문 고용률에 해당된다. 어떤 논자들은 소프트웨어에 의한 자동화를 그 원인으로 지목한다. 경제는 점점 더 효

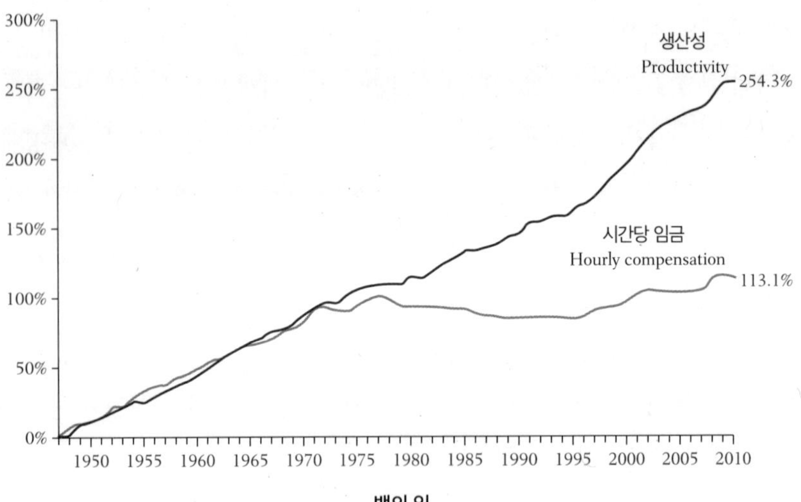

뱀의 입

* 경제학자 제레드 번스타인(Jared Bernstein)이 명명한 현상으로, 기술 발전에 따라 생산성과 고용이 함께 증가하지 않고 뱀이 벌린 입 모양처럼 분리되는 경향을 가리킴.(역자 주)

율적이 되고, 더 많은 가치를 생산하지만, 대부분의 사람들은 그 가치에서 점점 더 작은 비율만을 나누어 받는다. 생산된 가치의 대부분은 소수 부자들 쪽으로 빨려 올라간다. 기업경영은 고객을 기쁘게 하는 것 이상으로, 그리고 일자리를 창출하는 것 이상으로, 주주 가치 극대화, 즉 주식투자를 할 수 있을 정도로 이미 부유한 사람들의 몫을 극대화한다는 한결같은 목표에 점점 더 잘 복무하고 있다.

경제학자 토마스 피케티(Thomas Piketty)는 베스트셀러 『21세기 자본주의』에서 투자자본수익률이 세상을 새로운 봉건주의로 몰아가고 있다고 논증했다. 그의 가장 유명한 비판자인 스물여섯 살의 MIT 대학원생 매튜 롱리(Matthew Rognlie)는 이 현상의 가장 중요한 원인이 부동산이라고 강조한다는 점에서 차이를 보인다.[4] 최저 임금을 약간 올리는 것으로는 문제를 해결할 수 없다는 것이다. 어떤 방식이든지 간에 부는 가진 자들에게로 간다. 우리의 집과 일터, 그리고 우리가 소비하는 그 모든 물건을 소유한 이들의 수중으로 말이다.

우리 대다수는 뱀의 벌어진 턱 사이에 위치한다. 2008년 금융위기 때 넓어진 뱀 아가리가 꽉 물기 전까지만 해도, 운 좋은 사람들은 평온한 상태에 있을 수 있었다. 그러나 그후 시스템은 그 본성을 드러냈다. 거대 금융이 긴급구제를 받는 동안, 전 세계 사람들, 특히 이미 취약한 상태에 있던 사람들은 치명적인 손실을 입었다. 이런 일이 재발하지 않도록 도입된 새로운 규제들조차 대기업에 맞추어져 있어서 중소기업들을 더욱 옥죄었다. 이는 작동 중이던 권력 관계가 백일하에 드러난 것이었다. 자기들의 이해관계를 보호할 능력이 있는 자들이 누구이며 그렇지 못한 자들은 누구인지가 공개적으로 분명해졌다. 사라진 일자리를 대신하여 생겨난 새로운 일자리는 더 불안정했고, 보수가 낮았으며 혜택들도 더 적었다. 주택 보유자 수백만 명이 자기 집을 잃었다. 위기였다. 하지만 그것은 칭송받던 규범들이 작동하고 있다는 신호이기도 했다. 우리가 갈망해왔던 무언가의 결말이었다.

* * *

오늘날 기업가들이 가장 열망하는 것은 파괴(disruption)다. 그들은 고장난 레코드처럼 반복해서 그러한 열망을 표현한다. 특정한 산업이나 문화적 관습이나 노동집약적인 비효율성이 무너지고 있다면, 이는 새로운 유망기업이 나타났다는 신호다. 파괴에 대한 이야기는 너무 널리 퍼져 있어서 아무도 그 단어의 의미에 대해 생각해보려 하지 않는다. 예를 들어 디트로이트에서 이 단어가 무엇을 의미했는지에 대해서 말이다. 수십 년 전 이곳에서 지미 보그스(Jimmy Boggs)는 파괴를 목격했다. 로봇과 인종차별과 아시아로부터의 자동차 수입이 결합한 결과, 도시의 공장들이 문을 닫은 것이다. 얼마 남지 않은 자동차 산업은 백인들이 주로 사는 교외로 이동했고, 미국 흑인 사회의 중심지는 쇠락과 파괴에 직면했다.

파괴라는 유행어는 좀더 엄밀한 학문적 개념에서 시작되었다. 1990년대 중반에서 2000년대 초반, 하버드 경영대학원의 클레이튼 크리스텐슨(Clayton Christensen)이 발전시킨 "파괴적 혁신(disruptive innovation)"이 그것이다. 이 개념은 (종종 완만하게 쇠퇴하는 시장에서 나온 단순한 신개발품이) 그 시장의 규칙들을 어떻게 다시 바꾸어놓을 수 있는지 설명하기 위해 고안되었다.[5] 작고 값싼 일본 자동차가 디트로이트의 캐딜락을 접수한 것이 좋은 예다. 코닥의 파산 과정은 파괴적 혁신으로 설명된다. 코닥은 1970년대 최초의 디지털카메라를 발명하고서도, 필름에 집착하다가 자기 발명품 때문에 파괴한 셈이다. 스마트폰이 알람 시계를 맞추는 일부터 음반을 수집하는 일, 주유소 직원에게 운전자가 방향을 묻는 일에 이르기까지 모든 것을 대체해 버린 것도 마찬가지다. 파괴의 규모는 엄청나다. 크리스텐슨의 동료들은 그가 현대 자본주의의 원동력을 발견했다고 믿었다. 칼 마르크스와 조지프 슘페터가 산업화 시기에 관찰

---

* 업계를 완전히 재편성하고 시장의 대부분을 점유하게 될 신기술.(역자 주)

했던 "창조적 파괴(creative destruction)"의 빛나는 계승자가 바로 여기 있다고 말이다. 그래서 우리는 스티브 잡스나 일론 머스크 같은 파괴자들을 숭배한다. 하지만 파괴되는 것들, 파괴의 결과를 감당해야 하는 사람들은 어떨까?

수백 년 전, 성 클라라 수도회의 수녀들과 광부들, 로치데일 선구자들과 노동기사단이 협동조합경제의 싹을 틔웠을 때, 그들은 대체로 경제적 격변을 감내하는 쪽에 있었다. 당시 협동조합원들이 건설한 것은 크고 작은 갈등을 거치며 새로운 질서의 토대로 자리 잡았고, 그렇지 않았다면 낙오되었을 사람들에게 생존과 번영을 가능하게 하는 생명줄이 되어주었다. 로마 제국의 멸망을 겪고 살아남은 수도원들과 역병이 지나간 후 장례 비용을 떠안은 도시의 길드, 그리고 (길드를 파괴하고 들어선) 착취공장에서 견뎌야 하는 노동자들을 위한 협동조합 가게들이나 상점에서도 같은 일이 일어났다.

2000년대 초반의 파괴는 마치 폭포처럼 쏟아져 내리며 뒤섞인다. 탈진한 인간 문명은 점점 더 잦아지고 심해지는 기상이변과 장기간에 걸쳐 느리게 진행되는 가뭄을 초래했다. 두더지 잡기 게임 같은 테러와의 전쟁이 전 세계에 걸쳐 대규모 이주를 유발했다. 세계화된 시장에서 자본은 자유롭게 흘러다니지만, 절망에 빠진 이주자들은 국경에서 붙들린다. 모든 곳으로 퍼져나갈 것 같던 자유 민주주의적 합의는 세계 곳곳에서 유권자들이 독재자를 선출함에 따라 어그러졌다.

우리는 또한 네트워크들의 파괴를 경험하고 있다. 실리콘 밸리의 입장에서 인터넷 기술은 파괴적 혁신의 가장 마음에 드는 사례였다. 여행사와 대형 서점들을 대체한 것은 공상과학소설에 나오는 걷고 말하는 로봇이 아니었다. 그것은 앱이었다. 앱은 기존 중개자들을 대체하는 새로운 연결점들이다. 이 연결들은 사용자와 데이터를 창의적으로 배치하는 것으로 물질적 자산과 "인적 자본"을 대신한다. 맥킨지 앤드 컴퍼니는 현재 사용 중인 테크놀로지만으로도 일자리의 절반을 없앨 수 있다고 추정한다.[6] 앱은 (현재 다른 나라들에 아웃소싱된) 제조업 생산과 유통보다는 탈산업적인 매칭 알고리즘을 제공한다.

하지만 네트워크화된 연결로 인해 끊임없이 파괴만 일어나는 것은 아니다.

그토록 많은 파괴적인 기술 기업들의 배후에는 협업에서 출발한 혁신이 있다. 에어비앤비가 출현하기 이전에, 여행자들은 카우치서핑*을 통해 무료로 숙박을 해결했다. 구글과 페이스북이 인쇄 광고 산업을 와해시키고 있었을 때, 이집트의 구글 직원 한 명은 페이스북을 이용해서 대중 봉기를 결성하였고, 결국 호스니 무바락(Hosni Mubarak) 정권을 무너뜨렸다. 공유 자동차, 크라우드 펀딩, 소셜네트워크 등은 (사실) 사람들이 예전부터 협동조합에 기대했던 것들이다. 인터넷을 통한 협안 가능성은 협동조합에 새로운 가능성을 의미하기도 한다. 문제는 금융이 전체 경제에서 차지하는 비중이 계속 커지면서, 새로 생기는 회사들이 외부 투자자의 돈을 고객이나 직원들의 돈보다 더 쉽고 싸게 빌릴 수 있다는 점이다.[7] 한두 세대 전만 해도 협동조합 외에는 기댈 곳이 없던 특이한 사업들도 이제는 다른 선택지들을 고민하기도 전에 기꺼이 돈을 대거나 인수하고 싶어 하는 투자자들에게 둘러싸인다. 투자자본이 넘쳐나다 보니, 대다수 야심찬 기업가들은 그들이 속한 공동체를 토대로 한 자본조달과 사업 확장의 전망을 인식하지 못하는 듯하다. 하지만 모두 그런 건 아니다.

새로운 공정한 선구자들은 스타트업 기업가들과 달리 파괴라는 아이디어에 군침을 흘리지 않는다. 사냥감을 찾아다니는 돈 많은 투자자에게는 파괴가 멋지게 들린다. 하지만 동료들, 그럭저럭 살아가는 다른 이들에게 책임감을 느끼는 사람이라면, 그들의 생계 기반을 송두리째 없애는 일을 좋아하지 않을 것이다. 금융 협동조합들과 신용조합들은 위험에 덜 노출되었고 공황에 빠질 일도 적었기 때문에 2008년 금융위기가 도래한 후에도 예금 수준을 유지하면서 대출을 계속했다.[8] 다른 금융기관들이 붕괴하는 동안에도 조합들은 자기들만의 방식으로 혁신을 이어갔다.

---

* 소파에서 소파로 돌아다닌다는 의미를 브랜딩한 여행자 플랫폼으로서 집주인이 어떤 금전적 대가도 받지 않고 잠자리를 제공한다는 점에서 선물경제에 가깝다.(역자 주)

1960년대 반문화(counterculture)는 브루클린의 파크슬로프 푸드 쿱(Park Slope Food Co-op) 같은 소비자협동조합 식품점을 탄생시켰다. 새천년이 시작될 무렵 이런 협동조합은 커피나 초콜릿 같은 제품의 글로벌 공정거래 운동을 시작하여 반세계화 전선에 귀중한 힘을 보탰다. 1960년대와 1970년대에는 좀 더 묵묵히 일하는 유형의 협동조합들도 있었다. 시애틀의 은행가 디 혹(Dee Hock)이 만든 비자(Visa)가 좋은 예다. 그는 뱅크 오브 아메리카(Bank of America) 임원들에게 신용카드 사업부를 분사하도록 설득하여 이 은행 소유의 협동조합을 창설했다. 한편 뱅가드 그룹은 저비용의 소비자-소유 뮤추얼 펀드를 세워 월스트리트의 게이트키퍼들을 따돌리면서 업계에 진출했다. 이탈리아에서는 소위 사회적 협동조합이 돌봄 산업의 지형을 간병인과 고객이 공동 소유하는 형태로 바꾸었다. 또한, 사회적 협동조합은 장애인과 전과자들을 고용하는 데 앞장섰다. 화가 마크 브래드포드(Mark Bradford)는 2017년 베니스 비엔날레 미국 전시관에 설치할 작품을 만들면서, 지역 재소자들과 같이 작물을 재배하고 공예품을 만드는 사회적 협동조합과 파트너십을 맺었다. 1985년 브롱스(Bronx)에서 문을 연 협동조합 홈케어협회(Cooperative Home Care Associates)는 -빠르게 성장하는 돌봄 분야에서 더욱 많은 발전을 기대하게 하면서- 미국에서 가장 규모가 큰 노동자협동조합이 되었을 뿐 아니라, 공익을 추구하는 기업에 주는 비콥인증(B Corporation Certification)을 받았다. 제대로 된 우유를 찾던 일본 주부들은 대규모 소비자 협동조합 집단을 건설하기에 이르렀다. 인도의 성노동자들은 협동조합에 의지해서 지하경제(underground industry)에서 그들의 노동을 좀 더 견딜만하게 해주는 기준을 세울 수 있었다. 2001년 아르헨티나 경제가 붕괴했을 때, 노동자들은 소유주들이 문을 닫으려는 공장을 인수해서 자신들이 경영하기 시작했다. 세제 혜택에 힘입어 확장된 종업원 지주제(employee-stock ownership)는 회사의 이익을 수백만 명의 미국 노동자들에게 이전했다.[9] 인위적인 것이든 자연적으로 발생한 것이든, 파괴가 일어날 때, 이처럼 새로운 협동조합들이 등장하고 있다.

2012년 10월 29일, 허리케인 샌디(Sandy)가 뉴욕시를 강타했다. 단언할 수는 없지만, 이 사건은 기후변화로 인해 발생했으나, 그 피해는 (분명히) 도시의 불평등에 의해 더 심각해졌다. 샌디는 퀸스(Queens) 남동쪽 로커웨이 반도(Rockaway Peninsula)를 거의 초토화시켰다. 이 좁은 띠 모양의 땅에는 10만 명 이상이 살고 있었다. 해안 주변 구조물들은 산산 조각난 채 몇 블록 떨어진 곳에서 뒤집힌 자동차들과 그 밖의 크고 무거운 잔해들과 함께 발견되었다. 길게 늘어선 거리 전면의 가게들은 전기 화재로 숯덩이가 되었다. 전기와 난방이 끊어진 공공 아파트 건물이 어둠 속에 우두커니 서 있었다. 침수된 지하실에서 피어난 곰팡이 때문에 아파트 주민들은 집으로 돌아갈 수 없었다. 다행히 수천만 명의 뉴욕시민들이 집중 피해 지역과 여타 해안 지역들의 복구 노력에 동참했다. 가장 재빠르면서도 눈에 띄게 자원봉사자들로 북적거렸던 활동은 '샌디를 점령하라(Occupy Sandy)'였는데, 이를 조직한 활동가들은 일 년 전 벌어졌던 '월가를 점령하라(Occupy Wall Street)'에서와 여러 면에서 비슷한 생각을 갖고 있었다. 그들은 며칠 만에 채용 양식, 자원봉사자 교육법, 곰팡이 제거 장비, 기부 물품 배포 센터 등을 갖추었다. 그리고 얼마 지나지 않아 협동조합 역시 만들어지고 있었다.

다음 해 6월, 나는 파 로커웨이(Far Rockaway)에 있는 교회 건물 위층에서 열린 노동자 소유 로커웨이 협동조합(Worker-Owned Rockaway Cooperatives, WORC)의 수료식에 참석했다. '점령하라'의 베테랑들은 12주에 걸친 프로그램을 진행하면서, 인근 주민들로 이루어진 다섯 개 예비 협동조합 사업팀을 꾸렸다. 파나데리아(panaderia),* 푸푸세리아(pupuseria),** 연예기획사, 건설 노동자 팀까지 총 다섯 팀이었다. 그 자리에는 브렌던 마틴(Brendan Martin) 총괄이사도 있었다. 총괄이사를 맡기에는 젊어 보이는 그는 캐주얼한 차림으로 좁은 실내를 돌아다니며 사람들을 격려하고 청구서들을 처리하는 중이었다. 그는 대

---

* 스페인어로 빵집, 빵부터 청과물을 파는 "피플스 마켓(people's market)".(역자 주)
** 옥수수 부침개 가게.(역자 주)

형 금융사에서 일하다가 아르헨티나로 이주해서 워킹 월드(Working World)를 조직했는데, 활동의 출발점은 그곳의 협동조합 사업에 수백 건을 대출해 주는 것이었다. 워킹 월드는 '점령하라' 사람들과 함께 이곳처럼 파괴된 지역을 돕는 것을 계기로 다시 미국에까지 활동 영역을 넓히기 시작했다.

한 자원봉사자가 내게 말했다. "우리는 지난 몇 년간 시위를 많이 했어요. 하지만 그건 대안적인 구조들을 만들기 위해서였죠." 그녀는 곧 그다음에 할 일을 모색하면서 '점령하라' 사람들과 더불어 디트로이트를 순례할 것이다. 그리고 돌아와서 이들은 서로에게 물을 것이다. "세상의 시계는 몇 시를 가리키고 있나요?"

'점령하라'와 협동조합의 친화성은 대침체(the Great Recession)^{***} 동안 미국에서 나타난 부활(revival)의 일부에 지나지 않았다. "계좌를 옮깁시다(Move your money)" 캠페인은 대형은행에 반감을 느끼는 사람들이 신용조합에 새 계좌를 개설하도록 만들었다. 부동산투자 협동조합은 도시의 젠트리피케이션 흐름을 역전시키기 위해 조직되었다. 하지만 가장 열렬한 희망을 불러일으켰던 것은 노동자 협동조합이라고 할 만하다. 뉴욕시 노동자협동조합네트워크(The New York City Network of Worker Cooperatives)는 2009년에 설립되었으며, 그보다 5년 앞서 설립된 전미노동자협동조합연합(US Federation of Worker Cooperatives) 산하에 들어갔다. "닉낙(nick knock)"으로 발음되는 NYC NOWC는 로비스트로서의 역량을 증명했다. 2014년 무렵 닉낙 연합은 시의회를 설득하여 노동자 협동조합, 특히 이민자 공동체들을 위한 기금으로 120만 달러를 확보했는데, 이후 그 액수는 수백만 달러로 커졌다. '샌디를 점령하라'에 참여했던 사람들은 닉낙의 신입직원이 되었다. 클리블랜드(Cleveland)에서는 병원이나 대학 같은 (지역 경제의 지렛대 역할을 담당하는) "중추기관들(anchor institutions)"이 노동자 소유 세탁협동조합과 그린에너지 협동조합 설립을 도

*** 2008년 글로벌 금융위기를 지칭.(역자 주)

왔다. 민주주의 공동 연합은 이런 사례들을 전국 규모로 발돋움하기 위한 계획의 토대로 삼았다. 위스콘신 주 매디슨 시는 2014년말 투표를 통해 노동자 협동조합에 자금을 지원하기로 결정했다. 오클랜드, 오스틴, 미니애폴리스, 뉴왁 같은 도시들도 다양한 방식으로 이 대열에 합류했다. 2017년, 버니 샌더스(Bernie Sanders)는 그와 의견을 같이하는 민주당 상·하원의원들과 함께 노동자 협동조합을 위한 연방 법안을 발의했다. 곤경에 빠진 몇몇 노동조합들은 협동조합에 대한 새로운 관심과 더불어 그들의 뿌리로 되돌아갈 용의가 있는 듯했다. NCBA 및 더 오래된 협동조합들과 함께, 이러한 노력은 2008년 금융위기 당시 설립된 신경제연합(New Economy Coalition)이라는 활기차고 여러 부문을 교차하는 다양성 있는 조직을 중심으로 모이는 경향을 보여주었다. 그들은 스스로를 더 넓은 "연대 경제(solidarity economy)"의 일부로 여겼다.[10]

뱅크 오브 아메리카가 시카고의 구스 아일랜드(Goose Island)에 공장을 둔 리퍼블릭 윈도즈 앤도어스(Republic Windows and Doors)의 대출한도를 끊은 것도 2008년의 일이었다. 생산이 중단되었지만, 노동자들의 일부는 떠나기를 거부했으며 그들의 점거는 국가적 상징이 되었다. 당시 대통령 당선자 버락 오바마는 다음과 같이 말했다. "그들에게 일어나고 있는 일은 지금 미국 경제에서 일어나고 있는 일을 반영합니다." 법원의 중재는 은행에 노동자들에 대한 보상을 명했다. 그 후 다른 회사가 그 공장을 매입하려 했지만, 도산을 막지는 못했다. 그러고 나서 최초의 노동자(점거자 중 한 명이었던 노조지부장) 아만도 로블스(Armando Robles)는 브렌던 마틴을 만나 워킹월드의 개입을 요청했다. 리퍼블릭 윈도즈앤도어스의 사례는 마틴이 아르헨티나의 재가동된 공장들에서 본 사례들과 상당히 유사했다. 한 무리의 노동자들이 노조의 지원 아래 뉴 에라 윈도즈 협동조합(New Era Windows Cooperative)을 만들고 워킹월드로부터 100만 달러 이상을 빌렸다. 이제 그들은 공장을 소유하고 유리창을 생산하여 다시 수익을 창출하고 있는 중이다.[11]

"제가 보기에 그건 어떤 노조든 앞으로 해야 할 일입니다." 새 공장을 방문

뉴에라 윈도즈 협동조합 사무실에서 아만도 로블스. 그의 등 뒤로 공장 작업 현장이 보인다

한 내게 로블스는 이렇게 말했다. "노조원들이 떠나가도록 내버려 두는 대신에, 그들이 일자리를 유지하고 협동조합을 만들도록 도와주어야 합니다. 그들에게 필요한 수단을 주려고 노력해야죠."

뉴 에라 윈도즈 협동조합은 하나의 사례일 뿐이지만, 확장 가능한 모델이기도 하다. 미국 고용주의 절반 이상은 다가오는 세대에 곧 은퇴를 앞두고 있는 베이비부머 세대다. (협동조합으로의) 전환을 돕는 오클랜드의 비영리기구 프로젝트 에퀴티(Project Equity)에 의하면, 이 사업체들의 85퍼센트는 (고용주) 승계 계획을 갖고 있지 않다. 이들 중 상당수는 외부 인수자를 찾는 데 어려움을 겪을 것이다. 많은 경우 직원들에게 파는 게 가장 좋은 방법일 수 있다. 소유주들이 그리고 직원들이 그런 대안이 있다는 사실을 깨닫기만 한다면 말이다.

* * *

2015년 여름 콜로라도로 이사하면서 나는 그곳에서도 협동조합이 되살아나고 있다는 것을 알게 되었다. 공동체 재산 형성 네트워크(Community Wealth Building Network)라는 그룹은 덴버 사무실에서 매달 모임을 갖고, 투자자와 정책 입안자들을 설득해서 협동조합 모델을 지원하게 했다. 록키 마운틴 종업원 소유 센터(Rocky Mountain Employee Ownership Center)는 은퇴를 앞둔 사업자들을 대상으로 (협동조합으로의) 전환을 지원했고, 록키 마운틴 농업인 조합(Rocky Mountain Farmers Union)은 농업협동조합 경험을 도시의 서비스 노동자들에게 전해주기 시작했다. 하지만 가장 엄청난 일은 거리에서 벌어지고 있었다.

2016년 노동절 전 일요일 아침, 아메리카 통신노동자 로컬 7777(Communication Workers of America Local 7777) 사무실 뒤편 주차장에 자동차가 가득 들어찼다. 어떤 차들은 벌써 그린택시 협동조합(Green Taxi Cooperative)을 나타내는 검정 또는 녹색으로 칠하고, 와일드웨스트 살룬(Wild West saloon) 글꼴로 이름을 써넣었다. 하지만 많은 차는 덴버의 다른 택시회사들의 브랜드를 달고 있기었는데, 그런 차들의 운전기사들은 그린택시의 조합원 소유주가 되려고 2천 달러의 투자금을 내고서도 기존 택시회사 소속으로 일하고 있었다. 몇몇은 아직 우버를 그만두지 않았다. 그린택시 조합원을 위해 마련한 800개 주차 공간이 꽉 차서 더 많은 자리가 필요했지만, 지금까지는 약 150명의 조합원만이 이 협동조합 이름을 걸고 운전 중이었다. 나머지는 다른 회사 소속으로 일하면서, 혹은 경쟁사의 공동 소유주로서의 지위를 유지하면서, 이 협동조합이 제대로 굴러가는지 살피며 기회를 엿보고 있었다. 덴버 시내에서 가장 큰 택시회사는 아직까지 은밀하게 움직이고 있었다.

"노동절 전 일요일에 이런 모임을 갖는다는 이야기는 처음 들어요." 로컬 7777의 정책국장 실라 리더(Sheila Leider)가 약 90명의 공동 소유자들이 모인 자리에서 말했다.* 이들 대부분은 노동절이 존재하지 않는 곳에서 태어나고 자랐다. 그린택시 운전사들은 37개국에서 왔고, 동아프리카 출신이 특히 많다고 한다. 이곳의 택시업이 (다른 곳도 마찬가지지만) 실리콘 밸리 앱에서 시작된 생존이 걸린 파괴에 직면했을 때, 이들 이민 노동자는 자체 자금을 조달하여

---

* 미국의 노동절은 9월 첫번째 월요일이고 그 전날인 일요일은 Labor Day Sunday라고 해서 특별하게 보낸다.(역자 주)

새로운 제3의 길을 모색했다. 그들은 수익을 빼가는 관리자 없이 택시 운전으로 괜찮은 생활을 유지할 만큼의 돈을 벌기를 희망했다. 앱의 시대에 걸맞게 자신들의 회사와 자신들만의 앱을 가지고 말이다.

"우리가 회사에 대해 이야기할 때 그 회사는 여러분입니다." 이사회 회장 아브디 버니(Abdi Buni)는 공동소유자들에게 재확인시켰다. "그리고 우리가 운전사들에 대해 이야기할 때, 그들도 역시 여러분입니다."

2014년 이래, 버니와 동료 설립자들은 아메리카 통신 노동자(Communication Workers of America)의 지원-그린택시가 노조회관 지하에 빌린 사무실도 포함된다-을 받아 각종 규제의 장벽을 걷어냈다. 2016년 7월 1일 사무실 개소와 함께 그린택시는 천천히 조용하게 출발했다. 7월 말에 첫 번째 택시가 거리로 나왔다. 이것은 앱에 의해 파괴되는 택시 산업을 노동자들이 소유권을 가질 기회로 전환하려는 전 세계적인 흐름의 일부였다. 버지니아 교외에서, 서울에서, 유럽 전역에서, 그리고 또 다른 세상 저편에서 택시협동조합이 싹을 틔우고 있다. 그린택시는 덴버의 택시 산업 게임의 지형을 바꾸었다. 조합원들에게 이것은 더 나은 거래였다.

"전에는 소유주의 면허를 사용하느라 추가 비용을 냈어요." 키디스트 벨라네(Kidist Belayneh)는 6년 전 에티오피아를 떠나 덴버로 왔다. 택시 운전을 한 지는 대략 3년째다. "이제 제가 소유주예요. 더 이상 추가 비용을 낼 필요가 없죠." 그는 그 방에서 몇 명뿐인 여성이었다.

그날 모임의 주요 의제는 법적 효력은 없어도 수사적으로는 중요한 그린택시 규약 수정안에 대해 찬반 투표를 하는 것이었다. 수정안은 "조합원"이 실제로 "소유주"임을 강조한다. 운전사들은 세세한 부분까지 따졌다. 그중 몇 명은 최근에 만들어진 더 작은 협동조합인 유니온 택시(Union Taxi)와 마일 하이 캡(Mile High Cab)에서 운전한 경험이 있었는데, 거기서는 조합원들이 비조합원에게 차를 대여하는 일을 허락했다. 이와 다르게, 그린 택시는 모든 운전사가 조합원이자 소유주임을 명시했다. "우리는 법적 소유권을 문서화할 필요가 있습니다." 조합원 중 누군가가 말했다. "다른 회사에서 이쪽으로 넘어온 이유가 거기 있으니까요." 다른 조합원 하나는 자신의 주권(株券)을 내게 잠깐 보여주었다.

첫 번째 언쟁은 장부를 두고 벌어졌다. 그린택시의 첫 경리 담당자가 갑자기 그만두면서, 이사회가 조합원들에게 재무 상태를 밝히는 일이 약속한 것보다 늦어졌다. 회계사가 사과하며, 수익이 어떤 식으로든 조합원들에게 돌아갈 테니 좀 더 기다리라고 말하자, 여기저기서 고성이 터져 나왔다. "이건 우리 돈이고 우리 회사예요." 누군가 끼어들었다. "'그냥 일거리'가 아니라고요." 소란이 어찌나 심하던지, 협동조합을 깨려고 다른 회사에서 돈을 받고 온 사람이 있는 건 아닌가 싶을 정도였다. 의자에서 일어난 조합원들은 발언하면서 충성 서약과 저항 사이를 왔다 갔다 했고, 급기야 우버 운전을 그만두려 하지 않는 불평분자들을 맞비난했다. 격분한 한 남성이 일어서서 이사회를 향해 미국에서는 이민 노동자들이 보통 큰 소리로 입에 잘 담지 않는 말 '아메리칸 드림'을 외쳤다. "저는 16년 전 에티오피아에서 돈을 벌러 왔습니다. 여러분은 제가 돈을 벌어 고향으로 돌아갈 수 있게 도와주어야 합니다." 마침내 회계 담당자가 자기 핸드폰에서 은행 거래 내역을 보고 싶은 사람은 누구든 보여주겠다고 했다.

"이게 민주주의죠." 버니는 다시 말했다. 화를 누그러뜨리려 애쓰면서, 마치 스스로를 위로하듯이, 여러 사람이 내는 목소리가 모두에게 유익한 결과를 가져올 거라고 중얼거렸다.

하지만 그린택시가 당면한 가장 큰 문제는 그 방 안에 있지 않았다. 자가용이 일반화된 도시에서 택시 산업을 지탱해주는 것은 공항-모든 것과 동떨어져 높은 초원에 자리 잡은-과 덴버 시내를 오가는 고정 요금 55.57달러였다. 공항이 시장점유율에 비례하여 출입 허가를 내주는 방식에 따르면, 그린택시의 800명 조합원은 301개의 이용 가능한 주차공간 중 약 3분의 1을 차지할 수 있어야 했다. 하지만 지금까지 그린택시는 오직 20개만을 얻었다. 버니가 말

그린택시 협동조합 초창기 조합원들의 어느 모임

하길, 택시 기사가 800명인데 공항 출입 허가가 20개라면 수지가 맞지 않는 셈이다. 게다가 그린택시가 점유율을 주장하려고 준비하는 동안, 덴버 공항은 전체 시스템을 변경하려는 계획을 세웠다. 공항 웹사이트에는 주차 허가를 대체하는 택시회사 계약 입찰이 임박했다는 공지가 떴다. 이것은 이 도시의 택시 산업 지형을 다시 바꾸어 시장의 3분의 1을 협동조합화하려는—그리고 CWA와 함께 노동조합에 가입하려는—그린택시의 계획이 성공할 수 있을지 여부를 결정할 것이다.

공항이 도입한 새로운 시스템은 오로지 택시회사들에만 영향을 미치지만, 그것은 앱의 유입과 밀접한 연관이 있었다. 택시와 달리, 우버와 리프트(Lyft) 운전자들은 공항 이용에 아무 제약이 없었다. 이들은 대개 더 좋은 차를 몰고, 영어를 더 잘하며, 백인일 가능성이 더 높았다. 2014년 12월 한 달 동안 앱 운전자들은 10,822회, 택시는 30,535회 공항을 드나들었다. 그로부터 한 해가 지나갈 즈음엔 앱 기반 공항 출입이 택시를 앞질렀으며, 그 후로는 매달 앞서고 있다. 택시회사들이 아직 공표되지도 않은 새 규칙에 맞춰 자기들

끼리 싸울 태세를 갖추는 동안, 실리콘 밸리의 확장은 제약 없이 진행되었으며, 관계 당국의 환영까지 받았다. 부당 내부거래에 대한 루머가 나돌았지만, 그린택시에서는 누구도 그 내막을 잘 알지 못하는 듯했다.

"저는 일이 돌아가는 방식이 정말 걱정스러웠습니다." 리더(Lieder)가 운전사들에게 말했다. 그는 정부의 여러 부처 사람들과 접촉을 시도했지만 아무런 대답도 들을 수 없었다. "뭔가 수상한 냄새가 나요."

행사가 계속 진행되어 세칙을 정하기에 이르렀다. 몇몇 사람들이 세칙에 관해 아무 공지도 본 적이 없다고 불평했다(공지가 웹사이트에 올려져 있었지만, 사람들이 있을 거라 짐작하는 위치에 있지 않았다). 아직 협동조합 택시 운전사가 아니거나 회비를 내지 않는 회원들에게 투표권이 있는지를 두고 논란이 벌어졌고, 불가피하게 회의가 중단되었다. 5분 가량 대화, 고함, 가벼운 몸싸움, 그리고 웃음이 뒤죽박죽 이어졌다. 언짢은 감정은 전혀 없었지만, 긴장감이 감돌았다. 이사회가 선거를 조작했을지 모른다고 투덜거리는 소리가 들렸다. 나중에 드러났지만, 그 목소리는 선거에서 떨어진 후보자의 불평이었다.

제이슨 위너(Jason Wiener)가 상황을 정리하려고 했다. 그는 그린 택시의 법률고문이자 이 지역의 사회적기업 부문에서 떠오르는 스타 변호사였다. 그는 누가 투표권을 갖는지에 관한 세칙 조항들을 낱낱이 분류했다. 소유권 관련 조항을 수정하는 문제에 대한 투표는 표결 직전까지 갔지만, 결국 무산되었으며, 나중에 안건으로 다시 상정하기로 결정했다. 그것이 그날 하루 동안 의결에 가장 가깝게 간 안건이었다. 누군가에게는 사업 주체로서의 첫 의결이었을 것이다.

사업주가 되어 어떤 권력을 갖게 되더라도 많은 부분은 운전사들의 통제권 밖에 있었다. 어쩌면 헛된 노력이 될지 모른다는 불안들이 그들을 무겁게 짓누르고 있을지 모른다. 그들은 자기들의 모든 것이 달린, 공항에서의 주차 공간 확보를 위해 투쟁하고 있지만, 전 세계적인 미래 물류 지배권 쟁탈전의 관점에서 보자면 미미한 게임 경기자일 뿐이었다. 위너는 그들에게 좀 더 참을성을 가지라고 조언했다. "여러분이 하려는 일은 쉽지 않습니다. 큰 그림을 보려 노력하십시오." 그는 세칙에 관해 제기된 더 많은 문제를 적절히 받아넘겼다. 이윽고 세 시간을 끈 회의는 뚜렷한 결론 없이 끝나버렸다.

바로 전날 나는 잠깐 다녀올 데가 있어 택시를 호출하려고 그린택시의 신규 모바일 앱을 사용해보았다. 덴버 시내에서 좀 떨어진 곳이었다. 앱이 얼마 안 되는 택시 중에서 운전자를 찾아주기까지는 몇 분이 걸렸다. 기다리는 동안 나는 그린택시 앱을 만든 오토캡 인터내셔널(Autocab International) 회사에서 올린 트위터 피드를 훑어보았다. "전 세계 넘버원 택시 예약 파견 시스템 공급 업체." 최근에 올라온 포스트들은 영국에서 열린 우버를 무찌를 방법에 관한 워크숍 사진들을 담고 있었으며, 자율주행 자동차, 자율주행 트럭, 자율주행 미니버스의 새 주행 테스트를 내용으로 하는 신문 기사를 링크해놓았다. (연결이 끊어진 상태의) 깨진 링크 옆에 이런 글귀가 있었다. "위기관리는 우리 회사의 전문 영역."

그린택시 운전사들이 생계를 지키기 위해 허둥대는 동안, 우버, 테슬라, 구글은 자동화를 향해 나아가고 있었다. 나는 여기에 대한 버니의 생각이 궁금했다. 그는 "우리는 정말 내일 식구들에게 뭘 먹일까 걱정하고 있어요. 그런 일이 벌어지면 그때는 계획을 세워야죠"라고 답했다. 다름 아닌 예측 가능한 미래를 위한 위기관리, 이를 위해 버니와 위기에 시달리는 그의 공동소유주들은 덴버의 택시 산업 중 3분의 1을 운전 노동자들의 통제하에 둘 수 있도록 150만 달러 이상의 공동 자금을 마련했다. 아직 이 도시의 도로에 자율주행차가 나타나지 않았지만, 월스트리트는 기대감 속에서 거대 앱 회사들에 투자를 늘려가고 있었다. 이는 택시 시장을 압박하면서 운전사들에게 자구책을 찾도록 만들었다. '붕괴'는 이미 일어나는 중이었으며, 그린택시는 그런 배경에서 탄생했다.

* * *

우버와 리프트, 심지어 체커 택시가 탄생하기 전부터 (태초에는) 공유(sharing)가 있었다. 적어도 이것은 미소가 상냥한 독일 출신 환경운동가이자 음모이론 애호가인 도미니크 윈드(Dominik Wind)의 주장이었다. 여러 해 전에 그는 호기심에서 사모아(Samoa) 섬에 반년 정도 머물렀는데, 그곳 사람들은 도구, 식량, 섹스 파트너를 이웃과 공유한다는 사실을 알게 되었다. 산업화된 문명에 덜 얽매여서인지, 윈드가 살고 있는 세상에서는 오래전에 사라진 방식으로 그들은 쉽고 솔직하게 공유하는 것 같았다. 윈드와 나는 파리에서 에어비앤비를 통해 구한 아파트를 공유하면서 가까워졌다. 그 당시 2014년에는 에어비앤비 같은 앱 덕분에 대도시 중심에서 앱 사용이 늘고 있을 때였다.[12]

인터넷은 우리를 연결해주고, 돈을 청구하면서 자동차, 집, 시간 같은 자원의 공유를 가능하게 해주었다. 자본주의의 창조적 파괴는 수 세기 동안 개인주의, 경쟁, 불신을 퍼부으면서 공동체를 붕괴시켰지만, 이제는 우리가 항상 소지하고 있는 스마트폰을 통해 공동체의 혜택을 우리에게 되팔려 한다.

자체 객실을 하나도 갖고 있지 않으면서도, 에어비앤비는 그 무렵 하얏트 호텔보다 시가총액이 컸다. 시간 단위로 자동차를 빌려주는 집카(Zipcar)는 세계적인 자동차 렌트 회사 에이비스(Avis Budget)에 인수되었다. 적어도 일부 사람들에게 공유경제는 그들이 일하는 방식까지 바꾸고 있었다. 아마존의 메커니컬 터크(Mechanical Turk)*와 같은 온라인 일자리 중개는 수십만 명의 사람들을 끌어들여 데이터 입력, 녹취, 심부름 등의 디지털 도급노동(digital piecework)***을 시작하게 했다. 유급휴가나 건강보험, 심지어는 최저 시급도 기대할 수 없는 노동이었다. 하지만 지원 과정, 정해진 시간, 관리자도 없는데, 이처럼 허가도 필요없다는 건 물론 매력적인 부분이었다. 글로벌경제 전체에서 이런 기업들의 비중은 아직 미미하지만, 우리가 의문을 제기할 기회를

---

* 미국 시카고를 거점으로 하는 거대 택시회사.(역자 주)
** 아마존이 운영하는 플랫폼 노동 중개 웹사이트로, 고객이 요청하는 서비스를 여러 조각으로 나누어 세계 각지에 흩어져 있는 노동자들에게 분담시킨 뒤 그것을 다시 통합하여 완성된 형태로 고객에게 제공한다.(역자 주)
*** 노동시간이 아니라 일의 양에 따라 보수를 받는 노동.(역자 주)

갖기도 전에 금세 당연하게 받아들이게 될 변화의 전조가 거기 있는 것처럼 보인다.

윈드와 내가 파리에 가게 된 계기는 공유경제를 주제로 해마다 열리는 위셰어 페스티벌(OuiShare Fest)이었다. 행사는 빨간 서커스 텐트에서, 인조 잔디 구장에 인접한 좁은 땅에서, 그리고 생마르탱 운하(Canal Saint-Martin) 부근에 띄운 보트 선상에서 열렸다. 그해의 주제는 '공동체 시대'로, 공유 현상의 모든 측면-암시장(black markets), 벤처 투자자, 슬로우푸드 운동, 빅데이터-을 포괄할 만큼 매우 방대했다. 파리는 디트로이트가 아니다. 하지만 이 페스티벌은 세상의 시계에서 시간을 확인하고, 광범위한 파괴에 맞서 핵심적인 연결을 구축하는, 또 다른 컨퍼런스로서 의미가 있었다.

사흘간의 행사 중 첫째 날 아침은 모든 사람이 서서 주위의 세 사람을 포옹하는 것으로 시작되었다. 다양한 형태의 공유가 영역을 넘나들며 자유롭게 퍼져나갔다. 스타트업에 관한 대화는 금세 폴리아모리(polyamory)****나 우주에 관한 대화로 선회하기도 했다. '신뢰', '공동체', '네트워크', '열정', '협업', 그리고 특히 '사랑'과 같은 단어들이 반복하여 등장했다. 한 브라질 기업가가 이렇게 말했다. "대기업들은 왜 사랑에 대해 이야기하지 않을까요?"

그러나 그들이 구축하고 있다고 생각하는 공유경제가 얼마나 정의를 추구하고 있는지는 그다지 분명하지 않았다. 여기에서 '공유'는 협동조합이 여러 세대 동안 해왔던 종류의 공유가 아니었다. 협동조합 모델들이 때때로 거론되기는 했다. 하지만 행사 기간 동안 소유권과 관리의 공유를 통해 회사의 지배력에 도전하는 일은 사실상 논의 대상이 아니었다. 공유 전도사인 컨설턴트 레이첼 보츠먼(Rachel Botsman)이 아랍의 봄 시위 당시 군중들을 슬라이드로 보여주었을 때, 그 장면들은 하나의 비유로 이용되었을 뿐, 행동방침을 권하기 위함이 아니었다. 그녀가 공유자들이 옛날식의 위계적 사업방식에 저

**** 파트너의 동의하에 두 사람 이상을 동시에 사랑하는 것(역자 주)

항하여 "혁명"과 "민주화"에, 그리고 물론 "파괴"에 가담하는 "반란군"이라고 설명했지만 말이다.

'붕괴'는 위세어 페스티벌에서 상당히 자주 언급되었다. 참석한 공유 스타트업들은 에어비앤비가 호텔업을 파괴한 것처럼 더 많은 산업을 신속하게 파괴할 태세가 되어 있었다. 스타트업 후원자들과 유기농 농업인들이 목전에 닥친 경제체제의 붕괴는 피할 수 없으며 미래에는 공유가 큰 성공을 거두어 그 자리를 차지할 거라는 기대감을 한목소리로 표시했기 때문에, 사람들은 전반적으로 기분 좋은 신호음을 감지할 수 있었다. 하지만 주요 산업의 파괴가 기업가 계층보다 적응할 준비가 덜 된 사람들에게 끼칠 영향에 대해서나, 공유 앱 기반으로 일하는 노동자들에게는 고용에 수반되는 표준적인 혜택이나 권리가 대체로 결여되어 있다는 사실에 대해서는 아무런 이야기를 들을 수 없었다.[13] 파리에서 개최되었지만 모두 영어로 진행되는 이 행사에서, 가장 파괴의 대상이 되기 쉬운 유형의 사람들은 발표자가 아니었다.

공유 위에 구축되는 경제는 분명히 공익을 추구할 수 있을 것이다. 공유 덕분에, 보통 사람들은 덜 사고, 더 많이 서로 연결되고, 그들의 공동체 안에서 발생되는 가치를 지킬 수 있다. 하지만 공유는 또한 우리를 기업의 변덕에 더 많이 의존하게 만든다. 기업들은 우리가 어떻게, 왜, 언제, 무엇을 공유할지를 좌지우지하면서 그 과정에서 자신들이 얻을 수 있는 최대의 수수료를 뽑아낸다. 이미 파리에서는 이런 일들이 벌어지고 있었다. 그래서 덴버에서는 택시운전사들이 그린택시 조합을 만들어야 했다.

네트워크 경제에서는 연결의 가장 중요한 요소들—웹 서버, 데이터베이스, 이용약관—을 지배하는 사람이 권력을 갖는다. 전통적인 생산수단은 그 중요성이 약화 되었다. 공유 엘리트 집단이 확고하게 자리를 잡아가는 중이었다. 내가 위세어 페스티벌에 갔을 당시, 벤처캐피탈과 (노동법의 보호를 받지 못하는) 회색지대 노동(grey-area labor)에 기반을 둔 공유 부문은 이미 수십억 달러의 가치를 보유한 비즈니스였다. 공동소유와 공동관리에 근거한 진짜 공유경제라는 아이디어는 뒤늦게 건성으로 덧붙여질 뿐이었다.

실리콘 밸리는 이미 "공유"라는 단어를 포기했다. 그 단어는 기업들을 비판에 취약하게 만들었으며, 그 기업들조차 그것이 별로 정확하지 않다는 것을 인식할 수 있었다. 우버는 "온디맨드" 경제의 일부가 되었으며, 메커니컬 터크는 "크라우드 소싱"에 지나지 않았다. 하지만 위셰어 페스티벌을 조직한 청년들은 그 뒤로도 위셰어라는 이름을 유지하면서, 실질적인 협업과 공유가 가능한 비즈니스 모델에 대한 기대를 버리지 않고, 그러한 희망과 대규모 비지니스 사이에서 긴장을 유지하려 애썼다. 그리고 앞선 세대의, 거대 상호보험회사를 비롯한 협동조합 기업들과 파트너십을 구축하여, 스타트업 기업들을 지원하고 그들의 사업이 디지털 이전 시대 공유의 유산 속에 뿌리내리도록 돕고자 했다. 그들은 정치에 뛰어들려는 생각도 있었다.

나는 미국에서 기업가들과 시위자들, 즉 제대로 작동하는 기업을 만들려는 사람들과 현 상태에 어떤 잘못이 있음을 심각하게 느끼는 사람들 사이에 특별한 의견 차이가 있음을 알게 되었다. 아마 그것은 의욕적인 사람들이 보기에는, 투자 자본이 이렇게 많이 돌아다니고 있는데 시스템을 문제 삼으면 너무 많은 것을 포기하게 되기 때문이다. 우리는 우리가 이룬 성공의 희생양이 되고 만 셈인데, 경이롭게 파괴를 수행한 특정 비즈니스 모델들을 넘어서는 다른 것을 상상하지 못하고 있다. 어쩌면 이는 시위(protest) 자체가 바꾸기 힘든 일종의 습관이 되어버린 탓이기도 하다.

이와 관련하여 나는 그레이스 리 보그스가 경고한 것을 기억하고 있다. 2013년 말 그레이스는 방을 가득 메운 뉴욕의 지식인 활동가들에게 이렇게 말했다. "사람들을 생각합시다. 시스템만 생각하지 말고요. 시스템의 잘못된 점만 들여다보고 있으면, 사람들을 못 보게 되죠. 그러면 그들이 필요로 하는 것을 충족시킬 수 없을 겁니다."

위셰어 같은 국제적인 모임에서는 이런 종류의 건설적인 비판 감각이 본국에서보다 좀 더 흔하게 발현된다. 예를 들어, 내가 스마트(Mart-Société Mutuelle

Pour Artistes)*를 알게 된 건 위세어를 통해서였다. 유럽 8개국에서 7만 5천 명 이상이 가입한 이 단체는 지원 인프라를 자체적으로 조직하여, 공유경제 임시직(Gig work)의 불안정한 상태를 뒤집어버렸다. 벨기에 스마트 회원들은 임시직에서 얻은 수입을 조직을 통해 처리할 수 있다. 그러면 조직은 그들에게 급여 노동자들처럼 돈을 지급하면서 프리랜서의 자유로움과 유연성을 유지하면서도 더 많은 공공서비스를 받을 수 있게 해준다. 그들은 대금 청구와 협업을 위해 각종 디지털 도구들을 공유한다. 조직은 일반적인 현금 흐름과 달리, 고객이 언제 대금을 지불하든 상관없이 회원들의 노동에 대해 즉각 보수를 지불한다. 스마트는 벨기에의 비영리 기구에서 출발했으나, 해외로 퍼져나가면서 협동조합 방식의 소유권이 더 적절하다는 사실을 알게 되었다. 그리고 지금은 전체 네트워크가 협동조합이 되었다. 수천 명의 노동자가 사업체를 통해 연대하며 자신들의 독립적이고 실험적인 직업형태와 생활을 한층 편하게 유지할 수 있게 되었다. 스마트를 창설한 줄렉 주로비츠(Julek Jurowicz)는 내게 스마트는 "하나의 연대 메커니즘"이라고 설명했다.

주로비츠는 움푹 들어간 눈에 짧은 회색 머리칼을 하고 있었다. 위세어 세션들 사이 쉬는 시간에, 그는 스마트가 어떻게 어느 미등록 이주 노동자의 사연에서 시작되었는지를 이야기해주었다. 영화 관련 일을 하려고 체코에서 벨기에로 건너온 그 이주 노동자는 사실 바로 그의 부인이었다. 주로비츠는 행정 분야에서 전문지식을 쌓았기 때문에 주변의 예술가 친구들에서 시작하여 이어 모르는 사람들까지 도움을 청하러 찾아왔고, 마침내 그는 조직을 만들어야겠다고 생각하게 되었다. 그때가 1998년이었다. 어느 미등록 이주자가 경험한 문제들은 그 후 더 많은 대중이 공유하는 삶의 조건이 되었다. 스마트는 위세어 참가자들에게 불안정하고 불확실한 노동이 전혀 새로운 게 아님을 깨우쳐 주었다. 오히려 주변적이던 그런 일자리들은 이제 아주 흔해

---

* 예술가들을 위한 상호부조회.(역자 주)

져서 도처에 존재하게 되었을 뿐이다.[14]

(노동조건을) 뒤흔드는 진동들이 뒤이은 파괴와 함께 퍼져나갈 때마다, 자신의 삶에 대한 통제력을 되찾기로 결심하든 아니면 적어도 지금보다 더 많은 통제력을 가져야겠다고 마음 먹는 이들 사이에서 기발한 해결책들이 더 널리 확산되어 갔다.

위세어 주위에 모여든 단체 중에는 조직된 엘리트 과학자 단체로, 뉴질랜드에 기반을 둔 인스파이럴(Enspiral)이 있다. 인스파이럴은 루미오(Loomio)라는 앱으로 아주 잘 알려져 있다. 이 앱은 원래 2011년 '웰링턴을 점령하라(Occupy Wellington)' 시위 과정에서 만들어진 협업 및 의사결정 도구였다. 이 활동가들의 발명품은 이제 전 세계의 학교, 정당, 기업에서 사용되고 있다. 페이스북에서의 토론이 대개는 끝없는 토론으로 이어지면서 더 많은 데이터를 알고리즘에 넘겨주는 반면, 루미오 상에서의 투표와 제안은 논의를 실질적인 성과로 이끌어낸다.

2003년에서 2010년까지 인스파이럴은 웰링턴에 사는 오스트레일리아인 소프트웨어 개발자 조슈아 바이얼(Joshua Vial)이 자신의 컨설팅 사업에 사용한 이름일 뿐이었다. 2010년 바이얼은 돈 버는 일에 쓰는 시간을 줄이고 자원봉사 프로젝트에 더 많은 시간을 쓰려고 마음먹었다. 그는 자기처럼 하고 싶어 하는 사람들을 돕기 위해 인스파이럴을 임시직 기회를 공유하고 좋은 일에 시간을 자유롭게 쓸 수 있도록 하는 용도로 바꾸었다. 그 뒤 인스파이럴은 40명이 넘는 핵심 회원과 기여자(contributors)들로 불리는 네트워크 내 약 250명의 참여자들, 그리고 15개의 중소 벤처기업이 모여들 정도로 성장했다. 루미오는 이 벤처기업 가운데 하나였다. 다수 회원이 IT기술자였지만, 원칙적으로는 어떤 직업을 가진 사람이라도 참여 가능했다. 현재 바이얼은 이사회에서 물러나 한 명의 회원으로 남았다.

거대한 낙농협동조합 덕택에 뉴질랜드는 전 세계에서 GDP 대비 가장 큰 규모의 협동조합 경제를 자랑한다. 하지만 노동자협동조합을 설립한 후에,

루미오 팀은 자기들이 뉴질랜드에서 유일한 노동자협동조합이란 사실을 알게 되었다. 인스파이럴의 구조는 유형화하기 쉽지 않지만, 자칭 재단이자 협동조합 형태로 운영되는 유한 책임회사라고 할 수 있다.

웰링턴을 방문하면서 나는 공유물들, 예를 들어 작업 공간이나 예산 또는 사업을 관리하며 긴밀하게 연결된 사람들의 집단을 보게 될 거라고 기대했다. 그런 것이 없지는 않았다. 하지만 인스파이럴의 힘은 인스파이럴이 관리하는 물건보다는 그것을 통해 이룰 수 있는 연결들에서 나온다. 인스파이럴이 뜻을 같이 하는 사람들과 단체들을 연결하면, 그들은 그게 무엇이든, 공동으로 투자하고자 하는 대상을 위해 자금을 갹출한다. 회원들과 기여자들은 우정과 상호 격려, 그리고 도움을 요청했을 때 공동체가 대응하는 방식에 대해 이야기했다. 인스파이럴은 종종 소외되고 고립되는 네트워크 사회의 필요를 충족시키는 방향으로 진화해온 하나의 네트워크와 다르지 않다.

인스파이럴은 자산 규모는, 실제 사례들에서는 핵심적인 기능을 담당한다. 인스파이럴 사람들은 일거리를 주고받으면서 프리랜서의 불규칙한 수입을 안정화하도록 돕는다. 바이얼은 원래 그런 목적으로 네트워크를 만들었었다. 하지만 이제 그들은 서로의 비즈니스 실험에 자금을 대고, 일이 잘 안될 때 도움을 주기도 한다. 이들은 일 년에 두 차례 피정(避靜)을 조직한다. 그들은 기업을 끌어들여 자원봉사 시간을 경제적으로 보상받는 로빈 후드 전략에 대한 의존도를 점점 낮추고 있다. 대신에 그들은 사회적 선의를 장착한 일자리와 회사를 스스로 만들어내는 중이다. 인스파이럴과 연계된 회사로는 루미오 외에도 온라인상의 조직화 도구인 액션스테이션(ActionStation), 대안적 뉴스를 제공하는 스쿠프(Scoop), 교육 공동체 초클(Chalkle) 등이 있다.

나는 인스파이럴 개발 아카데미(Enspiral Dev Academy)의 회의실에서 바이얼과 오전 시간을 보냈다. 이 아카데미는 2014년에 바이얼이 시작한 웹 개발자 훈련 캠프(boot camp)다. 그는 내게 노트북으로 네트워크를 둘러 볼 수 있게 해주었다. 인스파이럴 사람들은 웰링턴 전역에 흩어진 공유작업실(co-working space)에서 일한다. 웰링턴 바깥에도 공유작업실이 점점 늘어나고 있다. 그들은 연결하는 것은 주로 온라인 도구들이다. 깃허브(GitHub)나 슬랙(Slack)처럼 상업적인 도구들도 사용하지만, 가장 중요한 것은 맞춤형으로 만들어야 했다. 마이 인스파이럴 닷컴(my.enspiral.com)이 제공하는 내부 부기 시스템이나 코버젯(cobudget.co)에서 만든 기여자들과 회원들이 서로의 프로젝트나 여타 가치 있는 대의에 기금을 배정할 수 있도록 돕는 도구 역시 그런 경우다. 루미오는 이 네트워크의 공식적인 의사결정 메커니즘으로 기능한다.[15]

나는 이 도구들이 부정이나 편법을 어떻게 차단하는지 궁금했다. 누군가 코버젯에서 의사결정을 조작해서 자신의 프로젝트에 돈을 배정하려 하면 어떻게 될까? 그 프로젝트가 엉터리라면? 바이얼은 어깨를 으쓱했다. "이것은 신뢰 수준이 높은 네트워크입니다. 우리는 신뢰가 낮은 상태에 맞춰 (네트워크를) 최적화하려 하지 않습니다." 인스파이럴 구성원들에게서 보편적으로 나타나는 특징은 사람들 사이 상호작용 과정에 대한 열정적인 관심과 그것들을 표현해내는 시스템상의 매너다.

개발 아카데미를 나와서 조금 걷다가 어느 오피스 빌딩으로 들어갔다. 엘리베이터를 타고 올라가자, 칙칙한 하프 플로어에 공동작업실들이 있었다. 이 작업실들은 인스파이럴의 본부 같은 역할을 한다. 여기서 나는 캘리포니아에서 온 이민자 알라나 크라우제(Alanna Krause)를 만났다. 크라우제는 인스파이럴 초반부터 활동했다. 그녀는 루미오에서 "보스 없는 리더십을 주장하는 괴짜(bossless leadership geek)"이자 인스파이럴의 이사이기도 하다. 그녀는 동료들과 함께 번갈아 가면서, 네트워크가 어떻게 회원들을 위해 작동하는지 장황하게 설명했다.

"누가 노트북을 도둑맞으면 우리는 그 사람에게 새 노트북을 사주죠. 누가 화재로 집을 잃으면 우리는 집세를 내줍니다. 누군가의 조직이 감원을 해야

---

* 층과 층 사이에 날개처럼 만들어진 층.(역자 주)

하면, 다른 조직에서 그 사람들을 고용할 겁니다." 또한, 그들은 필요할 경우 서로에게 상담 상대가 되어준다고 크라우제는 말했다. 이러한 안전망이야말로 "실질적인 혁신"을 가져온다고 그녀는 믿는다. 뒤에서 지켜봐 주는 누군가가 있다면, 위험을 감수하는 일이 더 쉬워지기 때문이다.

지구 반대편에서 인스파이럴이 일과 삶을 조화시키는 모습을 보고 있으면, 베르크만의 이론이 옳았다는 생각이 든다. 파괴가 휩쓸고 간 디트로이트에서는 그를 옹호하는 말을 좀처럼 들을 수 없었지만 말이다. 평등이 전제된다면, 아마도 일은 정말이지 삶과도, 우리의 실제 자아가 갖는 야망이나 욕구와도 분리될 이유가 없다. 다시 콜로라도로 돌아와서, 나는 베르크만을 위한 변명을 진정한 형태의 공유경제 속에서 발견하기 시작했다.

* * *

콜로라도주 볼더(Boulder)는 '니웃(Niwot)의 저주'로 알려진 신비한 힘에 둘러싸여 있다. 아름다운 풍경과 온화한 날씨, 그리고 우뚝 솟은 바위산이 사람들을 이곳으로 끌어들이면, 그들은 자신들이 오게 된 이유였던 자연의 아름다움을 파괴한다는 것이다. 이 저주에 붙은 이름은 볼더 계곡에 살던, 평화를 사랑하는 아라파호(Arapaho)족 추장에게서 비롯되었다. 그는 1864년 콜로라도의 동쪽 끝에서 백인 민병대가 자행한 샌드크리크 대학살(Sand Creek Massacre)에서 부상을 입고 죽었다.

볼더의 주민들은 이 저주를 다양하게 해석한다. 이곳에 오래 산 사람들에게 그것은 대도시를 떠나 이리로 도망쳐 온 사람들 때문에 교통이 혼잡해지고 건설 붐이 일어났음을 지적하는 말이다. 새로 정착한 사람들에게는 이곳 미국 중부에서의 생활비가 예전에 살던 해안 지역보다 결코 싸지 않다는 사실을 알게 되었다는 뜻이다.* 그러므로 이 저주는 또한 자유주의적 유토피아에서 흔히 볼 수 있는 위선이다. 반(反)문화와 포용성에 이끌려 이곳에 정착한 사람들이 새로운 반문화들에 퇴짜를 놓는 것이다.**

저주를 풀려고 영원히 애써야 한다는 것은 모든 저주에 포함되는 또 다른 저주이다. 볼더의 저주도 마찬가지다. 2017년의 첫 번째 수요일 자정이 지난 시간, 시의회가 볼더 지역에서 주거협동조합을 결성할 수 있도록 하는 조치를 통과시킨 것도 바로 그 때문이었다.[16]

내가 처음 그 저주가 실현되고 있는 걸 본 것은 그보다 2년 전, 직장을 따라 볼더로 이사한 지 얼마 되지 않았을 때였다. 당시 개최된 시의회 회의에서는 서로 연고가 없는 사람들 서너 명 이상이 집 한 채를 공유하지 못하도록 거주자 수를 제한하려는 법안을 둘러싼, 특히 시 당국이 적극적으로 그것을 단속해야 하는지에 대한 논쟁이 진행 중이었다. 성난 집주인들, 특히 학생들의 게토인 유니버시티 힐(University Hill) 주변의 주택 소유자들은 엄중한 단속을 요구했다. 하지만 수적으로 훨씬 우세한 쪽은 주로 젊은 불법 과밀주거자들로 이루어진 조직화된 집단이었는데, 그들은 합법적인 협동조합 주택 세 군데와 동맹을 맺고 있었다.

그날 밤 공개 발언을 한 백 명 가까운 사람들 가운데 가장 생생하게 기억나는 인물은 시의원들 앞에서 "당신들은 고립을 법제화하고 있어요!"라고 외쳤던 여성이다.

그녀의 문제 제기는 가족에 관한 것이었다. 할아버지, 할머니, 아버지, 어머니, 여섯 명의 아이들로 이루어진 가족은 적법하게 집 한 채를 공유할 수 있지만, 혈연관계가 아닌 이상 열 명의 공동 거주자들은 그럴 수 없다. 그들이 함께 사는 사람들을 가족으로 여기더라도, 심지어 생물학적인 가족이 그들

---

* 해안과 가까운 북아메리카 대륙의 양쪽 언저리에 발달된 대도시 뉴욕, 샌프란시스코 등에는 소득수준이 높은 전문직 종사자들이 많이 거주하지만, 내륙은 농업과 제조업 중심이고 상대적으로 소득수준이 낮은 편이다.(역자 주)
** 볼더는 1980년대에 '반문화의 안식처(counterculture haven)'로 불렸다.(역자 주)

을 내쫓았다고 해도 말이다(그날 밤 발언한 사람 중에는 성 정체성 때문에 가족과 절연한 경우가 꽤 있었다). 그것은 의도적인 공동체(intentional community)의 권리, 즉 무수히 많은 수도사, 예술가 집단들, 친구들과 공동작업자들이 누려온 권리에 관한 것이었다. 그녀는 잔디밭을 끼고 띄엄띄엄 있는 집들과 상점들이 늘어선 스트립 몰(strip mall)*의 결합 방식을 질타했다. 제임스 하워드 쿤슬러(James Howard Kunstler)는 그런 조합이 미국을 "지킬 만한 가치"가 적은 곳으로 만든다고 말한 바 있다.[17] (자동차 진입로와 잔디밭이 딸린 단독주택을 이상화하는) 이런 사고방식 때문에, 아이들을 돌보고 대학에 보내는 등 온전한 재창조를 위해 전념해야 하는 일들이 많은데도 불구하고, 사람들은 집과 한두 대의 자동차, 그리고 잔디 정원을 유지하기 위해서 끊임없이 돈을 벌어야 한다. 이와 달리 협동조합원들은 자기들의 전기, 가스, 물 소비가 평균적인 콜로라도 주민에 비해 얼마나 파격적으로 적은지를 계산하여 공유했다. 이런 비용절감 덕택에 그들은 위험을 무릅쓰고 새로운 시도를 하면서 예술가, 기업가, 활동가 등이 될 수 있었다. 이런 이야기를 들으면서 나는 대학 시절 주거협동조합에서 만난 오랜 친구 한 명을 떠올렸다. 그는 또 다른 시대에 볼더에서, 그의 가족이 속한 마르크스주의 공동체(commune)의 일원으로 자랐다.

거주자 수 제한에 대해 논쟁하면서, 발언자들은 협동조합이라는 해결책 주위로 모이기 시작했다. 시의회는 가격이 적당한 과밀거주 주택에 대해 합법화의 길을 열어줄 수 있다. 그런 집들을 거주자들이 관리하거나 많은 경우 소유도 하는 진정한 협동조합으로 등록시켜주면 된다. 이러한 접근은 합법적 협동조합들조차 예외적인 것으로 여겼던 수십 년 묵은 기존의 협동조합 조례를 대체한다는 의미를 가진다. 과밀 거주자들에게 협동조합 원칙이 요구하는 공동체적 책임감을 주입하면, 아마 이웃들의 불안감 역시 멈출 것이다. 볼더시는 파악조차 어려웠을 주거 문제를 놓고 알맞은 가격대의 주거지

---

* 단층 상가들이 즐비하게 밀집되어 있는 미국식 쇼핑몰을 가리킴.(역자 주)

를 조성하는 방식으로 저렴한 상향식 해법을 찾은 셈이다.

　나는 조직화 과정과 동원전, 설득 작전의 수행을 새로 온 이웃의 입장에서 조심스럽게 거리를 두고 지켜보았다. 볼더 공동체 주거 협회(Boulder Community Housing Association)의 후원 아래, 한 무리의 협동조합원들이 그것을 주도했다. 몇몇 이웃이 그들을 지지했고, 또 자기들만의 협동조합을 갖고 싶어하는 은퇴자들이 합류했다. 그들은 함께 조례 초안을 작성하고, 공개 행사를 열고, 우호적인 시의원 후보자의 선거운동을 돕고, 시의회 회의장을 매번 가득 채웠다. 뿐만 아니라 소셜미디어에서 통용되는 밈을 짓고, 더 많은 회의장을 채우고, 공공 데이터를 수집하여 스프레드시트와 그래프로 작성하고, 편지를 쓰거나 시의회 의원들에게 방문을 청하고, 그리고 가끔 휴식을 취했다. 한마디로 풀뿌리 민주주의가 번성하는 곳에서 시민으로서 할 법한 모든 일을 했다. 한편 반대파는 볼더 이웃 연맹(Boulder Neighborhood Alliance)을 결성했다. 지금 거주하는 사람들을 무시하고 동네를 예전 모습으로 돌려놓고 싶어하는 집주인들이 주도했다. 그들은 청년 세입자들을 악마처럼 묘사하는 홍보물을 만들고, 불법 협동조합들을 쫓아내려고 노력했다. 사람들은 살던 집을 잃어버렸다. 그렇지만 민주주의는 여전히 작동했다. 퀘벡에서 열린 국제협동조합대표회의(International Summit of Cooperatives)에서 나는 캐나다 주거 협동조합의 수장을 만났다. 내가 어디에 사는지 들었을 때, 그는 다 알고 있다는 듯이 그간의 활동에 대해 물었으며, 상황이 어떻게 전개되고 있는지 듣고 싶어 했다. 사람들은 보통 승산이 없는 쪽에 마음이 더 가기 때문에, 나는 꽤 순조롭다고 말하고 있는 나 자신에 대해 놀랐다.

　당시 볼더 지역에서 시도되고 있던 큰집 한 채를 십여 명이 공유하는 방식의 주거공동체는 주거협동조합이 취할 수 있는 하나의 형태일 뿐이다. 그 도시 북쪽 끝에는 공동체 토지 신탁(community land trust)을 준비하는 사람들이 있었다. 공동체 토지 신탁은 주택이나 아파트의 대지를 시장에서 판매하지 않기로 합의함으로써 주거의 투기적 가치는 물론 사용료 또한 낮춘다. 저 아래, 덴버에서는 내가 아는 가톨릭 사회운동가 몇 명이 홈리스를 위해 아주 작은 집들로 이루어진 마을을 협동조합 방식으로 세웠다. 미국 다른 지역들에서는 조립식 주택 공원의 거주자들이 자신들이 사는 공원을 협동조합식으로 구매해서 소유했다. 뉴욕시에서 상당수의 저렴한 건물들이 그렇듯 최고급 아파트 중 일부는 협동조합 소유다. 이 건물들은 이민자 네트워크와 노동조합에서 비롯된 주거 모델의 기원에 충실하다. 볼더 지역에서 논의 중인 과밀 주택 관련 정책은 시작에 불과했지만, 문에 박아 넣은 쐐기 같은 것이었다.

2017년 1월, 운명의 시의회 회의가 있던 저녁에, 나는 30분 정도 일찍 도착했다. 하지만 알고 보니 결코 일찍 온 것이 아니었다. 이미 포트럭*이 진행 중인 로비에서는 협동조합들이 가져온 튀김과 구이가 가득했다. 나는 교회에서 알게 된 한 여성과 마주쳤다. 그녀는 어린 아들과 딸을 데리고 왔다. 나중에야 알게 된 일이지만, 그녀는 한때 협동조합 주택에 살았다. 그녀는 내게 공청회(public comment)**에서 발언하려면-그것은 내가 요청받은 일이었다 지체하지 말고 위층에 올라가서 등록해야 한다고 말했다. 위층에는 어마어마한 줄이 청중석 주변으로 구불구불 이어지고 있었다. 대부분의 화요일 밤에는 좌석이 충분했지만, 이번만큼은 아니었다. 나는 줄을 섰고, 내 앞에 서 있는 사람과 대화를 시작했다. 화려한 색상의 스웨터를 입은 은퇴한 사회학자는 알고 보니 내가 다닌 대학에서 가르쳤을 뿐 아니라, 앞서 이야기했던 친구의 삼촌이었고, 그 친구가 아기였을 때 마르크스주의 코뮌에서 월요일 아침마다 그를 돌봐준 사람 중 하나였다.

협동조합 안건을 처리하기 전에, 시의회는 트럼프 행정부 아래서 곧 현실화될 국외추방 조류에 맞서 볼더를 "피난처 도시"로 선언하기 위해, 상징적인 성격이 강한 조치를 하나 통과시켰다. 이는 좋은 조짐인 듯했다. 이제 협동조합들이 (추방대상자를 위한) 피난처를 마련하지 못한다면, 위선에 분노한 니워

---

* 각자 집에서 음식을 가져와서 하는 파티.(역자 주)
** 시민들이 시정 현안에 대해 입장을 밝히면 시장과 시의원이 의무적으로 경청하는 제도.(역자 주)

트 추장이 무덤에서 벌떡 일어나 시위를 벌일 것이다.

여든여덟 명이 퍼블릭 코멘트에서 발언하기 위해 등록했다. 우리는 각자 2분씩 얻었다. 몇몇 사람들은 차트와 자료를 연속적으로 보여주기 위해 자신들의 발표시간을 함께 모았다. 그들의 목소리는 적정한 밀도 제한과 거주자 수 한도와 일 인당 면적을 지켜서 적정 가격의 협동조합주택이 실제로 가능하도록 만들자는 것이었다. 소수 주민은 이웃에 대한 두려움과 자기 재산의 가치 하락에 대한 두려움을 토로했고, 몇몇은 노골적으로 도시의 인구와 일자리가 줄어야 한다고 말했다. 하지만 훨씬 많은 사람이 찬성하는 편에 서서 거주자, 이웃, 혹은 전문가로서 협동조합이 가져오는 혜택에 대해 증언했다. 다시 한번 그들은 가족(이라는 사회적 실체)에 대해 많은 이야기를 했다.

퍼블릭 코멘트에서는 래디시 공동체(Rad-ish Collective)*** 거주자의 증언이 가장 인상적이었다. 볼더로 이사오기 전에 이 도시를 방문했을 때 나는 그곳에 묵은 적이 있다. 시장이 "그녀(she)"라고 하자 "그이(they)"로 바로잡으면서, 발언자는 먼저 자신을 지칭하는 대명사의 성을 명확히 했다.**** 그런 다음 우선 순위에 대한 결정을 요구했다. 달리 갈 곳이 없는 사람들의 피난처이자 경제적, 인종적, 성적 다양성을 담는 주머니로서의 주거협동조합에 대해 우리가 익히 들어온 여러 일화를 열거하면서, 그이는 시의원들에게 잠깐 동안 자신이 의사라고 상상해보라고 했다. '종이에 베인 상처와 트라우마 중에서 어느 것이 우선되어야 하는가? 부동산 가치와 살던 집에서 쫓겨나는 상황 중에서 어느 쪽이 중대한가?'

발언이 계속 이어지다가 그날 밤 11시 30분경에 내 차례가 왔다. 이를 굳이 언급하는 이유는 시의원들을 가까이서 볼 기회였기 때문이다. 협동조합 모델의 자율 규제에 대해 내가 한 말만으로 그들이 그처럼 피로한 표정으로 눈을 비비지는 않았을 것이다. 그들의 얼굴이 어찌나 무서울 만큼 일그러졌는

*** 볼더 남쪽에 자리 잡은 주거협동조합. 성적, 인종적 소수자에게 안전한 주거 제공을 표방하고 있다.(역자 주)
**** 젠더 표시를 비판하는 사람들은 he나 she 대신 they를 삼인칭 단수로 사용한다.(역자 주)

지 그날 밤늦게 잠자리에 들었을 때 다시금 그 모습이 아른거렸다.

　새벽 1시에 마침내 7대 2로 결정이 내려졌다. 협동조합 조례는 통과되었고, 기본적으로는 볼더 공동체 주택 연합이 요구해온 형태를 그대로 유지하고 있었다. 그러나 통과를 위한 타협에 이르기까지 여전히 수많은 조항의 목록이 필요했으며, 이들 세부 규정이 길고 구체적이어서 그들이 만들어내려던 원형들이 훼손될 수 있는 위험이 존재했다. 그들은 볼더 지역에서 비밀리에 존재하고 있던 협동조합들을 간신히 지지하였으나, 절실한 혁신의 여지는 별로 남겨두지 않은 채였다. 그럼에도 불구하고 어느 정도의 유연성은 있었다. 1인당 200평방피트(약 5.6평)의 공간과 함께 임대, 비영리, 자기자본 협동조합에 대한 선택권이 부여되었다. 협동조합원들은 완벽한 승리를 거두었으며, 그런 나머지 그들이 적어도 당분간은 이웃의 저주를 피했으며 부유한 자유주의자들의 위선이라는 악마를 추방했다고 믿고 싶은 유혹에 빠졌을지도 모른다. 그러나 반대편에서 보기에 이런 결과는 정확히 그 저주가 의미하는 바 그대로였다. 협력의 탈을 쓰고 있었지만 그것은 파괴였다.

4장

골드 러쉬: 가상화폐
[돈]

메리 프랭크의 초기 예술작품들은 선사시대의 이미지들로부터 영감을 받았다. 팔순이 넘은 그녀는 그것들을 어머니가 집안 곳곳에 보관해둔 책에서 발견했다. 그녀의 조각품, 그림과 사진에서도 그 이미지들의 흔적이 드러난다. 그녀는 그 이미지들의 제작자 이름도 모르고, 저작권료를 보낼 주소도 알 수 없어, 빚진 것을 갚기 어렵다. 그녀가 할 수 있는 최선의 상환 방법은 자기 작품을 만드는 것이기에 그녀는 지금도 작업을 하고 있다.

(하지만) 밀레니엄시대에 성년이 된 우리 대부분은 빚과 돈에 대해 전혀 다른 생각을 하게 배워왔다. 빚은 동기부여가 되기보다는 제약이고 낙인이다. 우리는 교육을 받고, 가정을 꾸리고, 의료필수품을 사려고 빚을 진다. 빚을 갚느라 하고 싶은 일을 하지 못하고, 우리의 가치관을 훼손시킬지라도 생계를 위해 더 나은 보수를 받을 수 있는 일에 매혹된다. 우리는 금융시장을 통해 돈을 빌리기 때문에, 우리에게 돈을 빌려주는 사람의 정체는 고대 예술가들처럼 모호하고 베일에 가려져 있지만, 우리가 빚진 돈의 총액은 너무나 뚜렷해서 위압적일 만큼 분명하고 정확하다. 추심기관들은 우리가 빚을 잊지 못하도록 끊임없이 상기시킨다. 이러한 빚은 유령처럼 삶을 맴돈다.

프랭크가 이름을 댈 수 있는 채권자는 그녀에게 동기를 부여하고 영향을 준 사람들이다. 그녀는 전설적이고 까다로운 안무가인 마사 그레이엄(Martha

Graham)으로부터 무용을 배운 일, 엘 그레코(El Greco)와 마르셀 프루스트(Marcel Proust), 제라드 만리 홉킨스(Gerard Manley Hopkins)에 대한 존경, 두 번의 구겐하임 펠로우십, 작가이자 절친인 피터 마티에센(Peter Matthiessen), 고인이 된 그녀의 친구들에 대해, 음악에 관해 이야기한다. 그녀가 파산했을 때, 그녀는 자신의 작품을 필요한 것들과 교환하기도 했다("알다시피 치과의사들은 훌륭한 미술품컬렉션을 가지고 있다"). 시간이 흘러 그녀의 빚은 더 커졌고 헤아릴 수도 없었다. 두 자녀를 잃었을 때, 그녀는 세상 모든 아이들에게 애정을 갖게 되었다. 그녀가 나에게 항상 제일 먼저 보여주고 싶어 했던 것이 있었는데, 장작이나 유독성 쓰레기를 연료로 써서 요리해야 하는 지역에 저비용 태양열 조리기를 홍보하는 팸플릿이었다. 그녀는 "태양에 빚을 지고 있다고 느낀다"고 말했다.

이는 많은 일반인이 무엇을 어떻게 갚겠다고 하는 부분이 분명한 빚의 개념과는 매우 다르다. 미국의 비백인공동체는 과거에는 은행이 신용을 거부하였지만, 2008년 금융위기 전에는 약탈적 대출대상이 되었다. 새로운 금융 "상품"과 정부구제금융 덕분에 차용인의 삶이 어떻게 변하든지 상관없이 결국 승자는 늘은행이었다. 빚은 군대보다는 약하지만, 그와 못지않게 악독한 비밀스러운 국제적 먹이 사슬을 유지하고 있다. 아테네에서 방콕까지 전 세계에 걸쳐 있는 대출기관들은 지역경제를 보호하는 무역장벽을 낮추고, 공공서비스를 줄이는 것에 대한 보상으로 새로운 대출(오래된 빚을 갚아야 함)들을 제안한다. 달러를 통해서든 국제통화기금을 통해서든, 빚에 의한 지배는 햇빛처럼 누구도 피할 수 없다.

현재의 시각에서 근대 이전의 기독교, 유대교, 이슬람 문명들이 모두 고리대금-단순히 이자를 부과하는 것부터 가장 착취적인 형태의 대출까지-을 금지하며 일종의 도덕적 연대를 이루고 있었다는 사실이 기이해 보인다. 우리는 종종 중세 철학자들이 이자가 돈이 돈을 낳는 비자연적인 행위라고 독려했던 점이나, 오늘날 이자부과를 피하는 기술을 고안한 이슬람 은행을 비웃을지도 모른다.

그러나 더 많은 사람이 재정적 부채에 대한 침묵을 깨고, 부끄러움을 벗어버릴 때, 우리는 그 선조들이 핵심을 지적했다는 것을 인정할 수밖에 없을 것이다. 죄, 충성, 자비의 개념을 바탕으로 세워진 종교적 전통은 빚을 조심히 다루어야 하는 귀하고 신성한 것으로 여겼다. 그들은 가질 가치가 있는 빚과 그렇지 않은 빚의 차이를 분명히 하도록 가르쳤다.' 그들에게 빚은 단순한 금전 거래가 아니라 인간과 인간 사이의 관계였다.

살리시 해 협동금융(Salish Sea Cooperative Finance)의 사례를 생각해보자. 이 협동금융은 워싱턴 주에서 있었던 일련의 세대 간 회의들을 통해 시작되었는데, 여기서 X세대² 대표는 최근 대학 졸업생들에게 큰 손해를 주는 학생부채가 얼마인지 파악하기 시작했다. 지칠 대로 지친 젊은이와 풍요로운 기성세대 각각의 그룹이 서로에 대한 응어리를 풀고, 부담이 덜한 조건에서 졸업생의 부채를 재정적으로 지원하는 협동조합을 만들었다. 재융자(refinancing) 후에는 빌려 쓰는 사람 혼자 힘으로 꾸려가게 두기보다는 대여자가 멘토가 되어 차용인이 필요한 소득원을 찾도록 도와주는 모델이었다.

두 그룹 모두에게 이익이 돌아갔다. 살리시 해 협동금융설계자이자 투자 조합원인 로즈 휴즈(Rose Hughes)는 말한다. "저의 파트너와 저는 학생부채가 부담인 적이 없었고, 이들을 도와야 할 책임을 느낍니다. 또한 우리는 우리 사회를 돕는 매력적인 일을 하는 젊은 사람들과 네트워크를 얻을 수 있습니다."

이 과정에서 차용 조합원인 에리카 룬달(Erika Lundahl)(누적 학생부채: 16,000달러 이상)은 "자본을 가진 사람들은 학생부채와 그것이 사회 전체에 미치는 영향에 대해 책임이 있다"고 말한다. 이런 구조가 되었을 때, 금융기관은 친구와 가족 사이에서 일어나는 대출과 비슷할 수 있다. 우리의 경제생활을 시장에만 맡기기보다 우리가 서로를 더 신뢰하도록 하는 역할을 할 수 있다.

휴즈는 대안금융에 참여하여 기존 금융규제 아래에서 공동체 중심의 기관을 발전시키려 노력하는 과정에서 희망을 보게 되었다. "이윤 동기를 가정하고 쓰인 모든 규칙은 모든 것을 몰아붙이게 됩니다." 그녀는 "차용자가 아닌 대출기관의 이익을 위한" 편향이 항상 있다고 말한다.

협동조합은 전통적으로 대출기관이 보스로 군림하기보다 대출기관으로 남아있게 하여 민주주의를 보호하는 여러 규칙을 지키도록 노력해왔다. 공정무역 노동자협동조합 평등거래소(the fair-trade worker cooperative Equal Exchange) 창립자인 링크 딕슨(Rink Dickinson)은 "우리의 모델은 외부에서 자본을 빌리지만 그들에게 통제권을 주지는 않는다"고 말한다. 그의 회사는 투자자들을 위해 수익을 창출하지만, 100명 이상의 노동자들은 자치권을 포기하지 않는다. 2016년 루미오(Loomio)가 거의 50만 달러를 모금했을 때도 마찬가지였다. 상환우선주를 매각하여 투자자에게 총 수익 기준으로 수익을 주었지만 의결권은 없었다.[3] 협동조합의 구조를 이해하는 대출기관에게 이런 방식은 현명한 투자이다. 조합원 소유자들은 사업을 통제하는 사람들이고, 그들 스스로가 성공에 대해 직접적인 이해관계자이기 때문이다.

이 접근방식으로 전체 금융시스템은 구축할 수 있고, 이렇게 구축된 사례도 있다. 신용조합 및 여러 협동 조합은행은 돈을 보유하고 대출을 제공하지만, 예금과 차용을 동시에 하는 사람들을 대신하여 그 일을 한다. 여기서 부채 관계는 은행 고객과 투자자 사이가 아니라 지역사회구성원 사이의 관계이다. 일반적으로 신용조합회원은 개인이며, 미국의 6천여 신용조합에는 약 1억 1,400만 명의 회원이 있다. 하지만 일부 협동 조합은행은 그들이 이용하는 협력사업을 스스로 구성한다. 이런 기관 중 하나인 코뱅크(CoBank)는 덴버(Denver) 남부에 위치하고 있으며, 자산총액이 1,000억 달러가 넘는다.[4] 이는 지난 세기 동안 중요한 농업협동조합 부문에 서비스를 제공하기 위해 고안된 국가농장 신용시스템의 파생물이다. 협동조합이 번성함에 따라, 그들은 그들 자신만의 금융시스템이 필요하였고, 그들 자신의 생각대로 이를 설계한다.

협동조합주의 원칙을 지닌 가치 있는 빚은, 우리를 더 완전하게 하고 예속보다는 자유를 위해 사용된다. 이는 저작권료를 받거나 제약을 강요하지 않고, 채무자들의 성공과 번성을 통해 살아가는 프랭크의 채권자, 이름 없는 고대 예술가들과 닮았다.

돈 자체는 일종의 빚이다. 돈은 무에서부터 정부가 정한 규칙에 따라 은행 대출로 생긴다. 여러 통화권에 속하여 거주하거나 통화 붕괴를 경험한 사람들은 돈이 안정적이지 않고 그 가치가 밤새 사라질 수 있음을 경험으로 안다. 그렇기 때문에 통화정책에 관해서는 달러가 수십 년 동안 잘 작동되어온 보통의 북미 사람들보다도 오늘날 아르헨티나와 에콰도르 사람들이 더 잘 안다고 말할 수 있다. 사람들은 돈을 변덕스러운 부채 관계의 복잡한 것이라 생각하기보다 항상적인 것, 실제적이고 안정적인 어떤 것이라고 오해한다. 그러나 이는 변할 수 있다. 구 인민당의 농민들은 돈의 창출이 더 민주적으로 이루어지는 수단을 요구했고, 현재 폭증하는 디지털 통화는 수십억 달러의 가치를 나타냈다. 화폐에 질리거나 단순히 돈을 자신의 통제하에 두고자 하는 사람들은 정부 발행 화폐에 대한 대안을 마련 중이다.

런던의 이민자 지역인 브릭톤 파운드(Brixton Pound)에서 미국 북동부 이다카 아워스(Ithaca Hours), 벅쉐어(BerkShares)에 이르기까지 통화 단일문화에서도 지역 통화체계가 나타나고 있다. 어떤 곳은 달러나 파운드를 가치 단위의 기준으로 하는 반면에 어떤 곳은 타임뱅크로 평등화하여 한 사람의 생활시간을 가치 기준으로 한다. 중요한 것은 먼 거리에 있는 중앙은행이 할 수 없는, 사용자 공동체가 작동방식을 결정할 수 있다는 점이다. 만약 진정한 민주주의가 화폐의 발행과 성격을 규정할 수 있다면, 돈은 그 자체로 협력적이 될 수 있다. 새로운 기술은 코몬 굿(Common Good, 지불시스템)이나 메인 세인트 마켓(Main St. Market, 지역통화에 의해 공동소유 된 협동시장앱)과 같은 이름을 가진 수단 덕분에 이러한 체계의 확산을 돕고 있다.

그러나 가장 효율적인 발전은 아이러니하게도 모호한 목적을 위해 이루어진 경우가 많았다. 이와 같은 변화가 많은 시기에는 기본적인 것들을 놓치기 쉬운데, 이는 협동조합의 전통이 지속적으로 고집스럽게 제기해온 소유권과 지배구조에 대한 문제들이다.

* * *

"비트코인 혁명의 중심지"라 자처하던 비트코인센터 NYC는 뉴욕증권거래소에서 한 블록 떨어진 맨해튼의 브로드 거리(Broadstreet) 소매점에 위치해 있었다. 하지만 옆 가게인 아시아퓨전 유대인 스테이크 하우스 직원은 진행 중인 혁명에는 무심한 듯 길가에서 서성거리는 비트코인 구매자들을 내쫓고 있었다. 비트코인 센터 내부에는 한쪽에 놓인 작은 테이블 두 개에 인터넷을 이용한 추출 장비인 비트코인 채굴 기계가 설치되어 있었다. 이는 스크린과 키보드가 부착되지 않았지만 큰 박스형 데스크탑 컴퓨터와 비슷했다. 내가 2014년 11월 방문했을 당시, 그중 하나인 코인테라 테라마이너 IV(CoinTerra TerraMiner IV)만이 백색소음을 내며 사용 중이었다. 그러나 그것은 그때까지 꽤 무게가 나가는 것이었다.

테라마이너 IV는 탁자 위에 수평으로 놓여 있었고, 랙 마운트와 스테인리스 강철판 2개를 가진 검은색 금속으로 둘러싸여 있는데, 마치 깊은 바닷속 잠수부의 안구처럼 보였다. 이 강판은 작지만 복잡한 암호 관련 수학식들을 처리하는 고급 칩인 에이식(ASIC, 주문형집적회로)을 냉각시키는 팬을 덮고 있었다. 이런 암호수학식 처리로 채굴자는 사용자의 거래수수료와 함께 네트워크에서 새로운 비트코인을 벌어들인다. 귀금속 채굴처럼 암호화폐를 채굴하는 것은 수익성이 있다. 그러나 이 테라마이너 IV는 보상에 대한 희망이 거의 없었다.

약 1년이 지난 시점에서 채굴기는 최첨단 기술이 탑재된 모든 장치가 그렇듯이 숙명적으로 빠르게 퇴화했다. 이 기계는 이미 네트워크에서 더 빠르고 산뜻한 모델과 경쟁해야 하므로 더 이상 전기료를 충당할 정도의 비트코인을 충분히 채굴할 수 없었다. 테라마이너 IV의 제작사인 코인테라는 2015년 초에 파산신청을 했다.

비트코인은 인터넷시대의 황금으로서 새로운 글로벌경제를 선포하는 것이었고, 채굴은 민주주의적 행동으로 여겨졌다. 2009년 2월 11일, 비트코인의 가상 창조자인 사토시 나카모토(Satoshi Nakamoto)는 온라인포럼에서 "전통적인 통화의 근본 문제는 작동하기 위해 필요한 신뢰, 그것뿐"이라고 설명하며,[5] 자신의 발명품을 발표했다. 금융 거물들은 세계의 신뢰를 어기고 있었다. 당시 비트코인의 초기 "생성블록(genesis block)"이 온라인으로 전환된 지 한 달 만에 사용자는 일반 컴퓨터로 채굴이 가능하기는 했지만, 기술적으로 어렵고 수익성이 거의 없었다. 그러나 시민채굴자는 네트워크의 미래를 위한 일종의 투표권을 행사하는 것처럼 소프트웨어버전을 선택할 수 있었다.

이는 의심할 여지 없이 획기적인 것이었다. 이제껏 처음으로 비트코인의 기반기술은 안전하고 중심화된 오픈소스 금융네트워크를 가능하게 했다. 사용자는 소프트웨어만 믿고, 은행이나 정부를 믿지 않아도 되었다. 재정적 자유가 다가왔다고 알리던 사람들은 곧바로 대안 은행이 가능해질 것이라고 발표했으며, 전 세계 어디에서나 사람들은 무시할 만한 비용으로 인터넷을 통해 돈을 송금할 수 있다고 발표했다. 나카모토는 2009년 포럼 게시물에서 "확산이 쉽지만 억압하기 어려운 정보의 본질을 활용할 것"이라고 예언했다.

본질적으로 비트코인은 사용자들이 공통으로 보유하는 거래목록, 보유 사항에 대한 기록이 적혀 있는 목록이다. 이 목록을 블록체인(blockchain)이라고 한다. 이 목록의 가치는 보안과 신뢰성에 있다. 신봉자들은 시스템 안전성 유지를 위해 포함된 인상적인 수학만을 강조하기를 좋아하지만, 이처럼 모든 것을 함께 포함한 것은 게임이론이며 이 이론은 사용자가 합리적으로 행동하고, 자신의 가상 부가 소멸하지 않을 것이라고 가정하고 있다. 비트코인은 암호학의 위업임과 동시에 인류학적인 실험이기도 하다. 그리고 놀랍게도 작동한다. 수많은 해킹과 붕괴 그리고 그 주변의 사회구조에 의해 생겨난 인간적 약점에도 불구하고 핵심은 깨지지 않았다.

첫 번째 비트코인 개종자들은 기술에 정통한 이상주의자들이며, 이들이 보유한 비트코인의 가치는 몇 센트에서 수백 달러로 치솟았다. 많은 사람은 오래된 금융산업 시대가 끝나고 있다고 믿었다. 곧이어 마약, 무기 등을 은밀하게 거래할 방법을 찾는 밀매업자와 신봉자들이 나타났다. 잡지와 웹사이트 관련 산업이 새로운 통화에 관하여 보도하고 판촉하기 위해 생겨났다. 플로리다에서는 비트코인에 기반을 둔 자선단체가 노숙자 안식처로 9에이커의 숲을 샀다. 와이어드(Wired)는 비트코인이 빈곤층에게 금융서비스를 제공할 잠재력을 지닌 "위대한 균형자"로 생각하였다. 또 마크 주커버그(Mark Zuckerberg)의 오랜 경쟁자인 윈클보스 형제(Winklevoss twins)와 같이 혁신에 굶주린 투자자들의 관심을 끌었다. 빌 게이츠는 "화폐보다 낫다"고 말했다. 그러나 얼마 되지 않아 비트코인 혁명은 그들이 대체하려는 시스템과 점점 더 비슷해지기 시작했다. 오히려 이것은 어쩌면 더 중앙집중적이고 덜 평등적이게 되었고, 기존 시스템과 유사하게 부당한 이해관계로 막혀 버렸다.[6]

2013년에 비트코인은 달러 대비 가치가 상승하면서 채굴장비 경쟁이 시작되었다. 사람들은 컴퓨터의 그래픽 칩이 표준 CPU보다 비트코인의 채굴알

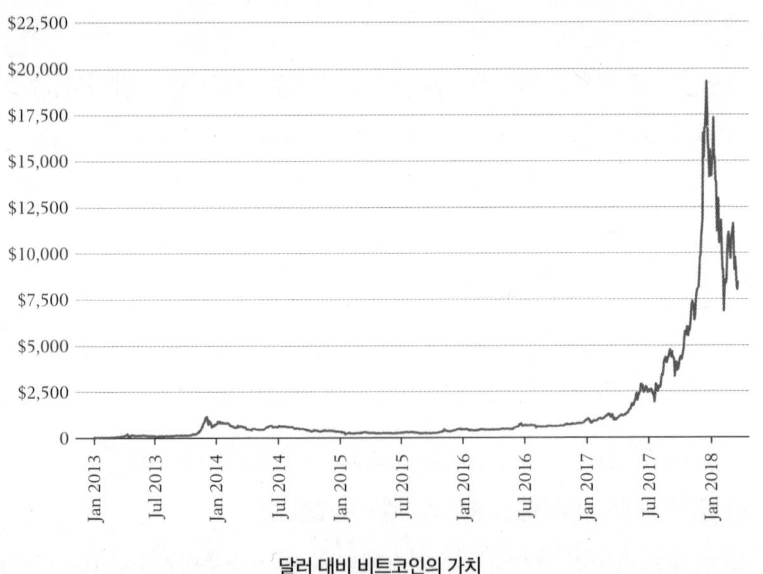

달러 대비 비트코인의 가치

고리즘에 더 적합하다는 것을 알고, 그래픽 프로세서를 추가로 장착한 특수 기계를 구축하여 보상 가능성을 높였다. 2013년 첫 달부터 ASIC들이 생겨났다. 오래지 않아 일반 컴퓨터를 보유한 개인 채굴자는 새로운 채굴신디케이트 또는 "풀(pools)"과 경쟁에서 밀려나게 되었다. 전 세계 여러 곳에서 수백만 달러 규모의 데이터센터가 등장했다. 또한 비트코인 채굴자들은 세계에서 가장 좋은 500대 슈퍼컴퓨터를 결합한 출력보다 몇 배 더 좋은 계산 능력을 가지고 있다. 유통되는 수십억 달러의 비트코인을 처리하고 보호하기 위해 매년 수억 달러의 전기와 이에 대응하는 탄소가 배출된다.

민주주의에 대한 가능성은 이 시스템에서 더욱 희미해졌다. 2014년 중반에는 가장 큰 채굴풀이 50퍼센트의 시장점유율에 도달하여 거래위조로 전체 시스템을 위험에 빠뜨릴 가능성이 있었다. 실제로 이런 일이 일어나지 않는 이유는 분명하다. 만약 그렇게 한다면, 그것은 그들 스스로가 투자한 비트코인의 가치가 떨어지기 때문이다. 또 그들은 자신들의 패권이 약화될 수 있는 소프트웨어의 변경을 방해하기 시작했다. 결국 신뢰할 필요가 없는 화폐를 추구한다던 분산네트워크는 자본집약적인 채굴자들의 비밀스러운 과두정치체제를 신뢰해야만 했다.

급성장하는 산업의 참여자들은 비슷한 경향이 있는데, 비트코인의 "공간"에서도 일종의 복음 전파자들의 경건함이 보인다(계정을 관리하는 데 사용되는 "지갑" 소프트웨어에서 가상통화를 위한 "코인"까지, 암호화폐 전문용어는 가장 실제적인 은유에 의존한다). 신봉자들은 매우 낙관적이지만 때로는 비트코인을 진정으로 신뢰하기보다 더 이상 감가상각되지 않기를 바라는 불안감에서 비롯된 태도처럼 보이기도 한다.

암호화폐에 관한 책 두 권을 직접 전자출판한 초기의 분석가 톰 스완슨(Tim Swanson)은 "뉴욕비트코인센터 직원 중 일부는 매우 종교적"이라고 말했

---

* 비트코인, 이더리움 등 암호화폐를 채굴하기 위해 여러 대의 채굴기를 연결하여 마치 1대의 슈퍼컴퓨터처럼 작동하도록 만든 네트워크.(역자 주)

다. 책을 출판하기 전 그는 중국 체류 동안, 자신만을 위한 그래픽 칩 채굴기를 만들었다. 그러나 스완슨은 비트코인이 현존하는 금융 거물을 불안정하게 만들 것이라는 생각에 점점 더 회의적이게 되었다. 그는 "중앙집중화의 장점이 없는 데도 중앙집중화하고 있다"고 말했다. 그는 개발도상국에서 비트코인 서비스 도입 비용은 이 시스템의 낮은 거래비용으로 인한 절감효과를 없애 버릴 것이라고 계산했다. 내가 테라마이너 IV를 접했을 때 비트코인 자산은 기존 경제보다 훨씬 더 불균등하게 분배되고 있었다. 사용자들도 남성이 아마도 90퍼센트 이상일 것이다.[7]

알고리즘에 돈을 위임하면 기관과 사람이 관리하는 것보다 더 나은 결과를 보장할 수 없다는 사실이 밝혀졌다. 니카모토의 신뢰가 필요없는 화폐에 대한 열망은 단순히 신뢰의 위치를 바꾸어놓았을 뿐이었다. 비트코인에 작동하는 블록체인기술은 유연하므로, 경쟁보다는 협력을 위해, 익명성보다는 명성추적을 위해 과두정치보다는 민주주의를 위해 재배치될 수 있다. 수백 가지 "대안화폐(altcoins)" 중에서 이러한 관점을 따르는 초기실험 모두는 채굴에 집중하는 과정을 완전히 없애 버렸다. 그러나 비트코인과 달리 이 화폐는 자금조달력과 전파력이 부족했다. 암호화폐 초기 시대에 활동했던 내가 아는 많은 사람은 하룻밤 사이에 화폐이론가가 된 소프트웨어 해커들이었고, 곧 그들은 자신들이 완전히 파괴하고자 했던 바로 그 은행을 위해 비트코인과 비슷한 시스템을 만들었다. 우선순위가 바뀌었다.

나는 이 우선순위의 변동이 특별히 분명해지는 비트코인센터에서의 어느 저녁을 기억한다. 어질러진 방구석에서 최근 감옥에서 풀려나와 네오나치즘에 뛰어든 악명높은 해커 트롤 위브(Weev)가 랩탑을 어설프게 만지작거리고 있었다. 내가 그에게 무엇을 하고 있는지 물어보니 "비트코인으로 살아가는 중"이라 말했다. 참석자들은 피자를 먹고, 럼 코크스를 조금씩 마시며 그 주위를 떠돌았다. 저녁이 끝나갈 즈음에, 트렌치코트 안에 진주목걸이를 한 중년여성이 채굴자들 옆에 서 있는 털이 많은 직원에게 다가갔다. 그녀는 할렘에서 왔고, 그녀가 알려준 유일한 이름은 "Ms. E"였다.

"이 비트코인이란 것이 무엇입니까?"라고 그녀는 그 직원에게 물어보았다. 그는 금융을 위한 인터넷상의 "레이어(layer)"로, 그들 주변 고층 건물에서 일어나는 작업에 가치 있는 공헌이라며, 긴 설명을 시작하였다. Ms. E가 떠날 준비가 되어 보일 때도 그의 설명은 이어졌다.

그녀는 "나는 여기에 와서 은행을 대신할 사람을 찾아낼 거라 생각했어요"라고 브로드 거리로 난 창문을 가리키며 말했다. "우리는 부(富)를 분배해야 해요. 당신도 제가 하려는 말을 아시잖아요? 나는 이것이 평범한 사람들을 위한 중요한 무언가라고 생각했어요."

* * *

2012년에 비트코인이란 말을 처음 들었지만, 당시는 관심 없었다. 나의 결점일 수 있지만 돈 자체만을 버는 것에는 그리 흥분하지 않는 경향이 있다(1달러의 비트코인이 현재는 수백 달러의 가치가 있을 것이다). 2014년 1월 샌프란시스코를 방문했을 때 조엘 디엣(Joel Dietz)과 엔서니 드오노프리오(Anthony D' Onofrio)가 전쟁 참전용사들이 운영하는 다운타운 팝업 카페 구석 자리에 나를 몰아넣고, 나에게 이런 새로운 류의 화폐가 기존 화폐 이상의 것이 될 것이라고 설명하기 전까지는 거의 관심을 기울이지 않았다.

디엣은 오랜 친구였고, 나는 그의 음울한 천재성이 신학자, 언어학자, 프로그래머 그리고 차 애호가라는 여러 단계를 거쳐 가며 변해가는 것을 지켜봐왔다. 드오노프리오는 처음 보는 친구였는데, 그 역시 계속 변모하는 몽상가였다. 당시 그는 대마초 식용사업에 종사하고 있었다. 임신한 그의 파트너는 우리가 이야기하는 동안 조용히 근처에 앉아 있었다.

불과 몇 주 전에 비탈릭 부테린(Vitalik Buterin)이란 19세기 러시아 출신 캐나다인이 자신이 이더리움(Ethereum)이라고 이름 붙인 제안을 공개했다.[8] 비트코인이 돈을 위한 것이라면 이더리움은 그외의 모든 것을 위한 플랫폼이 되겠다는 것이었다. 단일관리인이 없이 철저하게 보호되는 목록(블록 체인)이란 기본아이디어는 엄청난 범위의 잠재적 응용성을 가지고 있음이 밝혀졌다. 예를 들어, 화폐 거래목록 대신 계약서를 목록화하고 이들을 컴퓨터 계산식으로 위조나 변조할 수 없도록 한다. 이것은 결과적으로 법원이나 경찰 없이 자율적인 법률시스템을 만들 수 있다는 것이다. 웹사이트들의 블록체인은 보다 안전한 종류의 인터넷의 기초가 될 수 있다. 드오노프리오는 "이는 사회를 위한 운영체제"라고 말했다.

그로부터 오래 지나지 않아 프로그래머들은 DAO(Decentralized Autonomous Organizations,분산형자율조직-이더리움의 '스마트계약'들로 이루어진 조직)의 프로토타입을 스케치하고 있었다. 누군가는 사람들이 가입하고, 세금을 내고, 혜택을 받고, 투표할 수 있고 준수해야 하는 규칙을 지닌, 지리적으로 존재하지 않는 국가의 헌법을 컴퓨터 코드체계로 만들 수도 있다. 다른 누군가는 다국적 소액대출 프로그램 또는 새로운 종류의 신용점수를 설계할 수 있다. 한 온라인 비디오를 통해 디엣과 친구는 간단한 결혼계약서를 컴퓨터 코드체계로 만드는 방법을 보여주었다. 인간권리선언과 미국 헌법을 계승한, 전 세계의 향후 사회계약들은 이더리움의 프로토콜에 따라 쓰여질 수 있다. 미래의 협동조합 역시 스마트계약으로 만들어질 수 있으며, 현지 법률이 허용하는 것보다 더 자유롭게 방대한 네트워크에 대한 공동소유권과 공동거버넌스를 명시할 수 있다. 또는, 부테린이 가끔 농담했던 것처럼, 영화 〈터미네이터〉에서 무장로봇 네트워크인 스카이넷(Skynet)을 제작하여 창조자인 인간을 절멸시키는 데 사용될 수도 있다.[9] 이더리움은 어느 쪽이든 갈 수 있다.

부테린의 아이디어를 둘러싼 해커들 사이 언쟁들과 추종자로서 부테린 자신의 논쟁들을 쫓아가기 시작한 초기 몇 달 동안은 블록체인이라는 단어가 밤새 내 머릿속에서 신성한 주문처럼 반복되었다. 가치의 조정자 보편 장부

(universal ledger)*는 드러내면서도 숨기는, 만물을 꿰뚫어 보는 목록의 미래를 들여다보고 있는 느낌이었다. 우리 삶의 구석구석에서 일어나고 있는 모든 순간이 거래가 된다.

내가 일찍이 소셜뉴스 웹사이트 레딧(Reddit)에 이더리움에 대해 쓴 기사에서, 부테린은 다음과 같이 설명한 바 있다.

최근에 나는 컴퓨터가 통제하는 세상이라는 아이디어를 훨씬 편안하게 느끼게 되었는데, 그것은 한 가지 단순한 이유 때문이었다. 그것은 바로 우리의 세계가 이미 컴퓨터에 의해 통제되고 있다는 사실이다. 여기서 컴퓨터는 물리법칙에 따르는 우주와 같으며, 인간은 자신의 신체 움직임을 통제함으로써 이 위대한 다중서명(Multisig)**시스템에 데이터를 입력하여 작동에 참여한다.[10]

2014년 한여름 베이지역(Bay Area)으로 돌아와서, 마운틴뷰(Mountain View)의 구글플렉스에서 멀지 않은, 조합원들이 운영하는 해커 공간인 해커 도조(Hacker Dojo)로 한 친구의 고물 자전거를 타고 갔다. 교외의 상점 앞 공간은 사람들이 모여있는 일련의 방들로 확장되며 열려있었다. 주로 백인과 아시아계 청년들이 각자의 스크린 화면을 응시하고 있기는 했지만, 최소한 같은 공기를 마시고 있었다. 문 앞에서 안내원이 아닌 이메일주소를 요구하는 컴퓨터를 만났다. 주소를 입력하면, 공간 이용 규칙을 알려준다. 이곳의 특별한 규칙은 어디에서나 모든 것이 "100퍼센트 공동(communal)의 것"이지만 "공공시설은 아니"라는 점이다. 낮잠은 괜찮지만 숙면은 안 된다.

해커 도조는 그날 밤 이더리움 밋업 그룹의 첫 모임행사를 주최했는데, 그 모임에서는 작동될 새로운 질서의 일부를 좀 더 알게 될지도 모르는 일

---

* UL(Universal Ledger)은 블록체인 기술을 기반으로 구축된 규정 준수 및 신원 우선 디지털 지갑 플랫폼.(편집자 주)
** 금고를 열기 위해 여러 명의 지문인식을 통과해야 금고가 열리는 것처럼 다수의 승인으로 트랜잭션을 발생하는 것으로 다중서명이라고도 한다.(역자 주)

이었다. 프로그래머이자 경제 관련 블로거인 스티브 랜디 왈드만(Steve Randy Waldman)은 약 20명의 열성가들이 있는 방에서 연설했다. 그는 한 세기 전에는 수백만 명의 미국인들에게 보험과 복지 혜택을 제공한 협동조합과 친목 단체들에 대해 이야기했다. 이러한 상호지원 네트워크 중 상당수는 공동체 해체와 모빌리티 시대에 사라져버렸지만, 그는 블록체인이 이를 다시 가져올 수 있다고 믿었다.

왈드만은 "전략적 행위자로 설계된" 분산형 자율조직들(DAO)을 보고 싶다고 말했다. "DAO는 회비를 징수하고 계약에 책임지는 회원을 유지하여, 지금까지 온라인 소셜미디어에 등장하지 못한 새로운 종류의 노동조합을 조직하거나 훈련된 소비자운동을 장려하는 수단이 될 수 있다. 만약에 당신이 시위에 참여할 계획이라고 페이스북에 올리는 대신에, 그렇게 하기로 명시된 계약을 체결한 그룹의 일원이 되는 건 어떨까요? 스마트계약으로 연대감을 되살릴 수 있을까요?"

이는 디지털 시대의 가능성에 대한 선언일 뿐만 아니라, 의도적이든 아니든 디지털세계가 잃어버린 것에 대한 증언이기도 했다. 왈드만은 인터넷 이전 시대의 소중한 것들로서 대면 모임, 구별되는 복장, 심지어 종교적 신념을 언급하면서, 그것들이 여전히 '강력한 엔지니어링 수단이며, 우리들이 진지하게 취급해야 한다'고 했다. 그는 앞으로 생길 DAO들의 영감의 원천으로 프리메이슨(Freemasons)*과 엘크스(Elks)**와 같은 조직의 규정을 과거형으로 이야기했다.

그의 연설이 4분의 3쯤 지날 때, 두꺼운 수염과 큰 안경을 쓴 중년의 엔지니어 한 명이 손을 들고 자신이 실제로 프리메이슨의 조직원이라고 밝혔다. 그는 "우리는 여전히 존재합니다"라고 주장했다. 나중에 그는 기술적 타당성

---

* 16세기 말에서 17세기 초에 발생한 인도주의적 박애주의를 지향하는 우애단체로 전 세계 곳곳에 여러 형태로 존재함.(역자 주)
** 1868년 프리메이슨의 의식과 관행을 따라 만들어진 뉴욕의 사교 클럽의 이름.(역자 주)

과 구현 방안에 관한 토론 중에 끼어들어 자신의 롯지***가 어떻게 오프라인에서 좋은 일들을 했는지 얘기했다.

이더리움은 2015년에 시작했다. 기본통화인 이더(ether)는 곧 암호화폐 시장에서 비트코인에 이어 두 번째가 되었으며, 총 가치는 수십억 달러에 이른다. 월마트(Walmart)는 이더리움을 사용하여 공급망을 관리하고, J.P.모건(J.P. Morgan)은 거래자동화를 위해 스마트계약서를 작성 중이다. 미국신용조합연합은 회원 ID를 관리하기 위해 "CU Ledger"를 구축하고 있다. 몇몇 사람들은 완벽한 협동조합 또는 다른 종류의 평등주의적인 DAO를 만들려고 노력하고 있지만, 크고 오래된 은행을 위해 블록체인 원장를 구성하는 사람들처럼 돈을 벌지 못한다.[11]

이더리움은 탄생 1년 만에, 시스템에 문제가 발생했다. 코드의 결함으로 인해 해커가 단순히 "The DAO"라고 알려진 플래그십 DAO에서 수백만 달러에 달하는 이더를 사이펀처럼 빨아올릴 수 있었다. 코드로 만들어진 세계에 대한 기본적인 딜레마였다. 기술상 결함과 해커 등 그 모든 문제에도 불구하고 코드가 존중되어야 하는가 아니면 코드 이면의 의도가 중요한가. 대체로 "공동체"는 후자를 선택했다. 인간의 의도를 선택하고 해킹을 제거하기로 했다. 최소한 현재는 시스템이 젊고 유연하여 선택의 여지가 충분히 있었다. 그것은 즉흥적인 것이었지만 또한 완전히 새로운 종류의 거버넌스의 전조(前兆)였다.[12]

이는 시작에 불과했다. 사람들은 이제 회사를 세우고 투기적인 마법의 힘으로 뜻밖의 횡재를 원하는 투자자와 사용자에게 기성의 암호화폐 토큰****을 팔아서 스스로 자금을 조달하고 있다. 이 초기 코인 발행(ICO: initial coin

---

offerings)*은 정부 규제로 위험한 즐거움을 망치기 이전이었던, 대공황 이전의 주식시장처럼 규제가 거의 없고 모두에게 자유로운 시장을 재창조하였다. 이는 민주적 가능성은 있지만 대부분 무정부적 자본주의적이었다. 블록체인은 (그것이 무엇이든지간에) 우리가 어떻게 사용하느냐에 따라 그 모습이 결정될 것이며, 우리는 그 사용방식에 의해 형성되는 존재가 될 것이다.

실리콘 밸리를 방문한 어느 밤에, 나는 크립토커먼즈(Cryptocommons)라고 불리는 단체모임으로 조엘 디엣(Joel Dietz)의 집에 들렀다. 이 집은 사랑의 둥지(Love Nest)라는 이름을 가졌는데, 블록체인, 예술 그리고 "지수(exponential)" 관계에 대한 조엘의 관심을 공유하는 사람들의 집이 되었다. 디엣은 검은 바탕에 흰색 원이 그려진 티셔츠를 입고 있었는데, 그것은 자신이 현재 진행 중인 스웜이라는 프로젝트를 상징하는 것이었다. 스웜은 암호화폐 기반 크라우드 펀딩의 모델로 아직까지 너무 새로워서 적법성을 따지기가 모호한 면이 있었다. 이것은 후에 "실제 자산에 대한 협동적 소유권 플랫폼"으로 부활될 것이다. 비탈릭 부테린의 사촌 아나스타시아(Anastasia)가 늦게 도착했다. 그날 저녁 연사는 에릭 스몰스(Eric Smalls)였는데, 스탠포드 학부생인 그는 드론 스타트업에서 일하기 위해 학교를 그만두었다. 그는 레랜드 스텐포드(Leland Stanford)의 협동조합에 대한 관심사, 던바의 수(Dunbar's Number)**, "단 하나의 실패" 지점으로서 알렉산드리아 도서관의 화재를 언급했다. 그는 안젤라 데이비스(Angela Davis)를 인용하면서 교도소 폐지를 제안하고 이를 블록체인 기반의 평판시스템으로 대체할 것을 제안했다. 그런 다음에는 자가생성 및 시스템이론에 대해 이야기했다. 이야기 주제는 세상의 모든 것을 포괄할 만큼 광범위했다. 내가 정확히 이름을 기억하지 못하는 어떤 이가 이렇게 말했다. "나는 앞으로 만들어질 제품의 하나인 자유가 궁금하다."

이런 그룹들과 있을 때, 나는 나만의 코드로 규칙과 사회시스템을 만들어

---

* 새로운 가상화폐를 유통하기 위해 기금을 조성하는 것(역자 주)
** 던바의 수는 한 사람이 사회생활을 하는 가운데 맺을 수 있는 인간관계의 최대치.(편집자 주)

보고 싶은 거부할 수 없는 충동을 느낀다. 코드는 컴퓨터가 그것을 읽는 방법을 제외하고는 어떤 분석도 필요치 않게 정확하다. 부패한 판사나 배심원이 없으며 완벽하게 투명하다. 예를 들어, 가상공동체에 새 멤버를 추가하기 위한 파이썬 프로그래밍 언어의 루틴으로 다음과 같다.

```
def addMember(person, votes):
    if len(MEMBERS) == votes:
        MEMBERS.append(person)
```

이 코드라인은 사람 이름과 투표수를 변수로 하는 'addMember'라는 함수를 정의하는 것으로, 투표수와 목록에 있는 멤버 이름의 개수가 같을 때 사람 이름을 멤버십 목록에 추가하는 것이다. 간단하지만, 정제된 규칙이 담겨 있다.

산업협동조합은 우선 그 당시 습관적인 사회 알고리즘의 어설픈 미봉책에 화가 난 사람들 사이에서 일어났다. 그들은 다른 사람들이 볼 수 없는 곳에서 가치를 발견했다. 그들은 시스템 메이커였지만, 시스템은 이기적인 충동심, 신뢰의 유대감, 선택할 수 있는 능력을 지닌 인간을 고려할 때 비로소 작동할 것이다. 이제 비틀거리고 시행착오를 겪는 실험적 개조가 다시 시작되고, 코드의 라인들으로 사회를 다시 만들어가는 중이다.

*　*　*

2015년 1월 말 밤에 나는 엔리크 듀란(Enric Duran)을 따라 한 지하실에서 다른 곳으로 그를 따라갔다. 파리 정남쪽 작은 도서관 아래 해커 스페이스에서 그는 프랑스 전역에서 활동하는 활동가들을 만났고, 그들과 함께 다른 만남을 위해 버스와 지하철을 타고 도시의 북쪽 끝 옛 궁전으로 이동했다. 본관 1

파리에서 일을 하고 있는 엔리크 듀란

층은 흰 벽과 감성적인 음향을 갖춘 아트갤러리처럼 보이지만, 지하층은 마치 의상과 과학도구, 노출 벽돌로 가득 찬 동굴과 같았다. 그곳에서 듀란은 12명 정도의 참여자들을 위해 의자를 원형으로 배치했다. 그들이 자리를 잡고 어떤 언어로 말할 것인지 토론하고 있을 때, 위층에서 한 여성이 출입구를 들여다보고 있었다. 그녀는 위층에서 열린 과학적 연구에서의 저작물 자유이용(open license)에 관한 행사에 참석하고 있었다. 그녀는 친구에게 듀란을 가리키며, 간신히 자제하려고 노력하고 있었다. 회의가 끝난 후 그녀는 그에게 다가와서 "당신은 은행강도야!"라고 말했다.

미국에서는 거의 알려지지 않았지만 듀란의 이름이나 명성은 서유럽 활동가와 해커 활동가(hacktivist)들 사이에서 쉽게 들을 수 있다. 나도 수년간 그에 대해 들었다. 나는 사람들이 말로만 이야기한 아이디어의 실제 살아있는 모델을 보고 싶다면 그를 찾아봐야 한다는 말을 들었다. 다른 편의 사람들은 그의 최신 계획은 아마 아무도 모를 것이라고 말하기도 했다. 서로 친구 관계인 사람끼리 암호화된 이메일로 우리를 소개해주었고, 파리에서 밤낮으로 거의 일주일을 그를 따라다녔다.

그 지하실에서 듀란은 임원 회의를 열었다. 38세로 거의 2년간 도망자 신세인 그는 앞니 사이가 벌어져 있었고, 회색 머리카락과 잘 어울리는 검회색 수염을 지니고 있었다. 흰색 운동복차림의 그는 신중하고 부자연스러웠지만, 그 방에서는 권위 있어 보였다. 다른 사람들이 평범한 대화를 나누는 동안 그는 먼 산을 바라보고 있었지만, 대화가 그의 관심사로 바뀌고 대화에 참여할 수 있는 기회가 생기자마자 그는 완전히 집중했다.

그는 자신의 최신 사업인 페어쿱(FairCoop)을 설명하기 위해 사람들을 모았는데, 그의 설명이 진행될수록 이는 완전히 새로운 방식의 글로벌 금융시스템임이 드러났다. 그는 이를 통해 전 세계의 협동조합이 서로 거래하고, 서로 성장을 위해 자금을 제공하고, 부를 재분배하고, 집단적인 결정을 내릴 수 있을 것이라 말했다. 그들은 경쟁적인 자본주의를 협동조합으로 대체하는 동안 자금조달을 위해 통화시장을 해킹하고자 한다. 그는 불규칙하게 확장되는 구성요소인 페어마켓(FairMarket), 페어크레딧(FairCredit), 페어투어스(Fairtoearth), 글로벌 사우스 펀드(Global South Fund) 등을 거침없이 이야기했다. "우리는 정부의 통제 없이 교류할 수 있을 것입니다." 그는 서투른 영어로 약속했다. 프로젝트를 진행하려고 그는 페어코인(FairCoin)이라 부른 비트코인과 같은 암호화폐를 하이재킹 했었다.*

프랑스 활동가들이 어렴풋하게 파악한 것에 기대어 제멋대로 질문을 퍼부었다. 어떤 질문은 정치적이었고 어떤 것들은 기술적이었다. 페어코인은 페어크레딧과 어떤 관련이 있는가? 페어마켓에서 무엇을 살 수 있는가? 각각의 펀드에는 페어코인이 얼마나 투자되고, 이는 무엇을 위한 것인가? 질문을 한 사람들은 대부분 젊은 남성들이었으며, 이들은 자신의 턱을 쓰다듬으며 듣고 있었다. 여성 대부분은 모임이 끝나기 전에 떠났다. 듀란의 목소리는 다소 단

---

* 하이재킹이란 사용자의 암호화폐 거래과정을 해킹하여 암호화폐를 훔치는 행위를 말하여, 크립토 재킹이라고도 함.(역자 주)

조로웠지만, 그의 대답은 일종의 광시곡을 부르는 것 같았다. 다양한 가설적인 질문에 대한 답변은 "우리가 결정할 수 있다"는 의미로 귀결되었다.

사람들이 이런 혼란스러운 가능성에 관심 두는 유일한 이유는 듀란이 실제로 은행강도였기 때문이다. 그는 이 단어를 거부하지만, 2008년 금융위기가 시작될 때 스페인은행에서 수십만 유로를 징발했다는 것을 부정하지는 않는다. 그는 강도질에서 더 나아가 '시크'라고 불리는 냐탈루냐 통합 협동조합을 조직했다. 이는 스페인 북동쪽에 있는 냐탈루냐 분리주의자들의 지역에서 활동하는 협동조합 네트워크이며, 프랑스 활동가들은 이를 프랑스 전역에서 똑같이 실행하려고 시도했다. 그 일 때문에 법을 피하면서 수년간의 지하 생활을 하게 되었음에도 불구하고 그가 착수한 일들은 실행되었다. 아마도 이번 것도 그럴지 모른다.

은행들에게 엄청난 혼란을 가져다 주기 훨씬 전부터 엔리크 듀란은 사람들을 연결시키는 일을 했다. 십대 시절, 그는 프로 탁구선수였는데 냐탈루냐의 순회 경기를 재구성하는 데 도움을 주었다. 20대 초반에 그는 에리히 프롬(Erich Fromm)의 물질적 사회에 대한 진단과 헨리 데이비드 소로(Henry David Thoreau)의 불복종에 대한 글을 읽으면서 더 큰 불의에 관심을 돌렸다. 이때는 1990년대 후반으로 세계정의 또는 반세계화 운동이 한창이던 시기였다. 사파티스타(Zapatistas)*는 멕시코 남부에 자치구를 설치했으며, Y2K 바로 몇 주 전에 팔다리를 꽁꽁 묶고 얼굴을 마스크로 가린 활동가들은 시애틀의 세계무역기구(WTO) 회의를 폐회시켰다. 바르셀로나의 노스이스턴대학의 인류학자인 제프리 쥬리스(Jeffrey Juris)에 따르면, "엔리크는 모든 것을 조직하는 중심에 있었다".[13] "사람들은 그를 "연결하는 사람(el hombre conectado)"이라고 불렀다.

듀란은 프라하에서 열린 2000년 세계은행 및 국제통화기금 회의에 대한

* 1994년 북미 자유무역협정에 반대하여 결성된 멕시코 치아파스 주에 기반을 둔 무장혁명단체.(역자 주)

시위를 위해 냐탈루냐 파견대를 조직하는 일을 도왔다. 경찰은 프라하 거리에서 그의 머리를 내리쳤다. 그는 석유에 대한 의존을 끝내고 가난한 나라의 부채를 취소할 것을 촉구했다. 그는 약사인 아버지로부터 약간의 돈을 받아서 살았는데, 2003년 바르셀로나에 인포스파이(Infospai)라는 협동조합 정보숍을 설립하는 데 아버지에게 받은 모든 돈을 쏟아부었을 때까지였다. 그는 인포스파이를 통해 스스로 생계를 유지하고자 했으나, 다른 활동가 그룹의 프로젝트처럼 곧 돈 문제가 생겼다. 그들은 자본주의가 제공해줄 리 없는 수입원이 필요했다.

듀란은 돈의 본질을 연구해왔는데, 돈은 금융엘리트를 대신하여 국제적 부채 예속의 수단으로 어디 가든 고리대금 거래란 오점을 지니고 있었다. 그는 거대은행이 전 세계 불의의 주요 원인이라고 확신했지만, 아마도 해결책 또한 될 수 있다고 생각했다.

그의 첫 번째 기업가 친구는 은행에서 돈을 빌리고 돈을 돌려주지 않는 아이디어를 제안했다. 처음에 그들은 대규모 행동을 조직하거나 많은 차용인을 참여시키거나 이에 관한 픽션 영화를 만드는 것에 대해 이야기했다. 그러나 그 친구가 교통사고로 사망한 후 듀란은 스스로 행동하기로 결정했다. 2005년 가을, 그는 페이퍼컴퍼니를 설립하고 대출을 신청했다. 곧 그는 카이사 따라사(Caixa Terrassa)로부터 20만 1천 유로, 그 당시 거의 31만 달러의 담보대출을 받았다. 이는 자동차 대출에서 신용카드 대출까지 39개 은행을 포함하여 총 68건의 대출행위 중 첫 번째였다. 그는 이 대출은 총 49만 2천 유로에서 36만 유로 정도이며 이자와 수수료는 포함하지 않았다. 그것은 50만 달러 이상이었다.

듀란은 거의 3년 동안 계속했다. 그는 '은행을 폐지하라'라는 제목의 자신의 진술서에 다음과 같이 썼다. "내 행동이 포드 생산 시스템의 조립라인 일부인 것처럼 나의 전략은 완전히 체계적이었습니다."[4] 그는 은행가와의 회의에 서류가방을 가지고 다녔지만, 넥타이까지는 맬 수 없었다. 비디오카메라와 같은 단일품목에 대해 여러 은행에서 동일한 대출을 받아왔다. 그는 더 많은 현금을 갖게 되자, 자신이 알고 신뢰하는 주변 그룹에 자금을 지원했다. 그는 경제성장의 논리에 반대하여 조직된 냐탈루냐의 대중 자전거 동호회인 디그로스 마치(Degrowth March)를 후원하고 인포스파이에 TV 스튜디오를 설치했다.

결말은 2007년 여름에 시작되었다. 듀란은 미국에서 나타난 주택담보대출 위기의 징후를 알아차리고, 공개할 시간이 되었다고 결정했다. 다음 해에 그는 은행의 해악과 은행이 속인 것들을 자세히 설명할 신문을 만들기 위해 단체를 결성했다. 디그로스 마치를 조직한 사람들은 냐탈루냐 전역에 배포망을 제공했다. 그는 2008년 9월 17일로 날짜를 정했다.

타이밍은 매우 놀라웠다. 9월 15일, 리먼 브라더스(Lehman Brothers)가 파산 신청을 하여 세계적 연쇄반응의 도래를 의심할 여지가 없었다. 그날 아침 듀란은 바르셀로나에서 포르투갈 리스본으로, 다음 날 리스본에서 그의 친구 릴카(Lirca)가 살고 있는 브라질 상파울루로 날아갔다. 17일, 냐탈루냐 전역의 자원봉사자들은 듀란의 신문인 〈크라이시스(Crisis)〉를 20만 부 뿌렸다. 그 때까지 그들 대부분은 자신들이 어떤 뉴스를 퍼뜨리고 있는지도 몰랐다. 국제언론은 이 이야기를 전했고, 듀란은 금융계의 로빈 후드로 알려졌다.

그는 이를 "공적인 행위"라고 말해왔다. 그는 처음부터 그런 식으로 계획했다. 하나의 극적인 사건, 그러나 그 사건은 또 다른 프로젝트를 위한 네트워크를 창조한다. "이것은 하나의 행동에 관한 이야기가 아니다"라고 말했다. "이것은 대안경제 시스템을 구축하는 과정입니다."

브라질에서 듀란은 다음 행동에 대해 토론할 수 있는 지지자들을 위한 웹사이트를 만들었다. 처음에 계획은 대량부채 파업을 추진하는 것이었다. 전 세계 사람들이 대출을 갚지 않기 위한 조직을 시작했지만, 은행에 피해를 입힐 정도의 상당한 규모여야 하므로 계획은 무산되었다. 2008년 마지막 몇 달 동안 듀란, 릴카 그리고 그 친구들은 또 다른 제안인 통합 협동조합(Integral

Cooperative), 궁극적으로 통합 혁명(Integral Revolution)으로 방향을 전환했다.

은행에 대한 행동과 마찬가지로 이 아이디어는 정치적이며 실용적이었다. 그는 인포스파이를, 자금 문제가 있음에도 불구하고, 협동조합 조직으로 만들면 어떤 이익을 볼 수 있다는 것을 알게 되었다. 스페인 정부는 독립근로자에 대해 일반적으로 한 달 수입에 비례하여 약 315달러 정도의 막대한 자영업 세금을 부과했지만, 자신의 업무가 협동조합 내에서 이루어지고 있다고 주장한다면 세금은 적용되지 않는다. 위기 상황에서 사람들은 일자리를 잃고 있었고, 그들이 협동조합에 함께 참여하지 않는 한 세금 때문에 부업으로 긱(gigs, 초단기직업)을 선택하기 어려웠다. 듀란은 노동자나 서비스 이용자들이 소유하고 운영하는 전통적인 협동조합사업을 계획하지는 않았다. 대신에 그는 사람들이 자신만의 규칙에 의해 생활하고 일할 수 있는 협동조합 우산을 만들고 싶었다. 사람들을 도와주고 동시에 급진화시키는 아이디어였다. 부자들이 조세회피를 유리하게 사용하지만, 그는 협동조합원들도 똑같이 할 수 있다는 것을 깨달았다.

듀란은 자신의 시스템에 연결할 부분을 더 찾아보았다. 그는 에코 네트워크(ecoxarxes 또는 eco-networks)라고 불리는 냐탈루냐 도시에서 형성되기 시작한 대안화폐 그룹에 대해 알고 있었다. 이는 비트코인이 2009년에 온라인에 접속한 다음 날, 우연의 일치로 첫 번째 통화가 시작되었다. 이러한 화폐들은 공유하고 있는 이자수익과 가치를 반영하지만 통일된 구조가 없었다. 듀란은 이 새로운 협동조합을 통해 연결해줄 것을 제안했고, 이 조합의 사용자들은 그가 기획하고 있는 일로 연결되는 또 다른 관문이 되었다.

그와 친구들은 프로젝트의 전체성, 종합성 및 다양성을 뜻하는 스페인어와 냐탈루냐어에서 "whole wheat"에 사용되는 "Integral"이라는 단어를 채택했다. 이는 듀란을 대담하게 만들었고, 냐탈루냐로의 복귀를 약속하기 시작했다. 그는 대출에서 남은 돈 대부분을 두 번째 신문인 〈위캔(We Can!)〉에 바쳤다. 〈크라이시스〉가 은행시스템의 문제에 집중한 반면에, 〈위캔〉은 솔

루션에 관한 것이다. 첫 페이지에서 "우리는 자본주의 없이 살 수 있다. 우리는 우리가 원하는 변화가 될 수 있다!"고 했는데, 이는 듀란과 친구들이 통합협동조합(Integral Cooperative)를 위해 개발하고 있는 비전을 설명했다. 〈크라이시스〉를 발간한 후 정확히 6개월이 지난 2009년 3월 17일에, 35만 장의 〈위캔〉이 스페인 전역에 배포되었다. 같은 날 듀란은 바르셀로나 대학교 캠퍼스에 나타났으며 즉시 체포되었다. 몇몇 은행들이 그에 대해 불만을 제기했다. 스페인검찰은 8년 형을 선고했다.

듀란은 감옥에 갇혔지만, 기증자가 보석금을 내고 2개월 후에 풀려났다. 따라서 거의 4년간의 자유가 시작되었고 그의 친구들을 조직화하게 되었다. 그들은 세금혜택으로 사람들을 끌어모을 수 있도록 처음부터 협동조합의 법적 구조를 확실하게 설정했다. 그다음으로 우선순위에 따라 농민으로부터의 먹거리, 불법거주 주택과 공동체, 자연스럽고 저렴한 수단에 의한 의료보험 등 필요한 것들을 마련했다. 2010년 초까지 냐탈루냐 통합협동조합은 위원회와 월별집회를 통해 현실이 되었다. 이듬해 시위자들은 긴축재정과 부패를 막기 위해 스페인 전역의 도시광장을 점령하고, 참가자들은 협동조합에 가입했다. 스페인의 다른 지역과 프랑스, 그리고 그리스에서 유사조직이 등장하기 시작했다. 듀란이 대출에서 얻은 돈은 실제로 CIC를 형성하는 데 전혀 사용되지는 않았지만, 그의 명성, 네트워크와 불타오르는 듯한 활동과 함께 커갔다.

* * *

비트코인 사용자들과 몇 달을 지낸 후에 듀란과 함께 숨어 있던 시기는 나에게 안도감과 해방감을 주었다. 그 주된 이유는 그가 화폐시스템에 대한 불만과 분산원장에 대한 희망을 함께 공유하기도 하지만, 그가 협동조합주의자라는 사실 때문이었다. 그가 구축한 것이 기존의 협동조합과 조금도 비슷해 보이지는 않지만, 그는 기본적으로 책임감 있는 소유권과 권리방식에 대해 고려했다. 그는 점점 더 많은 부분의 삶을 신뢰할 수 없는 거래로 전환하기보다는 상당한 신뢰를 원했다. CIC는 나에게 지구지질학에서 보던 잘라진 지구본을 생각나게 했다. 외부의 단단하고 거친 층처럼, 신규참여자들은 가입하고 혜택을 볼 수 있는 특정 서비스가 있지만, 그 아래에서 무슨 일이 일어나는지 알 필요가 없다. 신규 참여자는 그곳에 머물 수 있었다. 그러나 그들은 또한 중심으로 한 걸음 더 다가갈 수 있다. 더 많은 서비스와 더 많은 신뢰가 있는 곳, 뜨겁게 용해되어 살아 움직이는 커먼즈(commons), 공적인 거래가 점점 더 필요없는 곳으로 말이다. 이것은 비트코인 행성의 중심부에서 일어나는 바위처럼 견고한 거래의 천국에서는 멀리 떨어져 있다. 효용성으로 시작하여 공동체를 향해 나아간다.

파리에서 비 오는 어느 밤, 나는 "커먼즈"에 대한 장황한 궁금증에 대해 말하는 중이었다. 듀란이 내 말을 가로막았을 때, 그가 이론적 논쟁이나 다른 측면에서 어떤 입장에 있는지 확인하고 싶었다. 그는 "나는 커먼즈에 대해 이야기하는 사람들을 위해 커먼즈를 구축하고 싶지 않다"며 "커먼즈를 실천하는 사람들(commoners)을 위해 커먼즈를 만들고 싶다"고 말했다.

그의 말에 나는 잠시 당황했지만, 금세 숙연해졌다. 그것은 일반적 협동조합주의자들에 대한 교훈과 경고였다. 사용되지 않으면, 그 어떤 것도 가치가 없다.

* * *

나는 안토니오 가우디(Antonio Gaudi)의 미완성 성당인 사그라다 파밀리아(Sagrada Família)에서 몇 블록 떨어진 곳에서 2012년부터 CIC의 바르셀로나 본부 역할을 하고 있는 아우레아 소시알(Aurea Social)을 발견했다. 이곳은 이전에 헬스 스파로 쓰였던 3층짜리 건물이었다. 미닫이 유리문과 리셉션 데스

카탈루냐 공급센터에서 생산품 무게를 측정하는 모습

크를 지나면 회원들이 만든 제품(비누, 어린이 옷, 나무장난감 및 새 집, 태양열반사조리기)이 전시된 복도가 있었다. 거기에는 호스텔 겸 웰빙센터인 에스파이 드 라르모니아(Espai de l'Harmonia)를 위한 브로슈어가 있었으며, 여기에서는 레이키(Reiki) 치료와 합기도 수업을 받을 수 있었다. 그 외에도 작은 도서관, 비트코인 ATM 그리고 봉급 받고 CIC 운영을 하는 75명의 사람들이 사용하는 사무실이 있었다. 특정한 날에는 아우레아 소시알은 카탈루냐 공급센터(Catalan Supply Center)에서 생산한 신선한 농산물 시장을 열었다. 이곳은 남쪽으로 한시간 정도 거리에 있는 마을협동조합 유통 저장창고로, 대부분 CIC 농민과 생산자가 매월 수천 파운드씩 생산한 상품을 지역 전역에 제공했다.

그곳에 도착했을 때 나를 맞아준 사람은 CIC의 공개커뮤니케이션 위원회 회원인 조엘 모리스트였다. 그는 잭 케루악(Jack Kerouac, 미국의 대표적인 비트 제너레이션 작가)을 좋아하지만 월트 휘트먼(Walt Whitman, 미국의 시인)과 슬라보예 지젝(Slavoj Žižek)을 닮았다. 지젝이라 해도 믿을 정도였는데 비슷하게 떨리는 손동작과 영리함을 지니고 있었다. 그의 왼쪽 눈은 약시였음에도 야성적으로 보였다. 영화제작자이기도 한 그는 "신은 부재중이지만 곧 돌아올 것"이라고 농담을 하면서 엔리크(듀란)에 대한 존경을 표현했다. 그리고는 계속해서 CIC의 역사에 대해 이야기해 주었는데, 문명의 최초 암시들인 첫 보스, 첫 사제, 첫 군대, 첫 화폐, 첫 부채 등부터 시작했다. 그는 고리대금에 기반한 화폐와 또 다른 방법의 필요성을 작은 종이들에 스케치하면서 설명했다.

아우레아 소시알에 공시된 각 기업은 CIC와 다양한 수준으로 연계되어 있지만 다소 독립적으로 운영된다. 내가 2015년에 방문했을 때, CIC는 카탈루냐 전역에 954명이 함께 일하는 674개의 서로 다른 프로젝트로 구성되어 있었다.[15]

CIC는 세금과 법인에 관한 한 이 프로젝트에 대해 법적인 우산을 제공했다. 이 회원들은 카탈루냐의 에코 네트워크 중 하나로서 대안통화인 에코스(ecos)로 서로 거래했다. 그들은 보건종사자, 법률전문가, 소프트웨어 개발자, 과학자 그리고 베이비시터들을 공유했다. 그들은 CIC의 50만 달러 규모의 연간예산, 크라우드펀딩 플랫폼 및 카쉬(Casx)라 불리는 무이자투자은행 등에서 서로 재정을 지원했다(카탈루냐어에서 x는 "sh" 소리를 낸다). CIC의 일부가 되려면 프로젝트는 합의에 의해 관리되고 투명성 및 지속가능성과 같은 특정 기본원칙을 따라야 했다. 총회에서 새 프로젝트가 승인되면, CIC 회계사무소를 통해 수입을 창출할 수 있으며, 이 중 일부는 공유인프라에서 자금 지원하는 것으로 진행되었다. 모든 참가자는 서비스의 혜택을 보며 공유재의 사용방법을 결정할 수 있다.

제휴사는 바르셀로나의 제휴된 아파트 블록이나 룽타(Lung Ta)라는 곳에 거주를 정할 수 있고, 룽타란 마야점성술에 따라 계통화된 "가족(families)"으로 조직되어 티피(tepees, 아메리카 인디언의 원뿔형 천막집), 유르트(yurts, 몽고유목민의 원형 천막집), 환상열석(거대한 선돌이 둥글게 줄지어 놓인 고대유적)들과 말들이 있는 농업공동체이다. 또 다른 이들은 듀란과 몇몇 다른 사람들이 인터넷에서 경매하는 것을 보고 구입한 100년 된 공장이 있는 폐허 도시인 "포스트 자본주의적 생태산업식민지"인 칼라파(Calafou)로 이주했다. 거기서 그리 멀지 않은 곳에 아나키스트 그룹이 한때 CNT(Confederación Nacional del Trabaj, 스페인 노동조합연맹)가 속했던 건물의 스크린 인쇄스튜디오와 술집을 운영하였다. CNT는 1930년대 내전 동안 집단화된 공장과 민병대를 운영했던 아나르코 생디칼리스트 연합(anarcho-syndicalist union)으로, 기능적으로 무정부적인 현대 세계에서 가장 큰 실험을 조율했다. CNT와 마찬가지로 CIC는 낡은 껍질 속에서 새로운 세계를 만들고 있었다. 즉 유토피아적 만트라(Mantra, 주문)는 사라지고, 전혀 유토피아적이지 않게 생활을 유지하기 쉽지 않은 곳에서 그들 스스로 생계를 만들어가고 있다.

몇 년 동안 스페인은 실업률이 전체 인구의 20퍼센트를 초과하고, 25세 미만 실업률이 50퍼센트를 넘어서면서 불황의 늪에 빠졌다. 격변으로 인해 긴축정책에 반대하는 새로운 대중정당인 포데모스(Podemos, 좌파 정당)가 생겨났고, 내가 방문했을 때는 기존체제를 대체할 준비가 되어 있었다. 그러나 이런 반란 중에서 드러나지 않는 분야는 근본에 더 가까이 다가가고 일상생활의 구조를 재구성하는 CIC와 같은 운동들이었다. 이 협동조합들은 몬드라곤(Mondragon) 노선을 따라 꾸준하게 상근직을 구했다. 더 많은 산업관료주의로 대량소비재를 교란한다는 것이 핵심은 아니었다. 나는 일전에 그들이 가까운 곳에 있는 다른 스페인 분리주의 지역에서 진행된 유명한 협동조합들로부터 어떤 교훈을 얻었는지에 대해 물은 적이 있다. "왜 우리가 그래야 합니까?"라는 답변으로 그들의 반응을 한 눈에 볼 수 있었다. 그들은 그것보다 더 완전한 자유를 원했다.

아우레아 소시알 1층에 있는 5인으로 구성된 CIC의 경제위원회 사무실은 보통의 회계사무실처럼 보이지 않았다. 천장에서 매달린 한 무리의 종이새는 다른 벽 하나를 덮고 있는 "필요한 것은 사랑뿐"이리고 쓰인 화이트보드 쪽으로 날아가고 있었고, 반대편 벽은 아이들이 만든 예술작품으로 덮여 있었다. 직원의 컴퓨터는 오픈소스 리눅스 운영체제와 IT 운영위원회가 개발한 커스텀 소프트웨어를 실행하였고, 이는 CIC 협동조합 프로젝트의 수입과 지불금을 처리하고 프로젝트조합원들이 요청한 나머지 일들에 분산투자하는 데 사용했다.

세금징수원이 CIC 구성원에게 온다면 언제나 다음과 같은 정답이 있다. 그들은 협동조합의 자원봉사자이며, 경제위원회의 지시에 따라 적절한 문서를 제공할 수 있다고 말한다. 공식적으로 CIC와 같은 것은 존재하지 않았다. 이는 조직의 다양한 목적을 위해 설립된 일련의 법인을 통해 운영되었다. 내부자들은 이 시스템과 그에 따른 세금 혜택을 "재정불복종", "법적 형태" 또는 단순히 "도구"라고 말했다.

회계는 유로화와 CIC의 기본통화가 된 에코스(ecos) 두 가지로 이루어졌다. 에코스는 비트코인과 같은 첨단소프트웨어가 필요 없는 단순한 상호 신용 원장이다. 비트코인은 중앙당국과 결함이 있는 인간을 피해야 하지만 에코스는 서로 신뢰하는 사람들의 공동체를 바탕으로 하고 있다. 수천 개 계정 중 하나를 지닌 사람은 누구나 남아프리카 공화국에서 처음 개발된 오픈소스 소프트웨어 패키지인 공동체 교환시스템(Community Exchange System)의 웹 인터페이스에 로그인할 수 있다. 여기서 사용자는 모든 사람의 잔액을 볼 수 있으며 한 계정에서 다른 계정으로 에코스를 이체할 수 있다. 부의 측정도 거꾸로 된다. 잔액이 적거나 부채가 조금 있는 것에 난색을 표하지 않는다. 오히려 누군가의 잔액이 0원에서 어느 방향으로도 너무 멀어지거나 그대로 머물러 있으면 문제다. 이자가 없기 때문에 여기저기에 많은 에코스를 지니고 있는 것은 아무 이득이 없다. 시스템에서 신용도는 축적량이 아니라 사용하거나, 기부와 소비 사이의 균형을 달성할 때 높아진다.

연방준비제도 이사회와 같은 CIC의 대응은 소셜 통화모니터링위원회(Social Currency Monitoring Commission)로, 거래를 많이 하지 않는 회원들에게 연락하여 시스템 내에서 더 많은 수요를 충족시킬 수 있는 방법을 찾도록 도와준다. 누군가 바지를 원하는데 가까운 곳에서 에코스로 살 수 없다면, 재단사가 주문을 받아들이도록 설득해볼 수 있다. 그러나 재단사 입장에서는 역시 에코스로 필요한 것을 얻을 수 있는 정도까지만 에코스를 받을 것이다. 이 시스템은 도시와 농촌 지역의 경계를 넘어서 펑크족과 히피족, 해커와 농민, 과학자와 베이커가 함께 일하게 만든다. 퍼즐처럼 경제가 조립되는 과정이다. 통화는 단순한 교환의 매개체가 아니다. 이는 고리 대부업으로부터 CIC가 독립되어 있음을 보여준다.

CIC에서 자주 들었던 말은 '자기관리(autogestió)'이다. 사람들은 이 용어를 미국인들이 "자립"에 대해 말하는 방식과 비슷한 애정을 갖고 사용했는데, 이는 또한 타인은 전혀 개의치 않는 식의 개인주의와는 달랐다. 그들은 이 용어를 '자기관리'라고 번역했는데, 여기서 '자기'는 개인보다 공동체를 의미한다. CIC에서 이 윤리는 법의 허점을 찾는 것보다 더 중요하게 지켜졌다. 세금 혜택을 받는 것은 단순히 사람들을 끌어들일 뿐이었다. 그들이 먹고, 자고, 배우고, 일하는 방식을 더욱 집중적으로 스스로 관리(self-manage)하면 할수록, 통합 혁명(Integral Revolution)의 실현이 더 가까워진다.

아우레아 소시알의 지붕 위에 있는 라쿠엘 베네딕토와 조엘 모리스트

해안을 향해 동쪽으로 한 시간 정도 운전해 가면, 라쿠엘 베네딕토(Raquel Benedicto)라는 CIC의 펑크족 중 한 명이 울트라몰트(Ultramort)라는 데스메탈(death-metal)* 이름을 가진 작은 중세도시에 살고 있다. 그녀는 '시계태엽 오렌지(Clockwork Orange)** 검은색 후드티를 입고 붉은색으로 머리를 염색했다. 그녀는 여러 개의 귀걸이와 코 사이를 뚫은 피어싱을 하고 있었다. 이제 그녀는 자녀가 있기에 위험을 감수할 수 없어 거리 시위는 피한다고 말했다.

그녀는 브리티시 아일즈(British Isles)에서 수년 간 외식 사업과 서핑을 하고 돌아온 그녀의 남동생과 함께 2014년 말 도시의 유일한 식당인 레스토랑 테라(Restaurant Terra)를 시작했다. 이 사업은 철저히 CIC 프로젝트였다. 식사비는 에코스로 지불될 수 있었고, 정기적으로 지역집회를 주최했다. 지방임업 협동조합의 회원들이 당나귀를 데리고 와서 통나무를 치우고는 그녀에게 와서 급료를 받아 갔고, 뒤쪽에는 베네틱토가 그녀의 아들 록(Roc)과 지역 아이들을 위한 보육원을 시작했다.

베네딕토는 2011년 15M 운동(15M movement)*** 기간 동안 듀란을 만났다. 그녀는 이미 (그런 일들에 대해) 분노하고 있었고, 듀란은 그녀에게 그 분노로 뭔가 할 수 있음을 보여주었다. "뭔가 진짜 같은 일말이에요." 그녀가 말했다. 그녀는 환영위원회(Welcome Commission)에서 CIC와 함께 일하면서 다른 사람들을 가르치고 듀란과 최대한 대화하면서 통합 논리(Integral logic)를 배우기 시작했다. 곧 그녀는 조정위원회(Coordination Commission)에서 회의를 관장하고 다른 위원회와 보다 잘 협력할 수 있게 돕는 그룹에 속했다. 그러나 그녀의 새로운 관심은 식당을 운영하는 것이었다. 그녀는 "결국 내가 원하는 것을 하기 시작한다"고 말했다.

---

* 헤비메탈의 하위 장르 중 하나로 80년대 후반 스래시 메탈에서 발전해왔음.(역자 주)
** 1962년에 나온 앤소니 버지스의 소설 제목이며, 이를 바탕으로 1971년에 제작된 스탠리 큐브릭의 영화 제목으로, 오렌지는 발음이 비슷한 오랑우탄 즉 사람을 뜻하고 태엽을 감아야만 움직이는 시계 같은 사람을 표현하는 말임.(역자 주)
*** 2011년 5월 15일 스페인에서 일어난 운동으로 2011년 9월 뉴욕에서 일어난 월가점령(Occupy Wall Street)시위의 모태가 되었음.(역자 주)

듀란과 베네딕토는 자주 연락했지만, 그녀는 조심해야 했다. 경찰은 한때 그녀의 전화기를 압수하고 친구의 행방을 물었다. 이제 그녀는 그에 대해 이야기할 때, 전화기를 다른 방에 놓고 이메일은 암호화했다. 베네딕토 역시 듀란이 없을 때도 CIC가 계속 운영되었고 더 이상 그가 필요하지 않다고 확신하는 사람 중 한 사람이다.

나는 내년 예산을 계획하는 CIC의 연례 주말총회를 보게 되었다. 60명 정도의 사람들이 아우레아 소시알의 넓은 뒷방에 원형으로 앉아 스프레드시트를 영사기로 투영했다. 한 여성이 뒤쪽에서 모유 수유를 하고 있었고, 조금 더 자란 아이들은 별 통제 없이 건물의 나머지 부분을 뛰어다녔다. 베네딕토는 리눅스가 탑재된 컴퓨터를 이용해서 기록하며 토론을 진행했다. 위원회를 보다 효과적으로 재구성하는 방법, 누가 돈을 받아야 하고, 어떻게 받아야 하는지에 대해 의논했다. 또한 그 주말에 그들은 CIC가 사용해왔고, 유로화가 뒷받침되어 신중하게 이용했던 하이브리드 통화인 에코베이직(EcoBasic)을 종료하기로 결정했다. 이 결정으로 인가된 화폐에서 한 걸음 더 멀어지고,

아우레아 소시알의 총회 모습

순수한 사회적 화폐에 더 가까워졌다. 피곤과 좌절감이 전부일 수 있는, 이런 대규모 조직에서 이렇게 많은 사람이 합의하여 상세하고 중대한 결정을 내리는 것은 기적과도 같은 일이지만, 이것이 얼마나 대단한 일이라는 것을 알아채기는 쉽지 않다.

또한 그 세세한 사항에 관하여, 그들은 한 지역의 결정사항이 더 큰 것을 위한 모델의 일부였다는 어렴풋한 전망에 의지하고 있었다. 자파티스타(Zapatista) 커피가 기본적 요구인지에 대한 논쟁 중에, 나는 총회의 웹개발자가 조용히 듀란에게 CIC의 새롭고 세계적인 자회사로 공개되는 페어코인(FairCoin) 웹사이트의 변경에 대해 암호화된 이메일을 쓰고 있음을 알아챘다. 거기에 있는 대부분의 사람은 적어도 그것에 대해 알고 있었지만, 이 시점에서 특정 프로젝트로 주의를 돌릴 만큼 잘 아는 사람은 거의 없었다.

베네딕토는 휴식 시간에 나에게 "엔리크가 뭔가를 생각해내면 모두 전율하기 시작한다"고 말했다. "오, 안돼요. 우리는 해야 할 일이 너무 많아요. 그런데도 지금 당신은 그걸 하자고 하는 겁니까? 정말로요?"

* * *

나는 듀란이 프랑스에서 자신의 지하 생활 조건이 허용되는 한, 통합주의(Integralism)를 위한 많은 활동으로 낮과 밤을 지새우고 있음을 알게 되었다. 그는 거리에서 도망치지 않고 경찰 옆을 지나가고, 너무 쉽게 발견되지 않으려고 살고 일하는 곳을 시시각각 바꾸면서 이리저리 떠돌아다녔다. 그는 자신의 소재를 알아야 할 필요가 있는 사람에게만 공유했다. 아마도 그의 일상생활에서 가장 특이한 점을 꼽는다면, 꾸준하게 일상을 유지했던 것과 자신의 엄청난 야망에 대해 자기의심이나 불안이 없었다는 것이다. 그는 "내가 이러한 능력이 있다고 느낀다"고 나에게 솔직하게 말했다.

파리에서 어느 흐린 날, 페어마켓(FairMarket) 웹사이트에서 일하는 개발자와 오후 모임을 한 뒤, 듀란은 그의 위치가 알려지지 않도록 VPN을 통해 전자메일을 보낼 수 있도록 와이파이(WiFi) 구성을 해놓은, 자주 사용하는 해커 공간 중 하나로 출발했다. 그는 메일링리스트에 있는 만 명 이상에게 최신정보를 보내고 있었다. 그 일을 한 후, 그는 싱크탱크 사무실에서 프랑스 신용조합 경영진을 만나러 갔다. 그는 신용조합 경영진의 페어쿱(FairCoop)에 대한 회의론에 조금도 당황하지 않았다. 토론은 아무런 결론이 나지 않았지만, 이후에 그가 유일하게 고민한 내용은 신용조합 네트워크를 사용하는 가장 좋은 방법이 무엇인지에 대한 것이었다. 자정 무렵, 그는 공동작업 공간 뒤쪽에서 위셰어(OuiShare)* 책임자에게 페어쿱을 소개했다. 나중에 대화를 계속하기 위해 그에게 보안채팅프로그램 사용법을 보여주었다.

그의 암호학 수업 후, 우리는 같이 살고 있는 에어비앤비 아파트로 돌아갔고, 그는 컴퓨터 앞에 앉았다. 거기서 그는 새벽 4시 30분까지 일을 했는데, 간식 쿠키를 먹기도 하고, 자신의 관심을 끄는 이메일이나 포럼에 가끔 미소를 지으며 독수리타법으로 답변을 썼다. 매일 밤낮으로 방에 있는 두 번째 컴퓨터에서는 페어코인 지갑 프로그램이 실행되고 있다는 빛이 났는데, 그것은 분산통화 네트워크를 안전하게 유지하도록 도움을 주는 것이다. 그는 보통 너댓 시간을 잤다. 담배나 커피를 전혀 하지 않고, 맥주도 거의 안 마셨다. 그는 요리도 잘하지 못했으며, 주위 사람들이 그를 어머니처럼 돌봐주고 싶도록 만들었다.

듀란은 세 번째 큰 해킹을 시도했다. 첫 번째는 활동가들에게 자금을 대주려고 금융시스템을 해킹한 "공공행동"이었다. 두 번째는 신종 협동조합을 발명하기 위해 법률시스템을 해킹했던 CIC와 이의 "재정불복종"이었다. 세 번째는 페어쿱 건으로 세계 금융시스템에 자금을 대는 통화를 해킹한 것이다. 법망을

---

*프랑스에서 Think tank and Do tank로 협력적 사회를 만드는 것을 목표로 하고 있는 공동체로 2016년에는 이 장의 제목과 같은 After Gold Rush라는 주제로 분권화, 블록체인, 디지털, 플랫폼, 협동조합, 미래도시 등 다양한 주제에 관한 위셰어 페스티발 파리를 개최하였음.(역자 주)

피해 다니는 와중에 해킹까지 시도하는 것은 쉬운 일이 아니었다.

듀란의 재판은 2013년 2월에 시작될 예정이었지만, 그때까지는 전혀 재판이 있으리라고 생각하지 않았다. 피고 측이 제안한 증인 중 누구도 증언을 승인받지 못했다. 당국은 이 법정이 정치극장의 무대가 되기를 원치 않았다. 첫 번째 소송절차가 있기 며칠 전, 듀란은 다시 지하 생활로 갔다(그가 자신의 상태에 사용하는 영어단어는 은밀함(clandestinity)이다). 처음에는 카탈루냐의 어떤 집에 몸을 숨겼지만, 생활이 지나치게 제한되자 프랑스로 떠났다. 거기서는 스페인 경찰과 더 거리를 두고 떨어져 있을 수 있었고, 길거리에서도 눈에 잘 띄지 않았다.

할 수 있는 것이 많지 않던 그는 암호화폐에 관해 가능한 모든 것을 배우기 시작했다. 그의 친구들은 이미 비트코인 관련 소프트웨어를 구축하고 있었다. 칼라파는 비트코인 개발의 중심지였다. 비탈릭 부타린은 이더리움의 아이디어를 개발하는 동안 거기서 시간을 보냈다. 그러나 듀란은 암호화폐 시장에 퍼져나가는 투기에 주목하고 이 기술이 더 나은 목적을 위해 사용될 수 있을지 의문스러워했다. "나는 통합혁명(Integral Revolution)에 자금을 제공하기 위해 이와 같은 것을 해킹하는 방법에 대해 생각하고 있었다"라고 회상했다.

각자의 코드에 대한 특별한 조정이 필요한 수백 개의 비트코인 복제품 중에서 듀란은 페어코인(FairCoin)을 찾아냈다. 가상의 개발자가 2014년 3월에 이를 발표하고 원하는 사람 누구에게나 코인을 주었다. 듀란은 '페어코인'이라는 이름을 좋아했다. 아마도 페어코인을 공정하게 하는 부분은 비트코인의 작업증명(proof-of-work)** 알고리즘에 의존하지 않았다는 것이다. 이 알고리즘은 아무 일도 하지 않으면서 전기를 낭비하고 수학을 쏟아내는 기계로 가득한 창고를 가진 채굴자에게 보상한다. 대신에 페어코인은 공정성과 같은

** 채굴자들에게 '일을 했다는 것을 증명(proof of work)'하는 것을 강제하여 화폐의 가치와 보안을 보장하는 방식이다.(편집자 주)

것에 따라 분배되었다. 그러나 모든 것이 사기처럼 보였다. 일시적인 비정상적 호경기(boom-and-bust) 사이클을 거쳤으며, 그 후 개발자는 사라졌다. 듣자하니 꽤 부유해진 채로 말이다.[16]

페어코인의 총 가치는 100만 달러 이상으로 그해 4월 중순에 최고를 기록했다. 그 후 4월 21일, 페어코인 가치가 크게 하락하던 도중에 듀란은 페어코인 포럼 스레드와 레딧에 자신이 페어코인을 사들이고 있다고 공표했다. 그는 "페어코인이 성공하기 위해서는 다소 집단적 힘이 필요하다 . 페어코인은 공정거래의 코인이 되어야 한다"고 썼다. 4월과 9월 사이 듀란은 생존을 위해 몰래 숨겨두었던 비트코인을 사용하여 공급량의 20퍼센트인 약 천만 페어코인을 구매했다. 그 당시 대부분의 코인은 가치가 없었고 공동체에 의해 버려졌다. 그런 다음 특별히 성실한 오스트리아의 웹개발자인 토마스 퀴니히(Thomas König)와 협력하여 페어코인의 코드를 수정하여 보안 문제를 해결했다. 그들은 페어코인이 비트코인에서 물려받은 경쟁 메커니즘을 페어쿱 구조에 맞도록 더 협력적인 메커니즘으로 대체하는 방법을 실험하기 시작했다. 9월 말에 CIC 회원들은 페어코인에 투자하기 시작했으며 듀란이 여름에 구매했던 가치에 비해 15배까지 급속하게 올랐다.

CIC가 지역통화를 단순히 끌어 모으는 것 이상의 역할을 하는 것처럼 페어쿱은 페어코인보다 훨씬 큰 존재였다. 듀란은 페어쿱이 협동조합 회원에 의해 운영되는 금융네트워크가 되길 원했다. 그들은 페어마켓에서 제품을 판매하고 페어크레딧을 사용하여 서로 거래하고 페어펀딩으로 성장을 위한 자금을 조달할 수 있었다. 겟페어코인넷(GetFairCoin.net)에서 구매하고 페어어스닷컴(Fairtoearth.com)에서 현금화할 수 있다. CIC가 카탈루냐를 위해 존재하는 것처럼, 이것은 전 세계를 위한 것이었다. 그는 이사회와 위원회, 시장 및 거래소 등을 나무 형태로 조직화하고, 각각에 페어코인을 심었다. 어떤 펀드의 임무는 생태계를 위한 소프트웨어를 구축하는 것이었고, 다른 펀드는 글로벌사우스에 부를 재분배하는 것이었다. 화장품 제조업체인 러쉬(Lush)-세계 정의의 날들 단체의 한 회원 덕분에-의 13,800달러 보조금도 받았다. 듀란은 페어쿱을 포스트 자본주의자에게 유용한 것으로 만드는 데 도움이 되도록, 자신이 아는 모든 사람에게 협력을 요청하는 데 깨어 있는 모든 시간을 썼다.

이 해킹작업을 가능하게 하는 비결은 기술만큼이나 조직의 문제였다. 현지 협동조합이 네트워크의 일부가 되어 이 도구를 사용하면 할수록, 폭넓게 사용되어 코인을 더 가치 있게 만들고, 더욱 많은 페어코인은 암호화폐 시장에서 가치가 있을 것이다. 그러므로 공동체를 구축하는 것과 동시에 자금을 조달해야 한다. 예를 들어, 페어코인 가격이 현재의 비트코인 가격에 도달하면 듀란의 초기 투자액은 수십억 달러에 이를 것이다.

이 계획은 지금까지 은행대출보다 훨씬 많이 벌어들였다. 우리가 함께하던 때가 끝날 즈음, 듀란은 우리가 머물던 아파트의 공유비용으로 나에게 페어코인을 보냈다. 2017년 암호화폐 호황기 동안, 그늘진 ICO와 암호화폐 백만장자가 도처에서 날아오르는 동안, 그 보상은 원래 값의 100배로 늘어났다. 새로운 협력자들은 무자비하게 투기할 수 없도록 만들어진 이 인플레이션 세계의 한구석이라도 차지하기 위해 페어쿱으로 몰려들었다. 전 세계 조직들은 구매와 기부를 위해 페어코인을 수락하기 시작했다. 그때까지 페어코인 팀은 시스템을 안정화하는 데 도움이 되는 새로운 알고리즘을 구현했다. 비트코인의 작업증명(proof-of-work)과는 반대로, 이를 협력증명(proof-of-cooperation)이라고 한다.

페어코인은 여전히 위험한 게임으로 남아 있다. 암호화폐의 가치는 나타날 때처럼 빨리 사라질 수 있다. 하지만 듀란은 화폐를 우리가 기술문화에 기대하는 일종의 구원에 도움을 줄 수 있는 소프트웨어라고 보지 않았다. 우리 자신을 알고리즘에 넘겨주면 이 소프트웨어는 인간의 불완전성을 바로잡아줄 것이라는 기대 말이다. 그는 상위 기술로 신뢰를 대체하지 않고, 기술을 이용하여 사람들 간의 신뢰를 창출하고자 했다. 그는 "만약에 당신이 새로운 문화적 관계를 만들지 않는다면, 당신은 아무것도 바꾸는 것이 아니"라고 내게 말했다. CIC 회원들이 다른 어떤 합법적인 구조보다 더 강한 협동조합을 만들려고 했던 것처럼, 그는 페어쿱이 충분히 강해져서 페어코인보다 더 커지는 것을 보고 싶다고 했다.

이 계획이 지니는 엄청난 복잡성에도 불구하고, 이 안에는 듀란이 이전에 했던 시도들과 똑같이 단순하고 분명한 논리가 있다. 즉 자본주의를 속여 운동에 자금을 대고, 이미 존재하는 것을 점유하여 그것을 재조합하는 것이다. 그러나 믿기 어려운 이전의 성취들도 앞으로의 성공을 보장할 수 없다. 파리의 해커스페이스 지하동굴에서, 새로운 프로젝트를 위해 프랑스 통합주의자들을 규합하려 시도하면서 듀란은 마치 전혀 문제가 아니라는 듯 "이것이 성공할지는 아무도 모른다"고 덧붙였다.

그는 파트너를 찾고, 회의를 주선하고, 새로운 기업이 요구하는 다양한 작업을 수행해야 했다. 그 자체로도 충분히 힘이 드는, 매일 부딪히는 어려운 일들을 비밀리에 은폐된 장소에서 하고 있었다. 물론 감옥은 더 나쁜 상황이겠지만, 그는 숨어 지내는 것에도 지쳐가고 있었다. 은행강도는 은행가가 될 준비가 되어 있었다.

5장

슬로우 컴퓨팅
[플랫폼]

지금까지 오랫동안 좋은 뜻을 가진 사람들은 음식이 어디서 왔으며 누가 생산하는지, 어떻게 생산하는지에 대해 "의식"을 갖는 문화가 형성하기 시작했다. 이는 지루하고 번거로운 일이다. 하지만 우리 삶에서 음식이 얼마나 중요한가를 생각하면 합리적인 일이기도 하다. 아마도 컴퓨터도 비슷한 의힉이 필요할 만하다. 컴퓨터는 충실한 동반자이고, 우리의 경험을 형성한다. 우리 중 많은 사람이 개인적인 생활과 업무를 컴퓨터에 의지하고 있고, 많은 시간을 그 일들을 수행하는 데 쓰고 있다. 또한 우리는 컴퓨터-생활(computer-lives) 덕분에 번거로움을 기꺼이 감수할 여유도 갖게 되었을 것이다.

지난 10년 동안 맥북을 사용하던 나는 몇해 전 한물간 기술을 탑재한 노트북 컴퓨터를 새로 하나 샀다. 하드드라이브를 지우고 깔려 있던 윈도우즈를 (남아프리카에서 설립한) 영국회사와 대규모 자원봉사자 네트워크가 관리하는 무료 오픈소스 운영체제인 우분투(Ubuntu)로 교체했다. 우분투는 헬싱키 대학의 학생이던 리누스 토르발스(Linus Torvalds)가 1970년대에 AT&T가 발명한 당시 인기 있는 운영체제인 유닉스를 자신의 버전으로 만든 GNU/Linux(1991년 이후 통용)를 보다 사용자 친화적으로 변형한 것 중 하나이다. 그가 GNU 일반사용 라이선스(GNU General Public License)에 따라 공개하여, 전세계에서 합법적으로 사용하고 수정할 수 있게 되었다. 이제 리눅스(Linux)는 많은 인터넷 서버, 대부분의 슈퍼컴퓨터 그리고 구글의 안드로이드 모바일 운영체제를 실행한다. 규모에도 불구하고, 리눅스의 본래 아마추어 정신은 살아있고 훌륭하다. 한번은 한 학생이 내가 대학에서 강의할 때, 컴퓨터 설치를 도와주었는데, 그 학생이 내 데스크톱에 있는 아이콘을 보고는, 자기가 그걸 디자인할 때 참여했다고 말했다.

나는 내 새로운 의식이 시간을 엄청나게 잡아먹는 걸 감당할 수 없었다. 나는 해야 할 일이 있었고, 나의 협력자들은 이상한 .odt*와 .ogg** 파일형식을 참아내지 못하는 부류였다. 그리고 터치패드와 프린터가 제대로 작동하게 하려고 커멘드 라인에 추가 유틸리티를 설치해야 했다. 한번의 클릭이나 rm-f*** 명령으로 모든 것을 망쳐버릴까 봐 두려웠던 때도 있었다. 그러나 한 번도 그런 일은 일어나지 않았다. 실제로 몇 시간 만에 우분투는 이전의 Mac OS에서와 같이 매끄럽게 작동했다. 말하자면 만성적으로 예기치 않게 가끔 딸꾹질하는 정도였다. 몇 년 동안 다른 사소한 결함으로 시스템 업데이트를 할 때까지 컴퓨터를 켤 때마다 모호한 "시스템 프로그램 문제 감지" 같은 오류 메시지가 나타났다. 일부 프로그램은 내 프린터와 비정상적으로 연결되었다. 벡터 그래픽 및 비디오편집과 같이 복잡한 작업을 위한 무료 오픈소프트웨어는 여전히 몇 년 전 상업용 버전의 기능을 따라잡고 있다. 그러나 놀랍게도 이런 사소한 모든 일들이 나를 성가시게 만들었다.

슬로우푸드 운동은 문자 그대로 속도를 줄이는 것보다 가치 중심의 경제와 더 친밀한 공동체를 추구하고 있다. 마찬가지로 내 컴퓨터는 대부분 매우 빠르고 유능하지만 슬로우 컴퓨팅은 컴퓨터 사용을 공동체의 속도에 맞추라는 의미다. 이는 마치 온갖 종류의 균이 숨쉬는 자연의 토양, 왁자지껄 무질서한

재래시장, 변덕스러운 계절의 순환에 감사하기를 우리가 배워나가는 것처럼 성가심을 즐거움으로 바꾼다. 내가 사용하는 소프트웨어에는 이제 애플 제품이 제공하는 완벽한 마감의 겉모습은 부족하지만, 이 소프트웨어는 매우 분명하게 향상되는 중이다. 문제를 발견하면 모든 사람과 수정사항을 공유하는 프로그래머들에 의해 영원히 '수리 중' 상태이다. 그러나 얼마 되지 않아 내가 예전에 사소한 결함들에 대해 가진 느낌이 달라지는 것을 깨달았다. 맥북을 사용할 때 나를 미치게 괴롭혔던 것들이 더 이상 나를 화나게 하지 않았다. 이제는 더 이상 어딘가에 있는 추상적인 회사를 저주하지 않는다. 공동체가 만든 소프트웨어를 사용하면 우리 자신을 제외하고는 누구도 비난할 수 없게 된다. 우리는 완벽하지는 않지만, 최선을 다하고 있다.

나는 주로 글을 쓸 때 이맥스(Emacs)라는 프로그램을 쓴다. 그 프로그램은 1970년대 중반부터 텍스트전용 터미널화면에서 실행된 이후 적극적으로 개발되었다(시도해보라: Mac OS X에서 터미널앱을 열고, "emacs"라고 입력한 다음, Enter키를 친다). 옛 방식으로 재배된 농작물과 마찬가지로, 이맥스는 과거와 연결되어 계속 나아가도록 해준다. 이를 사용하기 위해서는 ctrl-x, alt-x와 같은 옛날 단축키에 대한 지식이 필요하다. 폰트(서식키)나 마법사툴은 없다. 그러나 여러 파일을 나란히 한 화면에서 볼 수 있고, 테트리스 게임을 할 수 있다. 필요한 서식을 얻으려면, 사람이 읽을 수 있는 간단한 트릭세트인 마크다운(Markdown)으로 작성한다. *This*는 예를 들어 이탤릭체로 표시되며, [this](URL)를 사용하여 링크를 표시할 수 있다. 인터넷에서 가져온 몇 줄의 코드로 무한 확장 가능한 이맥스가 텍스트파일을 편집자가 기대하는 .docx파일****로 변환했다. 인류학자 크리스토퍼 켈티(Christopher M. Kelty)는 프리소프트웨어 운동에 대한 연구에서 이맥스 스크립트를 만드는 것이 "내 직업생활의 기쁨 중 하나"라고 설명한다.[1]

내 클라우드는 맨해튼의 첼시 인근에 위치한 코로케이션(co-location)센터에

**** 2007년 이후의 워드파일 형식의 확장자.(역자 주)

있는 서버에 있다. 내가 속한 단체인 "민주적 회원조직(democratic membership organization)"인 메이퍼스트/피플링크(May First /People Link)에 의해 관리되는 서버다. 메이 퍼스트는 미국과 멕시코에 본부를 두고 있고, 관리는 2개 국어로 한다. 처음 가입 여부를 결정할 때, 나는 메이퍼스트의 설립자인 제이미 맥클랜드(Jamie McClelland)와 알프레도 로페즈(Alfredo Lopez)를 만나기 위해 브룩클린의 선셋파크(Sunset Park)에 있는 그들의 사무실에 방문했다. 거기서 기술적 취향과 인생 이야기를 하며 몇 시간을 보냈다. 나는 그들이 지리적으로 멀리 떨어져 있는 어떤 데이터센터보다 도시 안에 서버를 유지하기 위해 높은 할증료를 지불한다는 사실을 알게 되었다. 그들은 무언가 잘못되는 경우에는 물리적 접근성이 중요하다고 했다. 그들은 우리의 데이터를 가까이에 두고 싶어한다.

내가 메이퍼스트에 가입한 것은 에드워드 스노우든*의 폭로가 있은 지 약 1년이 지난 후였다. 그 사건은 클라우드 서비스 회사들이 국가안보국을 대신해 어떻게 무차별적인 감시를 해왔는지 분명히 알게 해주었다. 내가 특별히 감시받을 만한 일을 하는 것은 아니지만, 당국의 통제를 벗어나야겠다고 생각했다. 메이퍼스트 팀은 스누핑** 법 집행기관에 저항한 적이 있다. 맥클랜드는 최근에 미국 국경 밖으로 데이터를 중계하는, 서버 주변에 구축된 보안시스템에 대해 알려주었다. 그 후 우리는 앞으로 몇 달 동안의 여행 계획에 대해 채팅하면서 겹치는 일정이 있는지 알아보았다. 당신의 지메일(Gmail)을 운영하는 사람들과 이와 같이 해 보려고 시도해보라.

이제 내 캘린더, 연락처 및 백업파일 모두 맥클랜드가 메이퍼스트 서버에서 유지·관리하는 넥스트클라우드(NextCloud)라고 불리는 오픈소스프로그램과 동기화된다. 나에 대한 어떤 정보도 더이상 구글에 돌아다니지 않는다. 넥스트클

---

* 미국 중앙정보국CIA와 미국 국가안보국NSA에서 일했던 미국의 컴퓨터 기술자로 2013년 가디언지를 통해 미국 내 통화감찰 기록과 PRISM 감시 프로그램 등 NSA의 다양한 기밀문서를 공개하였고, 자신의 폭로가 대중의 이름으로 자행되고 대중의 반대편에 있는 일을 대중에게 알리기 위한 노력의 일환이라 주장함.(역자 주)
** 다른 사람의 컴퓨터 시스템에 접근할 목적으로 IP주소를 변조한 후 합법적인 사용자인 것처럼 위장하여 시스템에 접근하여 IP주소에 대한 추적을 피하는 해킹 기법의 일종.(역자 주)

라우드는 드롭박스(Dropbox), 구글드라이브(Google Drive), 구글캘린더 및 구글 주소록 그리고 사람들이 플러그인처럼 만든 어떤 앱들의 사춘기 사생아 같은 것이다. 내 취미는 트위터에 프로그래머들을 자극하는 글을 올려 그들로 하여금 더 많은 프로그램을 만들게 하는 것이다.

나의 새로운 클라우드는 대부분 작동한다. 한동안 내 노트북의 동기화 클라이언트가 멈춰서 가끔 다시 시작해야 했다. 나는 개발자포럼에 버그 보고서를 게시했으며 얼마 지나지 않아 업데이트로 이 현상은 없어졌다. 그런 다음 동기화된 연락처가 오픈소스 전자메일 프로그램인 썬더버드(Thunderbird)와 충돌하기 시작했다. 결국 다른 온라인포럼에서 이를 수정하는 데 도움이 될 실마리를 찾았다. 어쨌든 거대한 괴짜 공동체의 누군가가 해결책을 찾아낸다. 우리는 항상 해낸다.

그러나 이런 믿음이 만병통치약처럼 잘못 받아들여지면 안 된다. 공정무역 커피를 가끔 마시고 공동체 가든에서 화분을 가꾸는 것처럼, 이맥스와 메이퍼스트에 대한 나의 헌신은 거시적 경제효과를 만들어내지는 못한다. 정치이론가인 조디 딘(Jodi Dean)은 "골드만 삭스(Goldman Sachs)는 당신이 닭을 키우든 말든 신경쓰지 않는다"고 말한 적이 있다.[2] 구글도 내가 이맥스를 쓰든 말든 신경쓰지 않는다. 하지만 나는 이에 신경쓰고 있고, 또 좋아한다. 더 중요한 것은 이처럼 물고기를 손으로 잡는 일에도 경제가 작동한다는 것이다. 경제는 확산될 수 있다.

IT회사 또는 테크회사들은 사용자들이 그들 네트워크가 어떻게 돌아가는지 잘 모르는 채로 네트워크에 들어와 사용하기를 바란다. 사용자들은 네트워크 안에서 자신들의 생활을 투명하게 다 드러내지만, 그들은 자기들이 우리의 사적 정보로 무엇을 하는지 알려주지 않는다. 공동체 기반 소프트웨어는 다른 논리로 작동한다. 어느 누구도 소유하지 않기 때문에, 사용자들의 사적 정보를 이용해 엄청난 부자가 되는 것은 무척 어렵다. 투명성은 기본이다. 사람들은 다른 사람이 그 프로그램을 원하기 때문에 만드는 것이 아니라 그들 자신이 필요하기 때문에 만든다. 구글플렉스(Googleplex)가 어딘가에 있는억대연봉의 젊은이들에 의존하는 대신에, 슬로우 컴퓨팅은 제이미 맥클랜드와 같은 사람들을 고용하여 현장의 요구에 맞게 공개 툴을 조정할 때 가장 효과적으로 작동한다. 그는 나의 농부다. 메이퍼스트는 나의 공동체지원농업(community-supported agriculture), 나의 CSA이다.

여전히 우리 생활 대부분을 함께하는 기계에 대해 더 깊은 의식 고양에 관심을 갖는 사람들에게는 혼자 실천하는 신심어린 행동만으로는 부족하다. 즉 더 나은 비즈니스 모델이 필요하다. 그 모델들은 변덕스러운 자본시장보다 사용자에게 더 책임감을 느끼고, 대중들이 들여온 정보를 인위적으로 없애버리거나 사생활에 대한 정보로 남모르게 이익을 얻는 비결보다는 공유재(commons)를 형성하면 보상을 받게 만들 것이다. 인터넷이 단순한 장난감, 기계장치 또 편의시설이 아니라 경제의 기반으로 성장하는 것처럼 비즈니스 모델의 구조와 철학이 중요해지는 시대이다.

* * *

20세기 산업주의의 전통적 지혜로는 자원봉사와 정보 공유가 차세대 경제기반 형성에 도움이 될 것이라고 전망하기 힘들다. 그러나 현실은 정반대였다. 무료 오픈소스 소프트웨어 제품들, 즉 순수한 공유와 협업 경제 제품들은 조합 운영 사용자 지향의 인터넷 저변에서 보이지 않는 뼈대 역할을 담당한다. 리눅스 및 유닉스 서버는 모든 웹사이트의 절반 이상을 호스팅한다.[3] 구글을 포함한 상업용 검색엔진은 사용자들이 만들어가는 위키피디아 편집자들의 무보수 기여에 의존하고 있으며, 전자상거래는 공개 암호화 프로토콜인 보안 소켓 레이어(Secure Sockets Layer) 덕분에 가능하다. 모든 사람이 볼 수 있게 내부작업이 공개되므로 이것들은 정확하게 작동한다.

이야기는 해킹과 함께 시작되었다. MIT의 괴짜인 리차드 스톨만(Richard

Stallman)은 초기 해커문화였던 코드 공유관습을 지키고 기업과 대학의 소유욕으로부터 보호하려고 일반 공개 라이선스(GNU, General Public License)로 무료 소프트웨어 운동(free-software movement)을 시작했다. 이 운동과 "카피레프트(copyleft)" 라이선스는 법 자체를 반대했다. 그들은 코드를 공공재로 유지하고, 다른 사람이 자유롭게 사용하고, 채용하고 개량할 수 있도록 저자의 저작권 권한을 사용했다. 그 후 법률학자 로렌스 레시그(Lawrence Lessig)는 이와 같은 해킹 정신을 크리에이티브 커먼즈 라이선스(Creative Commons licenses)란 이름으로 소프트웨어가 아닌 문화적 창작물로까지 변환했다.[4] 이제 크리에이티브 커먼즈 덕분에 스톨만 해킹의 후손들은 유튜브에 비디오를 업로드할 경우 기본적으로 제공되는 옵션이 되었다.

이런 법적 해킹과 함께 사회적 해킹집단도 생겼다. 1960년대 후반에 반문화(counterculture)라는 용어를 만들어 낸 것으로 가장 잘 알려진 시어도어 로자크(Theodore Roszak)는 1986년에 『정보의 컬트(cult of information)』라는 책을 출판했다. 1970년대 초 로자크가 "게릴라 해커"라고 불렀던 사람들이 서부 기술산업과 급진적인 하위문화(subculture)의 교차점에서 나타나기 시작했다. 그들은 자신들의 출판물, 인민 컴퓨터 회사(People's Computer Company)의 뉴스레터 그리고 공동체 메모리(Community Memory)라는 거의 이론적인 네트워크(버클리의 레코드 가게에 하나의 실제 노드만 있음)를 가지고 있었다. 물론 그들의 선전물에서는 컴퓨터를 "정보의 직접 민주주의", "적극적인 자유 ('열린') 정보"로 이끄는 "급진적 사회 유물(radical social artifact)"이라고 묘사했다.[5]

이는 애플컴퓨터의 발명가인 스티브 워즈니악(Steve Wozniak)과 신문 및 우편 주문으로 모을 수 있는 모든 것의 디지털혁명이라고 선전했던 홀 어스 카탈로그(Whole Earth Catalogue)와 같은 아이콘들로부터 생겨난 문화였다. 언모나스터리(unMonastery)와 마찬가지로, 이 게릴라 해커들은 옛것과 새로운 것 그리고 고대 시대와 포스트산업 시대를 섞었다. 그들의 프로젝트는 종종 국가나 기업보조금에 의존하고 있기는 했지만, 로자크가 말한 것처럼 정보의 "안전한 중립성"으로 포장하여 정치 중립적이 되려고 했다. 정보의 힘으로 볼 때, 그들은 더이상 구식의 정치적, 경제적 힘이 필요하지 않다고 생각했다. 한편 워즈니악의 간단한 "홈 브루(home-brew)" 장치는 스티브 잡스의 월가 베헤모스(behemoth, 성경 욥기에 나오는 사탄을 상징하는 괴물)로 성장하여, 현재 미국 재무부보다 더 많은 현금을 보유하고 있다.

이런 독점화 경향과 더불어, 미국 베이 에어리어(Bay Area)**의 기술문화는 여전히 사회조직 실험에 생기를 더해 주고 있다. 팝업(freespace) 사이트들은 사용되지 않는 시내 상점 프론트를 해커톤*** 드롭인(drop-in, 참새방앗간)으로 바꿨다. 그 가게 창립자들이 그리스와 아프리카에 있는 난민수용소로 이 모델을 옮기기 전에 일어난 일이다. 젠트리피케이션이 일어나는 미션 디스트릭트(Mission District)에는 유명한 (또 악명 높은) 해커공간인 노이즈브릿지(Noisebridge)가 그들

샌프란시스코 마켓 스트리트에 있는 2014년(자유 공간) 매장 표지판

---

* 스티브 잡스와 스티브 워즈니악이 애플 I을 완성했을 때, 그들은 언론에 알리지 않았다. 그들은 Homebrew Computer Club에서 그것을 시연했다.(편집자 주)
** 샌프란시스코 베이 에어리어(San Francisco Bay Area)는 최고의 하이테크 산업의 집적지로 알려져 있다.(편집자 주)
*** 해커톤(해킹 데이)은 그래픽 디자이너, 인터페이스 디자이너, 제품 관리자, 프로젝트 관리자, 도메인 등 컴퓨터 프로그래머 및 소프트웨어 개발에 관련된 사람들이 참여하는 디자인 스프린트와 같은 이벤트이다.(편집자 주)

의 페미니스트 맞상대인 더블유니온(Double Union)의 원래 위치에 함께 있다. 버클리 경계에서 오클랜드 쪽에 있는 옴니 커먼즈(Omni Commons)라고 불리는 동굴 같은 나이트클럽에서 변한 공동체센터는 아나키스트 성향의 해커 공간인 수도룸(Sudo Room) 그리고 민간과학자들이 기증한 기구로 땜질하고 신형 비건 치즈를 합성하는 반문화연구소(Counter Culture Labs)의 본거지이다. 물론 버닝맨(Burning Man)****도 있는데, 해마다 불모의 네바다 사막에서 열리는 베이 에어리어(Bay Area) 체류 의식이며, 공짜이기도 하면서 비싸고, 개방적이며 배타적인, 모든 것이 같이 존재한다.

해커들의 실험은 시스템은 물론 워크플로우가 되고 생활방식과 기업이 된다. 예를 들어 깃(Git)은 리누스 토르발스(Linus Torvalds)가 개발한 프로그램으로 전 세계에서 리눅스를 위해 쇄도하는 코드 기부자를 관리한다. 이제는 코더들의 패킹***** 순서를 결정하는 협동조합 소셜네트워크 및 프로젝트 관리자인 깃허브(GitHub)의 기반이 되었다. 리눅스의 중요한 버전인 데비안(Debian)******에서 일하는 수천 명 이상의 개발자들은 데비안 규정에 명시된 절차와 선출직에 의해 스스로 관리한다. 그들은 코드를 위한 공화정을 만들었고 내 컴퓨터는 그에 따라 실행된다.

이런 공동체에서 영감을 얻은 기술산업 컨설턴트는 홀라크러시(Holacracy), 애자일(Agile) 및 틸(Teal)과 같은 새로운 경영철학을 장려한다.[6] Git를 사용하여 이 책의 버전 관리를 했다는 점도 주목할 가치가 있다.

이런 역동적이고 분산된 워크플로우의 위업은 산업시대 관료주의의 계층제도를 그대로 복사하는 경향이 있는, 최근에 설립된 대부분의 규모가 큰 협동조

**** 1986년 하지(夏至), 래리 하비(Larry Harvey)가 친구들과 함께 하지 기념 모닥불 파티를 열고 2.4m 크기의 나무 인형을 태운 것이 기원임. 오늘날 약 5만여 명이 참여하는 거대행사가 되었다. 인간모형을 태우기 때문에 버닝맨이란 이름이 붙음.(역자 주)

***** 실행파일을 암호화하거나, 압축하여 소스코드를 볼수 없도록 하는 것(역자 주)

****** 데비안 프로젝트가 개발한 무료 컴퓨터 운영체제로, 패키지 설치 및 업그레이드의 단순함이 특징임. 네트워크 결합 스토리지부터 전화기, 노트북, 데스크톱 및 서버까지 다양한 하드웨어에서 사용할 수 있으며 안정성과 보안에 중점을 두며 사용자 편리성이 강한 우분투 등 다른 많은 리눅스 배포판의 기반으로 쓰임.(역자 주)

합의 민주주의를 능가한다. 기술 자본주의는 협동조합을 넘어서 협력하는 것처럼 보일 수 있다.

홀라크러시를 예로 들어보자. 아서 케슬러(Arthur Koestler)의 홀론(holon, 더 큰 전체의 한 부분인 전체)이란 개념에서 나온 홀라크러시는 산업사회에서 기업이 지닌 하향식 계층구조를 오픈소스 프로젝트의 자유로운 흐름으로 대체할 것을 제안한다. 홀라크러시에도 어떤 계층은 존재한다. '홀라크러시원(HolacracyOne)'이란 회사의 상표로 등록되어 공식적으로 대문자로 쓰는 홀라크러시의 시스템은 피라미드의 비유 대신 중첩된 "원" 모양을 갖는다. 직원 각자는 하나의 직무라기보다는, 신중하게 지정된 여러 "역할(roles)"을 가질 수 있으며, 이 범위 내에서 CEO가 좋아하든 말든 해당 직원은 관련 결정을 내릴 권한이 있다. 지휘와 통제에 익숙한 관리자들에게 홀라크러시는 미시적 관리 권한을 포기하는 것을 의미한다. 회의는 짧고 매우 체계적이다. 마음대로 큰소리로 말하는 대신에, 이전에 관리자라고 불렸던 사람들은 프로세스와 이를 정의하는 코드와 같은 규칙을 신뢰해야 한다. 이 시스템은 기술산업의 다양한 부문에서 부분적으로 또는 전체적으로 구현되었다. 예를 들어 자포스(Zappos)*와 미디움(Medium)**과 같은 투자자 중심의 환경에서는 자체적으로 붕괴하는 경향도 있었지만 말이다.[7]

아마도 아주 쉽게 반박할 수도 있을 것이다. 비록 홀라크러시가 자신의 영역에서 가장 낮게 직원의 자율성을 부여한다 해도, 그것은 항상 회사의 우선적인 목적에 맞는 게임의 규칙에 부합해야 한다. 목적은 홀라크러시의 모든 것이다. 그리고 대부분의 규모가 큰 기술회사의 경우, 그 목적은 투자자에게 부를 제공하는 것이다. 사람들이 자기결정을 하는 것처럼 보이지만, 실제로 중요한 순간에 이것은 즉시 사라진다.

---

* 고객에게 행복을 전달한다는 독특한 기업문화를 가진 온라인 신발회사로 직위체계나 관리자 계층이 존재하지 않는 홀라크러시를 도입하여 직원들 각자가 기업가처럼 일하도록 함. 아직도 많은 부분에서 실험 중에 있음(역자 주).
** 소셜미디어 플랫폼 회사로 홀라크러시를 포기함.(역자 주)

기술문화의 지적재산권 법률과 조직도에 대한 영리한 해킹에도 불구하고, 대부분의 회사에서 특히 소유권 구조와 수익과 같은 기본적 책임성은 건들지 못하고 그대로 남겨두었다. 기업들은 초기 스타트업 당시 인재를 유인하려고 직원주식 옵션을 사용하여 약간의 협동조합적 경향을 보여왔으나, 이는 일부에게 횡재를 의미했다. 결국 투자자 통제는 곧 다시 작동되었다. 이 시스템은 대개 상당히 작은 규모의 내부자들에게는 이익이 되지만 다른 이들에게는 거의 도움이 되지 않는다.

스톨만의 무료 소프트웨어 운동의 한 부분이 1990년대 후반 "오픈소스"라는 이름 아래 주류가 되면서 에릭 레이몬드(Eric Raymond)와 팀 오렐리(O'Reilly)와 같은 옹호자들은 코드 공유를 기업 가치 창출 친화적으로 재명명했다.[8]

대규모 오픈소스 프로젝트는 공동체가 개발한 코드로 혜택을 받는 대표기업들의 대표가 통제하고 자금을 제공하는 재단의 지도 아래 운영된다. 그 효과는 매우 만족할 만한 수준이었다. 크리에이티브 커먼즈 덕분에, 2005년 야후가 인수한 플리커(Flickr)를 이용하여 대규모 사용자 생성 사진 아카이브를 공개적으로 이용할 수 있다. 깃허브(GitHub)가 친근한 인터페이스로 독점 클라우드에 배치되고 나서야 깃(Git)의 힘은 완전히 분명해졌다. 그러나 이와 같은 적응 방식은 구글이 리눅스커널을 세계에서 가장 인기 있는 모바일 운영체제이자 지금까지 개발된 가장 성공적인 기업감시도구인 안드로이드로 재배치할 수 있게 했다.

또한, 무료 및 오픈소스 소프트웨어 공동체는 걱정스럽게도 여전히 동질성을 유지하고 있다. 2017년 깃허브 연구에 따르면 오픈소스 기부자 중 3퍼센트만이 여성이고, 16퍼센트가 거주지역의 소수민족임이 밝혀졌다. 왜 이런 현상이 벌어지는가에 대한 이론들은 다양하다. 왜냐하면 오픈소스 문화는 종종 스스로 자신을 실력자로 규정하고 누구에게나 개방되어 있기 때문이다. 그러나 공헌하기 위해서는 그 일로 돈을 받거나 잉여 여가시간이 있어야 한다. 어떤 이들은 다른 사람들보다 여가 시간을 가질 가능성이 적다.[9] 슬로우 컴퓨팅에는 시간이 걸린다.

따라서 놀라운 디지털 공유재는 실제로 주변 사회의 불평등을 증폭시키고, 반면에 기업에 이익을 몰아줄 수 있다. 이 사실은 이미 회사 시스템으로부터 혜택을 누리기 때문에 신중하게 참여하는, 많은 일반 코더들을 불편하게 하지는 않는다. 그러나 공유자들이 공유자산으로 생존할 수 없다면, 그 공유자산들은 실제로 하나의 엔클로저,* 공유지가 되는 것이다.

1980년대 중반 로자크는 "게릴라 해커와 같은 희망적인 민주주의 정신"에 대해 이미 과거시제로 말하고 있었다. 그는 "이러한 컴퓨터의 최소한의 그리고 한계적인 사용은 주요 응용프로그램에 의해 보잘 것 없게 변하고 있으며, 그중 많은 것이 우리의 자유와 생존에 심각한 위험을 주고 있다"고 말했다. 그때 벌써 그는 교육의 디지털화를 민영화 계획, 기술 부문에서 노동자 조직의 부재 그리고 국가안보기관의 억제되지 않은 정보수집 능력으로 인식했다. 그는 더 나은 앱이나 더 고귀한 이상의 행렬보다 더욱 공정하고 강력한 형태의 연합으로 응답해야 한다고 강조했다. 로자크는 "정보화 시대의 많은 부분을 민주적으로 만드는 것은 단지 기술뿐만 아니라 그 기술을 사용하는 사회조직의 문제다"라고 썼다.[10]

사회조직 양식은 변화하고 있다. 한때 물건을 제작, 유통, 판매했던 산업은 새로운 종류의 비즈니스 모델들로 대체되고 있으며, 이 모델들은 이른바 중립적인 빈슬레이트 이름인 플랫폼으로 흘러간다. 이러한 플랫폼은 여분의 방을 임대하고, 뉴스를 공유하고, 업무를 수행하려고 사람들을 연결하여 거래에서 발생하는 수수료를 얻고 사용데이터에서 인공지능을 학습시키는 다면적인 시장이다. 그것들은 우리 삶의 더 많은 영역으로 침투할 방법을 찾는 중이다. 2016년에는 미국 성인의 24퍼센트가 온라인 플랫폼을 통해 소득을 올렸다고 보고했다. 항상 순위가 바뀌는, 세계에서 가장 가치가 높은 회사목록에서 현재

---

* 서유럽에서 공유지와 초원, 목초지 및 그 밖의 경작 가능한 토지를 오늘날과 같이 세밀하게 구획된 개인 소유의 농장 부지로 분할 하거나 통합하는 것을 가리킴.(역자 주)

는 미국의 애플과 구글의 알파벳에서부터 중국의 알리바바, 텐센트에 이르는 플랫폼들이 지속적으로 최고위치를 차지하고 있다." 한때는 연결의 기술에 전문화된 협동조합 역시 플랫폼에 의해 붕괴에 직면해 있다. 플랫폼이 새로운 체제로 연합됨에 따라 이런 것들이 어떻게 소유되고 관리되는 지가 그 어느 때보다 중요하다.

* * *

장 프랑수아 밀레(Jean-François Millet)가 1857년 '이삭 줍는 사람들(Gleaners)'이란 그림을 발표했을 때, 그 당시의 비평가는 전면에 있는 세 명의 여성에게 "거대하고 잘난 체하고 볼품없음"이라는 반감을 표명했다.[12] 그림 속 여성들은 각자 다른 각도로 땅을 향해 구부리고, 지주에게 고용된 일꾼들이 수확하다가 남긴 흩어진 밀을 모으고 있다. 배경에 그려진 말을 탄 감독관의 감시 아래 일을 한다. 여성들은 많이 갖지 못한다. 그들 뒤에서 공식적으로 진행되는 작업에 비추는 빛에 비하여 그들은 그림자 속에 있다. 그들이 변변한 빵 한 덩어리를 만들기에 충분한 양의 남겨진 곡물을 찾을 수 있을지는 분명치 않다.

농민이었던 시대 이전에 우리는 채집가였다. 농업으로 토지 소유가 생겨나면서 비 소유자를 배제하게 되자, 채집행위는 이삭줍기(gleaning)가 되었다. 이삭줍기는 복지의 기원이었다. 이 원칙은 적은 소수계층이 토지를 소유하고 대부분의 사람이 줍고 채집하는 것으로 살아가야만 했던 중세유럽 경제의 기본특징이었다. 이는 주식과 브랜드 정품이 아니라 현금과 모조품으로 생존하는 지구상 수십 억 사람들이 버티는 지하경제의 원동력으로 남아 있다. 인터넷을 장악하는 플랫폼 비즈니스 모델은 다시 우리 대다수를 '이삭 줍는 사람'으로 만들고 있다.

우리는 삶의 이야기, 사람들과의 관계에 대한 데이터, 관심 있는 뉴스를 공유한다. 아마 이는 기꺼이 하는 것이다. 심지어 즐거움이 되기도 한다. 우리는 현실 친구의 얼굴을 보고, 몇 년 후에 다시 연락이 되고, 그렇지 않으면 놓쳤을 기회를 얻는다. 우리는 매일 단조롭고 고된 일을 하지 않고도 온라인에서 임금을 받는 일을 찾을 수 있다. 우리는 이 플랫폼에서 많은 것을 받아왔다. 그들은 무엇이든 가능하게 만드는 듯하다. 언젠가 위대한 성당과 성이 그랬던 것처럼 그들은 우리 세계의 우주 접착제이다. 점차 관계를 유지하고 직업을 얻으려면 이런 공유가 더 필요하다. 그러나 이는 선택의 여지가 점점 더 적어진다는 것을 의미한다. 인터페이스는 책임감과 통제력을 느끼도록 구성되어 있지만 현실은 밀레의 여성들처럼 들판 주변에서 이삭을 줍고 있는 것과 같다. 우리는 플랫폼의 지배자가 이용할 수 있는 우리 자신과 "친구"에 관한 정보의 작은 조각만을 볼 수 있다. 우리는 소중한 데이터를 제공하면서 무료로 무언가를 얻고 있다고 생각한다. 어떤 의미에서 소유권을 포기하면서 디지털 공유 공동체의 구성원이라고 생각한다. 적어도 밀레의 이삭 줍는 사람들은 그들의 지위는 알고 있었다.

페이스북과 구글 같은 유비쿼터스 플랫폼은 사용자에게서 많은 데이터를 수집하여 광고주와 다른 사람에게 판매용으로 제공한다. 우리는 이를 어느 정도 안다. 그러나 우리의 데이터 또한 사업이 된다. 승차공유앱, 사무생산성앱, 우리 데이터를 이용해 다른 앱의 지능을 훈련시키는 앱, 또 우리가 누군지 알지 못하는 데이터 중개인들이 우리 데이터를 거래한다. 늘어나는 사용자로 인해 감시경제가 커진다. 이는 표적화된 또는 타겟, 혹은 맞춤형 광고와 전략적 가격책정을 기반으로, 의도적이든 아니든, 취약계층에 대한 차별을 야기한다. 누군가의 온라인 활동기록이 그 사람의 신용등급에 영향을 주고 또 감시기관의 데이터베이스에도 넘겨질 수 있다는 사실은 언론 자유를 위축시킨다. 그렇지 않았다면 언론 자유는 인터넷을 통해 실현될 지도 모르는 일이다. 우리 사용자는 고객과 같은 느낌을 가질지도 모르지만, 이 회사의 투자자에게 우리는 그들의 직원이면서 제품이다("저의 소비자들이 저의 생산자들이 아니었나요?"라고 제임스 조이스(James Joyce)가 예고했다). 예를 들어 페이스북은 사용자가 자신의 데이터에 대한 소유권을 보유하고 있다고 주장할지라도, 방대하고 이해할 수 없는 서비스계약을 통해 포괄적인 권한을 플랫폼에게 부여하여 해당 데이터에 대한 사용자의 소유권을 거의 무의미하게 만든다. 즉 이것 때문에, 우리 덕분에 이런 플랫폼 기업은 주요 자동차 제조업체가 지시하는 수십만 명 또는 월마트의 수백만 명보다 오히려 단지 수만 명의 공식직원 만으로 세계에서 가장 가치 있는 기업 중 하나가 될 수 있다.[13]

귀족과 같은 직원과 이삭 줍는 농민인 사용자 사이에서 플랫폼은 수많은 도급 일을 하는 온라인 프리랜서를 고용한다. 이들은 영구적인 시간제(part-time), 초단기 시간제(gig-to-gig-part), 자율 권한 프리랜서, 고용에 수반되는 권리와 혜택에서 추방된 시간제 등 증가하는 노동 인력의 맨 끝단에 있는 사람들이다.[14] 이들의 오프라인 생활 역시 삯일과 같은 느낌을 갖기 시작했다. 사회복지사였던 로첼 라플란터(Rochelle LaPlante)는 2012년 아마존의 메커니컬터크(Mechanical Turk)* 플랫폼에서 두 번째 일을 시작했다. 그녀는 공격적인 이미지들을 조정하거나 학술적인 설문조사에 응답하는 등 가족을 부양하기 위한 일을 했다. 이것으로 새로운 마음의 습관이 생겼다. 그녀는 "당신은 식료품점에서 사탕을 보고, 조사를 두 번 할 가치가 있을까, 라는 생각을 합니까?"라고 내게 말했다. 이와 같은 플랫폼 노동방식이 법적인 구속을 거의 받지 않은 채 확산되고 있다. 아마존의 최신 플렉스 배달 플랫폼부터 수많은 경쟁업체들까지, 불완전취업자들을 하루살이 초단기 시간제로 유혹하고 있다.

이것은 사회적 계약이 전환되고 있다는 소리이다. 비록 보지 못하는 방식과 장소에서 일어날지라도 우리 중 많은 사람에게 새로운 규칙이 적용되는 중이다. 훨씬 더 오래 지속될 수 있었던 절대적인 규칙들이 지금 플랫폼에서 깨어지고 있다.

플랫폼 경제에 활력을 불어넣은 주요 요소는 벤처캐피탈 금융이다. 대부분의 사람은 그들을 위한 것이 아니기 때문에, 그것에 대해 많이 알지 못해도 괜

---

* 자잘한 일감을 가진 수요자와 그 일을 처리할 수 있는 공급자를 연결해주는 웹 기반 서비스로 '인간의 지능을 사용해야 하는 업무'를 처리해줄 수 있는 사람을 연결함.(역자 주)

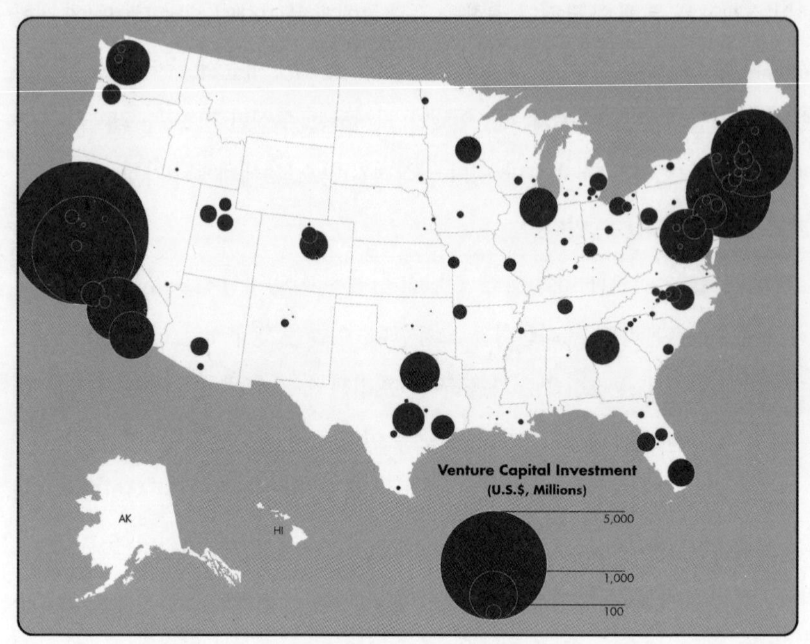

미국의 벤처캐피탈 가용성 및 부족

찮다. 이는 사실상 비즈니스를 진행하려는 거의 모든 사람에게 알려지지 않은, 고도로 네트워크화된 도시의 기술허브에서 소수의 특권화된 하부 문화권에 거의 독점적으로 이용 가능한 비법이다.

스타트업이 아직 아이디어나 최소한도의 프로토타입 단계일 때 벤처 자본가들은 소유권을 확보하려고 큰돈을 투자할 수 있다. 벤처자본가들은 많은 스타트업들을 위해 그렇게 하는데, 대부분은 성공하지 못한다. 그러나 벤처자본가들은 투자뿐만 아니라 실패에도 보상받아 이익을 얻으려고 한다. 이런 지불금은 지속 가능한 선형적인 성장에서 얻어지는 것이 아니라, 산업 전체를 집어삼킬만한 "유니콘(unicorn)" 기업들에서 나온다. 시장에서는 제품만 아니라 플랫폼도 이에 적합하다. 이 게임에서는 대부분 승자 독식이다. 그리고 이기면, 벤처자본가들은 더 큰 기업에 의한 인수나 공적인 시장에서 초기기업공개 등 신성한 "종료" 이벤트로 플랫폼의 방향을 돌린다. 출구에서 사용자인 우리는 판매되고 있는 것 중 일부이다.

나는 일견 성공한 기술회사의 창업자들로부터 되풀이되는 이야기를 듣기 시작했다. 스타트업은 훌륭한 아이디어를 가지고 있었고, 사용자들 역시 그것이 훌륭하다고 생각했으므로 가치 있는 것이 되었다. 투자자들은 주식으로 교환 가능한 급전을 제공했다. 설립자들은 많은 투자자들을 인간으로서 좋아했고, 그들의 조언을 중시했다. 일부는 실생활 속의 친구가 되었다. 그러나 오래지 않아 설립자들은 회사가 더 이상 초기의 아이디어 심지어 그 아이디어를 활용하던 사용자를 중심으로 만들어지지 않는다는 사실을 알게 되었다. 요점은 주주를 위해 엄청난 수익을 뽑아내는 것이 되었고 사용자에게 그 사실을 숨기게 되었다. 훌륭한 아이디어와 함께 그것에 끌렸던 사용자들 역시 상품이 되고 말았다.

좋은 아이디어를 가지고 있지만 사업 경험이 많지 않은 젊은이들이 끌려 들어오고, 멘토와 액셀러레이터는 그들을 투자자들이 보고 싶어 하는 모습으로 분칠한다. 어떤 경우는 이것이 먹힌다. 그러나 대부분 좋은 아이디어들은 그다지 드문 것이 아니며, 세계를 뒤흔들고 투자자들에게 엄청난 수익을 제공하는 독점적인 유니콘 기업이 그다음 새로운 스타트업에게 계속해서 아낌없이 돈을 퍼줄 수 있어야 한다. 플랫폼에게는 단지 유용하거나 수익성만 있는 것으로는 충분하지 않다. 투자자금은 공동체가 아니라 상품을 필요로 한다.

폴 앨런을 생각해보자. 마이크로소프트를 공동 설립한 억만장자 폴 앨런(Paul Allen) 말고 가계혈통을 찾아주는 플랫폼인 앤서스트리(Ancestry.com)를 세상에 선보인 인물말이다. 앨런과 그의 공동설립자는 1990년에 CD-ROM으로 시작한 후 10년 후 웹사이트를 만들기 시작했다. 그들은 거의 회사 전체를 소유했고 곧이어 수익을 냈다. 그들은 투자자로부터 수백만 달러를 모금했고, 본사를 유타에서 샌프란시스코로 옮겼으며, 2000년 Y2K 때에 이르러서는 세계 10대 웹자산 중 하나가 되어가는 중이었다.

그 후, 중단된 공모와 일련의 거래가 있었는데, 이 거래는 현재 앨런이 인정하기를 당시 그조차 제대로 이해하지 못했던 것이다. 그가 가진 주식의 규모는 작아졌고, 2002년에 마침내 회사와 이사회를 떠났으며, 앤서스트리(Ancestry)가 다양한 사모펀드 구매자와 판매자의 변화과정을 견뎌내는 모습을 지켜보았다. 그는 여전히 자신이 창립에 한몫한 플랫폼이 사용자들에게 제공하는 것들을 자랑스럽게 생각하지만, 현재 투자자 겸 소유자인 사람들이 자신들이 얻을 수 있는 건 뭐든지 얻기 위해 그 과정에서 사용자 가족의 추억이 담긴 데이터를 없애면서까지 회사를 쥐어짜는 것을 보면서 철학적으로 변했다. 앨런은 "현대 문명에서 현대적인 발명으로 가장 큰 불평등을 일으킨 것이 무엇이냐고 물어보면 현대의 기업이라고 대답할 것"이라고 말했다.

7가지 협동조합의 원칙은 실제로 온라인 경제의 사회적 계약과 중복된다. "자발적이고 개방되어 있는 멤버십(Voluntary and open membership)"은 플랫폼 간 기본 관행이며, 일반적으로 필요한 기술에 액세스할 수 있는 모든 사람이 계정을 만들 수 있게 한다. "자율성과 독립성(autonomy and independence)"은 플랫폼 소유자가 잘 규정된 "공동체에 대한 관심(concern for community)"을 선포하면서 지역 규정을 위반할 때 주장하는 가치이다. API 프로토콜 및 월드와이드웹 컨소시엄(World Wide Web Consortium)과 같은 표준설정조직처럼 플랫폼 회사들 사이에는 많은 "협력"이 있다. "교육, 훈련 및 정보(education, training, and information)"의 관행은 온라인포럼이나 사람 사이의 밋업((Meetup)에서든 협동조합이 회원들 사이에서 장려할 수 있는 상호 교육과 유사한 형태로 플랫폼에서 발생한다.

그러나 공명은 지금까지만 진행되었다. 민주적 거버넌스와 소유권(democratic governance and ownership)이라는 협동조합의 원칙 2와 3이 주로 플랫폼에는 결여되어 있다. 온라인 사용자경험 디자인은 외견상 무료서비스가 수익을 뽑아내는 방법을 잘 안 보이게 만드는 것처럼 거버넌스 및 소유권 문제에서 사용자의 주의를 분산시키려고 한다. 기능 또는 정책이 변경될 때, 사용자와 협의한다는 것은, 그런 일이 있다 하더라도, 피상적일 뿐이다.

의미 있는 자치 대신 인터넷에는 해커가 있다. 그들은 평범한 사람들이 여전히 통제할 수 있다는 강력한 상징을 유지하면서 시스템을 정직하고 약간 위험하게 유지하는 제다이의 기사(Jedi knights)이며, 불가사의한 도적이다. 해킹이란 외부인이 시스템을 조작하는 것으로, 법이나 예절에 의해 제한받지 않고 어떻게든 백도어(backdoor)를 침입하거나 수정하는 방법을 찾는 것이다. 일부 해커는 수년간 감옥에 갇히기도 하지만 어떤 해커는 회사와 정부로부터 많은 봉급을 받기도 한다. 이러한 프린지 아이덴티티는 기업표준으로 자리 잡았다. 페이스북 본사의 주소는 해커웨이(Hacker Way) 1번지이다.

나는 "디지털 원주민" 첫 세대인 내 세대가 해커세대인지 궁금하다. 우리 중 많은 사람은 우리가 생각하는 민주주의가 결코 우리 말을 듣고 있다고 느끼지 않는다. 우리는 회사들로부터 드문드문 주어지는 일거리를 받아 살고 있으며, 그 회사들은 최상위층의 이익을 위해 우리가 생산한 가치를 모조리 먹어치운다. 우리는 그럭저럭 지내기 위해 해킹을 해야 한다. 비록 기업들은 이제 자체 해커를 보유해도, 아마 우리는 적어도 어떤 담당자보다 더 잘 해킹할 수 있다. 우리는 백도어를 해킹하는 데 너무 익숙해져 또 다른 방법이 있을 수 있다는 것을 잊고 있다.

누가 영원히 해킹만 하고 싶을까? 민주주의가 진짜 민주주의를 의미하고, 기술은 이를 돕기 위해 자신의 역할을 하는 곳에서, 해킹과 허슬링(hustling)에는 시간을 덜 쓰고, 더 좋은 인간이 되기 위해 시간을 더 쓸 수 있는 곳에서, 온라인 경제에 대한 프론트 도어를 여는 것은 어떤 의미일까? 기술은 우리를 위해 그렇게 하지 않을 것이다. 왜냐하면 그렇게 할 수 없기 때문이다. 기술이 어떤 형태를 취하느냐는 우리가 우리 자신을 어떻게 조직하느냐에 달려 있다.

* * *

20대 초반에 비엔나 웨틀라우퍼(Brianna Wettlaufer)는 급성장하는 스톡 포토(stock photos)와 멀티미디어를 위한 플랫폼, 아이스톡(iStock)의 임원이었다. 그러나 계속되는 회의에서 웨틀라우퍼는 갈등을 느끼기 시작했고, 그녀는 중간에서 어쩔 수 없는 지경이었다. 회사의 투자자 겸 소유주들은 그녀와 같은 관리자들에게 회사가 스스로 대표한다고 주장하는 독립예술가들에게 지불하는 금액을 계속 줄이라고 강요했다. 그녀는 사진작가이다. 이것이 그녀에게 중요했다. 회사의 연줄을 타야 하는 비열한 시스템에 대한 좌절감으로 그녀는 아이스톡을 떠나 다른 사람들과 함께 회사를 시작할 수밖에 없었다. 그들은 게티 이미지(Getty Images)를 아이스톡에서 팔게 된 뜻밖의 횡재 덕분에 백만 달러 이상을 모을 수 있었고, 이 프로젝트에 빌려주었다. 웨틀라우퍼는 로스앤젤레스에서 캐나다에 있는 집, 빅토리아로 돌아왔다. 스톡시 유나이티드(Stocksy United)는 2013년에 협동조합으로 통합되어 온라인화했다.

결과적으로 다른 종류의 플랫폼 비즈니스를 얻게 되었다. 스톡시 유나이티드의 관리자는 웨틀라우퍼의 옛날 회사처럼 무슨 수를 써서라도 성장만을 추구하지 않고, 자신들에게 속한 사진사와 비디오 제작자들에게 언제 새 회원들을 영입할지를 상의해야 한다. 공정한 대우와 훌륭한 작품이 무엇보다 우선이다. 그렇기 때문에 스톡시는 수십 개국에서 세계 최고의 스톡 아티스트를 보유하고 경쟁시장에서 수익성 있는 고객을 유치할 수 있었다. 웨틀라우퍼와 다른 초기 대출자들의 돈은 오래전에 상환되었다. 이 회사는 2015년 매출이 두 배 증가한 790만 달러로, 이듬해 1,180만 달러를 기록했다. 이제 CEO인 웨틀라우퍼는 예술가들이 예술적 품질과 공정한 대우를 받게 하는 데 회사 회의에서 조금도 어려움을 겪지 않았다. 예술가들이 그녀의 보스이다.

웨틀라우퍼도 그녀 자신의 보스이다. 스톡시 유나이티드는 많은 유망한 동료들처럼 다중이해관계자(multi-stakeholder) 협동조합이다. 회사의 세칙에는 아티스트, 직원 및 웨틀라우퍼와 같이 고유한 권한을 유지하는 고문 등 세 계층의 이익을 균형 있게 유지한다. 웨틀라우퍼와 그녀의 동료인 누노 실바(Nuno Silva)는 점심을 먹으면서 내게 회원들의 내부 웹사이트를 보여주었는데, 그곳에서는 포럼을 통해 회사의 결정 사항에 대해 토론하고 주요 결정에 투표할 수

마가렛 빈센트 스톡시 유나이티드 수석 고문과 브리아나 웨틀라우퍼 CEO

있었다. 실바는 연례보고서(회원들만 볼 수 있는 자세한 버전)를 스크롤하며 보여주었다. 우아하고 세심하게 배려한 작품이었다. 웨틀라우퍼의 회원에 대한 책임은 경제적일 뿐 아니라 아름답기까지 하다.

스톡시 유나이티드는 새로운 플랫폼 경제에 협동조합 모델을 도입한 선구자였다. 웨틀라우퍼와 그녀의 팀은 단독으로 그것을 했다. 협동조합은 그들이 가진 문제를 해결하는 데 도움이 되었다. 그러나 그들만이 그런 것은 아니었다.

스페인 단체인 라스 인디아스(Las Indias)는 2011년 블로그 게시물에서 플랫폼을 협동조합의 한 범주로 구별했다. 2012년 이탈리아 연맹 레가쿱(Legacoop)은 사용자가 온라인 플랫폼에 입력하는 데이터를 위한 커져 가는 저장소를 관리하기 위한 협동조합 비즈니스 모델의 필요성을 강조하면서 "협동조합 커먼즈(Cooperative Commons)"에 관한 선언문을 발표했다. 그 해에 설득력 있는 독일사

---

* 이탈리아에서 가장 오래된 협동조합 연맹. 레가쿱은 여러 협동조합 협회로 구성되어 있으며, 이탈리아 전역과 전체 생산 체인에서 활동하는 10,000개 이상의 연계 협동조합 기업을 대신해 조정과 옹호 활동을 제공한다.(역자 주)

업가 펠릭스 웨스(Felix Weth)가 구매자, 판매자 및 근로자가 공동으로 소유한 페어몬도(Fair-mondo)라는 공정거래 온라인마켓 플레이스를 설립했다. 2014년 10월, 오클랜드에 있는 지속가능경제 법률 센터(Sustainable Economies Law Center)의 자넬르 올시(Janelle Orsi)는 협동조합의 소유권 공유를 요구하는 "차세대 공유경제(the next sharing economy)"라는 온라인 카툰 비디오를 공표했다. 올시는 또한 긱 노동자가 소유하고 있는 긱 플랫폼인 로코노믹스 협동조합(Loconomics Cooperative)에 대한 조례 기획을 도왔다. 치열한 경쟁 속에서 소규모 웹개발 상점이 재능있는 인재를 유치하고 스스로를 돋보이게 하는 적합한 수단인 노동자 소유권을 찾아낸 것이다.[15]

그해 여름에 파리 위세어 페스티발(OuiShareFest)에서 내가 만난 세 사람은 그 뒤 몇 달 동안 같은 방향으로 움직이고 있었다. 벤처자본가인 리사 간스키(Lisa Gansky)는 협동조합 전통을 이해하고 모방하기 위해 공유경제 스타트업을 시도하는 중이었다. 온라인 뉴스레터인 〈쉐어블(Shareable)〉의 닐 고렌플로(Neal Gorenflo)는 회사 자체의 소유권을 공유하기 위하여 단지 단순한 물건 이상을 공유하려는 몇몇 기업가에 관한 기사를 작성해 달라고 나에게 의뢰했다. 미디어학자인 트레버 숄츠(Trebor Scholz)는 11월 뉴욕시의 뉴 스쿨(New School)에서 디지털 노동에 관한 최신 회의를 주최했다. 그곳에서 플랫폼 노동자, 노동운동가 및 학자 사이의 대화는 대부분 국제적 연구와 노동자들의 이야기로 설명된 온라인노동에 대해 널리 퍼져있는 비참한 표준에 관한 것이었다. 그러나 때때로, 현재의 근로자들 사이에서 명쾌한 의문점들이 생겼다. 우리가 플랫폼을 소유하고 있었다면 어떨까? 우리라면 규칙을 어떻게 설정할까?

이는 상황이 무르익어 많은 사람이 특정 아이디어에 거의 동시에 도달할 때 일어나는 동시성의 순간 중 하나였다. 다음 달인 2014년 12월, 나는 〈쉐어러블〉에 기사를 게재했고, 숄츠는 "플랫폼 협동조합주의와 공유경제(Platform Cooperativism vs. the Sharing Economy)"라는 제목의 온라인 에세이를 게시했다.[16] 그래서 그에게 주변의 많은 사람이 아이디어를 낸 많은 음절을 가진 플랫폼 협동조합주의(Platform Cooperativism)라는 이름을 지어주었고, 샵플랫폼쿱 (#platformcoop)이라 하였다.

숄츠와 나는 팀을 이루었다. 우리는 청소와 서비스근로자가 새로운 앱으로 조건이 안 좋아지는 것을 목격한 전국 국내 노동자 연맹(National Domestic Workers Alliance)과 또 다른 프리랜서 노동자연합(Freelancers Union)을 포함하여 플랫폼 경제의 최전선에서 있는 그룹들과 회의를 시작했다. 나는 엔리크 듀란 (Enric Duran)에게서, 언모나스터리(unMonastery)에서, 케냐에서 배운 교훈이 떠올랐다. 다음 달인 11월, 우리는 뉴스쿨에서 또 다른 컨퍼런스를 열었다. 우리는 투자자, CEO, 조직가, 비평가 및 플랫폼 노동자를 데려왔다. 기업가들은 실제로 존재하는 플랫폼 협동조합을 보여주었다. 많은 사람이 처음으로 서로 만났으며, 천 명 이상의 사람들이 참여했다. 바르셀로나, 멜버른, 멕시코시티, 런던, 브뤼셀 등에서도 다른 사람들에 의해 행사가 조직되기 시작했다. 아이디어는 운동이 되었다.

플랫폼 협동조합주의는 비즈니스 윤리학자인 마조리 켈리(Marjorie Kelly)가 "소유권 디자인(ownership design)"이라고 부르는 기술을 온라인에 적용하면서 폭 넓은 가능성을 지니고 도입되었다. 우리는 매니지드 바이 큐(Managed by Q)와 같은 변화를 환영했다. 이 회사는 사무실 청소를 위한 투자자 지원방식의 긱 플랫폼인데, 회사의 5퍼센트를 근로자와 공유하기로 결정했다.[7] 그러나 우리가 무언가를 노골적으로 플랫폼 협동조합이라고 불렀을 때, 이 협동조합은 국제협동조합연맹과 글로벌 부문에서 의미하는 7가지 원칙과 모든 것, 로치데일(Rochdale)의 선구자들이 의도했던 방식들을 의미한다. 그러나 이들은 이웃이나 함께 일하는 노동자들이 소유권을 공유하는 대신에 인터넷을 통해 소유권을 공유했다.

초기부터 많은 사람이 이러한 노력에 참여해온 이유는 괜찮은 버전의 협동조합은 제외시킨 채, 인스턴트 요리처럼 즉석에서 우버식 협동조합의 복제판 즉 세계를 파괴하는 유니콘과 같은 기업이 되고자 갈망했기 때문이다. 그러나 우버는 실리콘 밸리의 특정 생태계, 엑셀러레이터 및 투자자, 버닝맨 캠프 및 테크 스쿨에서 나왔다는 것을 깨달아야 했다. 협력적으로 일하기 위해서는 다른 종류의 생태계를 구축하는 참을성 있는 작업을 수행해야 한다. 숄츠는 다양한 조직이 참여할 수 있도록 플랫폼 협동조합 컨소시엄(Platform Cooperativism Consortium)을 구성하기 시작했으며, 나는 온라인 디렉토리인 인터넷 오브 오너십(the Internet of Ownership)에 네트워크를 맵핑했다.[18]

베이비 플랫폼 협동조합에 등장하는 소유권 디자인이 단지 이미 존재했던 것을 복사하는 것이 아니라는 것을 알게 되었다. 이 디자인은 인터넷의 기본 비즈니스 모델의 한 부분과 지금까지 전 세계 협동조합 운동에서 오랫동안 유지해 온 습관의 일부분에 도전하는 것이었다.

* * *

슬로우 컴퓨팅은 수많은 난관에 봉착하게 되지만, 나는 운영체제, 컴퓨터의 프로그램들, 심지어 개인 데이터를 관리하는 데 사용하는 클라우드 도구까지 제어할 수 있다. 하지만 일단 공개 플랫폼에 뛰어들고, 다른 사람들과 연결하고 함께 일을 해야 한다면, 끝장이다. 어찌할 수 없게 된다. 이는 나의 개인적인 경건함이 도움이 되지 않는 부분이다. 만약 내가 상호작용하는 공동체와 가치 사슬에 민감한 네트워크상에서 슬로우 컴퓨팅을 하길 원한다면, 플랫폼 협동조합주의와 플랫폼 협동조합이 필요하다.

플랫폼 협동조합은 보잘 것 없이 작다. 현재 세계의 몇몇 경우를 제외하고 대부분은 아직도 시작 중이다. 플랫폼 협동조합에서의 생활은 대개 성공할 수도 실패할 수도 있는 현재 프로젝트 따라 가능해질 미래, 즉 상상력의 산물 속에 머물러 있다. 경우에 따라 이것이 훨씬 더 쉬울 수 있을 것이다. 현재 우리는 서로 함께 만들어가는 중이다.

글을 쓰면서, 적어도 어떨 때는, 레소네이트(Resonate)*를 통해 그전에는 전혀 들어보지 못한 음악을 듣고 있다. 지금까지 베타버전 플레이어는 대부분 작동하며 음악은 기대한 것보다 계속 나아졌다. 그것은 청취자, 음악가, 개발자 등이 공동으로 소유한 스트리밍 음악 협동조합이다. 내가 무언가를 들을 때마다 약간의 돈이 이를 만든 음악가들에게 간다. 내가 좋아서 노래를 아홉 번 스트리밍할 때까지 듣는 횟수가 증가함에 따라 더 많은 돈을 지불한다. 나는 내가 구매하고 싶은 물건 중 상당수의 것들이 이런 식의 적절한 공정거래 옵션이 있었으면 좋겠다. 매일 많은 시간을 보내고 그들이 연결하는 사람들에게 서비스를 제공하기 위해 잘 설계된 네트워크가 많았으면 좋겠다.

이미 당신 주변에 네트워크 협력자가 있을 수 있다. 예를 들어 우리 동네의 자동차 공유 비영리단체는 캐나다 협동조합 모도(Modo)가 회원들의 예약 일정을 잡기 위해 개발한 소프트웨어의 도움을 받는다. 모도는 1997년에 설립되었다. 또한 플랫폼 협동조합에 대한 논의가 있기 훨씬 전인 2008년 하이 플레인스 푸드 협동조합(High Plains Food Cooperative)은 캔사스에서 멀리 떨어진 농장에서 콜로라도의 프론트 레인지(Front Range)로 식료품 배달을 시작하여 장거리 주문을 온라인으로 조정했다. 그러나 이는 거대 기업들에게 거의 위협이 되지 않는다.

캘린더, 연락처 및 이메일 등은 메이 퍼스트(May First)에 보관할 수 있지만, 아직도 내가 하루 동안 하는 일 중 많은 데이터가 페이스북그룹, 구글독스, 슬랙 채널로 흘러들어간다. 다른 사람과 공동작업을 하기 위해서는 어쩔 수 없다. 다른 방법이 필요하다. 이는 오늘날 게릴라 해커들에게는 일종의 성배와도 같다. 즉 우리의 온라인 생활의 상당 부분을 좀먹고 있는 감시중독에 대한 해독제일 수 있다. 월드와이드웹을 발명한 팀버너스-리(Tim Berners-Lee)는 MIT 연구원들과 함께 이 문제를 연구하고 있으며, 수많은 블록체인 스타트업들 역시 마찬가지다. 그러나 협동조합은 진정 우리들의 공동작업 클라우드이면서 탐욕

스러운 투자가이며 소유주인 사람들로부터 자유스럽기 때문에, 데이터를 저장하기에 신뢰할 수 있는 공간으로 적합할지 모른다.

2013년 어떤 예술가 집단이 프로토타입 웹사이트인 commodify.us를 개발하였는데, 이는 사람들이 초대하여 페이스북에서 자신들의 데이터를 다운로드하여 사이트에 이를 다시 업로드하고 제3자 데이터 시장에 사용자 자신의 것으로 판매되게 하였다(FAQ에는 "이것이 실제입니까? 예"라는 것이 있다). 이는 런던에 본사를 둔 협동조합인 더굳데이터(TheGoodData)가 브라우저 플러그인을 통해 회원의 데이터를 입수한 다음 투명한 방식으로 판매하여 해외 소액대출프로그램의 수익금을 재투자하는 아이디어와 같은 개념이다. 농부들은 비슷한 일을 하고 있다. 현대의 농기계가 쏟아내는 어마어마한 양의 데이터에 투자자 지원 기업의 관심이 커지고 있다. 농산물 재배자 데이터 협동조합(Growers Agriculture Data Cooperative)은 미국 농민의 오랜 협동유산을 기반으로 만들어져서, AgXchange라는 플랫폼을 사용하여 데이터를 보호하고 처리하며 작업을 더 잘 수행할 수 있는 양식으로 반환한다. 그리고 스위스 과학자들의 프로젝트인 미데이터(MIDATA)가 있다. 조합원이자 소유주인 회원들이 개인의 소중한 의료데이터를 저장할 수 있는 안전한 장소를 제공하고, 누가 어떤 정보에 액세스할 수 있는지 선택할 수 있다. 협동조합은 정도에 벗어난 인센티브 창출 우려로 회원이 직접 수입을 받도록 허용하지 않지만, 회원의 허가를 받아 회원의 데이터를 의료연구에 사용할 수 있도록 하고 그 비용을 충당한다. 감시경제에서 탈퇴하면 스스로 상품화할 필요가 없다.[19]

샌프란시스코만에 떠 있는 오래된 항공모함에서 열린 회의에서 나는 어떤 공동체 컬리지 그룹이 학생들 취업을 위해 플랫폼에서 일어나는 긱 노동을 소개할 계획 중이라는 것을 알게 되었다. 이는 많은 온라인 노동중개인이 최저임금, 병가 및 기본보험 등과 같은 보호 조치를 무시하므로 문제였을 뿐 아니라 교육적인 측면에서 매우 볼품없는 것으로, 충격이었다. 플랫폼에서 노동자는 사용자를 대면하는 한 부분만 볼 뿐, 마치 제대로 된 인턴십에서처럼 비즈니스가 실제로 어떻게 작동하는 지는 배우지 못한다. 결국, 자비롭게도 어떤 회사 플랫폼도 대학에서 요구하는 연방장애인법(Federal Disabilities Act) 표준을 채택하지 않을 것이다. 그러나 그곳에서 로코노믹스(Loconomics)와 같은 플랫폼을 발견했다.

로코노믹스 협동조합(Loconomics Cooperative)은 주로 코딩작업을 수행하고 MBA를 지닌 샌프란시스코 기업가인 조슈아 다니엘슨(Joshua Danielson)의 창작물이다. 조합원이자 소유자인 회원들은 개인 트레이너, 반려견 산책 돌봄이, 가정부 등과 같은 독립적인 전문가이며, 고객이 웹사이트 또는 모바일앱으로 일정을 정하고 예약에 대한 비용을 지불한다. 회원은 플랫폼의 작동방식, 설정한 표준 및 잉여로 수행하는 작업을 결정하는 데 도움을 준다. 전통적인 방식의 자금 조달 없이는 결정적인 규모에 도달하는 데 문제가 있었다. 공동체 컬리지 학생들의 유입이 이를 변화시키기 시작했다.

고등교육 기관은 1960년대 오하이오 대학에서 성장한 온라인 컴퓨터 라이브러리 센터(the On-line Computer Library Center: OCLC)와 같이 이전에 있었던 협동조합을 구축하는 데 도움이 되었듯이 플랫폼 협동조합의 풍성한 양육 기반이 되고 있다. 스탠포드 연구원들은 노동자가 운영하는 크라우드소싱 플랫폼인 다에모(Daemo)를 구축해 왔으며, 콜로라도 대학 나의 학생들은 그들이 운영하는 긱 협동조합을 설계했다. 협동조합으로 대학은 비즈니스, 교육 및 공공서비스를 동시에 수행할 수 있다.

플랫폼 협동조합은 또 다른 후원자를 찾았다. 노동조합 시우 유나이티드 헬스케어 워커스 웨스트(SEIU-United Healthcare Workers West)는 재택간호 간호사를 위한 플랫폼을 개발하려고 시도했으며, 뉴욕에서 로빈후드 재단(Robin Hood Foundation)은 테크 협동조합에 의해 홈 클리너들과 협력해서 개발한 홈 클리닝 노동자협동조합의 플랫폼인 업앤고(Up & Go)를 지원했다. 개발컨설턴트인 코오퍼레이티브 메니지먼트 그룹(Cooperative Management Group)은 골프코스의 호수에서 공을 회수하여 온라인으로 재판매하는 독립 다이버들의 협동조합인 골프 볼 다이버 연대(Golf Ball Divers Alliance)를 조직하는 데 도움을 주었다.

여기에 더해서 리브르 택시(LibreTaxi)와 아케이드 시티(Arcade City)는 우버(Uber)와 리프트(Lyft)와 같이 폐쇄형앱을 운전자협동조합에 적합한 개방형 프로토콜로 교체하려고 노력 중이다. 페어비앤비(Fairbnb)는 설립자들이 유럽 전역에 퍼지면서 지역조직에 혜택을 제공하여 에어비앤비(Airbnb)에 도전할 계획이다. 사비 협동조합(Savvy Cooperative)은 환자들이 공동소유한 플랫폼이다. 여기서 환자들은 자신들이 정한 규정에 따라 연구자와 회사에게 정보를 제공하고 수입을 얻는다. 워드 재머스(Word Jammers)는 자신들이 이용하고 있는 기존 크라우드소싱 플랫폼에 좌절하여 스스로 탈퇴하기로 결정한 카피라이터의 협동조합이다. 사비(Savvy)와 워드 재머스(Word Jammers)의 설립자들은 고질적인 노동환경 속에서 살아왔으며, 능력의 차이가 있다는 자신의 체험으로부터 플랫폼 작업표준에 대해 관심을 갖게 되었다. 그들은 지배적인 온라인 경제가 대부분 훨씬 더 그들을 고려하지 않은 채 설계되었다는 점을 알고 있다.

일부 플랫폼 사용자는 이미 로봇으로 교체하기 위한 트레이너 역할을 하고 있다. 우버 드라이버는 미래의 자율주행 자동차에 데이터를 공급하고, 구글의 알고리즘은 웹사이트가 리캡차(reCAPTCHA) 퀴즈에서 도로표지판을 식별하도록 요청할 때마다 학습을 한다. 인공지능은 놀라운 것이지만, 지금까지는 대부분은 몇몇 빅데이터 대기업이 소유하고 통제하고 있다. 그렇기 때문에 미국과 인도의 어떤 연구자 그룹은 "인공 지능을 훈련시키기 위한 협력 모델"을 제안하여, 트레이너가 소유권을 공유함으로써 혜택을 받을 수 있게 했다.[20] 그러나 이들은 여전히 모델일 뿐이며, 뛰고 날아다니는 절대적인 권력과 경쟁하는 중이다. 현재까지는 플랫폼 협동조합주의가 슬로우 컴퓨팅에서의 그다지 크지 않은 실험적인 일들만 요구할 수 있을 뿐이다. 그들은 앞으로 성공할 수 있다고 전망할 수 있지만, 힘은 별로 없다. 그들은 아직 인터넷 독점기업이나 그 소유자들에게 도전하고 있지는 않으며, 그들을 부자가 되게 할 수단이 나타나지 않는 한 그럴 수 없을 것이다.

* * *

유능한(can-do) 개척자 그룹(만남이 필요하거나 세계와 공유할 아이디어가 있는 사람들) 이 비즈니스를 구축하는 가장 훌륭하고 쉬운 방법은 민주주의를 실천하는 것이라고 결론을 내릴 수 있을까?

이는 나를 위한 생각이 아니다. 플랫폼 협동조합을 심사숙고하거나 이것을 만드는 기업가와의 교류에서 일주일에 몇 차례나 돌아오는 질문이다. 우리는 장님을 인도하는 장님이다. 예를 들어, 목표시장에 대한 폭넓은 나름의 전문적 지식과 함께 새롭고 우수한 것을 세상에 가져오기 위한 전제조건인 죽을 각오로 실천하는 태도를 갖춘 매우 유망한 신생기업의 설립자를 생각해보자. 아무것도 그녀가 창업하는 것을 막을 수 없지만, 만약 협동조합으로 시작한다면 그 길은 쉽지 않을 것이다.

처음에 우리는 아직 현지에서 도움을 줄 수 없어 전화로 사과하고 싶었다. 그녀 회사는 아마 그녀가 원할 경우 얻을 수 있는 매우 큰 벤처캐피탈을 사용하는 것이 더 쉬울 수도 있었다. 제안도 계속 있었다. 그녀는 붕괴되어 크게 상처받기 쉬운 부문을 쫓는 중이다. 그러나 그녀는 그것을 원하지 않는다. 그녀는 이미 공동체, 가족과 같은 미래의 사용자를 생각하고, 협동조합으로 가는 것이 그녀에게 의미 있는 유일한 길이다. 그녀가 생각하는 유일한 방법은 사업 자체가 최선이라는 것이다. 감사하게도 그녀는 다른 제안에 대해서도 마음이 바뀌지 않았다. 이것이 공정한 개척자들의 방식이다.

여전히 창업자는 자금조달이 필요하다. 내가 무엇을 말할 수 있을까? 플랫폼 협동조합은 실리콘 밸리(Silicon Valley) 또는 실리콘 앨리(Silicon Alley)의 자유 유동 자본을 쉽게 흡수할 수 없다. 벤처자본가들은 소유권과 통제를 원한다. 하지만 협동조합의 역사를 알면 자신감이 생긴다. 금융을 파악하게 된다. 농민들이 협동조합 가공공장과 국가브랜드를 만들 때, 협동조합은행을 설립하여 더 크고 좋은 은행에서 자금을 조달했다. 도시노동자들이 협동조합상점과 작업장을 만들어 산업계에서 생존할 수 있게 하면서 신용조합과 상호보험회사를 만들었다. 협동조합은 마천루와 원자력발전소에 자금을 지원했다. 몬드라곤(Mondragon)의 아리즈멘디(Arizmendi) 신부는 협동조합이 자본화를 책임져야 한다고 주장했다. 그는 "산업생산성의 요구수준에서 자본을 유치하고 동화할 수 있는 구조적 능력이 없는 협동조합주의는 일시적인 해결책이고, 시대에 뒤떨어진 방법"이라고 말했다.[21]

우리는 플랫폼 협동조합에서 이를 수행하는 방법을 찾아내기 시작했다. 벤처자본가들조차도 기존 모델의 한계에 주목하기 시작했다. 예를 들어, 뉴욕회사 유니온 스퀘어 벤처(Union Square Ventures: USV)는 플랫폼 협동조합에는 어울리지 않는 친구가 되었다. USV 파트너인 브래드번햄(Brad Burnham)은 첫 번째 뉴 스쿨(New School) 회의에서 연설했다. 그는 중앙집중화가 덜 되고 혜택을 더 광범위하게 공유하는 위험이 덜한 차세대 "스키니 플랫폼(skinny platforms)"을 꿈꾼다고 말했다. 2015년에 그는 "우리는 이에 참여하여 수익을 창출할 수 있습니다. 우리는 이것이 우리가 해야 할 일이라고 생각한다"고 말했다.[22]

그럼에도 아직 그는 협동조합에 직접 투자하는 것을 상상할 수 없다. 다른 방법이 필요하다. 협동조합은 최초의 크라우드펀딩이었다. 그들은 사람들이 함께 모여 어떤 사람이 그들을 위해 하지 않는 일을 하기 위해 사업 자금을 조달한 방식이었다. 온라인 크라우드펀딩은 이 아이디어를 취했지만, 킥스타터 및 고펀드미(GoFundMe)와 같은 플랫폼은 협동조합 전임자의 공동소유권과 상호책임을 뺐다. 플랫폼 협동조합이 이를 되찾으려고 한다. 가장 초기의 플랫폼 협동조합 중 하나인 스노우드리프쿱(Snowdrift.coop)은 공동소유주가 누구도 소유하지 않을 커먼스를 위해 자유롭고 개방된 프로젝트(free-and-open projects)에 대한 크라우드펀딩을 돕는 모델을 완벽하게 만들어가고 있다. 베를린에 본사를 둔 시드블럼(Seedbloom)은 새로운 프로젝트의 후원자가 공동소유주, 일종의 "주식 크라우드 펀딩"이 가능하다. 레소네이트(Resonate)의 블록체인 기술을 사용한 초기멤버십 드라이브를 운영했고, 나중에 알체인(RChain)이라는 협업 블록체인 프로젝트 토큰으로 백만 달러를 모았다. 알체인의 이더리움 기반 크라우드세일 토큰의 총 가치는 8억 달러를 넘었다. 설립자 그레그 메레디스(Greg Meredith)는 정교한 차세대 프로토콜 개발을 제안하면서, 옛날 알이아이(REI)을 기반으로 알체인의 협동조합구조를 모델링했다.

건전한 자금조달 구조에는 크라우드펀딩 이상의 것이 필요하다. 퍼포우즈 벤처(Purpose Ventures)는 회사를 상품으로 바꾸는 현금화 전략(Exit)을 추구하기보다는 수탁자 소유(steward-owned)* 및 목적지향성(purpose-oriented)을 유지할 수 있게 설계된 새로운 벤처기금이다. 이를 실행하기 위해 젊은 창업자들은 상호 지원하는 기업 네트워크인 오래된 협동조합은행과 같은 모델을 만들었다. 이러한 금융 네트워크는 지역적으로는 베이 에어리어(Bay Area)에서 시작하는 회원소유 액셀러레이터인 업티마 비즈니스 부트캠프(Uptima Business Bootcamp)와 피츠버그(Pittsburgh)의 워크 하드 피쳐에이치(Work Hard PGH) 같은 협동조합을 통해 형성되고 있다.

우리는 로봇도 가지고 있다. 핀란드에 설립된 로빈후드 협동조합(Robin Hood Cooperative)은 성공적인 투자자의 행동을 모방한 소프트웨어인 패러사이트(Parasite)의 조언에 따라 주식시장에 투자하여 수익을 창출하는 일종의 헤지펀드이다. 조합원에게 수익을 제공하는 것 외에도 협동조합의 이익 중 일부는 커먼스 지향의 프로젝트를 지원하는 데 사용된다.

플랫폼 협동조합이 갑작스럽게 늘어나게 되는 핵심 요인은 더 오래되고 큰 협동조합 자체에서 비롯된다. 국제협동조합(International Cooperative Alliance)에 이르기까지 전국 협동조합연합은 플랫폼의 도전을 받아들일 필요성에 대해 목소리를 높이기 시작했다. 그러나 이 부문의 힘을 동원하는 것은 쉽지 않다. 신용조합과 상호보험회사는 자체 벤처캐피탈 펀드를 보유하고 있지만, 대부분 새로운 협동조합을 키우기보다 투기거래만 하고 있다. 그들은 한때 오프라인

---

* 집을 집사가 소유한다는 뜻으로 회사에서 단순 관리자의 역할을 강조한 개념.(역자 주)

서비스였던 것에 대해 웹사이트와 모바일 앱을 만들고 있지만 플랫폼의 연결경제(connective economy)에서 의미 있는 대안을 생성하지는 않는다. 그들은 오픈소스 소프트웨어 또는 널리 사용되는 노동자소유 소프트웨어 회사의 장점을 활용하는 경우가 거의 없다. 그들은 과잉자본경쟁을 따라잡기 위한 행동들을 즐긴다. 관리자들은 그들의 보수주의가 회원들의 이익 때문이라고 주장하는데, 아마도 그럴 수도 있다. 이는 또한 규제의 결과이기도 하다. 인터넷 아카이브의 창립자인 브루스터 칼레(Brewster Kahle)는 2011년 인터넷 아카이브 연방 신용조합(Internet Archive Federal Credit Union)을 인터넷 시대를 위한 신용조합주의를 확장하려는 야심찬 시도로 시작한 후, 이 노력은 결국 신용조합이 직면한 거대한 규제의 암석에 좌초되었다.[23] 그러나 나는 대부분의 문제는 상상력 부족이라 생각한다.

내가 변경하고 싶은 것은 바로 이것이다. 기존의 숨어 있는 협동조합과 지금 환영받는 화려한 기술스타트업 사이의 격차를 해소하고 싶다. 스타트업이 더 많은 투자자가 아닌 사용자나 직원에게 회사를 판매하는 협동조합의 현금화 전략(Exit) 목표는 어떤가요? 오로지 협동조합만을 위해 설계된 인큐베이터나 액셀러레이터는 어떤 모습인가? 나와 함께 일하는 설립자가 해답을 기다려 줄 여유가 없다는 점이 나의 가장 큰 걱정이다.

한편 아직 미숙한 플랫폼 협동조합 생태계는 자금조달 이상의 것을 필요로 한다. 노동자뿐만 아니라 소유자를 훈련시키는 교육 형태가 필요하다. 이 중 일부는 내가 뉴질랜드에서 방문했던 엔스파이럴 데브 아카데미(Enspiral Dev Academy)와 같이 몇 주 안에 프로그래머를 생산할 수 있는 인증되지 않은 기술 부트 캠프의 버전일 수 있다. 일부는 르랜드 스탠포드(Leland Stanford)가 실리콘 밸리의 기업교육을 수행하는 대학으로 구상한 학위 부여 기관처럼 보일 수 있다. 그러나 교육은 문화를 통해서도 이루어진다. 협동기술에는 버닝맨(Burning Man)보다 더 포용적인 축제, 와이어드(Wired)보다 스타트업 형제들에게 덜 어리석은 저널리즘, 마운틴 뷰(Mountain View)와 팔로 알토(Palo Alto)와 같은 감당하기 어려운 곳에 수익을 집중시키지 않는 배치가 필요하다. 여성 창업자그룹은 벤처자본가들이 턱없이 탐내는 유니콘과는 대조적으로 새로운 "얼룩말(zebra)" 스타트업 문화를 요구했다. 그들은 유니콘은 상상인 반면에 얼룩말은 진짜라고 말한다. 얼룩말은 무리에서 달리고 서로를 돌보지만 유니콘은 항상 혼자 있는 것처럼 보인다.

우리는 우리가 나아감에 따라 그런 문화를 가려서 바로잡는다. 우리의 플랫폼 협동조합 이메일과 소셜미디어 그룹에서 서로를 더욱 포용적이고 투명하게 되도록 밀어붙인다. 각자 새 플랫폼 협동조합이 시작될 때, 프로젝트는 사용할 협업 도구에 대한 토론으로 시작한다. 루미오(Loomio)는 협동조합에 의해 만들어지기 시작하는 공통의 장소이며, 소규모 그룹에서 초기결정을 내리는 데는 좋지만 동시에 떠들기를 원한다면 슬랙(Slack)을 사용할지 아니면 메터모스트(Mattermost) 및 로켓 챗(Rocket.Chat)과 같은 카피캣 중 하나를 사용할지 토론이 벌어진다. 스프레드시트에 우리가 기여해서 하나하나 만들어야 할까? 아니면 이더리움에서 자체의 암호토큰을 설정해야 할까? 얼마나 많은 이해관계자층을 포함시킬지 측정하고, 이들의 상대적 힘의 균형을 잡는 방법은 무엇일까? 우리는 지금 협동조합으로 통합할까, 아니면 당분간 누군가의 페이팔(PayPal) 계정으로 비공식적으로 운영할까? 직접 만나지 않는 많은 협동조합 조합원들의 프로세스에 대한 열정은 치명적으로 변할 수 있다. 이것으로 유망한 프로젝트가 운명을 짓는 것을 본 적이 있다. 그러나 일부는 잘 헤쳐 나가 프로세스가 작동하기 시작한다.

그러한 고통은 곧 사라질 수 있다. 플랫폼 협동조합의 특정한 요구에 맞는 도구가 나타나기 시작했다. 드럽토피아(Drutopia)는 오픈소스인 드루팔(Drupal) 코드베이스로 웹사이트를 구축하기 위한 웹호스팅 협동조합이다. 이 운동에 친숙한 회사인 오픈 콜렉티브(Open Collective)는 공식적인 통합 문제없이 협동조합을 시작할 수 있게 해준다. 공개 프론트엔드(front end)가 관리자의 백엔드(back end)와 동일하도록 회원의 기여 및 공유비용을 공개적으로 표시한다. 스타트업이 쉬워지고 있다. 그리고 플랫폼 협동조합은 매번 숨가쁠 정도로 급진적이지 않아도 된다. 주로 다른 기술회사가 하는 방식으로 일할지라도 소유권과 책임이 자본 이상으로 더 참여자를 지향한다면, 그 자체는 급진적인 것이다.

플랫폼 협동조합주의의 초기 옹호자들은 무료 오픈소스 소프트웨어 운동의 열성 당원인 경향이 있다. 일부 플랫폼 창립자는 신념의 계시자처럼 무료 소프트웨어 라이선스를 보유하고 있지만, 다른 플랫폼 창립자는 사용자를 위해 보다 독점적인 플랫폼의 사용자 친화성을 선택했다. 여전히 다른 사람들은 그 중간에서 여러 선택사항을 발견했다. 예를 들어 드미트리 클라이너(Dmytri Kleiner)는 2010년 그의 텔레코뮤니스트 메니페스토(Telekommunist Manifesto)에서 피어 프로덕션 라이선스(Peer Production License)에 대해 제안했는데, 이는 가치생산자에게만 잉여금을 분배하는 근로자소유기업의 상업적 사용을 허용하는 조항을 추가하여 크리에이티브 커먼즈 어트리뷰션 논 커머셜 쉐어얼라이크(Creative Commons Attribution-NonCommercial-ShareAlike)라이선스로 변경하는 것이었다.

리눅스가 이런 식으로 라이선스를 받았다고 생각해보자. 그렇다면 구글은 더 이상 리눅스를 무료로 사용할 수 없지만, 모바일기기를 개발하는 노동자 소유의 회사는 가능할 것이다. 기업의 채택으로 인한 주류화 효과는 상실되겠지만, 동료 생산자들이 그려낸 가치는 그리 쉽게 빼앗기지 않을 것이다. 이러한 라이선스는 공유재를 대기업의 손아귀에서 벗어나게 하는 데 도움이 될 것이다. 코드를 사용하려는 스타트업은 협동조합의 길로 간다면 자극이 될 것이다. 통역사의 협동조합인 게릴라 트랜슬레이션(Guerrilla Translation)과 자전거 택배 협동조합을 위한 플랫폼인 쿱싸이클(CoopCycle)과 같은 몇몇 프로젝트는 실제로는 아직 테스트하지는 않았지만, 일반적인 정책으로 이 라이선스를 채택했다.[24]

한편 코드 공유는 이미 협동조합의 성장전략으로 자리잡기 시작했다. 영국 국민이 그들 나라에 독일 회사인 페어몬도(Fairmondo)* 온라인마켓의 개점에 관

---

* 페어몬도: 아마존이나 이베이와 같은 거대 온라인 상거래 사이트의 대안으로 2012년 독일에서 설립됐다. 공정무역 상품과 친환경 상품의 구매를 장려하고, 상품의 원산지와 공정 노동조건의 투명성을 강조하고 있다.(편집자 주)

심을 표명했을 때, 페어몬도는 투자자 소유의 기업처럼 규모를 늘리는 것 자체를 목적으로 확장하지 않았다. 대신 독일과 영국이 각각 두 개의 협동조합을 세우고, 두 협동조합이 동일한 오픈소스 코드베이스를 사용하고 기여하는 시스템을 구축하고 있다. 더 많은 지역의 페어몬도들이 형성됨에 따라, 그들은 단순히 덩치를 키우기보다 소프트웨어를 개선시키고 복제를 통해 제품을 늘리기 위해 더 많은 협력자를 가질 것이다. 이러한 방식으로 플랫폼 협동조합주의는 오픈소스 문화에 보다 공정하고 명시적인 경제적 단계를 추가할 수 있다. 이것은 투자자 중심의 경제에 의존하고 심지어 기생하는 것에 대한 해독제이다. 또한 오픈소스의 정신으로 오래된 협동조합의 전통을 새롭게 하는 방법이기도 하다.[25]

이에 대한 고정된 규칙은 없다. 우리는 배우는 중이다. 그러나 슬로우 컴퓨팅은 너무 느리게 진행될 수 없다. 붕괴가 계속해서 일어나고 있으며, 그에 따른 위험이 너무 높기 때문입니다. 우리는 얻을 수 있는 모든 동맹군이 필요하다.

수년 동안, 선의의 정치인들은 교통시스템과 노사관계 같은 이슈에 대해 적정선을 유지하며, 지역의 부를 지역의 통제하에 두려고 시도했다. 뿐만 아니라 디지털 붕괴에 반대하며 "아니오"라고 말했지만, 그러한 시도는 대개가 무익했다. 이제 정책입안자들은 플랫폼 협동조합에 대해 "예"라고 말할 수 있다.

뉴욕의 시의회의원인 마리아 델 카르멘 아로요(Maria del Carmen Arroyo)는 2015년 플랫폼 협동조합회의에 참가하기로 합의했을 때, 이미 노동자협동조합에 대한 자금확보를 도왔다. 사전성명서에서 그녀는 플랫폼 협동조합주의는 "종종 대중이 힘이 없는 심연처럼 느껴질 수 있는 인터넷을 더 잘 통제할 수 있게 한다"라고 썼다. 다른 시의회의원인 브래드 랜더(Brad Lander)가 공개데이터에 대한 그의 계획을 공유하기 위해 마지막에 등장했다. 지자체 및 국가의 정치인들은 다른 정책 중에서도 그들이 일하기 위해 생각하고 입증할 정책을 찾기 위해 여러사람 중에서도 숄츠(Scholz)와 나에게 왔다. 바르셀로나 시는 플랫폼 협동조합주의로 경제전략을 지켜나가기 위한 조치를 취했다. 오스틴(Austin), 텍사스

(Texas) 이후로 우버(Uber)와 리프트(Lyft)의 운전자에게 표준안전 검사를 수행하기로 요구한 후, 회사는 2015년 5월 도시에서 이 서비스를 중단했으며, 시의회는 새로운 협동조합 택시회사의 조성과 비영리 승차공유앱을 지원했다. 이들이 너무 잘 운영되었기 때문에 우버와 리프트는 오스틴에서 모범을 보이기 전에 이전으로 돌아가기 위해 로비 자금으로 수백만 달러를 지불했다. 한편 영국 노동당 지도자 제레미 코빈(Jeremy Corbyn)은 8개의 강령 중에 "플랫폼 협동조합"을 포함하는 "디지털 민주주의 선언(Digital Democracy Manifesto)"을 발표했다.[26] 이러한 디지털 민주주의의 도전은 지역의 자잘한 조정으로 감당할 수 없는 것이다. 따라서 협동조합을 해야 한다. 플랫폼이 경제의 전체부문에서 거래를 조직하고 가능하게 하는 역할을 하는 경우, 이는 공공서비스로 생각해야 한다. 한 세기 전에 결합철도(connective railroads)의 독점이 미국의 독점금지법에 영감을 주었던 것처럼, 새롭게 등장하는 온라인 유틸리티를 규제하기 위한 새로운 법과 결의가 필요하다는 인식이 높아지고 있다.[27] 보다 민주적인 소유권 디자인으로의 전환을 가능케 하는 것은 이러한 회사들이 한층 더 숨 막힐 듯한 규제체제를 받아들이기보다 더 나은 자기 규제 방법을 찾는 것이 도움될 수 있다.

또한 가상플랫폼을 넘어 그들의 물질적 기반을 살펴볼 필요가 있다. 이는 플랫폼이 만드는 하드웨어에 들어가는 광물을 추출하고 조립하는 과정에 관계된 인간의 상황을 생각한다는 것을 의미한다. 특히, 영국의 전화기 협동조합(Phone Co-op)은 적절한 근무조건과 분쟁의 여지가 없는 광물로 제작된 네덜란드 스마트폰인 페어폰(Fairphone)을 홍보하며, 인도네시아 협동조합 KDIM은 지역에서 자체로 제작한 스마트폰을 조립 중이다. 대규모 인터넷서비스제공업체(ISP)가 사람들이 가장 증오하는 기업 중 하나가 돼버린 미국에서는 협동조합과 시 소유의 ISP는 이미 더 빠르고 저렴하며 책임 있는 대안이 존재함을 보여주었다. 내가 있는 콜로라도 서쪽 산 너머 지역주민들은 자체 인터넷 협동조합을 구축했는데, 이곳은 대기업들이 투자를 꺼리는 곳이다. 또한 동쪽에 있는 롱몬트시는 내 회사사무실 인터넷속도보다 빠른 서비스를 제공한다 이러한

옵션은 너무 좋아서 많은 주에서 산업 로비스트가 이들을 선제적으로 금지할 정도이다.[28]

민주주의적 인터넷은 영리한 스타트업과 인상적인 설립자 그 이상을 요구할 것이다. 플랫폼뿐만 아니라 인프라가 필요하다. 그리고 그것은 미래뿐만 아니라 역사가 필요하다.

＊　＊　＊

1918년 11월 7일, 미국 전역의 신문에서 세계대전이 끝났다고 알리는 추가판을 발간했다. 독일은 마침내 물러났다. 뉴욕증권거래소에서 거래가 중단되었고, 교회 종소리가 울렸다. 단 하나의 문제는 그것이 4일 일찍 일어났다는 것이다.

이 종전의 위업에 대한 가짜뉴스는 이 더블유 스크립스 사(E. W. Scripps Company)의 유나이티드 프레스(United Press, UP) 통신사가 수행한 것이었는데, 신문사들이 그들이 독자적으로 수집할 수 없는 뉴스를 이 한 통신사에 의존하는 바람에 벌어진 일이었다. 윌리암 란돌프 허스트(William Randolph Hearst)의 국제뉴스서비스(INS)와 함께, 그것은 더 오래되고 독점적인 유선 서비스인 AP(Associated Press)통신의 도전자였다. 경쟁의 심화로 UP와 INS는 감각적이고, 심지어 진실을 구미에 맞게 뒤집는 일이 종종 벌어지기도 했다.

신문편집자이면서 역사가가 된 빅터 로즈워터(Victor Rosewater)는 1930년에 저술한 글에서 이것을 체계적인 문제라고 간주했다. 그는 두 개의 신생통신 서비스사에게 책임이 있다고 보았다. 이들은 AP통신이 탁월하게 제공했던 객관적인 보도기사보다 호색적인 헤드라인을 선호했다. 그가 보기에 중립성을 지키자는 어떤 정책도 이를 막지 못했다. 따라서 1918년 사건은 "과도한 열정으로 유나이티드프레스(UP)는 세계대전의 휴전에 대한 시기상조의 가짜보도인 가장 큰 허위뉴스 항목을 후원하고 유포하는 불필요한 역할을 했다"

고 그는 말했다.[29]

신생통신사와 AP의 차이점은 단순히 그들의 회사연수나 뉴욕 뉴스체제와의 관계에 있는 것은 아니었다. 그들은 소유권 구조가 다르다. UP와 INS는 우뚝 솟은 신문 매거진의 창작물이었던 반면, AP는 신문사들이 공동으로 소유한 (시대에 따라 다양한 정도로) 협동조합이었다. 그리고 오늘날에도 인터넷이 새롭게 부상한 신선하고 감각적인 미디어 환경에서 AP는 따분하지만 신뢰할 수 있고 사실에 입각한 뉴스를 제공하는 데 최선을 다해 뛰어난 성과를 거두었다.

AP의 기원은 1846년에서 1848년 사이에 뉴욕시 신문인들 사이에 기록되지 않은 공모에 있다. 그들의 신문은 치열한 경쟁자이지만 또 한편으로 그들은 모두 궁지에 몰려있었다. 만약 그들이 모두 새로운 전신선을 따로 사용했다면, 충분한 회선이 없을 것이다. 따라서 경쟁업체는 해저케이블로 유럽에서 뉴스를 가져오고 멕시코 전선에 마차 파견대를 공동후원하며 서로의 보도 내용를 배포하기 위해 협력할 수밖에 없었다. 뉴욕신문은 기업의 소유권과 통제권을 공유했으며, 허드슨 부두를 넘어가는 다른 조직에 이 파견 보도를 판매했다.[30]

이 수집된 뉴스 자원을 매점하려는 유혹은 엄청났으며, 그들의 패배는 한 세기 동안 점차적으로 이루어졌다. 일찍이 업튼 싱클레어(Upton Sinclair)는 AP를 "미국에서 가장 강력하고 사악한 독점"이라고 불렀다. AP통신은 1897년 스캔들로 시카고로 옮긴 뒤, 일리노이 주 대법원이 AP통신의 회원자격 제한에 대해 반경쟁적이라는 판결을 내리자,1900년에는 협동조합에 대한 보다 관대한 법률이 적용되는 뉴욕으로 돌아왔다. 그러나 AP가 독점길드에서 진정한 오픈 멤버십 협동조합으로 바뀌는 데는 전쟁 시기의 사법부 조사와 1945년 대법원판결이 필요했다(AP와 자매 격인 영국 언론협회(the Press Association)는 이 규정에 따라 운영되었다).

불안정한 역사와 많은 단점에도 불구하고, AP는 미국 미디어 시스템에서 대체할 수 없는 버팀목이었다. 전 세계 인구의 절반 이상이 매일 보도를 보고 있다고 회사는 말한다. 그리고 AP통신의 독창성과 위상은 협동조합의 장점들로부터 적지 않은 영향을 받았다.

AP는 회원들이 전 세계 250여 개 팀의 보도자료에 접속할 수 있게 하여 보도자료의 비용을 절감할 수 있도록 한다. 회원들이 지니고 있는 광범위한 정치적 전망은 저널리즘에 대한 기대를 저버리지 않고 중립성을 보장한다. 왜냐하면 진실을 지향하는 회원들간의 공통된 합의가 존재하기 때문이다. 회사의 비즈니스 모델은 대부분의 고객 관련 출판물과 달리 입소문 및 클릭 미끼물이 아니라 신뢰도에 성패가 달려있다. 많은 뉴스 조직은 이렇게 하자고 주장하지만 뉴스 판매에서 뉴스수집을 분리하는 것은 불가능하다.

우리는 지금 새로운 미디어 장비를 가지고 있다. 내가 기자를 시작했을 때 트윗은 나의 AP였다. 이는 여행을 할 여유가 없는 곳에 대한 생생하고 즉각적으로 최신 뉴스를 받는 방법이었다. 앤더슨 쿠퍼(Anderson Cooper)가 카이로(Cairo)에 도착하기 전인 2011년, 타흐리르 스퀘어(Tahrir Square) 봉기가 일어난 동안 트위터에서 이를 처음 보았다. AP와 마찬가지로 트위터는 오늘날 미디어 매체가 서로 대화하고 뉴스를 공유하는 수단이 되었다. 트위터의 CEO인 잭 도지(Jack Dorsey)는 이를 "사람들의 뉴스 네트워크"라고 불렀다.[31] 그러나 그렇지 않다. 가장 높은 입찰자를 위한 상품인 월스트리트(Wall Street)의 창조물이다.

이는 특히 헤드라인에서 트위터가 판매될 것이라고 발표한 2016년 가을에 분명해졌다. 버라이즌(Verizon), 구글(Google), 세일즈포스(Salesforce), 마이크로소프트(Microsoft), 디즈니(Disney) 등 다양한 바이어들이 물망에 올랐다. 월가의 분석에 의하면 트위터의 경영이 뛰어난 것은 아니었다. 사용자기반은 단시간 내 충분히 성장하지 못했으며, 140억 달러 규모의 평가는 투자자의 독

---

* 전 세계 현장을 직접 찾아가 뉴스를 전달하는 것으로 유명한 미국 CNN앵커.(역자 주)

점적 기대를 충족시키기에 충분하지 않았다. 특히 평가가 400억 달러에 가까워졌을 때 구매한 사람들을 만족시키기에는 역부족이었다.

그래도 이런 이야기를 사용자들에게 해보라. '블랙 라이프 메터(Black Lives Matte)"' 활동가에서 도널드 트럼프에 이르기까지 트위터는 중요한 대중광장이며, 진실로 사람들(그리고 많은 봇")의 네트워크가 되어 왔다. 또한 이는 네트워크의 네트워크이기도 하다. TV 뉴스 앵커는 자신의 이름 옆에 트위터 명을 표시한다. 트위터는 인터넷 표준에 따라 온오프에서 좋은 수익을 내고 있다. 그래서 나는 〈가디언〉에 기사를 올려 아무도 언급하지 않는 옵션을 제안했다. 트위터를 이와 관련된 사용자에게 팔면 어떨까요?[32] 이 기사에서 인해 1920년대부터 비영리로 팬들이 소유하는 구조를 가진 덕분에, 경기장 광고를 최소화하고, 적절한 티켓 가격을 유지하고, 작은 도시에 머무르고 있는 최고의 축구팀 그린 베이 펙커(Green Bay Packers)의 이미지를 그려냈다. 한번은 펙커의 게임이 노스웨스트 위스콘신(Northwoods Wisconsin) 바에서 진행되는 동안, 나는 한 여성에게 이 팀을 좋아하는 이유를 물었다. 그녀가 나의 바보 같은 질문에 당황한 후, 그녀는 여러 가족 구서우언들이 패커스의 공동 소유자라고 말해 주었다.

일반적으로 내가 가디언(Guardian) 기사와 같은 상식에서 어긋난 제안을 게재하는 것은 별로 얻을 것이 없다. 그러나 이번에는 그렇지 않았다. 트위터 사용자들은 만약 자신들이 트위터를 소유한다면 무엇을 할까를 상상하면서 응답했다. 샵바이트위터(#BuyTwitter)에게 스팸과 인터넷 욕설 정책을 만들고, API 데이터를 다시 개방하고, 합리적인 사용료를 책정하고 싶다고 말했다. 유니온 스퀘어 벤처(Union Square Ventures)의 파트너인 알버트 웽어(Albert Wenger)는 "나는 @ntnsndr"'을 통해 이 아이디어에 기여하고 싶다"고 트윗했

---

* Black Lives Matter: 미국 경찰의 흑인에 대한 폭력적 진압에 의해 촉발된 사회운동.(역자 주).
** 봇 프로그램(Bot Program): 사람의 의도를 대행해서 자동화할 수 있는 프로그램을 말한다.(편집자 주)
*** 본인의 트위터 계정.(역자 주)

다(USV는 초기 트위터 투자자였다). 수백 명의 사람이 아이디어를 논의하기 위해 루미오(Loomio)와 슬랙(Slack) 그룹에 합류했다. 많은 사람이 이미 플랫폼 협동조합 네트워크에 관여하고 있었다. 그들은 수천 명 이상의 사람들을 끌어모으는 온라인 청원서를 공유했다. 곧 #BuyTwitter는 와이어드(Wired), 드 스피겔(Der Spiegel), 파이넌셜 타임즈(Financial Times), 베니티 페어(Vanity Fair) 및 수십 개의 다른 매체에서 논의되었다. 참가자의 전략은 다양했다. 어떤 사람들은 트위터를 위해 협동조합 경쟁자로 시작하는 데 집중하려 했고 다른 사람들은 트위터를 직접 사용하기를 원했다. 둘 다 진행했다. 투자클럽은 전자의 도전에 응하기 위해 결성되었고, 후자에 관심이 있는 사람들은 청원서명자 중에서 TWTR 주식보유자를 찾고 있었다.

그해 12월, 자발적인 주주들과 함께 우리 중 일부는 다음 트위터 연례회의에 제출할 제안서를 작성했다. 이는 온건한 것이었다. 단지 우리는 회사가 다음과 같은 보고서를 발주해 달라고 요청했을 뿐이다. "일반적인 소유권과 책임 메커니즘을 갖춘 협동조합 또는 이와 유사한 구조로 사용자에게 플랫폼을 매각하는 방안과 타당성에 대한 보고서" 그뿐이다. 우리는 이런 전환으로 회사와 주주들에게 최상의 서비스를 제공할 수 있도록 노력했다. 우리는 AP를 언급했다. 우리는 이런 종류의 매입이 손실을 넘기거나 줄이는 행위가 아니라고 주장하는 식으로 처리했다. 사람들의 네트워크를 모두가 소유하고 있다면 이는 더욱 완전해질 수 있다.

트위터의 변호사들은 모호함과 의도적인 오해의 소지가 있다고 단언하면서 제안을 금지시키려고 이의를 제기했다. 2017년 3월 10일, 증권거래위원회(the Securities and Exchange Commission)는 이 청구를 기각했다. 5월 22일 주주총회 전 트위터의 공식 대리 진술이 나왔을 때, 여기에는 회사의 반대 편지와 함께 우리의 제안이 포함되었다.[33]

대니 스피츠버그가 이러한 움직임에 앞장서기로 했다. 그는 젊지만 베이에리어 협동조합에서 활동한 베테랑이며, 캠페인 전략 컨설턴트의 경험도 갖고 있었다. 그는 자원봉사자들이 웹사이트와 친화적인 단체들을 만들어 주주들을 설득하려고 하는 한편, 반쪽짜리 달걀에 병아리가 있는 이모티콘으로 트위터를 도배했다. 그는 트롤 역할을 맡았다. 우리 중 많은 사람이 캠페인이 진지한 것보다 이목을 끌어야 한다고 생각했고 스피츠버그는 역시 처음에는 진지했지만 차츰 누그러졌다. 국제협동조합연맹(international Co-operative Alliance), 국가협동조합비즈니스협회(National Cooperative Business Association), 영국협동조합(Co-operatives UK) 등 주요협동조합 단체들이 대의를 뒷받침하기 위해 참여했다. 대리투표와 기관투자가로 쌓이는 기업투표 방식으로는 전체 다수를 이기는 것이 거의 불가능해 보였다. 영향력 있는 주주들은 심지어 연구 위원회에서도 시장이 놀라 떠날 것이라고 공포에 떨었다. 장래에 제안서를 다시 제출하기에 충분할 정도로 3퍼센트(그 자체가 쉽게 도달할 수 있는 것이 아니지만)에 도달하는 것을 목표로 했다.

샌프란시스코의 트위터 본사에서 주주총회가 열렸을 때, 스피츠버그(Spitzberg)는 주요 주주활동가인 짐 맥리치(Jim McRitchie)와 함께 거기에 있었다. 직설적으로 이야기하는 지배구조 전문가인 맥리치(McRitchie)는 그의 회색 수염 사이로 이 제안을 읽었으며, 이는 차기 주지사 밈에 영감을 주었다. 잭 도시(Jack Dorsey)와 다른 고위간부들이 방에서 듣고 있었다. 우리는 거의 5퍼센트의 표를 얻었다.

그날 버몬트 협력자 매튜크로프(Matthew Cropp)가 부추겨서 만든 #BuyTwitter의 또 다른 하위그룹은 소셜 쿱(Social.coop)의 존재를 발표했다. 이 회사는 트위터를 대체할 "페디버스(fediverse: Federation+Universe)"의 새로운 오픈소스인 마스토돈(Mastodon)을 위한 서버를 호스팅했다. 도메인이 제안한 대로 소셜쿱(Social.coop)은 사용자가 협동해서 관리했다. 마스토돈(Mastodon)과 같은 페더레이션 소셜네트워크는 어느 한 회사에서 제어하기보다는, 상호연결된 노드로 구성된다. 사용자가 자신의 데이터를 가지고 신뢰할 수 있는 노드를 선택하면, 모든 사람이 네트워크로 게시하는 모든 것을 중앙허브에 위탁하지 않고도 다른 노드의 사용자와 상호작용할 수 있다. 지메일(gmail.com)에서 야후(yahoo.com)의 누군가에게 이메일을 보내는 것처럼 사용자는 호스트에 관계없이 전체 네트워크와 통신할 수 있다. 이 작업을 실행하는 기술은 잠시 동안 사용되었다. 메이퍼스트(May First)멤버십을 통해 GNU Social이라는 한 가지 예를 사용했다. 그러나 이는 본격적으로 개발되지 못했다. 감시 및 독점으로부터 이익을 얻으려는 회사는 개인정보보호 및 분산소유권을 위해 만들어진 기술에서 충분한 가치를 보지 못한다. 소셜쿱(Social.coop)은 그것을 바꾸려는 우리의 작은 시도였다. 소셜쿱 회원은 곧 루미오(Loomio)에서 의사결정을 내리고 오픈 콜렉티브(Open Collective)에서 자금을 관리했다. 신생 플랫폼 협동조합의 생태계는 이 작고 간단한 스타트업을 쉽게 만들었다. 협동조합의 지원을 받아 이제 페더레이션기술이 제대로 작동할 경제가 모습을 갖췄다.

2016년 말의 어느 날 밤 뉴욕시에서 열린 플랫폼 협동조합회의에서 연사 중 한 사람이 나를 친구에게 소개했다. 따뜻한 미소와 긴 금발머리를 가진 남자가 중간에 나왔다. 그는 이분이 트위터의 첫 엔지니어 블레인 쿡(Blaine Cook)이라고 설명했다. 답장기능과 "tweet"이라는 단어, 그 단어가 바로 그였다. 그는 #BuyTwitter에 대해 들었고 아이디어를 좋아했다. 그는 실제로 초기에 트위터를 개방형 페더레이션 네트워크로 만들기 위한 코드를 작성했다고 말했다. 그러나 그의 프로토타입은 삽입되지 않았다.

쿡은 "어떤 비즈니스 모델이 여전히 상상에 머물러 있는 시점에 비즈니스 모델이 어떻게 만들어질지 심지어 더 복잡하고 어려워질 수도 있다는 우려, 즉 미지의 것에 대한 일반화된 공포에 의해 그것이 회피되었다고 생각합니다."라고 말했다. 이 회사는 기술에서보다 친숙한 전략에 집착, 고수했고, 이는 담으로 잘 둘러싼 인클로저와 완전히 새로운 시장을 장악할 수 있는 기회를 얻으려 하는 대부분의 투자자들이 기대했던 것이다.

페더레이션 아이디어의 지지자 중 한 사람은 유니언 스퀘어 벤처의 파트너인 프레드 윌슨이었다. 오랫동안 벤처자본가였던 그는 사람들이 깨닫는 것보다 훨씬 더 "비즈니스 모델의 혁신은 기술혁신보다 더 파괴적이다"고 말해왔다.[34] 이 경우에 그는 옳았다. 이 기술이 트위터가 처음부터 오픈 유틸리티가 될 수 있었던 것을 막은 것이 아니었다. 문제는 비즈니스 모델이었다. 페더레이션은 일반적인 투자자 소유습관과 상충되는 것으로 보였다. 반면에 협동조합은 오랜 세월 동안 연합해왔다. 이는 협동조합의 본성이다. 오픈소스 코드를 공유하는 적당한 크기의 신뢰할 수 있는 협동조합 노드를 생성하는 작은 작업들로 다른 종류의 소셜네트워크를 구축할 수 있다. 이는 단순히 동일한 것들의 협동조합 버전이 아니다. 투자자가 소유한 회사가 알아채기 힘든 연결 및 가치의 형태로 작동할 수 있다.

인터넷은 아직 자리잡지 못한 도구, 습관 및 충족되지 않은 요구들 가운데 숨어 있는 협동의 경제로 조작될 가능성이 있는 일종의 다크웹과 같은 숨겨진 영역이 존재한다. 이를 보기 위해 특별한 브라우저 플러그인은 필요하는 않지만, 협동조합의 역사적 패턴을 깊이 들여다보는 것만으로도 도움을 받을 수 있다. 참여하게 된 사람들은 보다 더 협동조합적인 인터넷이 좋은 것이며, 더욱 공정하고, 정당하며, 자유로울 것이라고 믿거나 최소한 희망한다. 우리는 그곳에서 어떤 일이 일어날지 알 수 없지만 이를 만드는 것에 대해 상당히 많은 이야기를 할 것이다. 우리의 인터넷은 숨어서 장난치고, 기여하고 오류를 고치며, 탐험하고 공유할 수 있는 보다 완전한 우리의 것으로 될 것이다.

6장

땅을 공유화 하라
[전력]

2016년 2월, 사우스캐롤라이나 주에 위치한 브로드리버 전력협동조합(Broad River Electric Cooperative)의 초청으로 대통령 후보인 도널드 트럼프(Donald Trump)가 선거유세를 펼쳤다. 그는 연단에 올라서 "정말 많은 분이 계시군요"라고 말한 후 그의 이름을 외치며 환호하는 청중을 향해 질문을 던지면서 연설을 시작했다. "전기 없는 세상을 좋아할 사람이 어디 있겠습니까? 그런데 여러분 모두 전력업계 사람들이시죠? 전기가 없었다면 우리들의 생활이 얼마나 끔찍했을까요? 상상조차 할 수 없는 일이죠!" 그는 계속해서 "전기 없는 삶을 상상해볼 수 있나요? 힘들겠죠! 그래요. 무척 힘들겠죠!"라고 말하고선 주제를 바꾸었다.[1]

트럼프의 말은 그가 미국 전력협동조합의 소중한 기원에 관해 조금 전에서야 브리핑을 받았음을 보여준다. 그 기원은 이런 식으로 시작된다. 대공황이 급습했을 당시 미국 농촌지역에 거주하는 사람 중 겨우 10퍼센트만이 가정용 전기를 공급받고 있었다. 도시에 전기를 공급하던 전력회사들이 외딴 농가까지 전력을 공급해서는 충분하게 이윤을 얻을 수가 없었다. 그러자 농가들은 점차 전력협동조합(전기요금을 내는 사용자가 출자)을 설립하기 시작하였고, 그들 소유의 송전선도 확장해 나갔다. 많은 협동조합은 연방 정부소유 땅 위에 건설된 댐에서 생산되는 전기를 값싸게 구입했다. 이 획기적인 아이디어는 뉴딜 프로그램에 영감을 주었다. 뉴딜은 1935년 프랭클린 루즈벨트 대통령 때 제기되었으며, 이듬해 의회는 예산을 승인했다. 미국 농무부는 그 자금을 저금리로 전국에 걸쳐 배분하기 시작했다. 농부들은 그 자금을 활용하여 전력협동조합을 설립하였다. 주식회사 형태의 경쟁기업들은 협동조합 설립가능성이 있는 지역을 가로지르도록 사방으로 "방해전선망"을 깔아가며 저지하려 했다. 그러나 협동조합의 확장을 막을 수는 없었다. 워싱턴 정부의 정책적 지원 덕분에 채 10년도 안 되어 전기공급이 안 되던 대부분 지역에 전력이 공급되었다. 사람들은 전깃불을 사용하게 되었다.

협동조합 조합원들은 위로부터 일방적 지시에 휘둘리는 정치에 종속되는 것을 거부하는 경향이 있다. 자신들이 설립하고 구성한 협동조합이 온전히 자신들에 의해 운영되기를 바란다. 국제협동조합연맹(International Cooperative Alliance)이 주장하듯이 협동조합은 자치적이다. 정부들은 소비에트연방이나 페론주의(Peronism)*의 아르헨티나에서처럼 다양한 시대와 국가에서 협동조합들을 통제하려고 시도했으나, 큰 효과를 보지는 못했다. 그러나 협동조합도 다른 사업들과 마찬가지로 법률과 정부가 제공하는 혜택에 영향을 받기에, 그들도 투자자 소유 경쟁기업들이 이미 누리고 있는 정치적 특혜에 맞서지 않을 수 없다. 그들 역시 사업 분야에 뛰어들기 위해 깨끗하지 못한 영역으로 들어가야만 했다.

정치적 힘을 축적해야만 협동할 수 있는 권리와 역량도 생긴다. 물론 이 말은 모순처럼 들린다. 그러나 이것이 바로 미국 농촌에서 벌어진 전력산업에 대한 이야기다.

도시에서 전기요금을 내며 살아가는 미국인들은 미국 내륙 75퍼센트가 협동조합으로부터 전기를 공급받는다는 사실을 미처 알지 못한다. 미국 전역을 합하면 약 4천 2백만 명의 조합원, 총 전기 판매량의 11퍼센트에 달하고, 전력협동조합의 총자산도 1,640억 달러에 이른다. 빈곤상태를 벗어나지 못하고 있는 시골지역 카운티 중 93퍼센트는 전력협동조합을 활용해 수입을 얻는다.[2] 지역

협동조합들은 함께 더 큰 협동조합을 설립하여 발전소를 돌리고, 공동으로 광산 작업을 하고, 협동조합 은행과 공동 소유의 기술회사들을 운영한다. 인구가 증가하고 도시가 팽창하면서 시골의 이곳저곳이 부유한 교외 지역으로 변했다. '협동조합'이라고 하면 식료품점이나 아파트건물 등을 연상하는 사람들에게 이런 규모의 협동조합은 듣도 보도 못한 것이었다. 그렇게 방치된 민주주의는 협동조합의 조합원이자 소유주들과 사회로부터 버려졌다. 조합원들은 자신들이 단순한 소비자 이상의 존재라는 사실을 종종 인식하지 못하며, 사회는 정부와 협동조합이 협력하여 한때 얼마나 큰 성과를 이루어냈는가를 망각한다. 우리는 우리가 장차 이루어낼 수 있는 것을 너무 간과하고 있다.

공화당 출신 아이젠하워 대통령과 닉슨 대통령은 전력협동조합을 위장상태에 있는 공산주의로 여긴 반면, 민주당 출신 대통령들은 선거에서 이들의 지지를 얻는 경향이 있었다. 린든 존슨은 자신의 농장에 전기를 공급하는 협동조합의 설립에 도움을 주었고, 지미 카터의 아버지는 자신이 속한 전력협동조합의 이사회에서 활동했다. 그러나 이들 진보진영은 도시 중심부로 후퇴했고, 빌 클린턴 대통령은 민주당 지지율 하락 원인을 협동조합에 돌렸다. 2010년에서 2016년 사이, 두 정당 간 정치기부금 비율이 50 대 50이었던 전국지역전력협동조합연합회(NRECA; National Rural Electric Cooperative Association)는 공화당에 대한 기부비율을 72퍼센트로 역전시켰다. 마이크 펜스 부대통령은 인디애나 주 전력협동조합들과 오랫동안 꾸준히 관계를 유지해 왔다. 이제 농촌진보주의의 유물이 돼버린 전력협동조합은 자신의 선거인단과 의회를 그와 트럼프 대통령에게 넘겨주는 데 도움을 주었다.[3]

짐 매디슨도 2016년 선거에서 이런 추세를 타고 당선된 사람 중 하나이다. 그는 한때 전국지역전력 협동조합 연합회의 최고경영자(CEO)를 지낸 유타 출신 민주당의원이었다. 언론에서는 그의 주장을 다음과 같이 인용했다.[4] "이번 선거에서 미국 농촌지역에 사는 사람들의 목소리를 들었습니다. 그 목소리는 앞으로 나아가는 강력한 목소리가 될 것입니다." 시골에서 공화당 지지투표자가 급증한 것은 그의 선거조직이 협동조합에 벌인 투표캠페인이 주효했던 것으로 밝혀졌다. 이 캠페인은 전국 838개 지역전력협동조합에 속한 조합원들을 움직였고, 더 나아가 전 정권의 청정전력계획(Clean Power Plan)을 폐기하겠다고 공약하는 후보가 대통령이 될 가능성이 높았다. 매디슨이 최고경영자로 있을 당시 전국지역전력 협동조합 연합회는 이 계획을 너무 부담스럽게 여겼다. 뒤이은 언론 보도는 트럼프가 기후변화를 부정하고 규제철폐를 주장하는 내각 관료들을 임명하는 것을 찬양했다.[5]

"미국 우선주의(America First)"를 내세운 트럼프 행정부는 농촌지역 프로그램 예산들을 한 뭉치 대폭 삭감하자고 제안했다. 그러나 여기엔 농림부의 농촌협동조합개발보조금도 포함되었다. 2017년 3월 정부예산 초안이 나왔을 때, 매디슨은 "아직 예산확정 과정의 첫 단계"라며 조합원들을 안심시켰다. 며칠 후, 청정전력계획을 폐기하는 행정명령이 내려졌고 매디슨은 이를 축하하는 자리를 가졌다.

전력협동조합은 조합원들의 이해관계를 조율해나가면서 안정성이 보장된 사업을 수행하는 보수적인 조직으로 변화해 왔다. 다른 한편으로 그들은 좀 더 재생가능하고 분산된 에너지 그리드(energy grid)로의 전환을 이끌어갈 준비도 되어 있다. 그들은 오랜 시간 구축되어 온 기존체제의 버팀목인 반면, 상향식 지역 자치의 요새이기도 하다. 조합원 스스로 규제한다는 원칙하에, 협동조합은 투자자 소유 기업들보다 정부로부터 통제를 훨씬 덜 받는다. 협동조합은 미국 에너지 시스템의 한 부분으로서, 투자자들의 변덕, 대통령 공약뿐만 아니라, 그것을 세우고 활용하려는 사람들의 영향도 받는다.

* * *

일부 지역협동조합들은 강하게 유지되어온 경영 관행(inertia)을 타파해 오고 있다. 그 중 하나가 콜로라도 주 서쪽 끝에 위치한 델타-몬트로즈전력연합

(DMEA; DeltaMontrose Electric Association)이다. 2016년 가을, 나는 재생에너지 기술자인 짐 헤너건의 안내로 차를 타고 그곳을 둘러보았다. 협동조합 소유 두 개의 10킬로와트 태양광 농장 중 한 곳에 위치한 협동조합 본부 건물에서 회사의 소형트럭을 빌렸다. 남쪽 수로에서 떨어지는 물로 전기를 생산하는 수력발전소까지 운전해 갔다. 1909년 윌리엄 하워드 태프트 대통령 때 만들어진 거니슨 터널에서 흘러나온 물이 흙먼지 이는 언덕과 쑥풀 사이로 불어오는 바람결을 타고 이 수로를 따라 흘러온다.

헤너건은 처음 두 발전소를 건설할 때 프로젝트 매니저였다. 두 발전소는 2013년에 문을 열었는데, 대부분 자동으로 작동한다. 물론 그는 가능하면 직접 조작하려고 한다. 그는 한 통제실에서 "저는 손으로 직접 발전기 시동 거는 것을 좋아해요"라고 말했다. 그의 이야기는 그의 콧수염 모양만큼이나 섬세했다. 그는 회전음을 내면서 불룩불룩 솟아나 있는 기계들 사이를 마치 희귀본으로 가득 찬 장서들 사이를 돌아다니는 사서처럼 조심스럽게 걸었다.

첫 두 발전소를 통해 사업성이 판명되었다. 얼마 후 다른 개발자들이 남쪽 수로를 따라 발전소를 지어 지역협동조합에 전기를 팔자고 제안했다. 2015년

델타-몬트로즈 전력연합 수력발전소의 통제실에 있는 짐 헤너건

까지 이 사업모델은 연방 규제 분쟁의 대상이었다.

대부분의 전력 "배급" 협동조합들과 마찬가지로, 델타–몬트로즈전력연합도 더 큰 "발전 및 송전" 협동조합인 G&T 소속 조합이다. 델타–몬트로즈전력연합이 G&T, 트라–스테이트(Tri-State)와 맺은 특약에 따르면, 트라–스테이트는 델타–몬트로즈전력연합이 판매하는 전력의 최소 95퍼센트를 공급해야 한다. 이러한 합리적 결합은 오랫동안 유지되어 왔다. 전력을 배급하는 협동조합은 대규모 발전소를 운영할 자원이 없는 반면, 거의 독점적이고 43개 소속 협동조합을 거느린 G&T는 정부, 협동조합은행, 민간자본시장으로부터 넉넉하게 자금을 조달받을 수 있다. 1970년대부터 연방정책은 투자의 상당 부분이 석탄화력발전소로 흘러가도록 했다. 이로 인해 현재 국가전력그리드의 33퍼센트만이 석탄화력발전소에서 생산되고 있는데 비해, G&T는 총 전력의 71퍼센트를 석탄화력발전소에서 생산하고 있다.[6] 그러나 델타–몬트로즈전력연합은 전에 없이 싼 태양전지판, 수력발전소에서부터 지역의 폐광에서 분출되는 메탄에 이르기까지 좀 더 지역적인 자원에서 전력을 생산할 수 있는 방안을 모색하고 있었다. 조합 총회에서 선출된 이사진도 비용, 환경보존 및 개발 모든 측면에서 이러한 기회들을 반겼다.

인적자원 관리자 버지니아 하만은 "이 지역 사람들은 지역적인 가치를 추구하는 것이 문화의 일부가 되었다"고 말한다. 델타–몬트로즈전력연합도 광섬유소를 통해 저렴한 광대역 인터넷을 낙후된 농촌지역으로 끌어오기 시작한 전력협동조합 중 하나이다. 이 같은 발전은 처음 전력협동조합이 조직되었을 때와 비견할만한 상황이다.

2014년 델타–몬트로즈전력연합이 몬태나 협동조합에 있던 자센 브로넷(Jasen Bronec)을 최고경영자로 영입했을 때, 그는 새로운 전략을 도입했다. 그는 타몬트로즈전력연합이 저렴하고 재생가능한 전력생산옵션이 생길 경우 트라–스테이트 협약에서 명시한 지역 전력 허용치를 초과하여 생산하는 것이 법률에 위반되는지 여부를 판단해달라고 연방에너지규제위원회에 요구했다. 2015년

6월 위원회는 그것은 합법이라고 결정내렸고, 트라-스테이트의 반대에도 불구하고, 그 결정은 유지되었다.

헤너건은 델타-몬트로즈전력연합의 송전망에서 상당히 떨어진 농장에 살고 있다. 자신이 필요한 전력도 그곳에서 생산하고 있었다. "전력을 한곳에서 생산해서 배전하는 방식은 지속될 수 없을 것이라고 확신합니다." 그는 발전소 사이의 좁은 흙길을 운전하면서 말했다. 그는 전력산업의 구조적 변화는 휴대전화에서 셀룰러 방식*이 도입된 것과 같다고 말했다. 그는 현재 실험 중에 있는 새로운 테슬라 파워월(Tesla Powerwall 배터리)**이 펼쳐낼 세상에 대해 상상의 나래를 폈다. 만약 우리가 스스로 설정해놓은 테두리만 무너뜨린다면, 도덕적, 환경적, 기술적, 경제적 문제가 동시에 해결될 수 있다며 흥분된 목소리로 떠들어댔다.

그는 오직 협동조합 조직에서만 창출해낼 수 있는 이로움이 있다고 믿는다. 지역고객의 수요를 시험하면서 확장해 나가는 군살 없는 사업방식으로 인해, 협동조합은 새로운 조합원들에게 에너지효율 개선이나 재생에너지 개발에 필요한 자금을 쉽게 조달할 수 있는 선구자가 되어 있었다. 시(市) 소유 발전소처럼, 전력협동조합도 영리추구형 전력회사보다는 순이익 수준을 하향 조정하는 데 유연하다. 2016년 트라-스테이트 조합들에게 공급된 전력의 약 4분의 1은 재생에너지였다. 그리고 G&T는 더 이상 경제성이 없는 석탄화력발전소 두 곳을 폐쇄한다고 발표했다. 전국지역전력협동조합연합회(NRECA)에 따르면, 2017년 한 해 동안 협동조합부문의 태양광발전용량이 두 배 이상 증가했다.[7] 전력협동조합들은 G&T와 협약 없이 재생에너지로 야심차게 전환했다. 델타몬트로즈 전력연합의 남쪽에 인접한 키트카슨전력협동조합(Kit Carson Electric Cooperative)은 트라-스테이트와 계약을 완전히 종료했으며, 이제는 2022년까지 전체 주간 전력수요를 모두 태양광으로 충당하려는 목표를 세웠다. 2002년 섬

---

* 주파수대역을 잘게 나눈 뒤, 주파수반경을 좁혀서 혼선을 줄임으로써 통화가능한 회선수를 늘리는 방식.(역자 주)
** 태양전지를 이용하여 송전이 끊길 때 사용하도록 충전시켜 놓는 비상용 전지.(역자 주)

의 전력을 독점하는 기업을 주민들이 인수해서 조직한 하와이 카우아이 아일랜드 공익서비스협동조합(Hawaii's Kauai Island Utility Cooperative)은 2023년까지 재생에너지 비중을 50퍼센트까지 올려나갈 예정이다. 너무 많은 태양광전력이 생산되기 때문에 협동조합은 소비자들에게 가정마다 축전지를 설치하도록 권장하고 있다.

"우리는 엄청나게 흥분되는 기술혁명을 경험하고 있습니다." 농무부 농촌지역공익서비스국(Department of Agriculture's Rural Utilities Service)에서 전력프로그램을 담당하고 있는 크리스토퍼 맥린이 말했다. 이 부서에서는 현재에도 40억 달러 가까운 흑자수익기금(revenue-positive fund)을 협동조합에 저금리로 빌려주고 있다. "과거 전력프로그램은 매우 따분한 것이었습니다. 그러나 이제는 정말 매력적인 것이 되었습니다."

맥린의 열광적인 말에도 불구하고, 전력협동조합의 재생에너지 사용비율이 국가 평균보다 밑돈다는 사실을 간과해서는 안 된다. 지역전력협동조합들은 G&T와 수십 년간 장기계약에 묶여있고, G&T는 석탄화력발전에 투자해오던 행보에서 단기간에 벗어날 여력이 없다. 전력협동조합들은 조합원을 위해 이 문제를 해결해야 한다고 말한다. 공식석상이든 아니든, 협동조합 운영진들은 회의실 벽에 걸려 있는 협동조합 7원칙을 지키기로 서약한 점을 자주 이야기한다. 그리고 헤너건은 모든 프로젝트를 조합원의 입장에서 신중하게 비용과 편익을 맞추려고 했다. 그러나 민주적이란 것도 서류상으로는 보장되는 권리지만, 실제로는 결코 완전하게 보장되지 않는 측면에서 보면 형식적인 것에 불과하다. 또한 다른 세력들도 협동조합의 행태에 영향을 미친다. 예를 들자면, 연방에너지규제위원회(FERC) 판결 후, 트라-스테이트 및 G&T는 조합원인 조합들이 독자적으로 행동하지 못하도록 독려했고, 조합원 조합들의 이사회가 델타-몬트로즈전력연합과 동일한 행보를 취하지 못하도록 압력도 넣기 시작했다. 수십 년 전에 설정된 경제적 제약이 아직도 변화속도를 억제하고 있다.

존 파렐은 "그 사슬에 균열이 좀 있다"고 말했다. 그는 전력협동조합을 주의 깊게 연구해온 지역자립연구소(Institute for Local Self-Reliance)에서 에너지 민주주의에 관한 프로그램을 맡아왔다. 그럼에도 불구하고 그 사슬은 오랜 기간을 유지해 왔다. 1970년대 후반, 전력협동조합에 관한 책『땅을 가로지르는 선들(Lines Across the Land)』의 저자는 오늘날과 완전히 동일한 상황을 묘사하고 있다. "농촌지역에서 전력의 이해관계로 말미암아, 협동조합들은 환경법을 지키는 쪽이 아니라, 환경법을 포기하는 쪽으로 정치적 입장을 바꾸었다." 그럼에도 불구하고 "농촌전력협동조합은 광범위하게 지역화된 대안에너지를 확장시킬 수 있는 남다른 위치에 있다"는 것이 분명하다.[8] 그때도 지금처럼 협동조합의 미래는 시장의 힘이나 과거의 관행보다는 조합원들이 얼마나 목소리를 더 크게 내려는가에 달려 있었다.

델타–몬트로즈전력연합 본부 방문을 마칠 때쯤, 나는 전기요금을 내고 문을 나서는 한 여성을 만났다. 바로 옆쪽 벽에는 이사들의 사진들이 걸려 있었다. 나는 그녀에게 앞으로도 협동조합 조합원으로 머물겠냐고 물었다. 그녀는 웬 엉뚱한 질문이냐는 눈빛으로 나를 보았다. 나는 다시 같은 질문을 하면서 조합원이란 단어 대신 "고객"이란 단어를 사용했다. 그녀는 미소를 지으면서, 최고의 서비스와 최상의 신뢰를 가진 델타–몬트로즈전력연합으로부터 20년 동안이나 전력을 써왔다며 대만족이라고 대꾸했다. 그녀는 전기가 들어오지 않는 하와이에서 자랐고, 그래서 집에 들어와서 전깃불을 밝힐 수 있다는 것에 감사했다.[9]

* * *

연방정부의 협동조합 프로그램이 실시된 첫 몇 년 동안, 지방전력청(Rural Electrification Administration; 현 지방공익서비스국(Rural Utility Service)은 미래의 조합원들을 위해 협동조합원칙과 실제를 소개하는 소책자들을 제작했다. 관료들은 또한 전기 자체에 대한 설명이 필요하다는 점도 깨달았다. 소책자 전부에 걸쳐,

지방전력청의 협동조합 조합원을 위한 안내서 1939년 판에 있는 그림들

전기사용을 묘사하는 그림들("200종이 넘는다")과 잠재수요를 최대한 끌어내기 위한 문구들("전기를 더 많이 쓸수록 더 저렴해집니다")을 책자에 넣었다.

미국 정부가 대출자금뿐만 아니라 정치적 선전을 통해 협동조합을 지원한 시절이 있었다. 영화에서는 상호결합된 협동조합 경제를 민주주의적 약속으로 묘사했다. '조합원이 된다면, 시민권이 확장될 것'이라며 시민들에게 협동조합에 가입할 것을 권유했다. 전력협동조합의 한 소책자 머리말에서 농림부장관 헨리 A. 월리스는 다음과 같이 썼다. "누구든지 여러분이 가입한 협동조합이 망할 것이라고 말하도록 내버려 두지 마세요. 조만간 정부가 그 협동조합을 인수해야 한다거나, 협동조합을 근처에 있는 사기업에 헐값으로 넘기라고 말하지 못하게 하세요. 그런 재난은 여러분과 여러분 동료 조합원들이 직무를 태만하게 하는 경우에만 발생할 수 있습니다."

* * *

2016년 가을, 델라 브라운-데이비스와 열두 살짜리 딸은 미시시피 주 타일러 타운에 있는 집에서 잭슨 시까지 왕복 5시간 거리를 다섯 번이나 여행했다. 전력협동조합에 대해 배우기 위해서였다. 브라운-데이비스는 교사이자 치료사였고, 마그놀리아전력연합회(Magnolia Electric Power Association)의 회원이기도 했다. 이 연합회는 미시시피 주에 소재한 NAACP의 활동연합 원보이스(One Voice)가 지휘하는 새로운 캠페인에 참여하는 9개 협동조합 중 하나였다.

잭슨 시에서 원보이스가 개최한 토론에서 브라운-데이비스와 그녀의 딸은 전 세계협동조합이 공유하는 고귀한 협동조합 원리에 대해 알게 되었다. 공공적인 성격으로 만든 전력협동조합에서 사용되는 비영리단체의 세금신고서를 읽는 방법도 배웠다. 그들은 미시시피 주 전역에 걸쳐 아프리카계 미국인 협동조합원들이 적법한 권리를 행사하지 못하고 있다는 사실도 알게 되었다. 그들에게는 과다하게 높은 요금이 청구되었고, 흑인이 다수인 지역에서조차 이사회는 백인들로만 구성되었으며, 조합운영에 참여하지 못하도록 만드는 두루뭉술한 경영 의사결정 절차도 존재했다. 브라운-데이비스는 그녀가 속한 협동조합이 워싱턴D.C.를 방문했던 사진에도 백인 고등학생들만 찍혀있다는 사실을 발견했다. 집으로 돌아오는 길에 그녀와 딸은 그들이 배운 것들을 토론하곤 했다.

브라운-데이비스는 "오늘날에도 1950년대와 1960년대에나 일어날 법한 일들이 여전히 지속되고 있다는 사실을 알고 실망스러웠다"고 내게 소감을 밝혔다.

2014년 원보이스의 최고재무책임자인 베니타 웰스는 주(州) 공공서비스위원회(State Public Service Commission)가 협동조합들을 조사하고 평가하는 일을 도왔다. 이때 독특한 협동조합 회계구조를 처음 들여다보았음에도 불구하고, 그녀는 곧바로 문제점들을 찾아냈다. 지난 수십 년 동안 이사진들의 봉급명세서에서처럼 경영자들의 봉급도 급상승하고 있었다. 협동조합들은 수백만 달러의 적립금을 조합원들에게 돌려주지 않아서, 비영리단체로서의 특혜를 인정받지 못할 지경이 되었다. "장부는 합산조차 되어 있지 않았다"고 그녀는 말했다. 협동조합들이 정보공개 의무조항조차 갖고 있지 않은 것은 그녀를 더욱 힘들게 했는데, 빈번하게도 협동조합들은 조합원들에게 재무상태를 공개하지 않으려 버텼다.

원보이스는 이 문제를 파악하기 위해 MIT대학과 코넬대학에서 연구원들을 불러들였다. 그들은 주(州)의 흑인 집중거주지역을 가로지르며 대면조사를 실시하고, 전기요금청구서도 분석했다. 이들은 자신들의 조사연구결과를 활용해서 이런 문제점을 제기한 첫 번째 집단에 속했던 브라운-데이비스와 그녀의 딸, 그리고 자신들의 이웃과 힘을 보탤 준비가 된 또 다른 조합원들과 함께 전력협동조합리더십연구소(Electric Cooperative Leadership Institute)를 설립할 수 있도록 도와주었다. 그런데 모임 첫날 대부분의 조합원은 그들이 이사를 선출할 투표권을 가졌다는 사실조차 모르고 있었다.

미시시피 주는 특히 전력협동조합의 밀도가 높다. 주민의 거의 절반이 하나의 전력협동조합으로부터 전기를 공급받는다. 원보이스가 각고의 노력 끝에 내놓은 자료에 따르면, 아프리카게 미국인이 37퍼센트나 되는데도 이들이 차지한 이사직은 고작 6.6퍼센트였다. 여성 이사도 4퍼센트에 불과했다. 그 캠페인에서 확인한 바에 따르면, 주로 가난한 사람들이 많이 사는 지역에서 주민들은 자기들 수입의 40퍼센트 이상을 전기요금으로 지출하였다.

첫 단계로 협동조합에 대한 기초교육이 이루어졌다. 주(州)의 NAACP의 대표이자 원보이스 대표인 데릭 존슨은 "우리의 궁극적인 목표는 조합원 참여를 극대화하기 위한 전략을 수립하는 법을 이해하도록 돕는 것"이라고 말했다. 그는 또한 "조합원들이 재생에너지에 대해 새로운 시각을 갖기 시작할 수 있기"를 바랐다.

조합원 참여와 에너지혁신 사이에는 어느 정도 상관관계가 있는 것으로 나타났다. 예를 들어 노스캐롤라이나주의 로아노크전력협동조합은 1960년대에 흑인이 주도하여 조합원 조직화 운동을 단행했다. 이때 시작된 운동은 오늘날에도 여전히 지속되고 있다. 이 협동조합의 현재 최고경영자인 커티스 원은

NRECA 이사회의 부이사장이자 유일한 아프리카계 미국인 이사이다. 한편 주에서 로오노크는 조합원들의 에너지효율성 개선사업에 자금을 지원한 최초의 협동조합이다. 이 협동조합은 조합원들이 공동체태양광시스템도 구매하도록 했다. 그리고 현재 광대역 인터넷프로그램을 개발하는 중이다.

윈(Wynn)은 "경영진 또는 이사회 구성이 공동체의 구성을 완전히 반영하지 않는다면, 구성원들의 필요와 요구가 이사회나 경영팀의 의사결정과 쉽게 괴리를 일으킬 수 있다"고 말했다. 예를 들어, 조합원들의 압박이 없다면, 경영진들은 조합원들이 전력소비나 전기사용료, 탄소배출량을 줄이도록 노력하기보다는 단지 더 많은 전력을 판매하려는 데 주력하는 오류에 빠질 수 있다.[10]

로어노크에서의 성공적인 조직화는 일반적이라기보다는 예외적인 것에 가까웠다. 1980년대와 1990년대에, 남부지역협의회(Southern Regional Council)는 협동조합 민주주의 및 개발 프로젝트(Co-op Democracy and Development Project)를 출범했다. 이것은 협동조합이 산재해 있는 남부지역에서 펼쳐진 일련의 캠페인으로서, 보다 최근 원보이스가 목표로 삼았던 내용의 일부도 포함하고 있다. 이러한 캠페인에도 불구하고 흑인들은 루이지애나 주 이사회 자리 중 겨우 하나만 차지했다. 게다가 현직 이사회가 자신들의 자리를 보전하기 위해 조례나 선거절차를 개정하는 것도 너무 쉬웠다. 어떤 경우에는 흑인 이웃들에 비해 백인 주민들에게 전선을 더 먼저 가설해주고, 전기료도 더 싸게 받았던 1930년대와 1940년대 관행을 여전히 유지하고 있었다. 그러나 원보이스는 이전의 캠페인보다 더 좋은 실적을 냈다.[11] 첫 훈련주기가 끝나기도 전에 미시시피 주에 있는 최소한 두 협동조합이 처음으로 흑인 이사를 지명했다.

협동조합연합회는 원보이스가 수행했던 것과 같은 조직화 노력에 아직도 별로 관심을 보이지 않는다. 미시시피 주 전력협동조합들의 대변인은 내게 이 캠페인에 대해 들어본 적이 없다고 말했다. NRECA의 대변인도 공정한 선거가 치러질 수 있도록 지원을 한다고만 언급했다. 또한 인종적 정의에 대한 우려는 대출원칙에 차별금지 조항이 있는 지역공공재서비스를 동요시킨 적이 없었다.

"이런 이슈에 대해 시민권리국에 제기되는 불만은 매우 적다"고 크리스토퍼 맥린이 말했다. 그렇다 하더라도 델라 브라운-데이비스와 같은 조합원들을 일깨웠던 문제는 비단 미시시피 주나 아프리카계 미국인에 국한되지 않는다. 이런 무감각 증세는 생각보다도 더 만연되어 있다.

내슈빌을 포함하는 테네시 지역에서 당선된 민주당 의원 짐 쿠퍼는 그들이 사는 지역에서 전력협동조합을 설립하는 데 일조했던 아버지 밑에서 자랐다. 그 후 정치인으로서 협동조합을 방문한 쿠퍼는 세금신고서를 보고 눈살을 찌푸리지 않을 수 없었다. 또한 베니타 웰스가 발견한 문제점과 유사한 점들도 발견했다. 쿠퍼는 "협동조합이 부유해진 것에 축하를 보내자, 그들은 나를 별 미친놈이 다 있다는 듯 보았다"고 내게 말했다. 이것이 계기가 되어 그는 소위 "전국적으로 퍼져 있는 대규모 은닉물"을 조사했다. 그는 2008년 하버드입법저널(Harvard Journal on Legislation)에 그가 발견한 사실들을 신랄하게 까발렸다. 특히, 그가 협동조합이 조합원들에게 배당해야 할 돈을 "자본 신용(capital credits)"으로 수십억 달러씩 보유하고 있다는 사실을 지적했다. 자본 신용은 원칙적으로 조합원들이 소유한 잉여 수익이지만, 종종 누구도 배당을 요구하지 않기 때문에 무이자로 자금을 조달할 수 있는 재원으로도 활용된다. 활용 가능한 다양한 정책들도 있지만, 일부 협동조합들은 조합원이나 그의 가족들이 배당이나 조합비를 찾아가지도 못하게 한다. 이런 관행은 몇 세대 동안 계속되기도 한다. "지역협동조합의 가장 많은 지분소유자는 죽은 사람들"이라고 쿠퍼는 말했다.

쿠퍼는 논문에서 일련의 개혁, 즉 효율성을 높이기 위한 합병, 조합원이나 대중에게 더 철저한 정보공개의무 등을 제안했다. 협동조합들이 경제개발과 환경보존을 위해 새로운 뉴딜을 실시하지 않는다면, 끝없이 지속되는 연방정부의 지원을 받지 못하도록 해야 한다고 주장했다. 그의 논문은 발표된 해에 미국 의회 기록에 올라갔지만, 협동조합들의 로비가 너무 거세서 더 이상 영향력을 발휘하지 못했다.[12] "동료들에게 이것에 대해 이야기했지만, 좀처럼 관심을 가지려 하지 않았다"고 그는 말했다. "NRECA가 원하는 대로 거의 다 그렇게 되었습니다."

규정 위반을 눈감아버리는 연합회의 입장은 새로운 운동을 촉발시키는 계기가 되었다. 원보이스는 그중 한 부분에 불과하다. 예를 들어, 위오운잇(We Own It)은 젊지만 노련한 협동조합 조합원들에 의해 시작된 네트워크다. 이들은 연합회를 이끌어가는 경영진이나 이사진이 아니라 일반 조합원들의 조직화를 지원하기로 결정했다. 그들은 농촌지역의 전력협동조합에 속한 조합원 활동가를 연결하고 있다. 그들은 필요한 정책이나 성공적인 전략을 서로 공유하도록 도움을 주고 있다. 한 온라인 포럼에서 그들은 태양광 발전 및 효율성 증진을 위한 자금동원 전략과 함께 협동조합 부패에 관한 뉴스를 전파했다. 설립자인 제이크 슈레이터는 "우리의 목표는 사회운동을 일으키는 것"이라고 말했다.

사회운동은 행동하기를 요구한다. 지역자립연구소(Institute for Local Self-Reliance)의 조사에 따르면, 협동조합의 4분의 3가량이 이사회 선거에서 유권자 투표율이 10퍼센트 미만인 것으로 나타났다.[13] 내가 사는 곳 근처에서 열린 전력협동조합 이사회 후보 포럼에 참석해보니, 조합원보다도 후보자와 직원이 더 많이 앉아 있었다. 투표용지에 있는 네 자리 중 단지 한 자리만 경합이 붙었다(그럼에도 불구하고, 이사회선출 최종투표가 열리는 연례 총회에는 수백 명의 회원이 참석한다. 이때는 행운권 추첨, 정성 들인 저녁 식사, 라이브 공연, Tri-State협동조합의 마스코트 로봇 등이 있다). 이런 현상을 설명하면서, 한 직원은 내가 다른 큰 협동조합의 리더들로부터 들은 말을 또다시 반복했다. 즉, 투표율이 낮다는 것은 조합원이 만족한다는 의미라는 것이다.

그러나 운동을 추진하는 사람들은 이런 견해를 받아들이지 않는다. 마크 해켓은 "제가 수년에 걸쳐 깨달은 가장 중요한 교훈은 협동조합 시스템은 실제로 조합원의 참여에 달려 있다는 사실"이라고 말했다. 그는 조지아 주 콥 이엠시(Cobb EMC)에서 자신이 활동했던 협동조합이 부패로 도산한 이후, 위오운잇(We Own It)에 참여하여 성공적으로 조직화 노력을 펼쳤다. "조합원들이 어떤 식으로든 운영에 관여하지 않으면, 임원들은 배타적이 되어 기본적으로 협동조합을 자기들 맘 내키는 대로 운영해버립니다.”

제멋대로 운영해서는 경영성과를 낼 수 없다. 최고의 경영진이든 최악의 경영진이든, 같은 방식으로 회계처리를 해왔고, 관행에 따라 수십 년짜리 계약과 기존의 대출조건과 10억 달러가 투입되는 석탄발전소의 버거움을 유지해 왔다. 이사진이나 경영진들이 자신들의 이득을 취하기 위해 협동조합을 악용한 놀라운 사건들이 여러 번 있었다. 그럼에도 불구하고 은행대출에 요구되는 신용이 없거나, 자본가들에게서 배제된 농부들이 자신들에게 필요한 공익시설기반을 갖추던 때처럼, 협동조합은 지금도 방대한 규모를 가진 참여적 경제학의 수단으로서 기능할 수 있다. 그래서 연방정부도 거의 은행이자 수준으로 자금을 제공하는 것이 좋겠다고 생각했다. 콜로라도지역 전력연합회(Colorado Rural Electric Association)는 지금도 어린이들에게 스스로 협동조합을 조직하고 운영하는 방법을 가르치는 여름 캠프를 개최한다. 이런 협동조합들은 의도한 참여자들의 역량을 실질적이고 직접적으로 강화하기 위해 수립된 매우 보기 드문 육성전략에 의해 탄생했다.

머레이 링컨은 오하이오 주에서 전력협동조합시스템의 초기 설계자였다. 그 후 그는 협동조합국제연합(Cooperative League)과 전국상호보험회사(Nationwide Mutual Insurance Company)를 이끌기도 했다. 그는 회고록에서 “농민들은 너무나도 전기를 필요로 했다. 그리고 자신들이 설립한 협동조합으로부터 전기를 공급받은 것은 마치 꿈이 실현된 것과 같았다”고 당시 협동조합의 성격을 회상했다. “우리는 반쯤 눈먼 봉사가 되어 사업에 뛰어들었기 때문에 얼마의 비용이 들어갈지도 몰랐습니다. 그렇지만, 우리 자신들을 위해 의당 해야 할 일이고, 마땅히 되어야 할 일이라는 사실을 알았습니다.”4 그것이 이 협동조합들을 탄생시킨 정신이었고, 이들의 생명력은 어떻게 이 정신을 되살려내는가에 달려 있다.

　　　　　　　　　　　　　　　* * *

　국회의원인 쿠퍼는 전력협동조합에 또 다른 불편한 의문을 제기했다. 이들
이 참된 협동조합이 아닌 경우에는 어떻게 해야 하는가? 2008년 기사에서 그는
"어떤 측면에서는 정부정책 대행기관, 어떤 측면에서는 농업협동조합, 어떤 측
면에서는 영리를 추구하지 않는 회사"라며 "이 호기심을 불러일으키는 혼성조
직은 세 가지 구성요소의 가장 선량한 느낌만 전달하도록 이름을 붙였다"고
썼다.[15] 주(州)별로 설정된 지역 내에서 전력협동조합이 공급독점권을 갖는다면,
국제협동조합연맹(International Cooperative Alliance) 원칙 제1조인 "자발적이고 개
방적인 조합원 제도"에 위배된다. 전력협동조합들은 "개방적"이라는 부분을 강
조하겠지만, "자발적"이라는 부분은 문제가 된다. 정부 대출에 의존하는 부문
으로서 정부의 입김에서 벗어나 자율성 원칙을 지키기도 쉽지 않다.

　미국 농무부는 "협동조합"이란 표현을 프로그램 수행 적격성을 결정하기 위
한 기술적 용어로 사용한다. 그리고 자발성의 문제를 편리하게 배제해 버리고
자체적인 협동조합원칙을 만들었다.

1. 이용자-소유자 원칙(User-Owner Principle): 협동조합을 소유하고 자금을 조달
   하는 사람들은 협동조합 이용자들이다.

2. 이용자 통제 원칙(User-Control Principle): 협동조합을 통제하는 사람들은 협동
   조합 이용자들이다.

3. 이용자 혜택 원칙(User-Benefits Principle): 협동조합의 유일한 목적은 조합원들
   의 이용량에 따라 그들에게 혜택을 제공하고 배분하는 것이다.[16]

　이것들도 잘못된 원칙은 아니다. 그러나 전력협동조합 사무실에 걸려 있는
협동조합원칙들은, 미국 농무부가 만든 협동조합원칙의 축소판이 아니라, 더
욱더 사랑받는 국제협동조합연맹의 원칙들이다. 그 첫 번째 원칙을 이들 협동
조합들은 조직적으로 위반하고 있는 것 같다. 어떤 협동조합이든 실제 운영하

는 내용을 파헤쳐 보라. 그러면 아마 국제협동조합연맹의 그 원칙들에서 벗어난 폐단들을 어렵지 않게 찾아낼 수 있을 것이다. 권력과 또는 권력을 위한 타협들이 있을 것이다.

* * *

루즈벨트 대통령의 농촌전력공급촉진(Rural Electrification Act)이 시행되던 당시, 전국협동조합연맹(Cooperative League)의 창립자이자 회장인 제임스 피터 워배세는 모순된 입장(ambivalent)을 취했다. 한때 무정부주의자 성향의 세계산업노동자연맹(Industrial Workers of the World)의 일원이었던 워배세는 바리케이트, 파업, 프롤레타리아 독재를 배제하는 혁명의 한 형태인 "건설적 급진주의(constructive radicalism)"를 천명했다. 그러나 그가 마음속에 꿈꾸었던 변화는 상당히 급진적인 것이었다.

워배세는 "협동조합 운동이 궁극적으로 지향하는 바는, 수익을 창출하는 산업과 의무를 강요하는 정치적 국가를 대체할 수 있는 사회적 구조를 만드는 것"이라고 주장했다.[17] 달리 말하면, 이윤추구기업과 정부는 협동조합의 물결이 밀어닥치기 전에 위축될 것이다. 이들은 점차 세력이 위축되다가(활성화되지 않고 작아지다가) 종국에는 사라질 것이다. 협동조합의 저축이 급격히 늘어나게 되면, 기업들은 이윤을 유지하기 어려운 상황에 맞닥뜨릴 수도 있다. 협동조합의 자유로운 연대에 직면하면 정부의 강제권력도 파편화될 가능성이 많다. 이들이 사라지면 법정과 교도소도 사라지기 때문에 협동조합중재위원회가 그 역할을 대신하게 되는지 모른다. 지역 풍토에 맞게 협동조합이 주도하는 교육활동이 주정부가 운영하는 학교를 대체할 것이다. 단일 정부의 시민으로 존재하기보다, 사람들은 여러 협동조합의 조합원으로서 활동하는 소속의 변화를 겪게 될 수도 있다. 워배세가 설립한 조직과 같은 연합체나 연대조직이 연방정부의 일부 기능들을 대신하게 될 것이다.

협동조합이 늘어나면서 점점 커졌던 환상, 즉 투자자소유기업뿐 아니라 국가도 해체시킬 것이라는 그의 믿음은 뚜렷하게 증거로 나타나지 않았다. 협동조합처럼 상호부조방식으로 출발했던 보험 산업은, 20세기 후반쯤 유럽에서는 정부의 주도 아래, 미국에서는 영리기업의 주도 아래 재조직화되는 경향을 보였다. 정부는 벤자민 프랭클린 때 구축된 협동조합형 소방서와 도서관까지도 영리기업화할 수 있다는 기대를 가졌다. 식료품 협동조합을 본따 홀푸드마켓(Whole Foods Market)이 등장했다. 유고슬라비아에서 베네수엘라에 이르기까지 사회주의 정권은 국가가 통제하는 협동조합을 경제정책의 수단으로 삼았다. 약간 더 미묘한 방식으로, 미국 전력협동조합은 농무부와의 일부 특권적 관계 덕분에 상호협력관계를 지속적으로 유지해 왔다.

이러한 관계는 협동조합 조직의 독특함과 결합된 신중한 정치적 전략의 결과였다. 정치적 교착상태와 사기업의 근시안적 특성이 필요한 인프라를 갖추는 데 장애물로 작용함에 따라, 우리는 다시 이 전략을 펼쳐야 될지도 모른다. 워배세가 바랐던 것처럼, 우리는 어쩌면 협동조합을 통해 해결해 나가야 할 수도 있다. 1930년대 전기가 필요했던 농민들은 영리기업으로부터 공급받기를 거부하고 스스로 전기를 생산했다. 오늘날, 장벽에 부딪힌 건강보험문제를 해결하는데도 비슷한 처방이 필요해 보인다.

알레타 카자디는 2015년 여름 내내 탄원서에 서명을 받기 위해 덴버시 거리를 누볐다. 그때 주민들의 가장 흔한 반응은 "난 괜찮아요"였다. 무심코 내뱉는 이 말이 그 상황에서는 평소보다 더 많은 의미를 담고 있는 것처럼 느껴졌다. 그녀는 보편적 의료보장에 대한 주(州) 투표계획에 지지하는지 묻고 있었다. 그들은 괜찮을지 모르지만, 30만 명 이상의 콜로라도 주민들이 의료보험 없이 살아도 좋다는 말인가?

카자디는 "우리는 우리 이웃의 보호자라는 개념이 전혀 없습니다. 이웃의 부족함을 깨닫지 못한다면, 우리는 어떤 사회에 살고 있는 것입니까?"라고 내게 말했다. 그녀는 퇴직교사로서 남은 생애 동안 보험이 유지되기 때문에, 그녀야

말로 괜찮았다. 그러나 이 일리노이 주 출신의 할머니는 콩고민주공화국에 10년 동안 살면서 도움이 필요한 이웃들에게 무엇인가 해야 한다는 사실을 깨달았다. 그녀는 말라리아로 아이를 잃은 가족의 울부짖음 때문에 온 마을 사람들이 한밤중에 잠에서 깼던 일을 되새겼다.

그해 4월과 10월 사이, 500명이 넘는 자원봉사자들과 유급 도우미들이 받아낸 15만 8831명의 서명 중 카자디는 최소 700명 이상의 서명을 받았다. 성소수자 인권의 달 캠페인(Pride Month)*과 준틴흑인해방일 행사(JuneTeenth)** 때 그랬던 것처럼, 서명 행사의 시작과 끝에 열렸던 버니 샌더스 집회에서는 특히 공감하는 사람들이 많이 있었다. 투표안건으로 상정되기 위해서는 9만 8482명의 서명이 필요했다. 주(州) 국무장관은 최종적으로 10만 9134명의 서명이 필요하다고 판정했다. 카자디와 같은 사람들 덕분에, 2016년 11월 콜로라도 주 유권자들은 전 주민을 위한 보편적 의료보험을 선택하는 투표를 치르게 되었다. 이 의료보험은 협동조합의 형태, 즉 정부에 다소 애매한 관계로 설계되어 있었다.

콜로라도케어(Colorado Care)는 오바마케어(Affordable Care Act)와 달리 모든 콜로라도 주 주민들에게 포괄적인 의료혜택을 제공할 수도 있었다. 이것을 운영하기 위해 고용주는 3.33퍼센트의 소득세와 6.67퍼센트의 근로소득원천징수세를 납부하고, 자영업자는 최대 10퍼센트의 세금을 납부하게 된다. 모두에게 급격한 세금인상이겠지만, 콜로라도 주 대부분 사람이 이전에 냈던 보험료보다는 적다(그러나 계약직 근로자에게도 세금을 물림으로써, 많은 젊은 신규창업자들은 우호적인 반응을 보이지 않았다). 그해 기준으로 기존의료보험체계를 유지하는 것보다 이 새로운 정책을 시행하면 총 60억 달러의 보험료가 절감될 것이라고 지지자들은 믿었다.

콜로라도 사람들이라면 세금을 피할 수 없었기 때문에 조합가입이 강제적이라고 불만을 토로하기 전까지, 콜로라도케어의 원래 이름은 콜로라도 보건의

료협동조합(Colorado Health Care Cooperative)이었다. 그러나 협동조합과 유사한 설계는 불가피한 전략이었다. 주 의회가 새로운 세금을 부과하는 것을 금지한 헌법 조항을 피하려는 시도였다. 입법부는 콜로라도의료보험 수입에 간섭할 수 없을 것이다. 주민들이 직접 선출하는 관리위원회가 감독하는 기금을 곧장 조성해나갈 예정이었다. 5백만 명 이상 규모의 공동소유와 공동관리체계로 운영되는 반쯤 사회주의적이고, 반쯤 자유주의적인 실험이었다.

콜로라도케어는 가정의학과 의사인 주 의원 아이린 아귈라가 설계했다. 수십 년 동안 보험에 가입하지 않는 환자들이 겪는 고통을 봐왔던 그녀는 이 시스템을 고치기 위해 수년 전 정치에 입문했다. 그녀는 주(州)의 주도에서 보건의료개혁을 통과시키기 위해 심혈을 기울였지만 별 성과가 없었다. 결국 아귈라와 우연히도 심리학자 다수로 구성된 그녀의 연대진영에서 법안을 주민투표에 붙이기로 결정하고, 이를 위해 수천만 달러의 사비를 내놓았다.

콜로라도 유권자들은 2012년에도 이런 주민투표 절차를 활용해 워싱턴 주와 함께 처음으로 비중독성 마리화나(recreational marijuana)를 합법화했다. 다른 주들도 뒤를 따랐다. 콜로라도케어의 지지자들은 건강보험에서도 같은 연쇄반응이 나타나길 기대했다. 버니 샌더스는 주민투표로 콜로라도케어를 통과시키기만 한다면, 콜로라도 주가 "국가의 선두주자"가 될 거라고 말했다. 그리고 그는 최종투표를 앞두고 이를 위해 선거유세를 펼쳤다.[18]

2014년에 설립된 단체 어드밴싱 콜로라도(Advancing Colorado)의 전무이사인 조나단 록우드보다 이 사업에 대해 더 크게 반대 목소리를 낸 사람도 없을 것이다. 록우드는 "자유시장경제의 신봉자이자 대변자로서" 말했다. 말쑥한 복장에 청산유수로 늘씬한 몸매에 우렁찬 목소리로 자기주장을 펴는 사람이었다. 코흐 형제가 설립한 밀레니엄세대를 위한 단체, 제너레이션 오퍼튜니티(Generation Opportunity)에서 은퇴한 뒤에도, 너무 젊어 보여서 사람들은 때때로 그가 한때 그들의 수장이었다고 믿으려 하지 않았다고 내게 말했다. 10월 23일 아침, 록우드는 탄원서가 전달되는 것을 지켜보러 콜로라도 주 국무장관 관저의 뒷문까지 온 몇몇 사람 중 한 명이었다. "공화당을 연구하고 신속하게 대응하는 새로운 세대"인 아메리카 라이징(America Rising) PAC에서 나와 캠코더로 진행과정을 녹화하고 있는 젊은 여성 옆에 그는 서 있었다.

강렬한 인상을 주기 위해 청원서류는 빌린 구급차에 실린 바퀴 달린 환자용 침대에 실린 채 도착했다(운전자는 "돈을 충분히 준다기에 좀 엉뚱한 일을 했다"라고 내게 고백했다). 흰색 실험실 가운을 입은 아킬라는 침대를 입구로 안내했다. 그 후 기자회견을 위해 그녀와 50여 명의 지지자는 덴버의 정치 지구에 위치한 야외 기둥이 죽 늘어선 그리스식 극장 앞에 모였다. 내가 참석한 몇 안 되는 기자 중 한 명이라는 사실을 알고, 록우드는 자신을 소개하며 인터뷰를 하겠다고 제안했다. 나는 그의 명성을 알고 있었다. 코흐가 이끄는 '번영을 위한 미국인들(Americans for Prosperity)'과 함께, 그가 이끄는 어드밴싱 콜로라도는 그때까지 콜로라도케어를 정면으로 반대하는 드러난 극소수 반대세력 중 하나였다.

록우드는 내게 콜로라도케어가 어리석은 짓이라고 확신시키려고 여러번 시도했다. 그러나 각각의 설명은 제안서의 내용에 대한 부정확한 주장에 근거하고 있었다. 반면 그가 언급하지 않았고 또 캠페인 중에 논의되지 않은 것이지만, 사실 콜로라도케어에는 매우 급진적인 측면이 숨겨져 있었다. 콜로라도케어는 주(州) 내의 다른 결정이나 예산과 별개로 작동하는 정치 모형이다. 많은 지역에서 이미 학교운영위원회나 다른 자리를 두고 특정 사안 중심의 투표가 치러지고 있지만, 이것은 그보다 한층 더 나아간 방식이다. 보건의료분야를 넘어 콜로라도케어는 정부나 기업이 잘못 운영하는 서비스들을 협력적 메커니즘으로 전환시키는 계기를 제공할 것이다.

캠페인 운동가들은 주정부가 단독으로 주도해 왔던 정치문화의 문제점을 지적하며 설득하려 했다. "이것은 연방정부가 주관하는 보건의료체계가 아닙니다." 아킬라는 그리스식 극장의 계단에 서서 말했다. "저도 정부 일을 해왔습니다만, 우리 정부는 건강보건정책을 실행할 능력이 없습니다."

콜로라도케어는 현재 레바논이 된 지역에서 이민 온 마이클 샤디드의 발자취

콜로라도 주 의원 아이린 아귈라, 의사이자 콜로라도케어 설계자

를 따라왔다. 1929년부터 그는 오클라호마 주 엘크시에 최초로 환자가 가입하는 협동조합 병원을 설립했는데, 이를 미국의사협회 의사들은 협회 권위에 대한 위협으로 보았고, 이를 제지하기 위해 미국 전역에서 이 형태를 불법으로 만들었다. 오바마케어에 의해 활성화된 협동조합 또는 "소비자-운영 및 중심 정책(consumer operated and oriented plans)"에서도 다소 비슷한 사건이 발생했다. 협동조합 병원들은 얼마 후 심각한 제재에 크게 고통을 당해야 했고, 시작 단계부터 의회는 약속된 대출예산의 3분의 2를 깎았다.[19] 콜로라도케어는 훨씬 더 많은 선거구에서 위협적인 존재로 비춰졌기 때문에 시행해보기도 전에 중단되었다. 주요 공화당원들뿐 아니라 민주당원들마저도 반대 목소리를 냈고, 투표 관련 책자에는 시작부터 엄청난 세금인상이 필요하다는 지표가 제시된 관계로 그 청원은 겨우 20세퍼센트 조금 넘는 찬성표를 얻었다.

선거운동 기간 동안, 아귈라는 "사려 깊고 헌신적인 소수 시민이 세상을 변화시킨다"는 마가렛 미드의 말을 줄곧 거론했다. 그러나 이번에는 그렇게 되지 않았다. 주정부는 보편적 보건의료체계를 적용시킬 기회를 놓쳤다. 협동조합

연대는 다시 확산될 기회를 놓쳤고, 정치적 쿠데타를 통해 수백 만 명의 기본적 필요를 충족시킬 기회를 놓쳤다.

* * *

정치인들은 시기와 장소에 적합한 협동조합 경영체(cooperative enterprise)의 육성정책을 채택했다. 그들은 협동조합이 발휘할 수 있는 가치를 알아차렸다. 예를 들자면, 이윤이 공동체 내에서 지속적으로 순환하며 세원을 증가시키고, 취약한 주민들의 필요를 충족할 수 있도록 시장실패를 보완하기도 한다. 이러한 정책들에는 다음이 포함된다.

- *금융지원(financing aids)*, 저이자 대출, 대출 보증 및 세금 면제 등과 같이 협동조합이 자본비용이 낮은 투자자 소유기업과 경쟁할 수 있게 만드는 금융지원
- *성장지원(Development assistance)*, 지역협동조합기업(local cooperative economy)을 자문해주고, 지지를 보내줄 단체에 자금을 지원하는 성장지원
- *의무명령(Mandates)*, 외부영향에 민감한 경제 부문들이 협동조합모형으로 운영하도록 하거나, 조달청 등이 협동조합 상품을 우선 구매하도록 요구하는 명령
- *촉진자(enablers)*, 협동조합들이 서로 협력할 수 있도록 적절한 설립 규정과 유인을 제공[20]

이탈리아에는 세계에서 가장 발달된 협동조합법이 있다. 헌법 자체에 협동조합 관련 조항, 제45조가 존재한다. 자율적으로 운영하는 협동조합을 정권에 대한 위협으로 간주한 베니토 무솔리니 정권이 무너진 이후, 정부 간섭없이 자유롭게 운영되는 협동조합 경영체에 대한 필요성이 커짐에 따라 국민의 권리로서 규정했다. 무솔리니는 사회주의와 가톨릭 연맹을 모두 해산시켜 자신의 연맹으로 아우르려 했다. 그러나 정권 붕괴 이후 그들은 즉시 재조직화를 통해

그들의 자신들의 권리를 법률에 명시할 수 있는 정치적 힘을 얻었다. 세계 각국의 협동조합 활동가들은 지금도 이 같은 법제를 연구하러 이탈리아로 온다.

예를 들어, 1970년대 초에는 조합원으로부터 자본을 조성하기 쉽도록 협동조합이 비과세 "비분할적립금(indivisible reserves)"을 보유할 수 있도록 법적으로 허용했다. 그 후 10년 동안 협동조합은 비협동조합 형태의 자회사를 소유하고 경영할 수 있게 되었다. 1991년 법률에서는 공공복지시스템의 확장된 형태로서 사회서비스를 제공하는 사회적협동조합에도 기업체 소유(corporate container)와 세금혜택을 허용하는 조항을 신설했다. 이듬해 통과된 법은 신설 협동조합에 자금을 조달하거나 기존 협동조합을 육성하는 데 사용하기 위해 (자본주의자들은 이윤으로 불리는) 잉여금의 3퍼센트를 협동조합연맹에 기부하도록 했다.[21] 이로써 서로의 성장을 지원하는 협력적인 협동조합 네크워크가 형성되어 자체적으로 보다 지속성을 갖춘 분야가 되었다.

최근까지 미국은 협동조합정책을 가장 등한시해왔으며, 제2차 세계대전 이전에 만들어진 법률적 잔재에 의존해 왔다. 그러나 변화가 일고 있다. 경제가 얼마나 완벽하게 투자자소유에 유리하도록 구축되어 있는지 공부했던 기업가들이 주도해서 만든 노동자소유 기업들이 급속하게 확산되고 있는 도시에서 특히 그렇다. 법은 강력한 수단이 될 수 있다. 이와 같은 정책들이 잊었다가 부활하고, 차용되며 상황에 맞게 조정되었다. 그러나 이 과정에 일정한 패턴이 있는 것은 아니다.

정책은 기존관습이나 역사 흐름과 분리되어 있지 않다. 기존관습이나 역사 흐름은 정책수행자들에게 정책이 가지는 의미를 부여해줄 것이다. 정책은 정치이다. 그리고 공정한 정책이 가장 필요한 사람들에게 정치란 투쟁을 뜻한다.

* * *

2014년 2월 21일, 말콤 엑스가 할렘에서 암살당한 후 49년이 지난 어느 날, 미시시피 주 잭슨 시 쇼퀘이 루뭄바(Chokwe Lumumba) 시장이 퇴근해서 집에 돌아와 보니 전기가 끊겨 있었다. 그 구역에서 다른 집들은 전기가 들어오는데, 오직 자신의 집만 정전되어 있다는 사실을 알게 되었다. 그는 오랜 기간 정치적 행보를 같이 해왔던 전기기사, 경호원 등을 포함하여 지인들에게 도와달라고 전화했다. 처음에 그들은 문제가 무엇인지 감을 잡지 못했다. 전력회사에 전화를 걸고 기다렸다. 그동안 최근에 떠돌던 이상한 소문들에 대해 이야기를 나누었다. 몇 주 전 잭슨에 처음 문을 연 홀푸드 개점행사에서 한 백인 여성이 지역협회 모임에서 시장이 죽었다는 말을 들었다고 말했다. 그날 시장은 평소보다 심하게 기침을 했고, 혈압도 높은 상태였지만 활력이 넘쳤다. 그날 그곳에서 시장은 연설을 했다.

시장이 연설하는 동안 그의 동료들은 위태로운 상황이 닥칠 것을 직감했다. 루뭄바는 한때 주(州)도 남부에 위치한 흑인 권력과 인권(black power and human rights)을 지원하는 사무실에서 일했다. 흑인 민족주의운동에서 가장 잘 알려진 변호사 중 한 사람으로서, 수십 년 후에는 전국적인 지지자들의 네트워크와 정치적 기반을 구축했다. 당시 '흑인 생명도 중요하다(Black Lives Matter)' 운동은 여전히 초기 단계였으며, 실제 가두시위가 아니라, 사회 이슈를 만들어내는 해시태그(hash tag)운동이었다. 그때 드레 맥케슨은 미니아폴리스 공립학교에서 트윗에 글을 퍼 나르는 일을 하고 있었다. 그러나 시위보다는 지속성을 갖는 저항형태에 주목하는 사람들은 잭슨시를 아프리카계 미국 정치와 경제의 수도라는 새로운 모델로 인식해가고 있었다.

그해 2월 초, 루뭄바는 진보적 언론인 로라 플랜더스(Laura Flanders)와 비디오 인터뷰를 했다. 플랜더스는 그에게 운동의 취지를 좀 더 살릴 수 있도록 카메라에 담자고 권유했고, 시장은 취임했던 전년 7월 이후 취했던 행보보다 더 진보적인 입장을 밝혔다.[22] 그는 흑인문화행사인 크완자(Kwanzaa)에 참석해 우자마아(ujamaa)라는 협동조합 경제원리에 대해 토론했다. 우자마아는 시(市)가 수익성 높은 인프라 계약들을 심사하고 판정할 계획들을 수립하는 가이드였다. 그는 외부에서 들어온 돈을 지역 노동자소유협동조합을 설립하는 데로 다시 돌리고자 했다. 또한 그는 쿠쉬지구(Kush District)라고도 불리는 곳에 대해서도 언급했다. 쿠쉬지구는 흑인 인구가 많은 인근 18개 카운티로부터 시작하는데, 그는 동료들과 함께 이곳을 아프리카계 미국인 자치(African American self-determination)로 통치되는 그들의 안전한 터전으로 만들려고 했다. 그러면 잭슨시는 이 지구의 수도가 되는 것이다. 이 말은 교외에 사는 백인들로부터 지역민의 다수를 차지하는 흑인들에게로 정치적 힘이 뚜렷하게 이동한다는 것을 의미한다.

집에서 정전사태가 발생한 지 4일 후, 루뭄바는 서른 살 먹은 아들 쇼퀘이 앤타 루뭄바(Chokwe Antar Lumumba)에게 전화했다. 그는 가슴에 압박감을 느낀다고 말했다. 아버지처럼 변호사였던 쇼퀘이 앤타는 법정에 있다가 황급히 달려가서 아버지를 차에 태우고, 갈라지고 구멍난 잭슨 시의 도로를 달려 세인트 도미닉 병원에 도착했다. 검진하고, 결과를 기다렸다. 4시경, 간호사가 루뭄바를 데려가 수혈했고, 가슴에 압박을 가했다. 간호사가 처치를 마치자 루뭄바는 침대에 기댄 채 심장을 한탄하며 소리를 내질렀다. 온몸을 흔들더니, 발작을 일으켰다. 그리고 실신했다. 루뭄바는 취임한 지 8개월도 채 지나지 않아 사망했다.

이 사건이 알려지자, 칼리 아쿠노(Kali Akuno)도 여기저기에 전화를 걸었다. 아쿠노는 시장의 최고위 대리인 중 한 명이었다. 그는 말콤 엑스 풀뿌리 운동의 지역 및 국가보안규약을 발동하기 시작했다. 이 단체에는 그와 루뭄바, 행정부에 재직하는 많은 사람이 소속해 있었다. 그는 행정 서기들이 시장 집무실을 뒤지는 것을 보았다. 시의회에서는 이미 시장의 공백을 메우기 위한 다툼이 벌어졌다. 아쿠노의 자리는 물론, 행정도 거의 힘을 잃어버렸다.

그날 저녁, 아쿠노 자신도 가슴에서 이상 증세를 느끼기 시작했다. 그도 혈전 현상으로 심장에 문제가 있었다. 그는 10시경 세인트 도미닉 병원에서 혼자 진단을 받았는데, 우연히도 시장의 시신이 안치되어 있는 곳 근처에 갔다. 아쿠노는 검사결과를 기다리던 중 복도에서 들려오는 말소리를 들었다.

"그가 죽어서 다행입니다." 아쿠노는 뚜렷하게 기억했다. "그가 도대체 무슨 짓을 하려고 생각했는지 모르겠습니다. 이곳을 쿠바로 바꾸려고 했습니다."

미시시피 주에서는 미시시피 주 방식으로 일해야 한다. 그런데, 루뭄바는 이 규칙을 지키지 않고 자신만의 방법으로 일했다. 넘지 말아야 할 선들이 있는데, 그는 그중 몇 개를 넘었다. 한 카운티 감독관은 TV에 출연하여 잭슨 시에 사는 많은 흑인이 도대체 무슨 생각을 하고 있는지 이해가 안 된다며 큰소리로 외쳤다. "누가 시장을 죽였는가?"

루이스 파라한은 마이클 베이든이 행한 시장의 부검비용을 지불했다. 베이든은 잭슨 시에서 시민권을 주장하며 희생된 일로 가장 유명한 메드거 에버스의 유골도 검시했다. 또한 그는 퍼거슨 시의 순교자, 마이클 브라운의 부검도 수행했다. 베이든은 사망원인이 대동맥류라고 결론지었다. 잦은 과로와 영양부족에 의해 충분히 발병할 수 있는 증상이다. 시장은 시간이 얼마 남지 않았다는 사실을 예감하고 주어진 기회를 놓치지 않기 위해, 건강했을 때보다도 더 많은 업무량을 처리하려고 애썼다.

그해 2월 아쿠노는 카메라가 비추지 않는 곳에서 루뭄바가 플랜더스와 인터뷰하는 광경을 보았다. 그는 루뭄바가 그때까지 멋지게 처신해왔던 기존 권력층과의 관계를 단절하겠다는 결단이 섰다는 것을 직감했다. 우호적인 관계는 끝났다. 본격적인 싸움이 시작되고 있었다.

"시장들은 일반적으로 우리가 하려는 것 같은 일을 하지 않습니다. 다른 한편으로 혁명가들도 일반적으로 자신들이 스스로 시장이 되는 법이 없다"고 루뭄바는 말했다.

잭슨 시의 생활지구 중앙에 위치한 미시시피 주의 전 의사당 건물은 의사당길(Capitol Street) 위로 어렴풋하게 솟아있다. 도시공동화가 전국을 휩쓸면서 나타난 도시재생의 성공적인 사례를 모방하려는 시도가 간헐적으로 전개되었다. 의사당길을 북쪽으로 교차하는 흑인들의 업무지구 패리쉬길(Farish Street)는 거의 비어 있는 상태이다. 역사적인 유적지를 가리키는 표지판들이 보행자들보다도 더 많이 서 있다. 노예제도와 인디언 추방(Indian removal)이 명백하게 도덕적 재앙이었음에도 불구하고, 구 의사당 박물관(Old Capitol Museum)에는 어찌할 수 없는 불가피한 상황이었던 것처럼 전시되어 있다. 이 도시명 잭슨도 인디언 추방을 성공적으로 잘 수행한 앤드류 잭슨 대통령을 기리기 위해 그의 이름을 딴 것이다. 어찌 되었든 이 사건들은 모두 법에 근거한 것으로, 모두 조약들과 협약들을 토대로 이루어졌다. 아프리카계 미국인들이 시민권을 얻고 난 후 쌓았던 부를 일시에 쓸어가 버린 대공황기의 약탈적 대출(predatory mortgage)도 그런 식으로 정당화할 수 있을지 모르겠다. 특히 잭슨 시와 같은 곳에서는….

다운타운 서쪽 끝 철길을 지나면서 동물원을 향하는 의사당길은 뜬금없이 다른 모습이다. 많은 곳이 공터이고, 잡초가 우거져 있으며, 새롭게 단장한 킹 에드워드 호텔(King Edward Hotel)의 그늘에서 빛나고 있었다. 빈티가 난다. 새 단장이 필요하다. 그리고 판자로 된 경계 지역의 출입문, 바로 그곳에 붉은색, 푸른색, 검은색으로 칠해진, 전에 주간돌봄센터로 사용했던 1층짜리 건물이 있다. 지금은 쇼쾌이 루뭄바 경제민주주의 및 개발센터가 사용하고 있다. 고급 주택가의 확장을 막고 서있는 이 건물은 고인이 된 루뭄바 시장이 지난 40년간 쌓아왔던 눈에 띄는 유산으로 남았다.

루뭄바는 1971년 스물세 살 때 처음으로 미시시피 주에 왔다. 그는 에드윈 핀리 탈리아페로라는 이름으로 디트로이트에서 태어났지만, 1960년대 흑인 민족주의운동에 참여한 많은 사람처럼 유럽식 이름을 버리고 아프리카식 이름으로 개명했다. 이런 경우에는 대개 각각의 이름들이 반식민지적 저항을 의미했다. 그는 미시간 주 남서부에 위치한 캘러머주 대학교(Kalamazoo College)에서 뉴아프리카공화국RNA이라는 단체에 가입했다. 이 단체의 목표는 단순하게 흑인들의 차별폐지나 투표권 쟁취가 아니라, 흑인노예제도의 심장부에 새로운 나라를 세우는 것이었다. 북부나 남부식 인종주의로부터 완전히 벗어나 미국 노예제도의 중심지에 새로운 국가를 설립하는 것이었다. 이것을 신봉하는 사람들에게 이러한 방식은 당시 아프리카 전역으로 확산 되고 있는 독립운동의 자연스러운 확장이었다.

재슨 시 당국은 우호적이지 않았다. 그해 8월, 중무기로 무장한 경찰관들과 FBI 요원들이 소형 탱크까지 몰고 RNA단체 구성원들이 거주하는 집을 급습했다. 이 대치상황에서 경찰관 한 명이 사망했다. 루뭄바는 그날 그곳에 없었지만, 그 여파로 재슨 시에 몇 년 더 머물렀다. 주(州) 인종분리주의자들의 비밀경찰이었던 미시시피 주권위원회(Mississippi Sovereignty Commission)의 기록 보관소에 있는 1973년 RNA문서에는 그가 RNA의 법무장관으로 기록되어 있다. 이 문서에서는 흑인들에게 협동조합형태로 배상할 것을 요구했다. "미시시피주 흑인들에게 새로운 공동체, 일자리, 훈련, 무료임대주택, 그리고 수천 명의 흑인이 삶을 영위할 수 있도록 적정한 음식과 건강을 제공할 수 있는 협동조합 프로젝트를 출범할 수 있도록 2억 달러를 지원하는 것에 대해 의회가 승인해줄 것을 촉구한다."[23]

루뭄바는 곧 디트로이트로 돌아왔다. 그곳에서 그는 1975년 웨인주립대학교의 법과 대학을 졸업했다. 말콤 엑스는 변호사가 되기를 원했다. 루뭄바는 말콤이 스스로 바랐던 그런 변호사가 되고 싶었다고 나중에 아들에게 말했다. 그는 블랙 팬서(Black Panthers)와 교도소 폭동자들을 변호했다. 받아들여지지는 않았지만, 그는 은행 강도, 살인 혐의, 아사타 샤커(Assata Shakur)의 탈옥 지원 등으로 기소된 무툴루 샤커(Mutulu Shakur)가 1949년 제네바협정에 의해 보호받을 수 있는 반정부투쟁주의자(freedom fighter)라고 변론했다(나중에는 무툴루의 의붓아들인 래퍼 투팍 샤커(Tupac Shakur)를 변론하기도 했다). 그는 어떤 사람들에게는 존경을 받았지만, 다른 사람들에게는 악명이 높았다. 뉴욕연방법원은 그를 "인종차별을 물어뜯는 개(racist dog)"라고 부르며 경멸했다.[24] 그리고 1988년 그는 승무원인 아내 누비아를 설득하여 두 자녀와 함께 미시시피 주로 이주했다. 그는 몇 년 전 자신과 RNA가 시작한 일들을 계속하고 싶었다.

1970년대 초 이후 재슨 시에는 급격한 변화가 밀어닥쳤다. 물론 미국 전역의 도시에서 발생했던 보편적 이야기이기도 하다(말콤 엑스가 한번은 이런 말을 했다. "나에 관한 한, 미시시피 주는 캐나다 국경의 남쪽 어느 곳에 불과합니다"). 인종분리의 말미에 도시에 사는 대부분의 백인은 도시외곽으로 이주하는 추세였다. 그러면서도 그들은 정치적 힘과 시와의 협약에 의한 경제적 이익을 계속 유지했다. 그들은 도시의 지속적인 쇠퇴를 당연한 것으로 받아들였다. 지역시민권의 영웅인 홀리스 왓킨스(Hollis Watkins)에게 백인탈출 이후 도시의 변화에 대한 이야기는 간단했다. 즉 그것은 "의도적 파괴행위(sabotage)"였다.

루뭄바는 1984년에 새로운 아프리카인들의 조직(New Afrikan People's Organization) 설립을 도왔고, 1990년에는 말콤 엑스 풀뿌리운동(MXGM)이라는 단체 설립도 도왔다. 잭슨시에서 막을 연 이 운동은 신세대 활동가들에게 흑인민족주의를 심어주기 시작했다. 성인들을 조직하고, 치밀하게 전략도 세웠다. 아이들은 새로운 아프리카인 스카우트(New African Scouts)에 입단하고, 여름 캠프에도 참여했다.

장차 루뭄바의 수석보좌관이 된 사피야 오마리(Safiya Omari)는 1989년에 잭슨시로 이사했다. 집회에서 그들은 옛날 RNA 구호를 다음과 같이 쌍을 지어 세 번씩 외쳤다. "땅을 공유화 하라(free the land)"고 선창하면, 말콤을 따르는 사람들은 "어떤 방식으로로든(By any means necessary)"이라고 엄숙한 목소리로 받아 외쳤다.[25] 그들 단체명과 구호들은 지역 흑인주민들에게는 낯설었지만, 많은 백인에게는 두려움이었다. 그러나 시간이 지남에 따라 모든 것이 익숙한 풍경이 되었다.

* * *

칼리 아쿠노는 루뭄바 센터 다목적실에 있는 임시 탁자에서 이런저런 재미있는 이야기를 들려주면서 "세력들"을 규합하는 것이 그의 구상이라고 내게 설명했다. 그는 불가능한 요구를 하거나, 즉흥적으로 격노하는 성향이 있는 급진적 세대 가운데 보기 드문 전략가였다. 그는 장차 계획을 철저히 준비하기 위해 과거의 실수들을 나열하고 분석하면서 전체적인 관점에서 생각했다. 눈을 크게 뜨고 눈동자를 이리저리 굴리며 주위 사람들을 주시하면서, 턱 밑 염소수염을 힘주어 쓸어가면서 그는 생각했다. 루뭄바가 죽자, 아쿠노는 남은 운동을 지속하기 위해 대변인이 되었다.

아쿠노는 캘리포니아에서 성장했다. 1970년대와 1980년대를 와츠(Watts)에서 지냈다. 그곳은 마커스 가비(Marcus Garvey)와 새로운 아프리카인(New Afrikans)의 추종자들로부터 계승된 흑인의 자부심과 저력이 깃든 문화가 배어있는 곳이었다. 아쿠노라는 이름은 나중에 갖게 된 것이고, 태어날 때 붙여진 이름은 칼리였다. 성장기에 주변 사람들은 몬드라곤(Mondragon)이나 구성원들에 의해 민주적으로 운영되는 사업 등 협동조합경제에 대해 이야기했다. 캘리포니아대학교 데이비스 캠퍼스에서 보낸 대학 시절과 그 후, 아쿠노는 협동조합 조합원으로서의 삶과 그 조직화를 다양하게 경험하고 다녔다. 루뭄바와 그의 군단이 MXGM을 조직한 후로 그는 오클랜드 지역 활동에 마음이 끌렸다. 그는 그 조직을 이끄는 이론가 중 한 명이 되었다.

허리케인 카트리나로 인해 그는 남쪽으로 갔다. 그 폭풍은 뉴올리언스 주흑인 지역을 무참하게 황폐화시켰다. 그러나 정부의 대응이 도리어 문제를 더 악화시킨 것으로 드러나자, MXGM이 뛰어들었다. 루뭄바의 딸 루키아는 당시 하버드 법과 대학에 다니고 있었는데, 자원봉사자들을 조직할 수 있는 기회가 있을 때마다 비행기로 오가며 돕기 시작했다. 아쿠노는 오클랜드 주를 떠나, 허리케인피해자구제기금(People's Hurricane Relief Fund)에서 일했다.

아쿠노는 "우리는 시민 주도의 재건플랫폼(people's reconstruction platform)을 구축해 보려고 노력했다"고 말했다. "자원들이 민주적으로 배분되는 일종의 걸프만 구제 마샬 플랜(a Marshall Plan for the Gulf Coast) 같은 것입니다." 그러나, 대개의 경우 복구라는 명분을 내세워 공공주택을 분산 배치하고, 공립학교의 학생들을 분리 배치하는 광경이 펼쳐졌다. 이것은 결코 복구가 아니었다. 차라리 추방이라고 보는 것이 맞았다.

루키아 루뭄바는 "허리케인 카트리나는 우리에게 많은 교훈을 주었다"고 말했다. 정부의 관료 자리수를 조정하고, 토지를 통제해야 할 필요가 있다고 생각하기 시작했다. "땅이 없으면, 진정한 자유도 얻을 수 없습니다!"

아쿠노와 그 지역의 MXGM 이론가들은 과업에 착수했다. 그들이 한 일들은 2012년『잭슨-쿠쉬 플랜: 흑인들의 자치와 경제민주화를 위한 투쟁(The Jackson-Kush Plan: The Struggle for Black Self-Determination and Economic Democracy)』으로 출간되었다. 아쿠노가 쓴 이 책은 24쪽의 총천연색 팸플릿으로, 지도, 도표, 사진, 많은 영웅적 흑인 민주주의자들의 어록 등이 들어있다. 이 책에서는 "자본주의로부터의 비판적인 탈피와 미국 이주자들의 식민지 프로젝트 해체"를 주장한다. 이것은 잭슨시와 미시시피주의 흑인집중거주구역(Black Belt)에서 다음 세 가지 전략을 동시에 실시하면서 출발한다. 일반인들의 목소리를 높이기 위한 결사체들, 결사체들을 대변할 수 있는 독립적인 정당, 그리고 대중적 자금조달로 조직된 지역협동조합들을 통한 경제발전이 그것들이다.[26] 이 셋은 서로 정보를 주고받으면서 상승작용을 할 것이다.

2008년 이러한 전략들은 선거후보자를 내자는 논의로까지 이어졌다. MXGM이 잭슨 시에서 조직된 지 거의 20년이 되었고, 공고한 토대를 갖게 되었다. 아쿠노는 MXGM에서 루뭄바를 선거에 출마시키고, 얼마 후 텍사스주에서 법과대학을 졸업할 루뭄바의 아들 쇼퀘이 앤타를 미래의 출마자로 키워나가야 한다고 제안했다. 잭슨-쿠쉬 혁명은 선거로부터 시작될 판이었다.

2009년 루뭄바는 잭슨 시의 시의원으로 출마했다. 그는 MXGM 핵심간부들의 지원과 민중 변호사로서 얻은 명성 덕에 당선되었다. 의회에서 그는 대중교통에 대한 자금유치를 준비하고, 경찰책임을 확대시키는 데 찬성표를 던졌다. 그러나 잭슨 시에서 진정한 힘, 특히 기반시설에 대한 계약결정권은 시장에게 있었다. 이런 계약들은 여전히 대부분 교외에 있는 백인소유 기업과 맺어졌다. 흑인들은 오랜 기간 잭슨 시 주민의 대다수를 차지해 왔다. MXGM의 전략가들은 다수 주민이 경제적으로 수혜를 누려야만, 이 도시의 땅들이 진정 자유롭게 된다는 입장이었다.

2013년 루뭄바가 시장출마를 선언했을 때, 잭슨 시에 있는 몇 안 되는 대졸 지식인들조차 잭슨-쿠쉬 플랜에 대해 주목하지 않았다. 그는 단지 수많은 출마자 중 한 명에 불과했다. 그리고 잭슨-쿠쉬 플랜도 단순한 아이디어에 불과했다. 당시 협동조합도 없었다. 인적 결사체들이 실제로 나타나기 시작했을 때도, 대부분은 골수로 믿는 소수 사람들로만 구성되었다. 그럼에도 불구하고, 루뭄바는 대중의 의지를 보여주는 것이 그의 역할이라고 생각했다. 그리고 협동조합과 결사체들이 조만간 쉽고 명료하게 대중의 의지를 표현해 줄 것이라고 믿었다. 중요한 시점마다 그는 "대중이 결정해야만 한다"고 말하곤 했다.

루뭄바가 잭슨 시에서 쌓았던 성과와 MXGM 구성원들이 전국적으로 불러일으킨 지지는 시장 선거운동에서 입증되었다. 그는 민주당 경선에서 현직 시장과 조나단 리(Johnathan Lee)를 가볍게 따돌렸다. 조나단 리는 상공회의소에 근무하는 친구들 외에는 지역에서 거의 알려지지 않은 젊은 흑인사업가였다. 2013년 조나단 리가 모은 33만 4753달러는 같은 해 루뭄바가 선거운동에서 모은 6만 8753달러보다 훨씬 많았다. 그러나 MXGM의 조직화 노력이 루뭄바의 명성과 결합되면서 압승을 거두었다. 5월 21일, 그는 민주당 최종경선에서 54퍼센트의 득표로 승리했고, 시장 당선이 유력해졌다. 루뭄바의 선거운동 구호는 "하나의 도시, 하나의 목표, 하나의 운명"이었다. 한 늙은 흑인 분리독립 운동가를 기리기 위해 따온 이 구호는 실현되는 것처럼 보였다.

그러나, 모두가 한배를 탄 것은 아니었다. 시의원 멜빈 프리스터(Melvin Priester Jr.)은 "그가 시장으로 당선되었을 때, 백인 사업가들이 겁에 질려 나한테 전화했던 것이 기억난다"고 내게 말했다. "백인 사업가들은 로디지(Rhodesia)* 등 백인들이 많은 흑인을 차별했던 것처럼 루뭄바 시장도 그들에

---

* 아프리카 짐바브웨 흑인 대통령인 무가베가 2000년 초 흑인들을 선동하여 백인농장을 습격하도록 한 사건(역자 주)

게 똑같이 차별로 앙갚음할까 우려했습니다."

루뭄바와 MXGM 구성원으로 조직된 새로운 시 행정부의 첫 번째 사업은 시의 손실을 막는 것이었다. 시내의 도로와 상하수도관들은 방치되어 제 기능을 못할 정도였다. 연방환경보호국(Federal Environmental Protection Agency) 조례에 따라 삭아서 부서지는 하수처리시설을 정비해야 했다. 공사를 위해서는 기금이 필요했다. 그리고 아마도 그 후로 그 돈은 협동조합이 필요한 사업을 추진할 종자돈으로 사용할 수도 있다. 루뭄바는 선거에서 사용한 정치적 영향력을 활용하여 주민투표를 통해 판매세(salse tax)를 1퍼센트 올렸고, 수도요금도 올렸다. 긴급한 것들은 그렇게 처리되었다.

"우리는 잭슨 시에서 권력을 잡은 것이 아닙니다. 선거에서 이긴 것이죠. 둘은 엄연히 다릅니다." 아쿠노는 나중에 말했다.

1퍼센트 조세 인상을 통과시키기 위해, 루뭄바는 부분적으로 주정부 법에 의해 통제되는 위원회에 그 기금의 감독권을 허용해야 했다. 이는 그보다 더 보수적인 전임시장도 허용하지 않던 것이었다. 추후 그가 잭슨 시 시민들을 움직여서 위원회 간섭없이 조세수입을 집행하게 해달라고 요구할 수 있기를 바랐다. 그러나 당시에는 시가 위기상태였기 때문에 위원회에 감독권을 허용할 수밖에 없었다.

특별프로젝트와 외부자금 담당자라는 새로운 직위를 맡게 된 아쿠노는 잭슨-쿠쉬 플랜이 순조롭게 진행되도록 노력했다. 지금 시 행정부가 나간 후에도 그 계획이 진행될 수 있는 구조를 만들어 놓고자 했다. 시의 자금, 신용협동조합, 외부 기부자 등으로부터 1,500만 달러의 협동조합육성기금을 조성할 계획을 세웠다. 쓰레기 수거, 확대되고 있는 학교급식, 수많은 기반시설공사 등 시의 주요한 재정지출 분야에 맞춰 노동자소유협동조합(직원협동조합)을 설립, 운영하고자 했다. 시는 학교 교육, 민간협동조합 훈련에 협동조합 교육을 포함시키고, 협동조합들의 자금조달과 부동산 취득을 지원하려고 했다.[27] 브라질과 뉴욕에서 활용되는 모형에 기반하여 참여적 예산편성절차를 시행하려는 계획도 있었다. 이 과정에서 잭슨 시 시민들이 공적기금 할당을 결정하게 될 것이다. 그러는 한편 루몸바는 보다 신중하게 움직였다.

2013년까지 잭슨 시의 문제는 인종차별 문제보다 더 심각했다. 산타모니카에 있는 투자회사가 시내에 있는 사유건물의 과반수 이상을 구입해 버린 상태였다. 이스라엘과 중국에서 유입된 투자자들 역시 시내 건물들을 사들이고 있었다. 1970년대 RNA의 옛 분리주의자들이 사용하던 전략에서 벗어나, 루몸바는 함께 일할 사람이라면, 지역과 인종을 가리지 않고 연대를 형성해나갔다. 협동조합과 단체들은 적어도 공식적인 사업이 진행되는 한 예산의 균형을 맞추기 위해 우선순위가 뒤로 밀렸다.

시에 소재한 한 개발회사의 사장 벤 알렌(Ben Allen)은 새로운 시장, 루몸바의 의중을 알아차리기 시작했다. 그는 루몸바의 계획에 놀라움을 감추지 못했다. 그의 컨츄리클럽 정원에서 열린 파티에 루몸바를 초대했고, 그도 이를 받아들였다. 백인인 알렌은 당시를 회상했다. "백인들의 두려움은 사라졌습니다. 시장은 우리와 일하고자 했습니다."

시내로부터 의사당거리를 따라 2마일 정도, 동물원으로 들어가는 입구까지 구역에서는 협동조합에 대한 또 다른 비전이 싹트기 시작하였다. 2013년 초반, MXGM 소속원인 니아와 타쿠마 우모자는 텍사스 주 포트워스에서 지역쓰레기장에 인접한 작은 목조주택으로 아이들과 함께 이사왔다. 점차 이웃과 친해지면서, 쓰레기를 청소하기 시작했고, 결국 그곳에 채소를 기를 수 있는 텃밭(raised soil beds)을 조성했다. 소작농으로 자라난 많은 이웃들은 텃밭 조성에 뛰어들어 먹거리 재배를 시작하였다. 그들은 공동으로 8개 구역을 연합해서 잭슨 시 신서부협동조합공동체(Cooperative Community of New West Jackson)로 지정했고, 그곳의 다른 땅들도 다량 사들이기 시작했다. 그들은 그 땅들을 공동체 토지 신탁(community land trust)으로 전환시킬 계획이었다. 텃밭 조성사업단은 버려진 가옥들을 수리하여 밝은색으로 페인트칠 했다. 아쿠노가 기금조성과 선거에 몰두하는 동안, 우모자와 그 이웃들은 현장에서 땅과

씨름하며 진전을 이루어냈다.

그러나 여전히 이러한 성공들이 볼품없이 느껴졌다. 포트워스였다면, 우 모자가 속한 공동체센터는 토지수용권(eminent domain)의 위협으로 붕괴되었을 것이다. 이러한 위협은 잭슨 시에서도 현실로 나타났다. 당시 벤 알렌의 이메일에 따르면, 시내 재개발은 전쟁을 방불케 했다.[28]

* * *

2013년에 처음 등장한 해시태그 운동 이후 벌어진 '흑인들의 생명도 소중하다(#BlackLivesMatter)'* 이 운동은 경찰의 과잉진압으로 흑인이 피살되는 사건들이 뉴스의 헤드라인을 차지하면서 기대한 반응과 다르게 분위기가 흘러갔다. 실제로 이 운동은 대개 성소수자(queer)들이나 여성들이 주도하는 봉기였다. 주동자들은 조롱 섞인 어투로 자본주의라는 단어를 사용했다("흑인의 생명도 소중하다"라는 구호는 전국 내국인노동자연맹의 노동자 조직인이었던, 알리시아 가자가 만든 것이었다). 흑인들의 문제가 부각되지 않았고, 그 운동의 정치적 제안 중 협동조합 경제학이 드러나지 않았다. 지금까지 많은 사회운동에서처럼, 다양한 형태의 활동 중 극소수만 뉴스에 오르내렸다.

1960년대 시민권 투쟁도 마찬가지였다. 그것도 단순히 시민권에 관한 것만은 아니었기 때문이다. 말콤 엑스는 "인권"에 대해 말하길 좋아했다. 인권은 그가 국제연합(UN) 무대에서 미국에 항의하려는 여러 사항 중 하나였다. 마틴 루터 킹은 "정의와 일자리"를 쟁취하기 위해 행진했다. 그는 청소 노동자들을 지원하던 중에 사망했다. "흑인파워", "흑인해방", "흑인생명" 같은 위딩은 기사의 헤드라인이나 뒤늦은 신화 만들기에서 보여주는 것보다 그들의 요구 사항을 보다 포괄적이고 근본적으로 이해하게 해줬다. 그리고 그것들

---

* #BlackLivesMatter, 흑인들의 삶의 문제에 관심을 집중하는 사회운동.(역자 주)

은 항상 경제와 밀접하게 연결되어 있었다.

"흑인파워"는 1960년대 중반에 운동용어로 등장했다. 당시 스토클리 카마이클은 앨라배마 주 론데스 카운티에서 토지소유협동조합 조합원들과 함께 살고 있었다. 그때 시민권 운동가이자 협동조합 설립 지원자인 웬델 파리스는, 내가 잭슨 시에 있는 한 교회 사무실을 방문했을 때 이 내용을 설명해주었다. "그들 사이에서, 그리고 그들 스스로 독립적이며, 공동체적 조직구성과 공동체적 소유의 가치를 이해하는 농민들에서 영감을 얻어, '흑인파워'란 개념이 발생하게 되었습니다." '흑인파워'라고 하면, 도시에서는 블랙 팬서(Black Panthers)의 소총 휴대 시위를 떠오르게 할 수도 있다. 그러나 이 개념은 좀 덜 드러난 활동이지만, 음식, 주거와 의료복지를 제공하기 위한 그들의 프로그램에도 작용하고 있다.

여러 해 동안, 파리스는 흑인 농부들이 그들의 땅을 팔지 않고 협력하여 부를 쌓을 수 있도록 도와주면서 남부를 여행했다. 이것은 저항이었지만, 살아남기 위한 전략이기도 했다. 루이지애나 주의 흑인 농부들은 고구마를 제값 받고 팔지 못했다. 그들은 고구마협동조합을 설립해서 그들 소유의 가게를 열었다. 대부분 경우, 그들은 북부에서 더 높은 가격을 받았다. 앨라배마 주에서 터무니없는 높은 가격으로 거름을 구매하던 농부들이, 다른 곳에서 다량 구매하기 위해 협동조합을 조직했다. 파리스는 1967년 남부협동조합연맹을 조직하는 것을 지원했다. 같은 기간 흑인운동가들은 아프리카나 이스라엘에 있는 협동조합을 탐방했다. 마틴 루터 킹은 몽고메리 버스보이콧 운동 동안에 애틀랜타에 있는 그의 교회에서 신용협동조합을 설립하려고 했으나, 연방 감독관들의 제지에 부딪혔다. 선거권쟁취운동을 전개한 지 수년이 지나, 파니 루 해머는 자유농장협동조합(Freedom Farm)을 설립했다. 이 협동조합의 목표는 식량주권을 가진 시민권을 확실하게 확보하는 것이었다. 학생비폭력조정위원회(Student Nonviolent Coordinating Committee) 소속원들이 잭슨시에서 투표권 쟁취운동을 벌이면서 협동조합 조직화를 돕기도 했다.[29] 후에, 흑인교회들은 희망신협(Hope Credit Union)과 같은 활동의 거점을 마련하여 그 일을 지속했다. 협력은 저항과 생존을 함께 묶었다.

1960년대와 1970년대, 남부협동조합연합회 주도로 결성된 농민세대는 점차 쇠퇴하고 있었으나, 흑인들이 이끄는 다음 세대 연합조직들이 여전히 출현하고 있었다. 개인들이 조직한 협동조합들이 많은 도시에서 출범하기 시작했다. 그리고 새로운 남부지역배상금대출기금(Southern Reparations Loan Funds)이 대출을 시작했다. 이러한 추세는 지금도 계속되고 있다. 그러나 흑인협동조합이 그동안 걸어온 길은 끈기와 모험에 관한 이야기임과 동시에 패배에 관한 이야기이기도 하다. 일찍이 조지 윌리스가 주지사로 있을 당시, 앨라배마 주 순찰대가 오이를 가득 실은 트럭을 도롯가에 세우고는, 여름의 뙤약볕 아래서 오이들이 물러 죽이 될 때까지 붙잡아두었다. 그 후엔 탱크를 앞세워 경찰들이 급습하기도 했다. 급기야 루뭄바 시장의 대동맥류에까지 해악을 끼쳤던 것이다.

* * *

쇼쿼이 앤타는 병실에서 아버지의 시신을 처음 보았을 때, 이미 시작된 일의 끝을 보기로 결심했다. 그는 처음에는 아무 말도 하지 않았다. 아직은 MXGM에서 취할 다음 행보에 대한 논의가 필요했다. 그의 아내는 임신상태였다. 일부 사람들은 앤타가 아직 경험이 충분하지 않다고 생각했다. 그러나 결국 그의 뜻이 관철되었다. 앤타는 아버지를 계승하기 위해 시장 보궐선거에 출마했다. 전국적으로 MXGM 회원이 다시 동원되었다. 그러나 루뭄바가 사망했을 시점에 잭슨-쿠쉬 플랜은 더 이상 비밀이 아니었기에, 도시 사업가들은 이 계획에 반대하기 위해 더 철저히 준비했다.

소크라테스 가렛은 잭슨 시에서 가장 유명한 흑인 사업가이다. 1980년 그는 홀로 관청에 청소용품 납품하는 사업에 뛰어들었다. 현재, 그와 약 100명의 직원이 중장비 환경미화서비스를 전문적으로 제공하고 있다. 그의 성공은 미시시피 주의 주류 백인 기업가 네크워크를 뚫고 쟁취한 것이었다. 그러는 과정에서 그의 정치적 행보는 주로 사업적 이해에 집중되었다. 그는 상공회의소의 전 회장이며, 자선단체에서도 활동하고 있다. 그는 공화당 출신 주지사 할리 바버를 지원하는 자칭 진보주의자이다. 그는 MXGM 전사들과 달리 비교적 이데올로기적 성향을 덜 띤 정치 전략가(political operator)였다. 가렛은 "나는 정치인들과 관계를 맺어야 했다"고 내게 말했다. 그는 "정부와 사업을 하지 않는다면, 누구도 미국에서 주류가 될 수 없다"고 덧붙였다.

가렛은 루뭄바가 선거에서 이길 것이라는 확신이 든 후에야 선거지원자가 되기로 결정했다. 그러나 그는 환상에서 곧장 빠져나왔다. MXGM가 이끄는 행정은 그의 생각이나 정치적 노선과 달랐다. 그는 이렇게 회상했다. "그들은 다른 삶의 방식을 취하도록 사람들을 끌어들이기 시작했습니다. 그들은 무슬림 이름처럼 생각되는 재미있는 이름들을 많이 가지고 있었습니다." MXGM로부터 가렛은 특별한 대우를 기대해서는 안 된다는 통보를 받았다. 루뭄바의 참모장 사피야 오마리는 자신도 다른 사람들과 동일한 대우를 받고 있다고 주장했다. 그러나, 가렛은 자신이 무시당한다고 느꼈는데, 그토록 호전적인 흑인 시장이 백인 기득권층에게는 너무나 호의적으로 대하는 듯 보였기 때문이다. 가렛은 조그만 협동조합이 어떻게 큰 도시와 맺은 계약을 수행할 수 있는지 이해할 수 없었다. 작업을 수행하려면 엄청난 장비와 자금 조달이 필요하기 때문이다. 미시시피 주 법에는 근로자협동조합이나 소비자협동조합에 대한 조항조차 없었다. 다른 주에서 시행되는 법규를 받아들여 시행해야만 한다.

"여기 한 흑인이 있습니다. 맨바닥에서 시작해서, 자신의 방식대로 일하면서, 이곳에서 30년 동안 고군분투해온 사람입니다. 그런데, 나의 사업모델에 문제가 있다고요?"라고 가렛은 말했다. 가렛은 조만간 대혼란이 발생할 거라는 생각이 들었다.

선거에 내세울 새로운 시장을 찾아 나선 가렛은 가난한 이웃 출신 목사이자 젊은 의원, 토니 야버(Tony Yarber)를 우연히 만났다. 그는 나이와 경험에서 자신이 부족한 것을 상쇄하고도 남는 큰 협력의지를 가지고 있었다. 가렛과 야버는 2017년 시장선거에서 루뭄바와 맞대결하기 위해 손을 잡고 물밑작업을 시작했다. 그런데, 시장이 사망하는 바람에 기회가 예상보다 빨리 왔다. 기존 권력층은 오랜 시간 루뭄바 시장을 참고 견디며 결국 좋아하게까지 되었지만, 거의 알려지지 않은 그의 아들까지 받아들일 준비는 되어있지 않았다. 직설적인 스타일의 보수성향 블로거 잭슨 잠발라야(Jackson Jambalaya)는 시장 아들을 "옥타비아누스(Octavian)"라며 조롱했다. 쇼쿼이 앤타는 많은 느낌표 사이 "중단 없는 비전"이라고 쓴 선거 포스터를 내걸었다. 야버는 자신들을 대변하여 〈잭슨 프리 프레스(Jackson Free Press)〉 신문에 다음과 같이 말했다. "저는 좋은 정부를 만들겠다는 것 외에는 시민들에게 어떤 약속도 하지 않겠습니다."[30] 가렛은 야버의 최고 기부자였다.

선거 결과는 1년 전 선거와 달랐다. 잭슨 시 인구는 80퍼센트가 흑인이다. 쇼쿼이 앤타는 흑인지역에서 확실한 다수 득표를 얻었다. 이에 반해 야버는 부유층 지역을 겨냥한 막판 유세에 힘입어, 전체 인구의 20퍼센트밖에 안되는 소수이지만 백인부유층에서 90퍼센트를 득표했다. 4월 22일 시장선거는 야버의 아슬아슬한 승리로 끝났다.

야버는 이전에 임명한 시(市) 행정관료 대부분을 해임했다. 루뭄바 취임 전부터 시유지에 공동체 텃밭을 개발하기 위해 시간제로 일해왔던 웬델 파리스조차도 해고했다. 1년 후 시청을 방문했을 때, 경찰관인 야버의 여동생이 출입구 금속탐지기 옆에 앉아 있었다. 그녀는 과거 루뭄바에게 지급되었던 것과 같은 기종의 아이폰을 손가락으로 두드리고 있었다.

사피야 오마리는 "뭔가 위대한 어떤 일을 해 보겠다는 의식이 전반적으로 사라졌다"고 내게 말했다.

첫 번째 시장 캠페인에서 입었던 빛바랜 티셔츠를 입고, 작은 붉은 별 안에체 게바라가 새겨진 검은 모자를 쓴 채 현관에 앉아 있는 아쿠노는, 자신의 두 아이에게 천연 벌레퇴치제를 발라주면서 내게 그 경험을 설명하려고 노력했다. 1퍼센트 세금 인상과 수도세의 급격한 상승으로 루뭄바 측은 지지 기반 일부를 잃었다. 그러나 자본주의 체제에서 선택의 여지가 없는 결정이었다. 그는 트로이카(Troika 유럽중앙은행 등)와 공조하고 있는 그리스 좌파 정당 시리자(Syriza)의 소식을 검색하고 있었다. 그는 "저는 그들이 보이지 않은 곳에서 나누는 은밀한 대화를 정확하게 알 것 같았다"라고 말했다. "저도 그곳에 있었으니까요."

마을을 가로질러 가며, 가렛은 마치 축복받은 듯 느꼈다. 야버 시장은 모든 것을 예전 상태로 되돌려 놓았다. 가렛은 "언제나, 하나님은 응답하신다"고 내게 말했다. "하지만 그 운동도 건강하게 지속되고 있다는 확신이 듭니다. 야버가 조금만 오판을 해도 그들은 다시 돌아올 것입니다."

사실인즉슨 그렇게 되었다. 루뭄바가 사망한 지 몇 달이 지나지 않아 2014년 5월, 잭슨 라이징(Jackson Rising)이라는 컨퍼런스를 위해 미국 전역과 전 세계에서 수백 명의 사람이 잭슨 주립대학교로 모였다. 그곳에서 작가 잭슨 고든 넴바드는 흑인 주도 협동조합 역사에 대해 강연했다. 그녀는 그 주제에 관한 책을 막 출간한 상태였고, 참석자들은 잭슨 시에서 할 수 있었던 것과, 지금 할 수 있는 것들이 무엇인지 곰곰이 논의했다. 루뭄바의 이미지가 프로그램 표지 위에 새겨져 있었고, 첫 페이지에서는 루뭄바가 시장실 자신의 책상에서 서명하고 날인한 결의문을 들고 무덤에서 나와 말하는 듯했다. "우리 시는 잭슨 라이징 컨퍼런스와 협동조합의 전망에 대해 고무되어 있습니다." 프로그램에는 마치 아무것도 변한 건 없다는 듯 이렇게 쓰여 있었다.

한편 MXGM은 이미 시작된 작업을 수행하기 위해 새로운 조직인 잭슨 협동조합을 탄생시키고 있었다. 아쿠노는 협동조합 인큐베이터, 교육센터, 금융기관 및 협동조합연합체 등 네 분야의 의제를 열거했다. 곧 첫 사업으로 세 개의 연대협동조합을 설립하기 위해 씨를 뿌리는 준비작업이 있었다. 도시 농장, 2003년에 사망한 루뭄바의 아내 누비아의 이름을 딴 케이터링 회사, 케이터링에서 나오는 음식물 쓰레기를 농장 퇴비로 순환시키기 위한 퇴비 회사가 그것이다. 아쿠노는 재단, 연예인 및 소규모 기부자들로부터 돈을 모았으며, 남부배상대출기금(Southern Reparations Loan Fund)도 기부에 참여했다. 잭슨 협동조합은 공동체 토지신탁을 통해 토지를 사들이기 시작했다. 회원들은 루뭄바 센터로 사용할 건물을 재건축하고 도색도 했다.

2015년 잭슨 시의 여름은 앞으로의 대참사를 예고하듯 뜨거웠다. 사우스캐롤라이나 주에서 딜런 루프는 찰스턴에 있는 한 교회에 난입하여 아프리카계 미국인 신자 9명을 살해했다. 날마다 남부 이곳저곳에서 흑인교회 방화 소식이 들려왔다. 사우스캐롤라이나 의사당 위로 나부끼고 있는 남부연맹의 전투 깃발을 내려야 한다는 외침이 거세졌다. 그러나 미시시피 주 곳곳에서 볼 수 있는 주 깃발의 상당 부분을 차지하고 있는 남부연맹 깃발에 대해 이야기하는 사람은 거의 없었다. 연방대법원은 동성 결혼을 합법으로 판결하며, 미시시피 주 헌법의 결혼법개정안을 뒤집었다. 그리고 잭슨 시의 라디오 방송에 참여하는 다수의 설교자들은 이제 마침내 미국이 악마의 손아귀에 포로가 되었다고 선언했다.

루뭄바 센터 뒤뜰에 잭슨 협동조합의 자유농장(Freedom Farm)이 조성되었다. 센터 부엌에서는 누비아의 플레이스 카페와 케이터링 협동조합이 첫 시험운영을 했다. 아쿠노를 비롯한 몇몇 사람들은 UN 기후정상회의에 참석하기 위해 파리를 다녀올 계획을 세우고 있었다. 니아 우모자와 그 이웃들은 토지신탁회사를 설립하기 위해 뉴웨스트 잭슨에 위치한 협동조합공동체 도로 아랫쪽 56필지의 토지를 매입했다. 우모자는 "우리가 매입한 땅 대부분은 투기시장에서 거들떠보지도 않는 것들"이라고 이야기했다.

루프의 흑인교회 총기난사사건을 계기로, 쇼퀘이 앤타는 주(州) 의사당에서 미시시피 주 깃발을 바꾸자고 청원하기 위한 연대를 결성했다. 지역정치인들, 유명배우들과 유명인사들이 참여했다. 양쪽에 검은색 MXGM 티셔츠를 입은 경호원들의 호위를 받으면서 여배우 언자누 엘리스는 "주 이미지 개선"과 "사업방식 변경"을 요구했다. 쇼퀘이 앤타가 구호를 이끌었다. 그가 "일어서라. 깃발을 내려라!"라고 외치면, 다른 이들이 "땅을 공유화하라!"라고 받았다. 그러면, 이어서 "어떤 수단을 써서라도"라고 외쳤다.

일주일 후, 쇼퀘이 앤타라는 이름이 전국 뉴스에 실렸다. 클라크 카운티에서는 경찰관이 마차를 타고 가는 흑인 조나단 샌더스를 정지시켰다. 경찰관은 팔로 그의 목을 졸라 질식사시켰다. 쇼케이 앤타는 그 사건 변호를 맡았다. 이 사건은 '흑인의 목숨도 소중하다' 운동의 뜨거운 관심 대상이 되었지만, 그리 오랫동안 전국적인 시선을 사로잡지는 못했다. 다음 해 1월 배심원단은 경찰관을 무죄로 판결했다. 그 남부연맹 반란군의 깃발은 여전히 미시시피주 상공에서 휘날리고 있다.

쇼퀘이 앤타는 깃발을 바꾸기 위한 연대가 결성되기 며칠 전 시장선거에 다시 출마하기로 결심했다. 2017년 공화당에서 도널드 트럼프가 경선에서 이기고, 민주당 예비선거가 다가오자, 앤타는 지역의 대담한 진보주의자들로부터 지지를 받으면서 선거전을 벌였다. 앤타는 잭슨-쿠쉬 플랜을 거부하

2015년 앞에 아버지와 함께 있는 어린 자신의 사진을 놓고 그의 법률사무소에 앉아 있는 쇼케이 앤타 루뭄바

지도 선전하지도 않았다. 대신 그는 그린 베이 패커스, 랜드 오레이크, 에이스 하드웨어 등이 취하고 있는 공동소유권(shared ownership)을 강조했다. "저의 비전은 시(市)가 그 공적 권위를 협동조합 사업들을 발전시키기 위해 활용하자는 것입니다."[31]

야버는 일련의 스캔들과 소동으로 인해 시장선거에서 패배했다. 가렛은 그에 대한 지원을 철회했다. 쇼퀘이 앤타는 압도적으로 승리했다. 그러나 이것은 여전히 선거에서 이긴 것에 불과했다.

2015년 6월 말, 루뭄바 센터 뒤뜰에서 저녁 식사 준비를 위해 야채와 닭고기를 요리하는 동안, 주정부 깃발교체 캠페인이 대화의 주제로 떠올랐다. 아쿠노가 대화를 이끌었다. "나는 흑인해방 문제인 남부연맹(confederate) 깃발교체 캠페인이 뭔가 우리의 방향성을 혼란스럽게 만든다는 생각이 듭니다. 그게 진짜로 우리가 다룰 의제입니까? 우리가 그렇게 정한 것입니까, 아니면 언론이 정했습니까?" 그는 쇼퀘이 앤타에게도 그런 말을 수없이 하고 있었다. 아쿠노는 우리 스스로 해결 가능하며 진정한 대항력을 가진 협동조합, 연대, 그리고 선거에 초점을 맞추기를 원했다.

테이블 반대편에서 뉴올리언스 주택활동가인 스테파니 밍고가 "그 깃발이 내려지든 걸려 있든 달라지지 않는다"고 말했다. "그래봤자, 여전히 빨간색, 흰색 그리고 파란색은 깃발 속에 남아 있지 않나요?"

"저는 '흑인의 목숨도 소중하다(Black Lives Matters)' 운동의 열광적 지지자는 아닙니다. 왜냐하면, 솔직히 말해서 흑인의 목숨은 소중하지 않기 때문이다. 아쿠노는 계속했다. "여러분이 누군가의 가치 있는 재산이었을 때, 여러분의 목숨은 소중했습니다. 여러분도 한때는 매우 소중한 대접을 받았습니다. 그러나 이제 우리는 더이상 가치 있는 재산이 아닙니다. 다른 흑인 동료들에게도 얘기하듯이, 제 주장은 우리가 현실을 직시하고 일을 시작해야 한다는 것입니다."

* * *

냉정하게 현실을 파악하는 것, 특히 용기 있고 담대한 꿈들 속에서 그것을 골라내는 것이 때로는 어려울 수 있다. 내가 방문했을 때 잭슨 협동조합의 사업들은 아쿠노가 말했던 것에 비해 사정이 좋아 보이지 않았다. 나는 훌륭한 협동조합의 성과물 속에서 살아왔으면서도, 그것에 대해 거의 주목하지 않았다. 많이 들어왔으면서도, 결코 본 적은 없었다. 나는 직접 몬드라곤을 한 번도 방문한 적이 없음을 고백한다.

협동조합 형태의 커먼웰스(commonwealth)가 실제로 지속할 수 있을지, 웨배세가 상상했던 것처럼 이것이 국가와 영리기업들을 해체시킬 수 있을지, 그 민주성이 설립자 세대를 넘어 다음 세대까지 지속될 수 있을지 확신할 수 없다. 그러나 협동조합운동의 불빛은 계속 나타날 것이다. 만약 당신이 바라봐야 할 곳을 제대로 안다면 말이다. 매번 낡은 것에서 진화한 새로운 운동이 일어나며, 차세대 공정 선구자들이 민주주의의 영역을 확대시키고 있다.

나는 웨배세의 무정부적 커먼웰스가 형성될 가능성이 가장 높은 곳을 적어도 한 곳 생각할 수 있다. 외국군에게 자금을 지원하는 법률적 문제를 조심스럽게 피하면서, 모금행사를 하고 있는 뉴욕시 무정부주의자 점포에서 로자바(Rojava)에 대해 처음 알게 된 이래로, 나는 그곳에서 실제로 어떤 일이 벌어지고 있는지 이해하려고 노력해왔다. 나의 라이벌, 프리랜서 외교관, 잡지편집인을 포함하여 내가 아는 사람들이 그곳을 방문하러 갔다. 그러나 그들도 혁명에 동참하려고 그곳에 들어간 것이기에 신뢰할 수 없는 자기선택적 편향(untrustworthy self-selection)이 있을 수 있다. 카탈루냐 연합협동조합(Catalan Integral Cooperative)의 칼라포 지구를 내게 안내했던 다정한 생물학자 파블로 프리에토는 비트코인 해커 아미르 타키와 함께 로자바로 향했다.[32] 우리는 몇 달 동안 암호화된 이메일로 연락을 취했지만, 그는 내가 요청한 현지 지도자와의 인터뷰를 주선할 수 없었다. 무엇보다도 거기는 전쟁지역

---

* 공공복리나 공동선(共同善)을 위해 법률에 따라 결성된 정치단체. 이 용어는 토머스 홉스나 존 로크 같은 17세기 학자들이 '조직화된 정치공동체'라는 개념을 나타내기 위해 자주 사용했다.(편집자 주)

이었다.

로자바는 터키 국경을 따라 시리아 북부에 있는 쿠르드족이 다수 거주하는 세 지역들이 서로를 공유한다는 아이디어에서 출발했다. 이 지역은 쿠르드군 전사들을 키워 왔다. 거기에는 미군이 ISIS와의 전투에 지원받을 외국인 용병과 여성들도 포함되어 있다(이것은 터키에게는 곤혹스런 협정이었는데, 왜냐하면 오랫동안 터키 지도자들은 터키 내 쿠르드족 반란군을 억압해왔기 때문이다). ISIS의 점령으로 남겨진 폐허와 부수적으로 얻게 된 자유 속에서, 쿠르드족은 2012년 마침내 시리아 정부 다마스쿠스의 간섭에서 벗어나 새로운 정권을 선포했다. 그들은 쿠르드족 지도자 압둘라 와잘란이 터키의 감옥에서 미국 철학자 머레이 북친의 아이디어를 결합해서 만들어낸 "민주주의적 연합주의(democratic confederalism)" 노선을 공표했다. 이것은 지역 "공동체들(communes)"의 중첩되는 네트워크를 활용해 국가나 주 정부를 불필요하게 만드는 시스템이었다. 남녀평등, 환경주의, 그리고 민족 다원주의가 실행되고, 경찰은 전쟁이 계속되는 동안에는 필요하지만, 궁극적으로는 폐지하도록 설계되었다.

연방 경제(confederalist economy)는 협동조합으로 구성된다. 처음 2012년 해방 후, 이것은 농업협동조합으로 시작되었다. 시리아 정부가 소유했던 토지는 현지인, 특히 전사들의 가족에게 지급되었다. 그러나 곧 제빵협동조합, 직물협동조합, 청소용품생산협동조합이 조직되었다. 여성협동조합을 설립하고 지원하는 것을 포함하여 협동조합들을 아우르는 협동조합 네트워크가 형성되었다. 다른 한편으로 협동조합은 외부간섭에 저항하도록 설계되었다. 협동조합은 연방 경제 시스템의 기본 단위인 지역공동체들에게 일정한 책임을 져야만 한다. 예를 들어, 어느 공동체든 협동조합에서 스스로 탈퇴할 권리도 갖고 있다.[33]

시리아 분쟁을 해결하려는 국제 세력들은 이 전사들의 해결로 인해 수혜를 보고 있음에도 불구하고, 대부분 눈앞에서 일어나고 있는 혁명을 무시하거나, 발생하지 않기를 바랐다. 기꺼이 협력할 의사가 없는 그들에게 이러한 시스템은 이해할 수 없는 경제체제이다. 강경파인 이스라엘 로비활동과 긴밀한 관계에 있는 워싱턴D.C.에 위치한 씽크탱크 워싱턴연구소(Washington Institute) 소속 한 애널리스트는 "그와 같은 반자본주의 체제로 투자자를 유인하는 것은 어려울 것이다. 로자바에서도 기업가정신은 장려되지만, 단지 협동조합의 틀 안에서"라며 로자바에 대한 불평을 토로했다.[34] 전 세계적으로 무정부주의자들의 정보를 얻을 수 있는 인포숍(info-shop)에서 그렇게 추종되는 커먼웰스(commonwealth)가 실제로 발생하고 있다는 사실을 의외의 외부인이 증명해준 셈이다.

2015년 10월, 프리에토는 나에게 함께할 것을 권유했다. 나도 생각으로는 그러고 싶었다. 그는 내게 이렇게 썼다. "완전히 스페인혁명 같습니다. 정말 유사성이 많습니다." 그는 무정부주의 집단들이 바르셀로나와 많은 시골 지역을 통제하던 시기, 다시 말해 전쟁이 멎은 동안 잠시 스쳐 지나가던 유토피아를 언급하고 있었다. "우리는 원하는 만큼의 땅과 많은 자원을 사용할 수 있습니다. 여기서 가능성은 무한합니다. 그러나 우리는 여기에 올 사람이 필요합니다. 우리는 여기에 누구나 사용권이 보장되는 오픈소스 도시(open-source city)를 건설할 것입니다. 그것은 칼라파우(Calafou)와 같은 무정부주의자 마을과 유사할 것입니다. 아니 그보다 더 크고, 더 좋습니다."

그는 다음과 같은 메시지도 썼다. "이것이 바로 그 빌어먹을 진짜 혁명입니다! 그렇지 않다고 해도, 적어도 우리가 이루어낼 수 있는 최선입니다."

7장

국면 전환
[커먼웰스]

그 은유적인 문구를 처음 봤을 때, 나는 그것을 문자 그대로 받아들였다. "'분화구처럼 생긴 정상회담(crater-like summit)'을 위해 우리 모두 키토에서 만날 것입니다." 웹사이트에는 그렇게 적혀 있었다. "우리는 분화구로 내려가 일하기 위해 화산의 측면을 함께 올라갈 것입니다." 그 문구 옆에는 에콰도르 안데스 산맥에 있는 킬로토아 분화구 사진이 있었다. 700년 전 큰 화산폭발로 생긴 그 분화구엔 둘레가 2마일이나 되는 청록색 호수가 형성되어 있다.[1]

웹사이트를 방문한 사람들에게 펼쳐진 것은, 지리적으로 킬로토아만큼 장관은 아니었지만, 그 자체만으로도 세상을 깜짝 놀라게 할 만한 것이었다. 에콰도르 정부는 새로운 방식의 경제를 위한 정책들을 개발하는 프로젝트를 지원해왔다. 이 정책은 의회보다 해커스페이스와 벤처창업에 더 익숙한 개념들에 기반하고 있었다. 프로젝트 명칭은 자유롭고 열린 지식(free, libre, open knowledge)의 맨 첫 알파벳들을 따 만든 플록 소사이어티(FLOK Society)였다. 2014년 5월에 열렸던 최절정 이벤트를 정상회담(summit)이라고 불렀다. 그러나 킬로토아 분화구라는 표현에 수긍하는 것은, 이것이 일반적으로 열리는 상명하달식 정치 모임이 아니라는 것을 상징하기 때문이다. 배후에 있는 사람들도 일반적인 정책입안자들이 아니었다.

키토에 있는 컨벤션센터 앞에서 미셸 바우엔스

플록 소사이어티 연구팀을 이끄는 56세의 미셸 바우엔스*는 박사도 아니었고, 정부에서 일하거나 안정된 직장을 가지거나, 건강보험에 가입한 적도 없었다. 벨기에 국적을 가졌지만, 그는 강연을 하며 돌아다닐 때를 제외하고는 부인과 두 아이와 함께 태국 치앙마이에서 살았다. 그의 옷차림은 간소했다. 정상회담 첫날 그는 티셔츠를 입었고, 많은 청중을 대상으로 연설을 하던 날에는 줄무늬 넥타이를 착용했다. 그는 마치 수도승의 왕관처럼 보이는 회색빛 머리를 아주 짧게 깎았다. 그의 말투는 온화했으며 그를 둘러싼 사람들은 한마디라도 놓칠세라 경청했다. 플록(FLOK)을 꿈꿨던 스페인의 핵티비스트(hacktivists)**와 에콰도르의 관료들은 그들의 정책조언자로 이 평범한 실업자를 선택했다.

에콰도르가 기존의 세계 패권국들을 뛰어넘으려면, 아마도 혁명적인 전략이 불가피했을 것이다. 에콰도르 교육과학기술혁신부장관인 르네 라미레즈는 "다른 나라들은 지식에 점점 더 통제를 강화해가는 추세이다. 바로 이것 때문

---

* P2P(Peer to Peer) 재단의 창립자.(역자 주)
** 정치사회운동을 하는 해커들.(역자 주)

에, 우리는 이런 지식을 창출해내는 방법을 찾아내야만 한다"고 내게 말했다. 그를 비롯한 정부 관료들은 저작권, 특허, 기업의 위계질서와 같은 제약들을 푸는 것에 대해 대화를 나누고 있었다. "우리는 이런 노력에서 선구자입니다. 우리는 새로운 기반을 개척하고 있습니다."

우선 이것은 기존 방식에서 벗어나 객이나 주인이나 동일하게 혜택을 보는 것이었다. 정상회담이 열리기 몇 달 전, 바우엔스는 그 나라에서, 아니 아마 세계경제에서도 플록은 "선한 해킹(sideways hack)"이었을 것이라고 말했다. "플록은 에콰도르에서 혁신적이고 전환적인 뭔가를 할 수 있는 역사적 기회를 최대한 활용하고 있었습니다." 그는 커먼웰스(commonwealth)를 형성시킬 여건을 조성할 기회임을 알아차렸다.

당시 플록은 에콰도르의 국가적 브랜드 이미지와 일치하거나 배치되는 면도 내포하고 있었다. 라파엘 코레아(Rafeal Correa) 대통령은 종종 오픈소스 소프트웨어에 대해 우호적으로 이야기했다. 위키리크스의 설립자인 줄리언 어산지는 2012년부터 에콰도르의 영국대사관에서 살고 있었다. 열대우림에서 석유자원을 개발하며, 이를 반대하는 자들의 입을 막고 있는 동안에도, 코레아 정부는 고갈자원의 의존에서 벗어나 자유롭게 무한대로 사용가능한 정보 쪽으로 국내 "생산 지형(productive matrix)"을 바꾸고자 했다. 그러나 내가 키토에서 만난 대부분의 북미인들은 실직상태였다. 에콰도르의 인권문제에 대해 불편한 정보를 유포할 우려를 없애려고 코레아 정부가 최근 외국단체들을 불법으로 규정해버렸기 때문이다.

정상회담이 점차 다가오자, 지역정치인들은 바우엔스와 그가 그곳으로 데려온 연구팀을 피하는 것처럼 보였다. 팀소속원들은 돈을 제때 받지도 못했다. 누구나 자유롭게 이용할 수 있는 오픈 지식에 관한 워크숍이 지역 여러 곳에서 20여 차례 열렸다. 반응은 엇갈렸다. 정상회담이 시작되기 며칠 전, 키토에서 바우엔스가 임차해 살고 있는 근사한 아파트에서 그를 만났다. 그는 스페인 사람들과의 실랑이하고, 정부로부터 그의 스텝들에 대한 보수를 받아내는 일로 완전히 녹초가 되어 있었다. 그는 "예상했던 것보다 더 힘든 싸움이 전개될 것 같다"고 말했다.

바우엔스는 영향력 있는 지식을 찾아내는 타고난 재주가 있었다. 그는 벨기에에서 고아인 부모님 밑에서 외동아들로 자랐다. 10대부터 맑스주의에 관심을 가졌던 그는, 어른이 되면서 다양한 캘리포니아식 정신세계로 관심을 돌렸다. 이것이 계기가 되어, 아시아인들의 정신세계, 뒤이어 로지크로키아교(Rosicrucianism)나, 프리메이슨교(Freemasonry)와 같은 난해한 종파 등으로 관심이 이동했다. 다른 한편 바우엔스는 사업에도 열정을 가졌다. 그는 브리티시 페르롤늄(British Petroleum)사에서 애널리스트로 일했고, 1990년대 초반에는 플랑드르 지역 독자들에게 인터넷이 가져올 전망을 소개하는 잡지도 발간했다. 그가 벨기에의 가장 큰 통신사인 벨가컴(Belgacom)의 중역으로 있을 때, 벤처회사들을 인수하여 회사가 온라인 시장으로 진출하도록 유도했다. 충분히 일했다고 생각한 그는 2002년 사직하고, 두 번째 부인과 함께 처가가 있는 치앙마이로 이사했다.

그는 "자본주의는 역설적인 체제이다. 지배층마저 형편없는 삶을 산다"고 말했다. 그는 시시각각 격변하는 여건들 때문에 자신이 행복하지 않다는 사실을 믿기 시작했다.

태국에서 머무는 2년 동안, 바우엔스는 역사책을 읽었다. 로마의 쇠락과 봉건제의 출현을 연구했다. 그는 당시를 "국면 전환(phase transition)"이라고 규정했다. 바로 기존 문명이 위기에 놓였던 시기였다. 진보의 길을 여는 것은 가장 기본적인 생산양식의 전환이었다는 결론을 내렸다. 로마의 노예제가 붕괴되고 나자, 수도원 네트워크는 새로운 질서의 씨앗을 뿌리는 것을 도우면서 전 유럽에 혁신을 전파했다. 자유도시를 형성하는 장인길드, 성벽 뒤에서 지배력을 행사하는 군벌들, 공유지에 기생하며 생계를 유지하는 농민들이 서로 상호작용을 일으키기 시작했다. 봉건주의 체제에서 상층부가 너무 많아지자, 상인들의 네트워크는 뒤이어 나타나는 상업적이고 산업적인 새 질서에 적응하는 길을 모색했다.

그는 인터넷상의 네트워크로 인해 산업문명이 그때와 비슷한 위기에 직면하게 되었을 뿐만 아니라 뒤이은 새로운 가능성이 싹을 텄다고 믿게 되었다. 그는 공유에 기반한 "피어 프로덕션(peer production, 동료 생산)"이라는 개념에 기준점을 두었다. 이 방식은 온라인 네트워크를 활용하여 사람들이 고용인과 피고용인 관계가 아니라 대등한 수평적 동료관계에서 생산하고 배분할 수 있게 만드는 체제다. 이것은 옛 중세시대 공유지의 현대판이며, 장차 지배적인 패러다임이 될 판이었다. 변방에 존재하는 단순한 생존수단이 아니었다. 그는 이러한 세계적 전환이 이미 나타나고 있는 사례를 뒤지기 시작했고 결국, 그는 찾아냈다.

바우엔스가 모아온 자료 대부분은 협업 위키(collaborative wiki)에 올려 있다. 이곳은 개인간 이루어지는 대안적 경제체제(peer-to-peer Alternative)를 촉진시킬 목적으로, 그가 설립한 재단에서 구축해 오랫동안 운영해온 웹사이트로서 짧게 P2P재단이라고 부른다.[2] 이 자료는 3만쪽 이상에 달하며, 2만 명 이상의 온라인 공저자들과 축적한 것이다. 크라우드소싱부터 분산형 에너지와 가상화폐에 이르기까지 다양한 주제들에 관한 자료들이 포함되어 있다. 그가 일생을 바쳐 이룬 성과를 공유재(commons)의 형태로 공개했다.

바우엔스는 "우리"라는 공유적 개념을 이용해서 자신의 비전에 대해 말하곤 한다. 그는 자신이 사용하는 용어들을 다른 사람들에게서 빌려와서는 노련하게도 처음 그 용어를 만든 사람이 구상했던 것보다 더 웅대한 계획에 그것을 끼워 맞추었다. 달리 말하자면, 다음과 같다. "나는 모든 사람들로부터 훔친다." 그럼에도 불구하고 사람들은 적이 어디에 있는지 찾을 수 없다. 왜냐하면 그는 그것들을 비난하기보다 그의 체계 안 어딘가에 그것들을 위한 자리를 마련해두기 때문이다.

바우엔스가 그의 팀과 함께 앞으로 다가올 전 세계에 걸친 역사적 국면 전환에 대해 처음으로 구상했던 것은 에콰도르에서였고, 또한 에콰도르를 위해서였다. 그는 협동조합운동(cooperatives)이 사건의 지평선(event horizon)*이라고 믿었다. 협동조합들은 자본주의 안에서도 개인 대 개인이 협력하고 연대하여 지속가능한 협력경제를 만들어낼 잠재력을 가지고 있기 때문이다. 그리고 그것들은 다가오고 있는 전환을 앞당기는 데도 도움이 될 수 있다. 협동조합들은 지역 메이커 스페이스를 통해 생산을 탈중심화할 수 있는 한편, 오픈소스 디자인을 통해 공유재를 향상시킬 수 있다. 그들은 공급망을 조정하고, 탄소배출을 줄이기 위해서 공개 장부 회계(Open Book Accounting)**를 실시할 수 있다.[3] 지적재산권을 공개함으로써 상호혜택을 위해 자원을 공유하는 것을 용이하게 만들 수 있다. 이들 네트워크가 성장하면서, 그들이 생산한 공유재도 점차 증가할 것이다. 이 네트워크는 현재 정부나 사적 시장이 수행하는 역할을 넘겨받게 될 것이다. 얼마 지나지 않아 협동조합 사업들과 결부되어 무료로 자유롭게 흘러다니는 모든 정보는 지금의 경제를 엄청나게 큰 위키피디아나 리눅스처럼 모두에 의해, 모두를 위한 경제로 전환시킬 것이다. 자본주의적 기업이든 협동조합이든, 모든 산업적 회사조직은 동료 간의 협력적 생산관계로 녹아들어 갈 것이다. 바우엔스는 이러한 과정을 "협력적 축적(cooperative accumulation)"이라고 정의했다.

협동조합 자체가 목표나 목적지는 아니다. 그것은 개인 대 개인이 협동 즉 공유경제 가는 통로다. 그는 "우리는 그것을 반드시 거쳐야 하는 전략적 지점으로 본다"고 내게 말했다. 미시시피 주에서 시리아까지 협동조합의 새로운 실험은 확산되고 있었다. 그리고 이곳은 그것들이 어떻게 국가 전체 규모로 성장할 수 있는지 보여줄 기회였다.

키토 컨벤션 센터는 웅장한 기둥과 유리벽으로 덮인 복도를 가진 2층짜리 복합단지이다. 단지 몇 블록 떨어져서 국회의사당 건물이 보였다. 그 건물은

---

* 일반 상대성 이론에서 예측된 개념으로, 내부에서 일어난 사건이 외부에 아무 영향도 미치지 않게 되는 경계면을 가리킨다.(편집자 주)
** 생산과정에 참여한 계약자들 간에 회계장부를 공개하여 비용을 줄이기 위해 투명하게 상호조정해나가는 회계 방식.(역자 주)

장차 플록 소사이어티의 제안서가 도착할 곳이었다. 그 건물 뒤쪽으로 멀리 떨어져 화산들이 서 있고, 도시는 그 경사도에서 버틸 수 있는 최대 높이로 솟아 있었다. "좋은 지식 정상회담(Good Knowledge Summit)"으로 불리는 행사가 열리던 나흘 동안, 정장 차림의 행정관료들은 티셔츠를 입은 해커들 사이에 끼어서 토론내용을 정제하여 정책화시키기 위한 역할을 했다.

개막식 전날 저녁에는 대담한 선언이 계획되었다. "이것은 단순히 추상적인 꿈이 아닙니다." 에콰도르 외무장관 기욤 롱은 말했다. "지금 우리가 거론하고 있는 많은 것들이 실현될 것입니다." 과학기술혁신부 차관 리나 파조스는 조세피난처 대신 "우리는 공개되고 공유되는 지식피난처를 만들 필요가 있다"고 덧붙였다.

바우엔스는 대부분의 시간을 협동조합 정책과 관련된 세션에 참여했다. 다른 많은 곳과 마찬가지로 에콰도르에서도 사기업보다 협동조합을 설립하는 것이 더 힘들었다. 바우엔스의 연구팀 일원인 캐나다의 협동조합 전문가 존 레스타키스는 협동조합에 대한 규제와 보고의무를 완화하고, 보다 유연하고 다양한 이해관계자구조를 가질 수 있도록 해달라고 에콰도르 행정관료들에게 요청했다. 행정관료들은 그 규제들에는 그만한 이유가 있다고 맞받아쳤다. 협동조합들이 실패하거나 남용되었던 시기를 수차례 거치면서 규제가 만들어지게 된 것이다. 레스타키스와 바우엔스도 계속 압박했다. 에콰도르 정부가 협동조합을 지도감독하려 하지 말고, 공유재를 지향하는 활동을 육성하는 "파트너 관계의 정부"로서 역할해 달라고 요구했다.[4]

정상회담이 끝나갈 무렵, 실무자집단은 다른 것들보다 더 진일보된 제안들을 한 묶음으로 모았다. 위키 교과서와 학교에서 사용하는 무료 소프트웨어, 정부 데이터의 공개, 토착 지식에 대한 새로운 라이선스, 공동체 씨앗 은행, 탈중심화된 대학이 그것들이었다. 에콰도르의 낙후된 지역 중 한 곳인 시그초스에서 새로 선출된 자치단체장 마리오 안디노는 험준한 비탈지형에서 이용할 수 있는 농기구를 오픈소스 방식으로 개발하기를 원했다. 정상회담 전, 바우엔스는 시그초스를 방문했다. 공개강연에서 안디노는 "우리는 모범적인 공동체로 성장할 수 있을 것"이라고 말했다. 그는 기립박수를 받았지만, 누구도 보장할 수는 없었다.

플라톤은 그의 저서 『국가』에서 그려낸 사회의 모델을 건설하겠다는 희망을 가지고 아테네에서 시실리섬에 있는 시라쿠스까지 평생에 걸쳐 수차례 여행했다. 그러나 그곳의 통치자들은 그가 생각했던 철학자의 식견을 갖춘 왕과는 상당히 거리가 멀었다. 그는 사직하고 고향으로 돌아와서는 좀 더 냉소적인 종류의 정치이론을 만들었다. 비록 그 정도로 낙담하지 않았을지라도, 정상회담을 마친 후, 바우엔스는 방황하는 것처럼 보였다. 이제 플록 소사이어티의 업무는 에콰도르인들에게 넘겨졌다. 그리고 당시 정부의 떠들썩한 홍보와 대조적으로, 정상회담에서 얻은 성과를 실행에 옮길 어떤 징조도 보이지 않았다. 바우엔스는 다음 차례를 내다보기 시작했다. 에콰도르에서 진전 덕분인지 몰라도 스페인, 그리스, 브라질, 이탈리아, 시애틀 사람들이 관심을 표명한 것이다. 정상회담이 열린 그달, 잭슨 협동조합은 잭슨 라이징 컨퍼런스를 개최했다.

"국가나 지자체가 인정하게 된다면, 공유재에 대한 전체 아이디어는 새로운 수준으로 올라가게 됩니다." 바우엔스는 덧붙였다. "우리가 한 나라를 해킹할 수 있다고 해도, 그렇게 하겠다는 생각은 버려야만 합니다. 나라와 그 국민이 실행프로그램은 아니니까요."

* * *

14세기 튀니지의 박식한 지식인 이븐 할둔은 세계 역사를 두 집단, 즉 정주집단(sedentary)과 유목집단(nomadic)의 상호작용으로 표현했다. 한 곳에 정주하는 사람들은 건물, 재산, 문명을 활용해 세력을 형성한다.[5] 그리고 그 같은 세계의 경계에서 소용돌이치듯 몰려다니는 사람들이 있다. 이븐 할둔은 철저한 회의론자였는데, 아마도 하나의 차이만을 가지고 모든 것을 설명할 수 없다는 점을 지적한 최초의 사람일 것이다. 그러나 오늘날 나는 그의 분류에서 특별히 유용한 영감을 얻고 있다. 바우엔스가 그렇게 관심을 가졌던 "국면 전환"을 설명하는 데도 도움이 된다. 그것은 우리가 무엇을 필요로 하는가와 우리가 어떻게 취득하는가에 대한 구분이다.

이븐 할둔의 시대에는 봉건제도가 중상주의에 통합되면서 정주민 문명이 상승세를 타고 있었다. 오늘날에는 노마디즘(nomadism)이 상승세를 나타내고 있다. 아장아장 걷는 내 자식의 나이 때, 나는 부모님이 소유한 두 채의 집에서 살았다. 부모님은 두 대의 차를 가지고 계셨다. 아버지는 작지만 바쁜 부동산중개업소를 공동으로 운영했다. 아버지는 사람들이 집을 구입하는 과정을 도와주고, 그 수입으로 가족을 먹여 살리는 데 온힘을 쏟았다. 대부분 사람에게 집은 가장 중요한 재산이었다. 반면, 내 자식은 임대 가구로 채워진 임대 아파트에서 태어났다. 우리는 오직 차 한 대와 공유 차량 회원권 한 개만 소유하고 있다. 우리는 세대에 걸친 변화추세를 타고 있다. 부분적으로 이런 상황은 교육비 부채의 증가와 부동산가격의 상승이 동시에 나타나고, 게다가 경기침체 이후 수반된 일자리 감소에 기인한다.[6] 그러나 이러한 흐름은 또한 선택이자 투자이다. 내 아내와 나는 적게 가지는 삶의 가치를 깨달았다. 우리는 기회가 생기는 곳으로 수월하게 이사다닐 수 있다. 뒤뜰은 없지만, 우리는 공동 정원터, 공유 공원을 선택할 권리를 가지고 있다. 우리는 유목적인 삶에 머물 수 있는 만큼 혜택도 더 누릴 수 있다는 사실을 안다.

이것은 일종의 선택적 노마디즘이다. 그러나 어떤 사람들은 좀 덜 자발적으로 유목생활을 하게 된다. 2008년 금융위기 이후에, 거대 지주회사들은 지역민들이 소유했던 집들을 사들이기 시작했고, 더 많은 사람을 세입자로 전락시켰다. 동시에 우리는 전쟁, 기후변화, 기근 등 서로 뒤얽힌 이유로 발생하는 대량 이주시대에 살고 있다. 국적 없는 저항세력들은 경악스러운 사건을 발생시켜 테러공포를 심어주고 있다. 자동화 또는 일자리를 붕괴시키는 일련의 다른 사태로 인해 노동자들은 과거보다 더 자주 이직에 떠밀리고 있다. 우리는 시골에서 도시로 인구가 대량이동하는 시기를 살고 있다. 이븐 할둔이 역사적 자료로 제시한 어떤 것보다도 훨씬 급격하게 나타난 갑작스러운 변화다. 그러나 우리의 도시들은 다르다. 이 도시들은 그렇게 토착화된 것은 아니다. 다국적 기업들은 서로 다른 도시들을 모두 프랜차이즈 가맹점으로 변화시켰다. 사업목적의 여행자들은 제트기를 타고 세상을 돌아다닌다. 그들은 가는 곳마다 동일한 호텔체인에서 숙박을 하고, 가장 편한 곳에서 시민권을 취득한다. 이 모든 것들 위에는 '항상성'이라는 유혹을 제공하는 물리적, 과학기술이 내재된 그리고 은유적 실체들이 존재한다. 바로 클라우드(Clouds)가 맴돌고 있다. 어느 곳에 있든지, 구글 클라우드(Google's cloud)는 여러분이 원할 것 같은 정보를 제공하고, 대신 여러분의 검색정보를 수집한다. 우버나 에어비앤비는, 여러분이 문화적 역량이 없어도 가격을 놓고 입씨름하지 않고 이용가능한, 유용한 지역정보를 제공한다.[7]

뭔가 전 세계적으로 역사적인 사건이 이곳에서 일어나고 있다는 바우엔스의 추측은 옳았다. 그러나 그 결과물들은 국경이나 허가도 필요 없으며, 개인 대 개인의 생산성이 발휘되는 평등주의적인 공유재가 되지 않을지도 모른다. 새로운 노마드(유목민)가 증가하는 상황에서도, 제트기를 타고 여행을 하거나 갑작스럽게 이민 가지 않는 많은 사람이 유목민들 사이에서 여전히 정주계층으로 남아 있고, 이들의 삶은 제자리걸음이거나 내리막길을 걸어왔다. 전체적으로, 미국에서 지리적 이동성(geographic mobility)은 감소추세에 있다. 새로운 유목생활은 너무 많은 비용이 든다.[8] 정주민들은 비자발적인 이주민들과 특권층을 형성하는 "세계주의자들"을 비난한다. 이들 정주계층은 국경을 확고히 하고 민족을 견고하게 유지하며 세상의 급격한 변화를 멈출 때까지는 민주주의에 어느 정도 제동을 걸자는 쪽에 투표권을 행사하고 있다. 일부에서 나타나는 이러한 후기산업사회의 정체성 위기는, 수백만 명에게 다시 발생하고 있는 산업혁명의 트라우마에서 형성된 것이다.

한곳에서 삶의 터전을 이루고 살아가는 이들이 가지는 불만의 일부는 소유권 역시 유목주의적 속성을 지녔다는 사실이다. 과거 봉건주의에서 영주는 땅의 주인이었다. 권력은 땅을 수단으로 행사되었다. 이제 부는 사람보다 더 자유롭게 세상을 떠돌아다닌다. 잭슨 시내에 있는 건물을 다른 지역 사람이 소유하고 있거나, 캘리포니아 주에서 운영하는 앱으로 덴버 주에 있는 택시 운전사를 통제하는 것처럼 말이다. 위기지역으로부터 부재자가 투자할 수 있는 곳으로, 또 조세 피난처로 이동하듯이, 자본은 이윤을 챙길 수 있는 곳에 잠시 투자되었다가는 더 많이 축적될 수 있는 곳으로 흘러간다. 새로운 영주의 영지는 가상적이다. 그들은 가상의 클라우드를 통해 소유하고 통제하며, 과거 봉건주의는 상상도 할 수 없을 정도로 광활한 영역에 영향을 미치고 있다. 이러한 노마디즘은 도처에 존재지만, 동시에 어느 곳에도 존재하지 않는다. 그렇지 않다면, 적어도 사람들은 그렇게 인식한다. 근본적으로는 과거의 영주들처럼 다른 사람들이 그들의 소유권 주장을 얼마나 인정해주느냐에 달려있다. 이들의 창고들에 가득 찬 빙글빙글 돌고 있는 서버와 독점권을 가진 알고리즘, 정부와의 조약의 힘에 의해 뒷받침되는 이들의 권리에 대해서 말이다.

기술산업분야에서는 오래전부터 다른 주장을 해왔다. 1996년 존 페리 발로는, 저서 『가상공간의 독립선언(Declaration of the Independence of Cyberspace)』에서, 산업세계에서 정의된 재산권과 통제권의 개념은 이제 무용지물이 되었다며 인터넷 세계를 옹호하는 주장을 했다. "그 개념들은 모두 실물에 기초하고 있다"며 "가상공간에는 실물이 없다"고 썼다. 발로가 예언한 것처럼 실리콘 밸리 문화에서는 기업이 설계한 사용자의 경험이 법적으로 재산권을 보장받는다. 차를 소유할 필요도 없다. 우버는 당신을 위해 운전해줄 의향이 있는 사람을 찾아줄 수 있으니 말이다. 일상에서 활용되는 데이터를 관리하기 위해 번거로워하지 마라. 페이스북에서 친구와 정보를 교환하면 된다. 구식이 되어버린 기관이나 관료체제는 비용 한 푼 들이지 않고 연결된 공유자들 사이에서 자유로운 방식으로 형성된 프로젝트들로 대체하라. 이러한 제안들은 모든 재화가 진정으로 공유재였던 과거의 보편적 목적지에 한 걸음 더 가까이 다가서게 하는 것처럼 보인다. 이 책의 주제로 다루어온 소유권을 매개로 협력하는 전통은 조만간 구식이 될지도 모른다.

한편으로 나는 발로가 상상했던 것만큼 수월하게 소유권 이전이 필요 없는 세상이 오기를 바란다. "소유권은 도둑질"이라고 선언했던 초기 무정부주의자들은 무엇인가 문제가 있음을 감지했다. 오늘날 공유자들이 소유권을 포기했음에도 불구하고, 클라우드의 영주들은 그렇게 하지 않고 있다. 그들은 여전히 그들의 소유권을 주장하고 있다. 새로운 공유시대가 열린다 해도, 그들은 이것이 자신들이 설정한 규칙에 따라, 자신들의 이익을 위해, 자기들이 선호하는 방식으로 존재하기를 원한다.

판사는 소유권을 권리의 덩어리로 본다. 그 덩어리는 풀고, 분리해서 떼어내고, 재배치할 수도 있다. 이것이 클라우드에서 전개되어온 현상이다. 클라우드 사용자들은 본인이 자신의 정보를 소유한다고 추정된다. 스스로 인지하든 못하든, 클라우드 소유권자에게 자신들의 정보를 거의 무제한적으로 축적하게 만들고, 그로부터 이윤을 취할 수 있는 권리를 넘겨주고 나서도 말이다. 그러나 프로그래머들이 자유롭게 사용권을 허용하는 오픈소스 소프트웨어를 만들어서 저작권법을 무력화하는 방법이나, 과테말라의 직공들이 기업제품의 복제에 대항해서 전통적인 방식으로 집단적 소유권을 확보하는 것도 다 이런 방식들이다.[9] 그들은 완벽한 형태로 준비되어 있는 공유경제로 곧바로 뛰어넘어 갈 수 없다는 사실을 안다. 그들은 소유권이라는 토양에 발을 딛고 서 있다. 역사적인 해체와 재조합이 다시 일어나고 있으며, 어떤 모습으로 변형될 것인가는 우리가 어떻게 소유권을 구성하는가에 달려있다.

그 전환은 분명히 선택에 달려있다. 소유권 형태와 공유재 형태 중 어느 쪽이 더 지배적인 원칙이 될 것인가? 맑은 공기, 자유 시간, 사적 데이터, 이것들이 소수를 위한 사치품이 될 수도 있고, 모두를 위한 공유재가 될 수도 있다. 우리 모두는 현재 하고 있는 것처럼, 포함시킬 것과 버릴 것을 결정하면서 함께 새로운 사회계약을 써가고 있다. 그럼에도 여전히 협동조합 운동이 여러 세대를

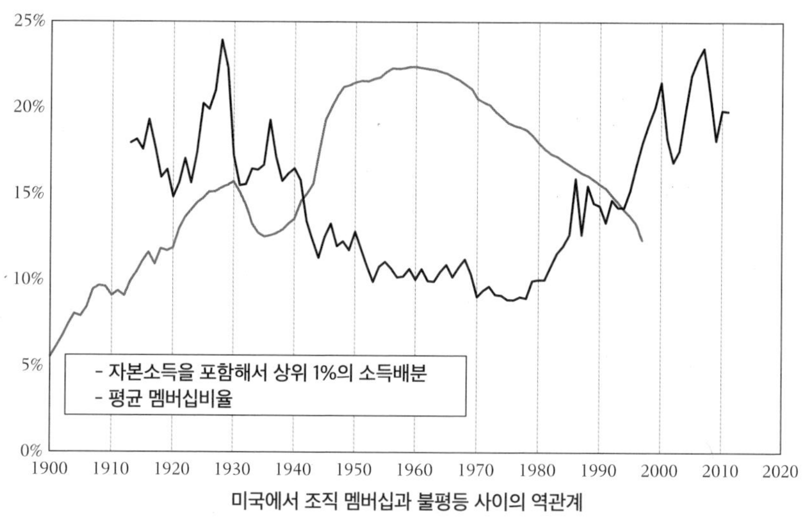

미국에서 조직 멤버십과 불평등 사이의 역관계

거치면서 끈질기게 제기한 질문들은 너무 자주 간과되어 왔다. 경제의 엔진은 누가 소유하고 있으며, 그 엔진은 어떻게 관리되고 있는가?

2017년 초, 페이스북 CEO(그리고 이슬람 역사학자 이븐 할둔의 열성적 팬) 마크 저커버그는 "지구적 공동체 만들기"라는 거의 6,000자로 된 글을 올렸다. 트럼프라는 이름을 거명하지 않았지만, 수개월 전 치러진 대통령선거에 대한 평가라고 보지 않을 수 없다. 선거에 외국이 개입되어 있다는 의혹이 확산되면서, 그 여파로 페이스북은 철저하게 조사를 받았다. 저커버그는 "많은 나라에서 민주주의가 축소되고 있다"고 언급하면서 "그렇지만 전 세계적으로 시민참여를 독려할 수 있는 큰 기회가 있다"고 지적했다. 그 글의 마지막 3분의 1에서는 페이스북을 활용하면 어떻게 "대규모 공동체 거버넌스가 작동 가능한지, 그 본보기를 탐구할" 수 있다는 점을 강조했다.[10]

그의 제안은 사용자들 각자가 참여하고 있다는 사실을 알든 모르든 폭포수처럼 쏟아지는 일련의 온라인 실험에 해당된다. 인공지능은 산만하게 흩어져 있는 페이스북의 활동공간을 다양한 세계문화에 맞게 조정하고, 또한 건전한 클러스터간 통합(cross-cluster integration)을 촉진시키면서, 사용자들로부터 들어오는 정보를 선별하고 해석할 것이다. 그는 끝없이 출현하는 포커스 그룹을 "공동체 거버넌스"라는 용어로 표현하려 했던 것으로 보인다.

반동정치(reactionary politics)시대에 온라인 플랫폼은 민주주의를 실현할 수 있는 최상의 희망일지도 모른다. 어느 한 나라의 시민보다도, 혹은 어느 종교의 신자보다도, 지구상에는 페이스북 이용자가 더 많다. 그러나 의미 있는 민주주의는 의미 있는 통제에서 비롯된다. 사용자들은 페이스북이 공유재이기를 바라겠지만, 페이스북과 같은 기업에서 통제는 소유권에서 시작된다.

1세기 전 북대서양에 위치한 국가들에서 중공업이 혼돈기를 거쳐 일상적인 상태로 성숙함에 따라, 사회계약도 여기에 맞춰 변화되었다. 우리는 지금도 그때 전개된 투쟁결과에 영향을 받으며 살고 있다. 현대적 자본가 소유기업들이 탄생했고, 자본시장에서 경쟁하는 가운데 효율성이 높아졌다. 그런 상황에서도 어떤 부문에서는 보다 민주적인 구조를 유지했다. 미국의 농부들이 전기를 공급할 곳과 공급할 시간의 결정권을 가진 도시의 큰 전력회사에 의존해 왔다면, 지금 어떤 일이 벌어지고 있을까? 이탈리아 북부에 있는 식품산업이 협동조합으로 연결된 전문생산자들이 아니라, 이윤을 추구하는 기업집단의 가치관을 가졌다면 어떤 일이 일어났을까? 큰 은행들이 꺼리는 지역에서 신용협동조합이 대출해줄 수 없었다면 어떻게 되었을까?

지역협동조합을 지원하고 있는 엔릭 듀란의 페어쿱(FairCoop)은 아마도 다국적 은행 규모를 갖춘 신용조합으로 성장할 것이다. 국가들이 권력을 강화하기 위해 세우는 벽을 파괴하면서, 새로운 종류의 여권이나 의료보험은 협동조합 간 협약을 통해 영역을 확장해 나갈 수 있다. 가입된 협동조합들을 지원하는 라이선스를 기반으로 발명품을 서로 공유하면서, 가상수도원들(unMonasteries 네트워크)*은 혁신에 영양을 공급하는 새로운 모세혈관이 될지도 모른다. 우리 이웃들이 델타-몬트로즈전력연합의 조합원들처럼 그들이 통제할 수 있는 작

---

* 지역의 미래를 진단하는 지역기반 사회혁신 비영리 프로젝트(역자 주)

은 태양광판, 풍력 그리고 축전지로 오래된 전력 송전망을 대체할 수도 있다. 그다음, 그들은 독점적인 인터넷서비스 공급자와 계약을 중단하고, 대신 자신들의 광대역 서비스를 설치할 수도 있다. 이런 식으로 일상의 모든 부분들이 지속적으로 바뀌어나갈지도 모른다. 민간에 뿌리를 두고 규모의 경제까지 도달하게 만드는 지역연결망(local nodes)이 형성될 수도 있다.

만약 형성될 사회계약들이 민주주의적인 것들이라면, 생산하고 교환하고 소비하는 방식에서 우리의 민주주의적 실험들이 지속될 필요가 있다. 우리는 최근 공정성의 관점에서 협동조합을 개척한 선구자들로부터 얻은 교훈들뿐만 아니라, 과거 수 세대 전 시작된 협동조합 전통에서도 교훈을 얻어야 한다. 이것들이 있었기에, 변화의 소용돌이 속에서도, 우리는 민주주의를 축소시키는 압력을 이겨내고 있다. 지금은 공상과학으로만 보이는 것들이 우리가 알아차리기도 전에 현실이 되어가는 시대이다.

＊＊＊

싱귤래리티 대학교(Singularity University)는 마운틴뷰 시내와 샌프란시스코 만 사이에 위치한 나사연구지구(NASA Research Park)에 들어서 있다. 주위에는 정부가 지원했던 모험주의의 잔해들이 널려있다. 비행선을 넣기 위해 세워진 거대한 격납고의 강철뼈대, 녹슬고 있는 비행기 동체, 낡아빠진 막사 등. 이것들은 오래전 '실리콘 밸리'라는 사업제국의 토대를 마련한 공공투자를 상기시킨다. 그러나 이러한 기억은 개인 벤처자본에 사로잡혀 망각하기 쉽다. 고압선, 자전거 길 그리고 트레일러 주차장을 가로지르면, 그리 멀지 않는 곳에서 우리 모두에게 친숙한 회사인 구글 표지판을 붙인 채 구글플렉스(Googleplex) 주위에 흩어져 있는 주차장과 사무실 지구를 발견한다.

싱귤래리티 대학교에서는 일반적인 의미의 학위를 수여하지 않는다. 이 대학은 기술이 인류발전을 이끈다는 독실한 신앙이 우리 모두에게 전파될 때까지 헌신하는 일종의 세속 신학교다. 학생들은 그들이 그곳에서 설립한 스타트업의 소유지분을 경험하는 대가로 수험료를 낸다. "기하급수적이 되라(Be exponential)"는 대학의 슬로건이 그것을 상기시킨다.[*]

2014년 6월, 싱귤래리티 대학의 공동설립자이자 우주여행 사업가인 이사장 피터 다이아맨디스는 실업을 초래하는 자동화의 난제를 논의하기 위해 동료 기술전문가들과 회의를 열었다. 젊은 이탈리아인 페데리코 피스토노는 "로봇이 할 수 없을 것이라고 생각하는 일을 말씀해보세요. 그러면, 저는 로봇들이 언제쯤이면 실제로 그 일을 수행할 수 있을지, 예측기간을 말씀해드리겠습니다"라고 말했다. 많은 성과물 중에서도 그는 『로봇이 당신의 일자리를 빼앗을 것이다. 그러나 그러면 어때서(Robots will steal your job, but that's ok)』라는 책도 썼다. 싱귤래리티 대학의 모임에서, 그는 보편적 기본소득의 주요 찬성자였다. 당시로써는 그런 생각이 아직 익숙하지 않았다. 그는 기술경제로 인해 실업자로 전락해서 가난과 싸우는 사람들을 보호하기 위해, 인도에서 최근 실험한 기본소득을 인용했다. 나중에 다이아맨디스는 기본소득의 잠재력에 놀랐다고 보고했다.[12]

또한 그해 연예인 투자자 마크 앤드리슨은 〈뉴욕 매거진〉에서 기본소득을 "매우 흥미로운 발상"으로 생각한다고 말했다. 그리고 엘리트 스타트업 창업육성업체 와이 콤비네이터에 소속된 샘 알트만은 기본소득을 "당연한 결론"이라고 했다.[13] 보편적 기본소득에 대한 이들의 지지는 단지 초반 일제 사격에 불과했다.

사람들은 일반적으로 '보편적 기본소득'을 삶에 필요한 필수품들을 구입하기에 충분한 돈을 모든 사람에게 주는 것으로 생각한다. 예를 들어, 매년 모든 미국 국민에게 2만 불을 준다고 상상해보자. 이 발상은 인간적이고, 평등

---

[*] 구글의 기술책임자 레이 커즈와일의 책, 『특이점이 온다(the singularity is near)』에서, 인간의 지능을 인공지능이 초월하여 발전을 예측할 수 없는 순간을 특이점(singularity)이라고 한다. 인공지능기술이 기하급수적으로 발전하여 특이점이 온다.(역자 주)

주의적 커먼웰스(commonwealth)를 향한 희망에 찬 소망을 자극한다. 이 소망은 정부가 일방적으로 정해서 시행하는 복지프로그램보다는 국민들이(현재 가난에 처한 사람들을 포함한) 그 돈을 무엇에 써야 할지 더 잘 알 것이라는 기대이다. 이것은 큰 문제들을 한 번으로 영원히 해결할 수 있는, 간단하고 우아한 알고리즘을 선호하는 실리콘 밸리의 취향에도 잘 맞아떨어진다. 기본소득 지지자들은 보편적 기본소득으로 발생할 수 있는 효과를 다음과 같이 열거한다. 기본소득은 행정력을 거의 동원하지 않고도 빈곤을 종식시키거나 불평등을 줄일 수 있다. 더 많은 시간과 자원을 갖게 된 기본소득 수혜자들은 창업을 꿈꾸고, 그의 가족들에게도 관심을 가질 것이다. 몇몇 사람들은, 기본소득 비판자들이 불평하듯, 서핑을 하러갈지 모른다.[14] 그러나 실업자들이 기본소득을 지출함으로써 로봇으로 움직이는 공장이 돌아갈 수 있는 구매력을 유지시킬 수 있다는 확신은 경영자 계층에게 가장 매력적인 사실이다.

실리콘 밸리가 아직 우리에게 충분한 것을 주지 않았다면, 이제는 필요한 모든 돈을 대기 시작해야 할 수도 있다. 그러나 협동조합의 오래된 질문들에 대한 답변은 다소 불명확하다. 누가 무엇을 소유하고, 누가 관리할 것인가?

카타르 조지타운 대학교 외교학부에서 정치철학을 강의하는 칼 와이더키스트 교수는 1980년대 초 고등학생일 때부터 기본소득에 대해 설파해 왔다. 그는 "현재 우리는 미국의 기본소득 운동에서 세 번째 물결을 타고 있다"고 말한다. 첫 번째 물결은 두 세계대전 사이에 있었던 경제공황이었다. 두 번째 물결은 1960년대와 1970년대였다. 당시 밀턴 프리드먼과 같은 자유주의 영웅들이 부(負)의 마이너스 소득세(negative income tax)**를 외쳤고, 마틴 루터 킹과 리처드 닉슨 대통령이 동의한 유일한 것은 가난한 사람들의 최저 소득을 보장하는 것이었다(닉슨의 가족지원정책은 기본소득과 약간 유사했는데, 이 정책법안은 하원을 통과했지만 상원에서 부결되었다). 현재의 물결은 2013년 후반 스위스에서 기본

** 마이너스 소득세란 소득이 일정 수준을 넘는 사람에게는 세금을 내도록 하고, 이 수준에 미달한 사람에게는 미달하는 금액에 비례해 보조금을 지급하는 방식의 조세 제도를 말한다.(편집자 주)

소득을 국민투표에 부치자는 운동이 확산되고 있다는 뉴스가 퍼지면서 나타났다. 와이더키스트는 기본소득이 다시 관심사로 떠오른 것을 반기지만, 기술전문가들이 기본소득에 대해 무슨 생각을 하고 있는지에 대해서는 조심스러워한다.

하우스터프웍스닷컴(HowStuffWorks.com)을 만든 마샬 브레인도 싱귤래리티 대학 미팅에 참석했는데, 그는 그의 사이트상에 출판된 중편소설에서 기본소득에 대한 그의 전망을 개략적으로 밝혔다. 그는 기본소득을 '만나(Manna)'라고 불렀다. 그 책은 패스트푸드점 일자리를 로봇에게 빼앗긴 한 남자가, 공상적인 기업가 에릭이 오스트레일리아 오지에 만든 기본소득 식민지에서 구원을 찾는다는 이야기다(이전부터 그곳에 살고 있던 원주민들의 운명은 불분명하다). 식민지는 일종의 협동조합인데, 1인 1주 형태로 시민들이 소유한다. 사람들은 혁신을 하면서 시간을 쓴다. 그들은 벤처자본가의 이상적인 투자대상, 즉 가치 있는 프로젝트를 추진할 시간과 특권을 가진 유연성을 갖춘 수많은 기업가 중 하나로 새로 태어난다. 에릭이 만든 식민지의 운영원리는 "아무것도 소유할 수 없다. 그리고 "규칙에 복종한다"이다.[15] 로버트 오언이 방직공장에서 펼쳤던 온정주의처럼, 그의 용어에 따르면, 이것은 혁신이다. 오지에 설계된 에릭의 커먼웰스(commonwealth)는 사람들 사이 정치적 마찰이 거의 없다.

30대 발명가 크리스 호킨스는 사무실 업무를 자동으로 수행하는 소프트웨어를 만든 덕에 만나(Manna)를 축적했다. 그에게 있어, 기본소득의 호소력은 행정부를 불필요하게 만들 수 있는 잠재력에 있다. 그는 내게 "소규모 공공주택, 먹거리 지원, 취약계층 의료보장 등에 투입되는 재배분 기금을 내서 정부라는 프로그램을 중단시키세요"라고 말했다. 수표 한 장으로 처리할 수 있도록 바꾸자. 또한 모두가 합의하는 우선순위를 결정하기 위한 논쟁이나 결정을 없애라. 현금을 손에 든 소비자가 경쟁기업 사이에서 구매를 통해 표를 던지게 해라.

이런 논리는 곧 워싱턴 시에서 동조세력을 만나기 시작했다. 찰스 코크의 자유주의 싱크탱크인 카토연구소(Cato Institute)는 기본소득에 대한 찬반논쟁을 벌이면서 2014년 에세이 시리즈를 발간했다. 같은 주에 〈애틀랜틱〉 지에는 연방 정부의 권력이양에 기초해서 "기본소득 보장을 찬성하는 보수주의"를 보여주는 글이 하나 올라왔다.[16] 기본소득은 예상했던 것보다도 더 빠르게, 정치적 좌우 양편 모두를 합리적으로 잠식해 들어가는 매우 드문 개념 중 하나였다.

그때까지 기본소득 개념은 그렇게 유토피아적이지 않았다. 버락 오바마 대통령은 임기가 끝날 무렵에야 기본소득에 지지하는 발언을 했다. 핀란드에서 하와이까지 많은 정부는 정책적 선택지를 탐색하고 있었다. 그리고 와이 콤비네이터라는 비영리단체가 오클랜드 주에서 자체적으로 실험을 했다. 언론인이자 기업가인 피터 번즈는 몇 년에 걸쳐 공유재 활용을 통해 조성된 기금, 특히 탄소배출에 대한 세금으로 조성된 기금의 보편적 배당을 요구해왔다. 현재 캘리포니아 주와 오리건 주부터 워싱턴D.C.까지, 각 주 정부는 그런 시스템을 시행할 계획을 찾거나 궁리해왔다. 번즈의 주장을 실현해 가는 사람 중 한 명이 디지털 조직자 나탈리 포스터이다. 그는 간부와 노조를 동원하기 위해 페이스북의 공동창업자인 크리스 휴스와 팀을 구성했다. 그리고, 많은 주(州)의 지도자들이 뭉쳐서 기본소득을 지지하도록 교육했다.[17]

몇몇 기본소득 설계에서는 일상적으로 통용되는 화폐를 사용하지 않는다. 비트코인이나 이더리움으로부터 파생된 가상화폐가 기본소득처럼 들어와서, 사용자가 늘면서 가치가 증가하도록 설계했다. 이것들은 기본소득을 출발점으로 전체 통화시스템을 구축하려고 시도한다. 현재 화폐시스템에서는 은행이 돈을 빌려줄 때 새로운 화폐가 출현한다.[18] 이와 달리, 모든 사람에게 동일하게 존재하는 영혼같이, 돈도 그렇게 생을 시작하면 어떨까?

어떤 형태이든 의존해서 살아갈 수 있는 수입이 보장되면, 해방감이 머리 꼭대기 위로 쌓일 것이다. 페미니스트 학자 캐시 위크스는 '시간이 주체적으로 확장되는 세상(a world of expending time)'를 구상했다. 그곳에서는 여성들이 집안일과 직장일 사이에서 얽매이지 않아도 된다. 기본소득이 지급되면 노동자들은 실직해도 곧바로 직장을 잡지 않아도 되기 때문에, 노동조합 쇠퇴로 그동안 그들이 잃어버렸던 버팀목을 다시 찾게 되길 기대한다.[19] 게다가 일에서 해방된 시간에도 기본소득을 쓸 여유가 있기 때문에 예상치도 않게 민주주의가 싹틀 새로운 기반을 갖게 될 것이다. 그러나 봉건주의는 여기서조차 뿌리내릴 곳을 찾을지도 모른다.

이미 그런 정황의 징후가 나타나고 있다. 예를 들어 지메일이나 페이스북 계정을 가진 대부분의 사용자는 서비스 무료이용 약정을 하게 되는데, 만약 이게 없었다면 이용자들은 서비스 이용료를 냈을 것이다. 그 서비스가 더 보편화될수록 우리는 그것에 더 많이 의존하게 될 것이다. 마찬가지로 미래에 사람들은 자신의 기본소득 수표에 더 의존하게 될지도 모른다. 기본소득 수혜자들은 자신들의 소득이 어디에서 창출되었는지 더이상 말하지 않게 된다. 페이스북 사용자들이 페이스북 기업이 자신들의 데이터로 어떻게 돈을 버는지에 대해 그러는 것처럼 말이다. 우리는 기본소득을 우리의 온라인 습관을 기록한 데이터를 마구 휘젓거나 마치 우리가 숨 쉬는 공기를 오염시키는 식으로, 창출되는 돈으로 만들 수 있다. 이런 행위를 멈추기 위한 소유권과 의사결정권도 갖지 못한 채 말이다. 알고리즘이 중요한 결정을 담당하면서, 책임의 선을 긋기가 더욱 어렵게 되었다. 우리는 매입의 대상이 될 수도 매수의 대상이 될 수도 있다.

사람들에게 자유롭게 쓸 돈을 주면 가난을 제거하고, 불평등을 줄이고, 자유롭게 시간을 쓸 수 있도록 하는 데 분명 도움이 될 것이다. 그러나 어떤 조건에서 플랫폼의 영주들이 돈을 지급하겠는가? 과거 경제에서 배제된 자들은 공유된 번영이 공유된 권력에서만 실현될 수 있다는 점을 배웠다.

에드 휫트필드는 기술전문가들과 다른 눈으로 기본소득을 바라본다. 그는 민주적 지역사회를 위한 기금(Fund for Democratic Communities)과 거기서 파생된 남부배상대출기금(Southern Reparations Loan Fund)을 공동으로 관리하고 있다. 둥근 테의 어두운 색 안경을 낀 그는 이국적인 악기 연주를 좋아한다. 그는 과거를 통해 미래에 대해 이야기한다. 언젠가 칼리 아쿠노와 제시카 고든 넴바드가 대화하던 중에, 그가 이렇게 지적하는 소리를 들었다. 그의 조상들이 노예에서 벗어나며, 40에이커의 땅과 노새를 원했는데, 그것은 생산수단을 원한 것이지 소비수단을 원한 것이 아니다.[20] 그들은 경제를 일으킬 수 있는 도움을 바란 것이지 단지 수확물의 일부를 원하지 않았다. 그들의 자유를 또다시 빼앗기지 않기 위해, 그들은 소유주가 되어야 한다는 사실을 알았다.

* * *

어찌 되었든, 자동화의 기적이 그것 자체로 일자리를 줄인다는 증거는 없다. 역사적 기준으로 보면, 미국에서 생산성 증가율은 점진적으로 하락했다. 그리고 2008년 경제 대붕괴 후 10년 동안, 일자리 수는 다시 증가했다. 문제는 그런 직업들이 전보다 불안정하다는 점이다. 그리고 기업소유자는 전리품을 더 많이 챙기고 있다. 기계가 사람을 대신할 뿐만 아니라, 새로운 직업에서 사람들은 기계처럼 행동해야만 한다. 아마도 일의 미래에 대한 진정한 선각자들은, 앱을 만드는 사람들이 아니라, 신속하게 증가하는 돌봄 분야에서 협동조합을 만드는 사람들이다. 가장 어려운 일은 살과 피와 심장에 달려있다는 사실을 확신시키면서 말이다.[21] 만약 협동조합 유산이 존재하지 않았다면, 그들의 과업은 성취할 수 없는 것처럼 보였을지도 모른다. 그러나 이것이 어렵기는 해도 이루지 못할 일은 아니다.

이 책에서 소개했던 사례들에서 보는 것처럼, 협력이 '만병통치약'은 아니다. 이것은 한 번에 수백만 가지 방식, 즉 다양한 방식의 민주주의를 낳는 과정이다. 상황에 따라 어려움도 천차만별이다. 협력은 우리가 이미 가지고 있고, 공통의 문제를 해결하기 위해 재결합하는 잠재능력에서 출발한다. 커먼웰스(commonwealth)는 어떤 혁명적 사건이 지나갈 때까지 그들이 해야 할 일을 지연시키지도 않는다. 이들은 사태가 악화되어 여건이 좋아질 때까지 기다리지 않는다. 커먼웰스는 어디선가 갑자기 나타나서 모든 것을 붕괴시키지 않는다. 대신 커먼웰스는 그레이스 리 보그스가 "중대한 연결"이라고 부른 것을 통해 자라난다. 이것은 세대를 연결하고, 이윤을 추구하는 자들이 깨기에는 너무나 강건한 연대를 구축한다. 이것은 자기 스스로의 힘을 믿는 사람들을 필요로 한다.

최근에 협동조합 운동에 뛰어든 사람 중 많은 사람은, 이것이 극적이고 급진적으로 모든 것을 변화시키는 보편적 기본소득 같은 처방이기를 바란다. 이들은 가장 실험해본 적이 없는 수단을 사용하고, 정치적 청원이나 기금설치나 컨퍼런스에 참여한 토론자들의 지지로부터 그들의 꿈을 키우면서, 가장 힘든 문제를 해결하기 위해 협동조합을 창출하려고 한다. 나는 이것들이 진행되는 소식들을 상세하게 보았다. 그러나 가장 주목할만한 현상들은 우리 사이에 이미 존재하는 자원을 활용하면서, 보다 조용히 일어나고 있다.

워싱턴에 있는 공동체구매연대(Community Purchasing Alliance; CPA)의 젊은 전무이사 필리페 위치거로부터 첫 전화를 받았을 때, 나는 그는 물론 그 조직에 대해 전혀 들어본 적이 없었다. 또 어떤 소식지나 정보에서도 접해본 적이 없었다. 그리고 2017년 CPA연례모임에 참석해서야 나는 크나큰 무지를 깨달았다.

그 모임에서 내 주위를 둘러싸고 앉아있던 사람들은 주로 교회와 차터스쿨(charter schools)*에서 온, 대부분 유색인종으로서 160 DC 지역조직의 대표자들이었다. 이들은 전기, 보안, 위생, 조경 등 일상적인 것들을 구매하기 위해 공동체구매연대를 이용하는 사람들이었다. 공동체구매연대를 3년 동안 사용함으로써 그들은 거의 3백만 달러를 절약했다(내 바로 옆에 앉아 있던 부인은 교회에서 파트타임으로 일하고 있었는데, 복사기 구매에서만 17,000달러를 절약했다고 말했다). 협동조합은 그들 중 많은 사람이 재생에너지로 교체하는 데 도움을 주었다. 그때까지 그들이 580개의 태양광판을 구입할 수 있게 함으로써, 지역의 모든 사람이 태양광 전기를 값싸게 사용할 수 있도록 만들었다. 그 방 끝에는 흑인들이 소유한 보안회사의 근로자들이 있었다.[22] 그 회사는 공동체구매연대 계약 덕분에 규모가 2배 이상 확장되었다. 위치거는 그들의 사업체를 노동자협동조합으로 전환

---

* 미국의 공립대안학교.(역자 주)

하고 싶어하는 공동체구매연대 도급업체 몇몇과 이야기를 나누고 있었다.

대공황 이후, 이런 종류의 점진적이며 밑에서 차근차근 올라가는 식의 협력보다는, 새롭고 급진적으로 보이는 이론적 수사학이 더 환영을 받았다. 예를 들자면, 어떤 사람은 정확하게 가치가 창출되는 지점을 매우 중요하게 여겨서, 노동자소유 협동조합에서 관리권은 "생산직(producer)" 노동자에게만 주어야 한다고 생각한다. 육체노동을 통해 부품들을 생산하는 생산직 노동자들을 전화응대, 바닥청소, 생산물계약 등을 하며 "생산을 간접 지원하는 자들(enablers)"보다 우위에 둔 것이다.[23] 그러나 이렇게 교리적으로 정의하면, 자동화나 해외생산 또는 온라인 플랫폼이 창출해내는 위장노동(disguised labor)이나 서비스노동에 대한 수요증가에 맞춰 대응하는 데 별로 도움이 되지 않는다. 또한 이것은 커먼웰스(commonwealth)의 자금이 공장 마룻바닥보다는 학교, 교회, 쓰레기청소 등 경제적 생활영역에서 어떻게 나오는지 놓치게 만드는 경향이 있다. 과거 협동조합, 그리고 현재의 잠재된 기회에서 얻을 수 있는 힌트들은 수십억 달러 자본 기득권을 가지고 이윤을 추구하는 자들 사이에서 살아남기에 더 적합할 것 같다.

도시의 계약직 노동자들은 연대교섭이나 공동보험을 어떻게 조직할 수 있는지, 노쇠한 농부들이 운영하는 협동조합에서 배울 수 있다. 뱅가드(Vangard) 인덱스펀드*와 같이 신중하게 설계된 뮤추얼펀드가 진정으로 공유소유권에 바탕을 둔 기본소득모형일지도 모른다.

경제가 인간의 노동에 덜 의존하게 될 거라는 실리콘 밸리 예언자들의 주장이 옳든 그르든, 협력주의자들은 다양한 토대, 즉 특정 부류의 노동자로서만이 아니라, 소비자, 사용자, 기부자, 소상공인 자영업자, 크라우드펀딩 투자자 등 사람들이 경제와 상호작용하는 다양한 방식을 인정하는 토대를 발판으로 삼을 필요가 있다. 우리는 수많은 신용협동조합, 전력협동조합, 상호보

** 인덱스펀드란 투자비용을 줄이고 안정적 수익을 얻기 위해 주식시장의 대표지수와 연동시킨 펀드.(역자 주)

험, 종업원주주제도 등에 깃든 민주주의 정신을 되살리는 방법을 배울 수 있다. 마술처럼 반짝거리며 손쉽게 적용가능한 단 하나의 모델은 없다. 커먼웰스(commonwealth)는 다양성을 통해 퍼져나간다.

우리 시에서 가장 큰 노동자협동조합은 나마스테 솔라(Namasté Solar)로서 100명 이상의 조합원을 둔 태양광판 설치업체다. 2011년 협동조합으로 전환한 이후, 현재까지 번창해 왔다. 그곳은 직원들이 일 년에 6주간 유급휴가를 받는, 비콥(B Corp)* 인증을 받은 기업이다. 경영에는 간섭하지 않는다는 조건으로 자금을 대겠다는 투자자를 찾는 데 아무런 어려움이 없다. 그러나 이 협동조합이 끼친 가장 큰 체계적인 영향은 노동자가 소유한 조직이라는 데 있지 않다. 첫째, 나마스테는 북아메리카의 작은 협동조합을 지원하는 구매협동조합인 아미쿠스 솔라(Amicus Solar)를 독립시켰다. 이 협동조합은 북아메리카에 분포되어 있는 소규모 태양광 전력회사들이 대기업과 경쟁할 수 있도록 돕고 있다. 이 협동조합은 또다시 유지보수 서비스업체들을 연합시켜 새로운 협동조합을 설립했다. 현재 나마스테 팀은 청정에너지연방 신용협동조합(Clean Energy Federal Credit Union)의 설립을 지원하고 있다. 이 신용협동조합은 미국 전 지역에 걸쳐 재생에너지로 전환하려는 주택소유자들에게 돈을 빌려줄 계획이다. 하나가 또 하나를 만들어냄으로써 상당한 크기의 커먼웰스를 형성했다. 최근 새롭게 합법화된 주택협동조합도 같은 양상을 보여준다. 볼더에는 식료품 협동조합이 잘 운영된 적이 없었다. 이미 좋은 식품을 파는 시장이 붐비고 있기 때문이다. 그러나 주택협동조합이 소비자를 조직함으로써 소매가보다 낮은 가격에 지역산 유기농 식품을 판매하는 사업을 창출해냈다. 그들은 그들의 잠재력을 인식하고, 이것을 활용하게 되었다.

과거 모델들의 다양성과 기능을 알 때, 현재 우리가 필요한 조합 형태를 찾아내기가 더 쉬울 것이다. 문제는 완벽한 질서에 대한 갈망이 우리를 강하게 유

---

* 우리나라의 사회적기업과 유사한 것으로서 사회적 가치창출을 목표로 경영하는 민간인증기업.(역자 주)

혹한다는 것이다. 그로 인해 우리는 해결이 불완전하고 절차적 무미건조함에 갇혀 있는 과거 미완의 커먼웰스(commonwealth)에 눈을 돌리지 못하고 있다. 자본주의가 끝없는 파멸로 치닫고 있는 경향과 달리, 협력은 이미 우리가 가진 것들을 활용해 행할 수 있을 때 가장 잘 작동한다.

* * *

이탈리아 협동조합 부문에서 뛰어난 학자는 베라와 스테파노 자마니이다. 이들은 각기 역사학자이고 경제학자인데, 부부이다. 베라는 한때 에밀리아-로마냐 주의 부지사 대우로 일했다. 스테파노는 교황 베네딕토 16세의 경제 부문 성명서 기획자였다. 이 성명서는 자본주의와 사회주의를 모두 비판함으로써 냉전주의에 빠진 사람들을 당황스럽게 했다. 둘 다 유럽에서 가장 오래된 대학인 볼로냐 대학 교수로 있다. 이 대학은 1088년 학생들이 일종의 협동조합을 조직하여 교수들을 채용함으로써 개교하였다. 자마니 부부가 현대 이탈리아 사람들이 협력을 통해 이루어낸 것들의 기원에 관해 이야기할

스테파노 자마니가 쓴 칠판 앞에서 강의하고 있는 베라 자마니

때는 로치데일협동조합이나 1948년 이탈리아 헌법, 1세기 전 이탈리아 초기 협동조합에서부터 출발하지 않는다. 그 기원은 중세까지 거슬러 올라간다.

베라 자마니는 그때부터 "이탈리아는 규모의 경제(economies of scale)를 추구하는 대신 네트워크 경제(economies of network)를 이루려고 노력해 왔다"고 말한다. 현재 협동조합이 잘 발달되어 있는 이탈리아 북부는 심지어 황정, 왕정, 그리고 수도원 시대에도 공화주의 도시국가(republican citystates) 형태를 유지하는 경향이 있었다. 이곳에서 복식부기, 보험, 지방자치, 장인길드 등 현대 시장경제의 몇 가지 기본적 특징들이 출현했다. 자마니 부부는 이 지역의 "시민 경제(civil economy)"를 식민지 확장과 착취에 자금을 지원했던 유럽 다른 지역에서 출현한 자본주의와 구분한다.

프라임 프로듀스(Prime Produce)나 언몽크스(unMonks, 가상 수도사)처럼, 그들도 오래된 삶의 방식으로부터 공공적 유용성을 발견했다. 자마니 부부는 상호연결되고 인간에게 맞추어진 북부 이탈리아의 협동조합 시스템은 오래 전통으로부터 체화된 문화적 유산이라고 믿는다. 이탈리아 남부에서 협동조합이 상대적으로 성장하지 못한 것은 그곳에서 오랫동안 유지되었던 군주제 통치에서 비롯된 것이다. 정치학자인 로버트 퍼트넘은 1970년대 시작된 이탈리아 지방분권정치의 다양한 양상을 연구했을 때도 이런 연관성을 지적했다. "5세기나 앞서서, 자치공화국(communal republics)이 가장 오랫동안 유지되었던 지역들과 거의 똑같이 닮은 형태로, 서로 협력하는 중세시대의 그 전통이 가난한 농부들 사이에서조차 지속되었다"라고 그는 썼다.[24]

국제협동조합연맹에 따르면, "협동조합은 그 조합원들이 소유하고 운영하며, 그 조합원들을 위해서 존재하는 사업체"이다. 이것은 이탈리아뿐만 아니라 세상 사람들이 인식하고 있는 기본적인 정의의 일부이다. 그러나 이탈리아에서는 경영자들과 이사진들이 그들의 협동조합이 그 조합원을 위한 것이

---

* 현대판 길드의 한 형태.(역자 주)

아니라 미래세대를 위한 것이거나, 공동체를 위한 것이라고 주장하는 소리도 듣는다. 이런 소리는 대규모 제조업체 임원들이나 시골에 사는 농부들에게서도 듣는다. 조합원들은, 과거 왕궁이었던 곳에 세워진 아파트를 소유한 가족 같은, 로마가 망한 폐허에서 관광객들이 버린 휴지를 쓸어 담는 사람들과 같은, 선량한 관리자들(stewards)이다. 이런 역사의식으로 인해 이탈리아 협동조합은 세계에서 가장 강한 협동조합이 되었다. 그러나 역사는 또한 협동조합의 과두적 지배나 자본주의적 순응으로 표류해 들어가는 모순도 용인한다.

나는 이탈리아 이페르쿱(Ipercoop) 현지답사에 미국에 있는 작고 급진적이고, 말 그대로 순수한 식료품협동조합 조합원들을 데려가고 싶다. 거기에서 그들은 딜레마 상황에 봉착할 것이다. 이페르쿱은 이탈리아 전역의 작은 지방 소비자협동조합들을 수 세기에 걸쳐 합병함으로써 태어난 가장 큰 식료품유통망인 쿱 이탈리아(Coop Italia) 시스템에서도 가장 큰 것 중 하나다. 이 협동조합은 순수성을 잃었다. 줄줄이 늘어선 스트리트몰의 한쪽 끝에, 밝게 빛나는 형광등 불빛 아래 값싼 수입 가정용품들로 가득 채워져 세계화를 보여주는 거대한 슈퍼상점을 머릿속에 상상해보라. 시간제로 고용된 많은 사람은 보수도 좋지 않고, 일에서 역량개발도 되지 않는다. 9백만 명의 소비자 조합원 중에 불과 2만 명 정도만이 총회에 참석한다. 그러나 자사 브랜드 상품들은 유전자조작 농산물이나 팜오일을 사용하지 않는다. 또한 이 협동조합에 상품을 공급하는 기업들은 노동현장에서 윤리적 기준을 준수해야만 한다. 물론 이 기업 중 많은 수는 이탈리아 협동조합들이다. 상황은 더 안 좋았을 수 있다. 그러나 이것이 남들에게 변명하지 않으면서 경쟁력있는 가격을 유지하기 위한 소비자운동이다.

이곳을 방문하는 협동조합 활동가들이 자신들의 협동조합도 이렇게 운영하고 싶을까? 아마도 대부분의 사람은 그렇지 않을 것이다. 뿐만 아니라, 만약 이것이 자기들 협동조합이라면 좀 더 순수해지길 바랄 것이다. 그러나 순수성은 팩트를 직시하는 것을 의미한다. 우리는 협동조합에서 쇼핑한 뒤, 타

깃이나 월마트에 들러 생활용품을 잔뜩 사거나, 아니면 그런 사람들을 보며 거들먹거린다. 만약 사람들이 어떤 식으로든 일정한 금액을 그런 식으로 소비할 거라면, 이페르쿱은 적어도 어딘가에 있는 투자자 소유기업으로 이윤이 흘러가는 것을 막아야 한다는 조금은 불순한 입장이다. 그리고, 그렇게 얻은 이윤을 저축으로 돌릴 수 있다. 이런 식으로 그들은 자신들의 행태를 그럭저럭 합리화시킬 수 있다.

이렇게 번창하는 대형슈퍼들은 이탈리아의 협동조합 커먼웰스(commonwealth)에서 나타나는 모순의 시작에 불과하다. 볼로냐 근처에 있는 국제제조업복합체인 SACMI의 본부에서, 1층에 박물관이 있는 깨끗한 오피스빌딩 뒤로 번창하고 있는 기계제조공장을 볼 수 있다. SACMI는 노동자협동조합이다. 그곳에서 일하는 1천 명 정도의 유능한 이탈리아 노동자 중 단지 3분의 1만이 조합원으로 가입해 있다. 또 그 협동조합이 거느린 수십 개의 국제 자회사에서, 기업을 소유한 이탈리아 노동자들은 협동조합 정신이나 가능성을 알리려는 어떤 식의 노력도 하지 않는다("우리는 그러려고 하지 않습니다"라고 임원 하나가 확신에 찬 소리로 말했다). 그렇지만, 이 기업도 레가코프(Legacoop)에 조합비를 납부하고 있는 제대로 된 협동조합 중 하나이다. 이탈리아에는 수만 개의 "가짜" 협동조합도 있다. 고용주들이 큰 연합체의 감독을 피하고, 노동자들의 단체협상권도 유명무실하게 만들기 위해 협동조합 방식을 활용하기도 한다. 잘 알려진 사회적협동조합조차도 이렇게 악용될 수 있다. 비판가들이 우려한 것처럼, 이들의 성장은 지방정부가 공무원 수준의 임금을 지급하지 않고도 공공서비스를 제공할 수 있게 만드는 공공서비스의 민영화라는 지난한 과정과 일치한다.

"협동조합이 법적으로 빠져나갈 구멍을 제공해주는 것으로 변질되었습니다." 밀라노 대학에서 협동조합 노동시장을 연구해온 젊은 연구자 리사 도리가티가 힘주어 말했다. 줄곧 협동조합을 옹호하는 프란치스코 교황조차 이 문제를 지적했다. "잘못된 협동조합을 바로잡아야 합니다. 왜냐하면, 협동조합들이 정직한 경제를 확산시켜야 하기 때문입니다." 그는 2015년 협동조합 연맹 미팅에서 이렇게 말했다.[25]

오늘날, 1세기 전 이탈리아 협동조합 운동을 이끈 선구자들과 같은 부류의 사람들만 협동조합으로 몰려들고 있는 것은 아니다. 그들은 쿱 이탈리아의 연례모임에 참석하지도 않고, SACMI 회원이 되겠다는 희망을 펼치지도 않는다. 만약 이들이 협동조합을 조직한다면, 그들은 종종 이사회라는 필수 구성요소를 법적 형식 정도로 간주하고, 자신들이 코드를 입력하는 일을 하든 채소를 기르고 일을 하든, 마치 오픈소스 소프트웨어 프로젝트를 운영하듯이 스스로를 관리한다. 그들은 모두 협동조합 용어 사용을 자제하고 있다. 대신 "정치적 소비주의(political consumerism)"와 "연대구매(solidarity purchasing)"에 대해 말한다. 그러나 베르가모 대학교의 사회학자 프란체스카 뽀르누는 "우리는 협동조합주의의 원류로 돌아가고 있다고 생각한다"고 말한다.[26] 그들은 이페르쿱이 보다 뭔가 더 협동조합답기를 바란다.

협동조합 내부자나 외부자는 모두 그리고 자주 협동조합 기업을 '유토피아를 만드는 프로젝트'로 오인하곤 한다. 그러나 협동조합은 결코 유토피아 프로젝트가 아니었거나, 설사 그랬다고 해도 장기간 그렇게 유지되지도 않을 것이다. 커먼웰스(commonwealth)를 구축한다는 것은 타협을 참아내면서도 원칙을 주장한다는 의미이다.

"저는 매일 그들을 꾸짖습니다." 스테파노 자마니는 큰 협동조합들에 대해 말한다. 그러나 그는 인내하고 있다. 커먼웰스를 단지 부분적으로만 구현하더라도, 시간이 흐르면 그 이상(ideal)을 퍼뜨리는 데 도움이 된다고 믿는다.

내가 이 책을 시작하면서 들고 나왔던 국제협동조합연맹의 표준적 가치나 원리도 기만적일 수 있다. 마치 어떤 공식이 있다고 주장하는 것처럼 보이기 때문이다. 공유되는 원칙들은 다양한 사람들이 가져온, 그리고 21세기에도

---

* 정치적 또는 윤리적 이유로 소비하지 않는 소비행위.(역자 주)

살아남기 위한 공동 도전을 위해 가져온 협력하는 관습들을 강하게 엮어준다. 경제는 문화의 한 형태이다. 지인 중에 캐나다의 밴시티 크레딧유니언에서 일하는 케냐 여성이 동료 케냐인들과 렌딩 서클(lending circle)*을 시작했다. 그러나 그녀의 이런 아이디어에 대해, 그녀의 토박이 캐나다 친구들이나 신용협동조합에서 같이 일하는 사람들조차도 어리둥절해 했다. 이들은 그들의 어머니가 렌딩 서클 모임에 가는 것을 보면서 자라지 않았기 때문이다.

오늘날 협동조합 운동가들은 닥쳐오는 위기 앞에서 지역적이고, 다양하고, 타협적인 협동조합의 유산을 간과한다. 미국 농촌 전역에 걸쳐있는 낡은 곡물운반 엘리베이터, 또는 이탈리아 이페르쿱의 매장에서 희미하게 비치는 협동조합의 산물 말이다. 이러한 타협의 성과물들은 미래의 커먼웰스 형성에 도움이 될 수도 있고, 정치적 정당과 사회계층을 넘나들게 할 수도 있다. 작지만 선구적인 실험들은 새로운 세대가 그들의 야망을 갈고 닦을 수 있게 도와준다. 그러나 또한 우리는 이미 우리가 가지고 있는 것, 우리가 이미 서 있는 곳을 발판으로 삼을 필요가 있다.

만약 미국에서 협동조합으로 이루어진 커먼웰스를 주창하는 사람들이 노동자협동조합뿐만 아니라, 농업협동조합, 공공사업협동조합, 구매협동조합, 신용협동조합 등도 장려하고자 한다면, 그들은 자신들의 정치적 지지를 더욱 광범위하게 확대시켜야 할지 모른다. 예를 들어, 버몬트 주에서 오랫동안 노동자 소유권을 주창해온 버니 샌더스뿐만 아니라, 전력협동조합과 신용협동조합에 자신의 정치적 기반을 두고 있는 마이크 펜스까지 말이다. 극단적으로 편향적인 당 지지를 보이는 시대에 이런 식의 초당적 전략이 불쾌해 보일 수도 있다. 그러나 그래야 한다. 커먼웰스를 구축하는 실질적인 작업에서 이탈리아 가톨릭과 공산주의자들도 연합하는데, 민주당과 공화당도 그렇게 못할 이유가 없지 않는가?

---

* 아는 사람끼리 돈을 빌려주는 사적 모임(역자 주)

현재, 이탈리아의 협동조합들은 정치적 분열보다도 훨씬 더 큰 차이를 뛰어넘어 손을 뻗쳐야 한다. 아프리카와 중동으로부터 이민 온 사람들로 인해한 세대도 지나기 전에 인구구조가 뒤집혔다. 그리고 사회적협동조합들은그 새로운 이민자들을 고용하고 포용하는 것을 목표로 삼았다. 이들에게 토박이 가톨릭 신자와 공산주의자들이 공통으로 가지고 있는 중세적 전통을요구할 수는 없다. 이민자들은 이미 그들의 문화와 협력적 전통을 가져다 독자적인 협동조합을 조직하고 있다. 내 가족의 이민 이야기처럼, 이런 종류의사업으로 인해 새로운 세계가 열렸다. 포용적이고 호응하는 경제를 추구하는 사람이라면 과거 커먼웰스(commonwealth)로부터 지속적으로 교훈을 얻어야 한다. 자신이 가진 것으로 일하고, 서로 공유할 수 있는 것에서 충만함을찾아야 한다는 것이다.

＊　＊　＊

어떻게 협동조합이 "조합원들에 의해, 조합원들을 위해, 소유되고 운영되는 기업활동"인가에 대한 국제협동조합연맹의 공식에는 함정이 도사리고 있다. 모든 사업이 기존 조합원이나 조합원들의 세계관에만 맞춰진다면, 그 사업은 정체될 수 있고, 변화하는 세계에서 구성원들에게 도움이 되지 않는다.투자자 소유기업은 항상 기대치 이상의 실적을 낼 것이라는 약속으로 투자자들을 유혹한다. 협동조합이 잘 알려진 매일매일의 필요를 충족시켜준다는겸손한 약속으로 조합원을 모집하는 경향은 미덕이기도 하고 심각한 위험이기도 하다.

세대 차이가 오늘날 협동조합 운동을 분열시킨다. 오래된 협동조합은 부와 노하우와 세력이 있다. 이들 협동조합은 더 이상 우리에게는 맞지 않는정주경제(sedentary economy)를 지원하기 위해 등장했다. 협동조합 이사들은주로 관리하고 유지하는 역할을 했다. 그들은 창업 멘토의 역할을 맡을 준비가 거의 되어 있지 않았다. 반면, 보다 유목적인 세력에 직면해 있는 새로운 협동조합주의자들은 마치 자신들이 맨바닥에서 시작하여 그들 자신에게 필요한 모든 커먼웰스(commonwealth)를 구축해야만 하는 것처럼 행동한다. (나의 경우처럼) 조금만 길을 나서면 거대한 협동조합 은행들이 있음에도 불구하고, 그들은 그들의 신규사업을 지원할 수 있는 자금 조달처를 찾기가 힘들다. 설사 그들을 둘러싸고 있는 사업들이 조용하게 협력적으로 실행된다고 할지라도, 그리고 그들이 학교에서 사업에 대해 공부하고, 투자자에게 이윤을 보장해야 한다고 배우는 데도 말이다. 오늘날 공정 선구자들은 새로운 협동조합 형태를 개발했고, 커먼웰스를 새로운 영역에 밀어 넣고 있다. 때로는 그들이 좀더 나은 방식을 알지 못했거나, 선택의 여지가 없었기 때문이기도 하다.

커먼웰스는 당연히 자체의 기술을 진화시켜야 할 뿐만 아니라 문화와 구조도 향상시켜야 한다. 어찌 되었든 협동조합들의 위험회피는 칭찬할 만하지만, 새로운 모험을 지원하기 위해서는 직면할 수밖에 없는 위험을 헤쳐나갈 수단을 찾아야 한다. 민주주의는 항상 위험을 수반해 왔다. 협동조합의 후계자들 역시 설립자들이 그랬듯이 위기를 감수할 수 있는 기회를 누릴 자격이 있다.

미래가 이윤을 추구하는 자들에게 약속된 공간일 필요는 없다. 실제로 민주주의 조직체들은 사람들을 달 위에 올려놓았다. 현재 실리콘 밸리 투자자들이 마치 자신들이 발명한 것처럼 행세하는 대부분 기술도 이들이 자금을 지원했다. 그리고 협동조합은 현재 군림하고 있는 경제가 그렇지 않았다면 불가능했을 방식으로 사람들을 관리하고 있다. 아마 미래에는 현재보다도 커먼웰스(commonwealth)가 더 공고해질 것이다.

* * *

콜로라도 주에 사시던 할아버지께서 돌아가실 때 나는 아직 어렸다. 그러

나의 할아버지께서 차고 계셨던 두 배지

나 나는 그분이 바로 앞에 계시는 것처럼, 차고 계시던 은색 버클을 선명하게 기억한다. 거기에는 브랜드가 새겨져 있었다. 트러스트(TRUST)의 T자들이 워디(WORTHY) 아래까지 길게 닿도록 새겨진 TRUSTWORTHY. 그 단어가 그분에게 어떤 의미가 있는지 알아차리기 오래전, 나는 그것이 뭔가 중요한 의미를 담고 있다는 사실을 직감적으로 알아차렸다. 할아버지께서는 진심에서 우러나서 그 버클을 차고 계신 것 같았다.

나는 그 이유에 대해 이제 조금 더 알 것 같다. TRUSTWORTHY는 당신이 다니시던 회사인 리버티 디스트리뷰터(Liberty Distributors)가 상품을 대는 가게에 제안한 브랜드였다. 가게도 원하면 그 브랜드를 사용할 수 있었고, 아니면 가게의 브랜드만 붙일 수도 있었다. 그 브랜드는 전에 없이 더 커진 대형박스 하드웨어매장(big-box hardware industry)*에 대항하는 진정성과 현실성에서 우러나온 외침, 그리고 리버티 디스트리뷰터가 지역의 소형매장을 조합원으로 하는 협동조합적 설계를 활용하여 대량공동구매를 뒷받침하고 있다는 외

---

* 집수리 도구 등을 대형박스에 놓고 파는 창고형 매장.(역자 주)

침이었다. 그것은 할아버지께서 그 직장에서 은퇴하신 뒤에도 그 벨트에 부착하셨던 외침이었다.

최근에 내가 만난 공정 선구자들은 나의 할아버지와 그렇게 많이 닮지 않았다. 그들은 다른 이유와 다른 방식으로 협동조합을 선택했다. 과거 커먼웰스(commonwealth)가 이룬 성취는 기억 너머로 희미해졌다. 어떻게 두드려야 할지 모르는 문이 되었다. 그러나 꼭 과거 커먼웰스와 같은 방식으로 협력해야 하는 것은 아니다. 선구자들이 서로를 발견하기 시작하면, 그들 또한 각자 찾아낸 커먼웰스의 작은 조각들을 짜 맞추기 시작한다. 그럼으로써 그들은 좀 덜 외롭게 된다. 그들이 생각했던 것은 개척한다는 의미가, 밀어붙이는 것처럼, 꾸준히 지속한다는 의미가 되는 것이었다.

이 책을 쓰는 동안, 나는 콜로라도협동조합 연구모임이라고 부르는 모임을 결성하는 데 일조했다. 처음에는 단지 나와 덴버에서 자신의 협동조합설립 컨설팅사무소를 개설하기 위해 고군분투하고 있던 친구뿐이었다. 간단한 모임, 온라인 공지, 서로 관심 있는 주제 선택, 그리고 약간의 스낵과 함께 우리는 될 수 있는 대로 간단하게 운영하려고 노력했다.

20명, 30명, 40명의 사람이 모임에 참여하기까지 별로 오래 걸리지 않았다. 그들은 초청된 협동조합 변호사들에게 질문 공세를 하거나, 그랜지생활협동조합 조합원으로부터 그 비법을 배우거나, 인종과 계급분열을 주제로 격렬한 논쟁을 벌이기도 했다. 모임에 참석하는 사람들은 부분 지식, 부분 경험, 그리고 함께 콜로라도 주 커먼웰스를 새로 구성하는 등 뭔가를 해 보려는 열망을 가지고 뛰고 있었다. 우리가 출발 선상에 있었을 때는 마치 맨바닥에서 시작하는 것처럼 보였을 것이다. 그러나 실제는 그렇지 않았다. 나는 우리의 간단한 웹사이트에 콜라라도 주에 있는 협동조합 목록을 만들면서 며칠 밤을 보냈다. 쉬운 일이라고 생각한 것과 달리, 하룻밤 하룻밤을 계속하다 보니 어느새 목록에는 협동조합이 거의 400개가 되었다.[27] 우리는 연대할 수 있는 협동조합에 둘러싸여 있었다. 우리에게는 밑에서 받쳐줄 세력들이 있었다. 우리는 곧 공동마케팅, 공동구매를 통해 지역의 커먼웰스를 만들기 위해 노력하기 시작했다. 우리나라에서 가장 큰 협동조합 중 한 곳과 연대했다. 또 새로 조직되는 협동조합에 자금을 투자하기 위해 다양한 부류의 많은 초보 투자자로 구성되는 투자클럽을 결성했다.

그 스터디모임 첫해, 덴버 주에서 협동조합 강사연합이 회의를 하기로 했을 때, 우리는 파티를 열 때가 되었다고 결정했다. 우리는 여러 달 동안 파티에 대해 논의했고, 드디어 실현되었다. 퀸시티 협동조합에 속하는 주민들이 집으로 초대하여, 직접 장만한 음식으로 가득 차린 만찬을 우리들에게 대접했다. 퀸시티 조합원 한 명은 뒤뜰에 어느 우정어린 양조장에서 가져온 맥주와 펀치볼에 담긴 모히토를 따라주는 코너를 열었다. 이웃에 사는 한 노인은 나에게 공중부양술의 속임수를 알려주고자 했다. 회의가 있었던 우리 대부분은 좀 늦게 파티에 도착했다. 협동조합 경영 컨설턴트 몇 명, 협동조합 부기를 공부하는 연구자 한 명, 최근 대학을 졸업하고 덴버 공동체 어학협동조합에서 일하게 된 통역사 한 명이 합류했다. 나이를 막론하고 농부들 대부분은 그날 밤 그 집에서 날을 샜다. 나는 볼더에 있는 주택협동조합에서 온 한 정부기관 정보원과 잠시 동안 베란다에 앉아 있었다. 그는 그가 새로 입주시키고자 하는 새 주택과 그가 속한 새 노동자협동조합에 대한 최신정보를 이야기해 주었다. 그 노동자협동조합에서는 화석연료발전소를 고발할 수 있는 자료를 분석하는 소프트웨어를 만들고 있었다. 그는 협동조합의 상징으로 한쪽 팔에 쌍둥이 소나무를 문신했다. 그러나 그날 밤 최후승자는 40년 이상의 나이 차이를 가진 푸에르토리코 협동조합 조합원들이었다. 그들은 자신들이 운영하고 있는 청소년 프로그램을 선보이면서 일찌감치 미국 본토 사람들을 제쳐버렸다. 그것에는 수영강습, 미술경연대회도 포함되어 있었고, 올림픽 출신 운동선수들을 홍보대사로 내세웠다. 그날 밤 예정됐던 것처럼 그들은 춤판을 벌여 우리의 마음을 사로잡아버렸다.

나는 전에 퀸시티 협동조합을 수차례 다녀온 적이 있다. 그러나 정문에 들어서자마자 왼쪽에 그 사인이 있다는 사실을 알아차린 것은 이번이 처음이었다. 그 사인은 검은색 펠트 위에 움직일 수 있는 흰색 플라스틱 글자가 써 있는 밀폐된 상자 중 하나에 있었다. "우리 상품에 관해서는 우리에게 물어보세요." 그 위쪽에는 조합원들의 이름과 "est. 2015"라고 적혀 있었다. 그렇지만, 특별히 중요한 것은 "마틴 루터 킹(MLK)"이라고 저작자를 명시한 다음과 같은 인용 문구였다.

"우리는 각기 다른 큰 배를 타고 여기에 왔을지라도, 우리는 이제 작은 보트 안에 함께 있습니다."

Notes

서문

1. 르로이 크루아상(LeRoy Croissant), 프레드 헨리 크루아상의 조상과 후손(Ancestors and Descendants of Fred Henry Croissant)(1791~2001), 사적 가족사(private family history)(2001); 카세트 테이프는 1989년 1월 14일과 15일에 기록된 크로아상의 책 연구의 일환으로 만들어졌다.

2. Liberty Distributors, 정책 및 절차(Policies and Procedures)(1978.12). 이모 자넷 핀리가 지하실에서 발견한 매뉴얼에는 다양한 날짜가 적힌 문서가 포함되어 있다. 재무 데이터는 1980년 회사의 예상 매출액이 6억 6천만 달러였던 시기에 나온 것이다. 또한 리버티의 회원사 중 하나인 아마릴로 하드웨어의 척 쇼트와도 회사에 대해 이야기했다. 리버티는 1935년으로 거슬러 올라가며, 쇼트에 따르면 법적으로 협동조합이 아닌 협동조합으로 운영되었다고 한다. 1991년 합병을 통해 리버티 디스트리뷰터였던 회사가 또 다른 협동조합인 디스트리뷰션 아메리카의 일부가 되었다.

3. 크루아상(Croissant), 조상과 후손(Ancestors and Descendants); 웨스턴 슈가 협동조합(Western Sugar Cooperative), "History," westernsugar.com/who-e-re/history에 따르면 이 회사는 2002년에 공동 운영자가 되었다.

4. 피터 모린(Peter Maurin), 에세이 전반에 걸쳐 반복됨(Wipf and Stock, 2010).

5. 존 컬(John Curl), 모든 사람을 위하여: 미국의 협력, 협동조합 운동, 공동체주의의 숨겨진 역사를 발견하다, 제(For All the People: Uncovering the Hidden History of Cooperation, Cooperative Movements, and Communalism in America), 2판(PM Press, 2012), 190~191쪽; 미국 협동조합의 초기 탄압에 대한 분석은 마크 슈나이버그, '확산을 위한 정치적 조건으로서의 운동: 미국 자본주의에서의 반기업 운동과 협동조합 형태의 확산', 조직 연구 34, No. 5-6(2013) 참조.

6. 협동조합 공동체라는 용어는 로렌스 그론룬드, 협동조합 공동체의 개요에서 처음 사용되었다: 현대 사회주의의 설명(Lee and Shepard, 1884)은 칼 마르크스를 보다 점진적이고 명시적으로 다원주의적인 발전을 협동조합으로 번역하면서 마르크스의 모든 것을 포괄하는 국가로 발전시켰다; 노먼 토마스, 우리 앞의 선택: 교차로에서의 인류(AMS Press, 1934); 뒤 보이스와 공동체에 대해서는 올라보데 이비롱케, "W.E.B. 뒤 보이스와 현대성의 이념 또는 인류학적 담론: 아프리카 연합 재고됨", 사회 정체성 18번(2012), 제시카 고든 넴바하드와 협동조합 공동체 건설(The Next System Project, 2016); 에드워드 K. 스판, 브라더리 투모로우스: 미국 협동조합을 위한 운동, 1820~1920(컬럼비아 대학교 출판부, 1989), 알렉스 구레비치, 노예제에서 협동조합 공동체로의 자유: 19세기 노동과 공화주의 자유(캠브리지 대학교 출판부, 2014) 참조.

7. 1912년 연설은 종종 원문으로 사용되지만, 1911년 제임스 오펜하임의 시에 영감을 주었기 때문에 그 이전의 구절이다. 미네르바 K. 브룩스, "여성을 위한 투표: 오하이오의 로즈 슈나이더만", 삶과 노동(1912.09), 288쪽; 마가렛 드레이어 로빈스, "작업장에서의 자치", 삶과 노동(1912.04), 108~110쪽; 미국의 노동 시간 문제로 인한 투쟁에 대한 설명은 벤자민 클라인 헌니컷, 자유 시간: 잊혀진 아메리칸 드림(템플 대학교 출판부, 2013) 참조.

8. 문제의 법률은 1856년 주식회사법과 1852년 산업 및 섭리 협회(Industrial and Provident Societies) 파트너십법이다. 헨리 한스만은 기업가 및 조직 다양성 저널 2, 2호(2013)에서 "모든 회사는 협동조합이고 정부도 그렇다"고 말했다.

9. 글로벌 직장 현황(State of the Global Workplace)(Gallup, 2017); 프란체스카 지노, "직원들이 자신의 일

을 소유한 것처럼 느끼게 하는 방법", 하버드 비즈니스 리뷰(2015.12.07); 조코 윌링크와 리프 배빈, 극단적 소유권: 미 해군 특수부대가 이끄는 방법과 승리(St. Martin's Press, 2015); 또한 "성공적인 회사 문화의 비밀: 소유감을 확산하라", 포브스(2014.07.07), 조엘 바스걸(Joel Basgall, 2014.10.01) 등 다양한 형태의 직원 소유권에 대해 조셉 R. 블래시, 리처드 B. 프리먼, 더글라스 L. 크루스, 시민의 몫: 21세기 불평등 감소(Yale University Press, 2012)와 같은 광범위한 사례도 참조.

10. "숫자로 보는 ESOPs(ESOPs by the Numbers)", 국립 직원 소유 센터, nceo.org/articles/esops - numbers. 그러나 토마스 더들리는 "미국의 직원 중심 경제는 얼마나 큰가?"라는 질문에 따르면 약 200만 명의 근로자만이 상당한 규모나 거버넌스 권한을 가진 ESOP를 경험하고 있다고 밝히고 있다. Fifty by Fifty, Medium(2017.06.22).

11. 동맹은 이름에 'Co-perative'를 사용하지만, 미국에서의 다른 사용법과 마찬가지로 일관성을 위해 하이픈(표준 영국어 사용법)은 생략한다. 본문에서는 계속해서 'co-per'를 사용하지만, 참고 문헌의 정확성을 위해 이 노트에는 하이픈을 유지하겠다. 데이브 그레이스 앤 어소시에이츠, 협동조합 경제의 규모와 범위 측정: 2014년 협동조합에 관한 글로벌 센서스 결과(유엔 사무국 사회정책개발부, 2014); 음형식 협동조합 및 고용: 제2차 글로벌 보고서 (CICOPA, 2017); 국제 협동조합 연합, '사실과 수치', ica.coop/en/facts-nd-igures.

12. 리미날리티(Liminality), "협동조합 인식 조사(Cooperative Awareness Survey)"(2017.04), 더 나은 세상(Better World)을 위해 협동조합들이 조사를 의뢰했다.

13. 브렌트 후(Brent Hueth), "잃어버린 시장과 협동조합 회사(Missing Markets and the Cooperative Firm)", 툴루즈 경제대학, 생산자 조직 회의(2014년 9월 5일~6일)..

14. 로베르토 스테판 포아와 야샤 뭉크(Roberto Stefan Foa and Yascha Mounk), "탈통합의 위험: 민주주의 단절(The Danger of Deconsolidation: The Democratic Disconnect)", Journal of Democracy 27, no. 3(2016.07).

15. 조지 W. 부시 대통령은 해외에서 민주 정치와 국내에서 '소유 사회'를 촉진하려고 했지만, 이 소유 사회는 의료 및 교육에 대한 공유된 공공 소유권을 민간 부문 서비스의 개별 구매로 대체하는 계획에 기반을 두고 있었다. 그의 영국 대통령 토니 블레어는 다소 협력적인 요소를 가진 소유 사회를 구상했다.

16. 애플(Apple)에서 로리 에머슨(Lori Emerson), 글쓰기 인터페이스 읽기: 디지털에서 북바운드까지(Reading Writing Interfaces: From the Digital to the Bookbound)(미네소타 대학교 출판부, 2014), 77쪽과 81쪽; 나이빗(Naisbitt)은 시어도어 로즈작(heodore Roszak), 정보 문화: 컴퓨터의 민속과 진정한 사고의 예술(판테온, 1986), 161쪽에서 인용.

17. 국제 협동조합 연합, "협동조합 정체성, 가치, 원칙", ica.coop/en/whats -o-p/협동조합-dent 가치 원칙; 협동조합 원칙에 대한 지침 노트(국제 협동조합 연합, 2015)도 참조. 다른 원칙 세트도 있다. 미국 정부는 농업 협동조합에 초점을 맞춘 자체 세트를 가지고 있으며, 브루스 J. 레이놀즈(Bruce J. Reynolds)가 미국 농무부와 국제 협동조합 연합(미국 농무부, 2014.06)의 협동조합 원칙 비교에서 논의하고 있다. 특히 노동자 협동조합은 국제 산업 및 서비스 협동조합 기구(International Organization of Industrial and Service Cooperations)에서 ICA와 대체로 겹치는 독특한 세트를 설명하고 있습니다. 노동자 협동조합에 관한 세계 선언, 콜롬비아 카르타헤나에서 열린 ICA 총회(2005.09.23)에서 승인되었다. Mondragon Corporation, "우리의 원칙", mondragon-orporation.com/en/co - 운영 경험/우리의 원칙.

18. 조나단 스템펠(Jonathan Stempel), "아코닉, 치명적인 런던 타워 화재로 미국에서 고소당하다", 로이터 통신(2017년 7월 13일); 제프리 수프란과 나오미 오레스케스(Geoffrey Supran and Naomi Oreskes), "엑

손 모빌이 기후 변화에 대해 말하지 않은 것", 뉴욕 타임즈(2017.08.22).

19. 노조와 cooper 간의 제휴에 대해서는 1worker1vote.org 및 cincinnatiunioncoop.org 참조; 프란치스 코 교황에 대해, 제 기사 "프란치스코 교황이 급진적 가톨릭 경제를 어떻게 되살리고 있는가", 네이션 (2015.09.0) 참조; 흑인 생명 운동 플랫폼에서 policy.m4bl.org/economic-justice; 참조. 노동당에서는 "코빈의 디지털 민주주의 선언문이 디지털 플랫폼의 협동조합 소유권을 촉진한다" 참조. 협동조합 뉴스 (2016.08.30); 버니 샌더스의 원래 캠페인 웹사이트에는 12개의 정책 제안 중 마지막으로 "노동자 협동조 합 만들기"가 포함되어 있었지만, 그는 이에 대해 공개적으로 거의 언급하지 않았고, 곧 이 아이디어는 그의 플랫폼에서 더 작은 요점으로 강등되었다(web.archive.org/web/20150430045208/berniesanders. com/issues); 참조). 사회 운동과 협력의 관계에 대한 일반적인 논의는 슈나이버그의 "확산을 위한 정치 적 조건으로서의 운동" 참조.

20. 조지 레이키(George Lakey), 바이킹 경제학: 스칸디나비아인들이 올바르게 이해한 방법과 우리도 할 수 있는 방법(Viking Economics: How the Scandinavians Got It Right and How We Can, Too)(멜빌 하 우스, 2016); 제시카 고든 넴바드(essica Gordon Nembhard), 집단 용기: 아프리카계 미국인 협동조합 경제 사상과 실천의 역사(Collective Courage: A History of African American Cooperative Economic Thought and Practice)(펜실베이니아 대학교 출판부, 2014); M. K. 간디(M. K. Gandhi), 건설 프로그램: 그 의미와 장소, 제2판(Constructive Programme: Its Meaning and Place, 2nd ed)(나바지반, 1945).

21. 이것은 영국에 본사를 둔 다중 이해관계자 협동조합 개발 프레임워크인 Fair Shares를 통해 설계된 온 라인 플랫폼인 AnyShare이다; 요제프 데이비스-코츠(Josef Davies-Coates), "Open Co-ps, 때가 된 아이 디어?" 오픈 코프 블로그(2014.01.07); 미셸 보웬스(Michel Bauwens), "P2P 시대를 위한 개방적 협동조 합주의", P2P 재단 블로그(2014.06.16); 팻 코나티와 데이비드 볼리어(Pat Conaty and David Bollier), 개 방적 협동조합주의를 향해: 개방형 플랫폼, 협동조합 모델 및 공유지를 기반으로 한 새로운 사회 경제 (Commons Strategies Group, 2014), commonsstrategies.org /towards-반개방적 협동조합주의.

22. 예를 들어, 유용한 비판적 논의 중 하나는 매튜 D. 디넌(Matthew D. Dinan), "오래된 이름 지키기: 데리 다와 민주주의의 해체적 기초(Keeping the Old Name: Derrida and the Deconstructive Foundations of Democracy)", 유럽 정치 이론 저널 13, 1호(2014)이다.

1장

1. 존 코니(John Coney Dir.), 스페이스 이즈 더 플레이스(Space Is the Place)(1974), 32:00.

2. 장 르클레르크(Jean Leclercq), 학문에 대한 사랑과 신을 향한 욕망(The Love of Learning and the Desire for God)(포덤 대학교 출판부, 1961), 175쪽.

3. 예) 린 마굴리스(Lynn Margulis), 공생 행성: 진화의 새로운 모습(ymbiotic Planet: A New Look at Evolution)(Basic Books, 1998); 마틴 A. 노왁과 로저 하이필드(Martin A. Nowak and Roger Highfield), 슈퍼 협력자: 이타주의, 진화, 그리고 성공하기 위해 서로가 필요한 이유(Super-Cooperators: Altruism, Evolution, and Why We Need Each Other to Succeed)(Free Press, 2012).

4. 마가렛 미드(Margaret Mead) 편집, 원시 민족 간의 협력과 경쟁(Cooperation and Competition Among Primitive Peoples)(McGraw-Hill, 1937), 16쪽; 알렉사 클레이(Alexa Clay), "신부족: 미래는 부족이다 (Neo-Tribes: The Future Is Tribal)", 독일 베를린 리퍼블릭(2016.05.04) 기조연설.

5. 엘리너 오스트롬(Elinor Ostrom), 커먼즈를 다스리다: 집단 행동을 위한 기관의 진화(캠브리지 대학

교 출판부, 1990), 90쪽; 오스트롬의 프레임워크를 역사적 공유지에 적용하려면 〈국제공동체 저널(The International Journal of the Commons)〉 10쪽, 2호(2016)의 특별호인 "장기적 관점에서의 집단 행동 기관"을 참조; 공유지에 대한 훌륭한 입문서로는 데이비드 볼리어(David Bollier), Think Like a Commoner: 커먼즈의 삶에 대한 짧은 소개(뉴 소사이어티 출판사, 2014).

6. 에드 메이요(Ed Mayo), 협동과 상호성의 짧은 역사(A Short History of Co-operation and Mutuality)(영국 협동조합, 2017.

7. 사도행전 2장 43절~45절. 이 말씀과 이후의 모든 성경 인용문은 신미국 성경에서 발췌한 것.

8. 사도행전 4장 32절~5장12절

9. 사도행전 6장 1절~6절

10. 히포의 아우구스티누스(Augustine of Hippo), 성 아우구스티누스의 통치, 트랜스. 로버트 러셀(Robert Russell) 성 아우구스티누스 수도회 형제들, 1976); 누르시아의 베네딕트, RB 1980: 영어로 된 성 베네딕트의 규칙, 트랜스. 티모시 프라이(예식 출판사, 1981), 챕터 3; 베네딕토회 규칙과 현대 협동주의의 관련성은 그렉 맥레오드의 주제이다. 바티칸 시국 사회 문제 회의(2001년 9월 12일~15일)의 주제 "기업 글로벌 시스템의 모델로서의 수도원 시스템".

11. 성 클레어(St. Clare) 규칙 제4장, 프란시스와 클레어(Francis and Clare): R. J. 암스트롱, 더 컴플리트 워크스(The Complete Works)(폴리스트 출판사, 1988), 215~216쪽. 원본에는 괄호 안에 "우리 중에(among us)"라는 단어가 있다.

12. 이 논의를 확장하기 위해서는 조르지오 아감벤(Giorgio Agamben)의 『가장 가난한 사람들(The Highest Poverty)』을 보라: 아담 키코, 전자 라이프사이클 및 양식((Stanford University Press, 2013).

13. 로버트 해리 잉글리스 팔그레이브(Robert Harry Inglis Palgrave), 정치경제학 사전, 1권(Macmillan, 1915), 212쪽; 나는 '모든 남자'를 '모두'로 바꿨다. 이는 또한 아감벤, 『가장 가난한 사람들(The Highest Poverty)』 112쪽에서 사용된 번역이기도 하다. 가톨릭 교회 교리서, 제2판(Liberia Editrice Vaticana, 1993), 3부, 2장, 2장, 예술. 7.I.

14. 누르시아의 베네틱트(Benedict of Nursia)(1980), 33장.

15. 스티븐 A. 엡스타인(Steven A. Epstein), 중세 유럽의 임금 노동과 길드(노스캐롤라이나 대학교 출판부, 1995), 40-41쪽.

16. 토마스 뮐러(Thomas Müntzer), 왕자들을 위한 설교(Sermon to the Princes)(Verso, 2010), 96~97쪽

17. 기독교 협력의 역사에 대한 보다 개신교 중심적인 버전은 앤드류 맥레오드, 성스러운 협력에서 찾을 수 있다! 『우아한 경제 구축(Building Graceful Economies)』(Cascade Books, 2009).

18. 피터 라인보(Peter Linebaugh), 마그나 카르타 선언문 참조: 모두를 위한 자유와 공동체(캘리포니아 대학교 출판부, 2009); 칼 폴라니(Karl Polanyi), 위대한 변혁: 우리 시대의 정치적, 경제적 기원(비컨 프레스, 2001 [1944]); 실비아 페데리치(Silvia Federici), 칼리반과 마녀: 여성, 신체 및 원시 축적 (Autonomedia, 2014 [2004]).

19. 제라드 윈스탠리(Gerrard Winstanley), "진일보된 진정한 평등주의자 평균(The True Levellers Standard Advanced)" 레벨러 스탠다드 어드밴스드", 제라드 윈스탠리, 공동 재무부 (Verso, 2011), 17.

2장

1. 제임스 피터 워바스(James Peter Warbasse), 소비자로서의 자발적인 국민 연합을 통한 협동 민주주의 (Cooperative Democracy Through Voluntary Association of the People as Consumers), 3판(Harper

and Brothers, 1936), 61~62쪽. 원래 명칭은 아메리카 협동조합연맹(Cooperative League of America)이었고 1922년에 처음으로 이름이 변경되었다. 1909년 뉴욕의 로우어 이스트 사이드에 설립된 유대인 협동조합연맹(Jewish Cooperative League)에 부분적으로 뿌리를 두고 있다.

2. 머레이 D. 링컨(Murray D. Lincoln), 혁신 담당 부사장(McGraw-Hill, 1960), 108쪽.

3. 워바스(Warbasse), 협동조합 민주주의(Cooperative Democracy), 270쪽.

4. John Curl, For All the People: Uncovering the Hidden History of Cooperation, Cooperative Movements, and Communalism in America, 2nd ed.(PM Press, 2012); Jessica Gordon Nembhard, Collective Courage: A History of African American Cooperative Economic Thought and Practice(University of Pennsylvania Press, 2014); Joseph G. Knapp, The Rise of American Cooperative Enterprise: 1620-1920(Interstate, 1969); 그리고 Edward K. Spann, Brotherly Tomorrows: Movements for a Cooperative Society in America, 1820-1920(Columbia University Press, 1989). 대구잡이 이야기는 다음 책의 서문에도 나와 있다. Joseph R. Blasi, Richard B. Freeman. and Douglas L. Kruse, The Citizen's Share: Reducing Inequality in the 21st Century(Yale University Press, 2012).

5. Gordon Nembhard, Collective Courage, 36쪽에 인용됨.

6. Abraham Lincoln, "Address Before the Wisconsin State Agricultural Society, Milwaukee, Wisconsin," in Collected Works of Abraham Lincoln, vol. 3(University of Michigan Digital Library Production Services, 2001).

7. 더 긴 철학적 전통에 대해서는 David Ellerman, "On the Renting of Persons," Economic Thought 4, no. 1(2015)를 참고할 것. 로웰의 파업 이야기에 대한 설명은 Bruce Laurie, Artisans into Workers: Labor in Nineteenth-Century America(University of Illinois Press, 1997), 87쪽에 나온다. 노래 가사는 대중가요 "I Won't Be a Nun"에서 패러디한 것이다.

8. George Jacob Holyoake, The History of Cooperation, rev. ed.(T. Fisher Unwin, 1908[1875]), 11쪽과 13쪽. 이 시기에 대한 또 다른 중요한 기록으로는 Beatrice Potter Webb, The Co-operative Movement in Great Britain(Allen and Unwin, 1899)이 있다.

9. Holyoake, The History of Cooperation, 34쪽.

10. Holyoake, 40쪽.

11. 예를 들어 Brett, Fairbairn, The Meaning of Rochdale: The Rochdale Pioneers and the Co-operative Principles(Centre for the Study of Co-operatives, University of Saskatchewan, 1994)와 John F. Wilson, Anthony Webster, and Rachael Vornberg-Rugh, Building Co-operation: A Business History of The Co-operative Group, 1863-2013(Oxford University Press, 2013). Ed Mayo, A Short History of Co-operation and Mutuality(Co-operatives UK, 2017)는 로치데일 이전의 잉글랜드의 협동조합들을 간단하게 묘사한다. 하지만 영국의 지배적인 협동조합 조직들의 설립에서 로치데일이 수행한 역할을 고려한다면, 그와 같은 수정주의적 접근이 홀리요크의 격찬과 완전히 모순되지 않는다.

12. Holyoake, The History of Cooperation, 208~281쪽; Webb, The Co-operative Movement in Great Britain. 사적 소유에 대한 접근 방법의 차이를 강조한다.

13. George Jacob Holyoake, The History of the Rochdale Pioneers, 10th ed.(Georg Allen and Unwin, 1893), 21쪽; Holyoake, The History of Cooperation, 287~288쪽.

14. 이 역사적 사실에 대한 결정적인 전거는 Wilson, Building Co-operation이다.

15. 각 주제에 대한 참고문헌은 다음과 같다. 결여된 시장: Brent Hueth, "Missing Markets and the Cooperative Firm," Toulouse School of Economics, Conference on Producer Organizations(September 5-6, 2014); Kazuhiko Mikami, Enterprise Forms and Economic Efficiency: Capitalist, Cooperative and Government Firms(Routledge, 2013); E. G. Nourse, "The Economic Philosophy of Co-operation," American Economic Review 12, no. 4(December 1922). 스타트업 비용: Hueth, "Missing Markets." 생산성 혜택: Peter Bogetoft, "An InformationEconomic Rationale for Cooperatives," European Review of Agricultural Economics 32(2005); Peter Molk, "The Puzzling Lack of Cooperatives," Tulane Law Review, 88(2014); Virginie Pérotin, What Do We Really Know About Worker Cooperatives?(Co-operatives UK, 2016). 보호: Henry Hansmann, The Ownership of Enterprise(Harvard University Press, 2000); Pérotin, What Do We Really Know 정보공유: Bogetoft, "An Information Economic Rationale" ; Timothy W. Guinnane, "Cooperatives as Information Machines: German Rural Credit Cooperatives, 1883-1914," Journal of Economic History 61, no.2(2001); Mikami, Enterprise Forms. 실패 가능성: John W. Mellor, Measuring Cooperative Success: New Challenges and Opportunities in Low- and Middle-Income Countries(United States Overseas Cooperative Development Council and United States Agency for International Development, 2009); Molk, "The Puzzling Lack"; Erik K. Olsen, "The Relative Survival of Worker Cooperatives and Barriers to Their Creation," in Sharing Ownership, Profits, and Decision-Making in the 21th Century, ed. Douglas Kruse (Emerald Group Publishing, 2013); Pérotin, What Do We Really Know. 회복탄력성: Johnston Birchall, Resilience in a Downturn: The Power of Financial Cooperatives(International Labour Organization, 2013); Clifford Rosenthal, Credit Unions, Community Development Finance and the Great Recession (Federal Reserve Bank of San Francisco, 2012); Guillermo Alves, Gabriel Burdín and André Dean, "Workplace Democracy and Job Flows," Journal of Comparative Economics 44, no. 2(May 2016). 비용-절감: Hansmann, The Ownership of Enterprise; Hueth, "Missing Markets"; Pérotin, What Do We Really Know.

16. Holyoak, The History of Cooperation, 312, 355-356의 제사(題詞)에서 인용; Curl, For All the People, pt. I, chap. 3, epub; Victor Rosewater, History of Cooperative News-Gathering in the United States(D. Appelton, 1930).

17. Union Co-operative Association No. 1 of Philadelphia를 위한 포스터. Steve Leikin, The Practical Utopians: American Workers and the Cooperative Movement in the Guilded Age(Wayne State University Press, 2005), 1 ; Iron Molders' International Journal(May 1868)(Leikin, 28에 인용됨).

18. David T. Beito, From Mutual Aid to the Welfare State: Fraternal Societies and Social Services, 1890-1967(University of North Carolina Press, 2000); Blasi, Freeman, and Kruse, The Citizen's Share, 141-142.

19. Curl, For All the People, pt. I, chaps. 5-6, epub; Lawrence Goodwyn, The Populist Moment: A Short History of th Agrarian Revolt in America(Oxford University Press, 1978); Knapp, The Rise of American Cooperative Enterprise; Leikin, The Practical Utopians.

20. W. E. Burghardt Du Bois, ed., Economic Co-operation Among Negro Americans(Atlanta University Press, 1907), 4. Gordon Nembhard, Collective Courage도 참조할 것.

21. Gordon Nembhard, Collective Courage, 85.

22. Charles Caryl, New Era: Presenting the Plans for the New Era Union [...](1897); Sylvia Pettem, Only

in Boulder: The Country's Colorful Characters(History Press, 2010); Bradford Peck, The World a Department Store: A Story of Life Under a Cooperative System(1900); Spann, Brotherly Tomorrows, 216-219. 카릴과 펙의 책은 둘다 1888년에 출판되어 엄청나게 인기를 끈 에드워드 벨라미Edward Bellamy의 Looking Backward와 스타일이 비슷하다.

23. 특히 Knapp, The Rise of American Cooperative Enterprise를 볼 것. 독점금지에 관해서는 John Hanna, "Antitrust Immunities of Cooperative Associations," Law and Contemporary problems 13(Summer 1948)과 Christine A Varney, "The Capper-Volstead Act, Agricultural Cooepratives, and Antitrust Immunity," Antitrust Source(December 2012).

24. Cooperative League of the USA, The Co-ops Are Comin'(1941), archive.org/details/the-co-ops-are-comin-1941. 영화에서 "스터디 그룹"은 이탤릭으로 표기되어 있다.

25. Andrea Gagliarducci, "The Man Who Put Laudato Si into Practice in Ecuador—Forty Years Ago," Catholic News Agency(July 8, 2015).

26. J. Carroll Moody and Gilbert C. Fite, The Credit Union Movement: Origins and Develoment, 1850-1980(Kendall/Hunt, 1984); Susan MacVittie, "Credit Unions: The Farmers' Bank," Watershed Sentinel(January 16, 2018); William Foote Whyte and Kathleen King Whyte, Making Mondragón: The Growth and Dynamics of the Worker Cooperative Complex, 2nd ed.(ILR Press, 1991).

27. 유대주의에 대해서는 Noémi Giszpenc, "Cooperatives: The(Jewish) World's Best-Kept Secret," Jewish Currents(Autumn 2012); 프로테스탄티즘에 대해서는 Andrew McLeod, Holy Cooperation! Building Graceful Economies(Cascade Books, 2009)를 볼 것. 협동조합은 무슬림이나 불교도가 다수인 지역 및 그 디아스포라 공동체에도 널리 퍼져 있다. 그리고 지역적인 종교 언어 속에서 협동조합의 모델이 재해석된다.

28. Leo XIII, Rerum Novarum, sec. 46.

29. 가톨릭 협동조합 운동의 이데올로기적 기초는 복잡한 계보를 이룬다. 레오 13세를 이어받으면서 더 뚜렷하게 협동조합의 형식을 지지했던 교황 피우스 11세는 양차대전 사이에 베니토 무솔리니와 엮이고 만다. 벨록과 체스터톤 역시 분배주의적 열망을 간직하면서도 파시즘과 인종주의에 끌린다. 이런 경향들은 가톨릭 협동조합에서 실제로 활동했던 사람들 사이에서는 그렇게 일반적이지 않았다.

30. José María Arizmendiarietta, Reflections(Otalora, 2013), sec. 213. Race Mathews, Jobs of Our Own: Building a Stakeholder Society: Alternatives to the Market and the State, 2nd ed.(Distributist Review Press, 2009)와 Of Labour and Liberty: Distributism in Victoria 1891~1966(Monash University Publishing, 2017)도 참조할 것. Whyte and Whyte, Making Mondragón은 몬드라곤 시스템에 대한 또 하나의 중요한 보고서다. 바스크 출신 전기 작가가 자기 책의 서두에 썼듯이, "아리즈멘디아리에타는—역사적으로든 체계적으로든—하나의 역사 이론 혹은 생산 이론에 대한 철학적 분석에서 출발하지 않는다. 그의 영감은 오히려 사람에 대한 구체적이고 철학적인 이해 속에서 나온다."(Joxe Azurmendi, El Hombre Cooperativo: Pensamiento de Arizmendiarrieta [La Kide Aurrezkia, 1984]. 매디슨 통역자 협동조합Interpreters' Cooperative of Madison의 스티브 헤릭Steve Herrick의 초벌 번역을 거침.)

31. "Father Albert McKnight," Cooperative Hall of Fame, heroes.coop/archive/father-albert-mcknight; Albert J. McKnight, Whistling in the Wind: The Autobiography of The Rev. Albert J. McKnight, C. S. Sp.(Southern Development Foundation, 2011), epub; Mary Anne Rivera, "Jubilee: A Magazine of the Church and Her People: Toward a Vatican II Ecclesiology," Logos: A Journal of Catholic Thought and

Culture 10, no. 4(Fall 2007); Catholic Relief Services, "Agency Strategy," crs.org/about/agency-strategy; "Interfaith Partners," Equal Exchange, equalexchange.coop/our-partners/intrfaith-partners. 가톨릭 전통과 프란치스코 교황, 그리고 협동에 대해 더 알고 싶다면, Frank Pasquale(ed.), Laudati Si'; Ethical, Legal, and Political Implications(Cambridge University Press, 근간)에 수록된 졸고 "Truly, Much Can Be Done!': Cooperative Economics from the Book of Acts to Pope Francis"를 참조하라.

32. L. Cannari and G. D'Alessio, "La Distribuzione del Reddito e della Ricchezza nelle Regioni Italiane," Banca d'Italia, Temi di Discussione del Servizio Studi no. 482(June 2003); Flavio Delbono, "The Sources of GDP in [the] Emilia Romagna Region and the Role of Co-operation," Emilia Romagna Cooperative Study Tour Lecture at the University of Bologna(June 8, 2017).

33. L. Cannari and G. D'Alessio, "La Distribuzione del Reddito e della Ricchezza nelle Regioni Italiane," Banca d'Italia, Temi di Discussione del Servizio Studi no. 482(June 2003); Flavio Delbono, "The Sources of GDP in [the] Emilia Romagna Region and the Role of Co-operation," Emilia Romagna Cooperative Study Tour Lecture at the University of Bologna(June 8, 2017). 저명한 경제학자이자 볼로냐의 전(前)시장인 델보노 Delbono는 이 강의와 이후 주고받은 편지에서, 협동조합과 이 지역의 경제지표 사이에 인과 관계가 있다고 주장했다. 내가 지금 하고 있는 이야기의 상당 부분은 세인트 메리 대학의 협동조합 경영 교육 프로그램과 볼로냐 대학의 경제학부가 공동 주관한 스터디 투어의 경험에서 나온 것이다.

34. (Co-operative Bank 영국식 철자법에 따라 co-operative로 표기된다.

35. 케냐의 협동조합 경제와 그 역사에 대한 개관으로는 Ndwakhulu Tshishonga and Andrew Emmanuel Okem, "A Review of the Kenyan Cooperative Movement," in Theoretical and Empirical Studies on Cooperatives, ed. Andrew Emmanuel Okem(Spring 2016); Fredrick O. Wanyama, "The Qualitative and Quantitative Growth of the Cooperative Movement in Kenya", in Cooperating Out of Poverty: The Renaissance of the African Cooperative Movement, ed. Patrick Develtere, Ignace Pollet, and Fredrick Wanyama(International Labour Organization, 2008).

36. 이디오피아의 아디스아바바에서 열린 UN의 협동조합에 관한 미팅에서 발표된 E. N. Gicheru, "Engaging Co-operatives in Addressing Local and Global Challenges: The Role of Co-operatives in Generating Sustainable Livelihood"(September 4-6, 2012); CoopAfrica, "Kenya," International Labour Organization, ilo.org/public/english/employment/ent/coop/africa/countires/eastafrica/kenya.htm.

37. Roderick Hill, "The Case of the Missing Organizations: Co-operatives and the Textbooks," Journal of Economic Education(Summer 2000); Panu Kalmi, "The Disappearance of Cooperatives from Economics Textbooks,"Cambridge Journal of Economics 31, no. 4(2007).

38. Lee Altenberg, "An End to Capitalism: Leland Stanford's Forgotten Vision," Sandstone and Tile 14, no. 1(Winter 1990)에 인용됨.

39. Joss Winn, "Democratically Controlled, Co-operative Higher Education." openDemocracy(April 23, 2015); The Schools Co-operative Society, co-operativeschools.coop.

40. Lee Altenberg, "An End to Capitalism."

3장

1. 그녀의 사상의 최종적인 요약은 Grace Lee Boggs with Scott Kurashige, The Next American Revolution:

Sustainable Activism for the Twenty-First Century』 2nd.ed.(University of California Press, 2012)을 참조할 것.

2. Kathi Weeks, The Problem with Work: Feminism, Marxism, Antiwork Politics, and Postwork Imaginaries(Duke University Press, 2011) [케이시 웍스, 『우리는 왜 이렇게, 오래 열심히 일하는가?-페미니즘, 마르크스주의, 반노동의 정치, 그리고 탈노동의 상상』 제현주 역, 동녘, 2016] 참조.

3. Jared Bernstein, "The Challenge of Long Term Job Growth: Two Big Hints," On the Economy(blog) (June 5, 2011), jaredbernsteinblog.com /the-challenge-of-long-term- job-growth-two-big-hints; Andrew McAfee, "Productivity and Employment(and Technology): In the Jaws of the Snake"(March 22, 2012), andrewmcafee.org /2012/03/mcafee- bernstein-productivity-employment-technology-jaws-snake. Lawrence Mishel, "The Wedges Between Productivity and Median Compensation Growth," Economic Policy Institute, Issue Brief no.330(April 26, 2012)도 참조할 것.

4. Jim Tankersley, "Meet the 26-Year-Old Who's Taking on Tomas Piketty's Ominous Warnings About Inequality," Washington Post(March 19, 2015).

5. Joseph L. Bower and Clayton M. Christensen, "Disruptive Technologies: Catching the Wave," Harvard Business Review』(January-February 1995); Clayton M. Christensen, The Innovator's Solution: Creating and Sustaining Successful Growth(Harvard Business Press, 2003). 그는 "파괴적 기술disruptive technology"을 "파괴적 혁신disruptive innovation"으로 수정했다.

6. James Manyika et al., Jobs Lost, Jobs Gained: Workforce Transitions in a Time of Automation(McKinsey Global Institute, 2017).

7. Thomas I. Palley, Financialization: The Economics of Finance Capital Domination(Palgrave Macmillan, 2013).

8. Johnston Birchall, Resilience in a Downturn: The Power of Financial Cooperatives(International Labor Organization, 2013); Clifford Rosenthal, Credit Unions, Community Development Finance, and the Great Recession(Federal Reserve Bank of San Francisco, 2012).

9. 위의 사례들과 그밖의 최근 협동조합 운동의 주요 사례들에 대한 선구적인 설명으로는 John Restakis, Humanizing the Economy: Co-operatives in the Age of Capital(New Society Publishers, 2010), J. Tom Webb, From Corporate Globalization to Global Co-operation: We Owe It to Our Grandchildren(Fernwood Publishing, 2016); Jonathan Michie, Joseph R. Blasi, and Carlo Borzaga, eds., The Oxford Handbook of Mutual, Co-operative, and Co-owned Business(Oxford University Press, 2017). 협동조합 소유를 언제나 필요로 하는 것은 아닌 노동자 공동지배worker co-governance 의 사례들을 더 많이 알고 싶다면, Immanuel Ness and Dario Azzellini, eds., Ours to Master and to Own: Workers' Control from the Commune to the Present(Haymarket, 2011); Catherine P. Mulder, Transcending Capitalism Through Cooperative Practices(Palgrave Macmillan, 2015); Daniel Zwerdling, Workplace Democracy: A Guide to Workplace Ownership, Participation and Self-Management Experiments in the United Stated and Europe(Harper Colophon, 1980). ESOP(Employee Stock Ownership Plan, 종업원 지주제)에 대해서는, "ESOPs by the Numbers", National Center for Employee Ownership, nceo.org/articles/esops-by-the-numbers 참조; 이니셔티브 피프티 바이 피프티 the initiative Fifty by Fifty(fiftybyfifty.org)는 2050년까지 종업원 지주를 5천만명까지 늘리는 것을 목표로 삼는다. 비자Visa는 주식회사로 전환 중이다. 디 혹은 내게 보낸 이메일에서 이런 결말이 "조직에게 불가피하지만, 경제적으로 탐욕스럽고, 사회적으로 불공정하며, 창의성의 관점에서는 척박하고, 철학적으로 어리석으

며, 창업자에게는 실망을 안겨준다"고 썼다. 나 역시 파크슬로프 식품 협동조합과 관련하여, 내가 규칙을 어긴 사실을 자백하지 않을 수 없다. 아내는 협동조합의 회원이면서 나보다 훨씬 더 나은 협력자였지만, 아내와 집을 공유하는 동안에 나 자신은 회원이 되지 않았다.

10. Oscar Perry Abello, "NYC Set to Triple Number of Worker Co-operatives," Next City(January 11, 2016); Marielle Mondon, "Co-Op Success in Cleveland Is Catching On," Next City(March 17, 2015); "클리블랜드 모델"에 관해 좀 더 알고 싶으면, Democracy Collaborative에서 만든 community-wealth.org 사이트와, Atlee McFellin, "The Untold Story of the Evergreen Cooperatives," Grassroots Economic organizing(November 7, 2016); Ajowa Nzinga Ifateyo, "$5 Million for Co-op Development in Madison," Grassroots Economic organizing(January 26, 2015); Malcolm Burnley, "Oakland Is Claiming Its Worker Cooperative Capital Title," Next City(September 22, 2015); "Legislative Package Introduced to Encourage Employee-Owned Companies," 상원의원 버니 샌더스 보도 자료(May 11, 2017); Mary Hoyer, "Labor Unions and Worker Co-ops: The Power of Collaboration," Grassroots Economic Organizing(July 9, 2015)에 대한 비평 참조.

11. Kari Lydersen, Revolt on Goose Island: The Chicago Factory Takeover and What It Says About the Economic Crisis(Melville House, 2009); Astra Taylor, "Hope and Ka-ching," The Baffler 25(2014년); 새 시대 유리창 협동조합이 워킹월드에서 받은 대출은 theworkingworld.org/us/loans/loans/1344 사이트에서 찾을 수 있다.

12. 에어비앤비와 파리의 특별한 관계에 대해 더 알고 싶으면, Jeff Sharlet, "Cult on Hospitality," Travel+Leisure(April 21, 2016) 참조.

13. 트레버 숄츠Trebor Scholz는 특히 보츠먼이 온라인 노동 시장에 대해 열광하는 것을 비판했다. "이는 수 세기에 걸쳐 노동운동이 쟁취하려 했던 것을 전면적으로 모욕하는 일이다." 그의 주장을 책 형태로 찾아보려면, Uberworked and Underpaid: How Workers Are Disrupting the Digital Economy(Polity, 2017)를 볼 것. 공유경제 논란에 대한 폭넓은 설명으로는 Juliet Schor, "Debating the Sharing Economy," Great Transition Initiative(October 2014) 참조.

14. 불안정 노동precarious work에 대한 유사한 반응들을 개괄하려면, Pat Conaty, Alex Bird, Cilla Ross, Working Together: Trade Union and Co-operative Innovation for Precarious Workers(Co-operatives UK, 2018)

15. 이 조직의 내부 문서는 handbook.enspiral.com에 공개되어 있다.

16. Alex Burness, "At Long Last, Boulder Approves New Co-op Housing Ordinance," Daily Camera(January 4, 2017).

17. James Howard Kunstler, "The Gastly Tragedy of the Suburbs," TED talk(May 2017).

4장

1. John T. Noonan Jr., The Scholastic Analysis of Usury(Harvard University Press, 1957); Jacques Le Goff, Your Money or Your Life: Economy and Religion in the Middle Ages(Zone Books, 1988) 참조.

2. X 세대(또는 간단히 X 세대)는 베이비 붐 세대를 따르고 밀레니엄 세대보다 앞서는 인구통계학적 코호트. 연구원과 대중 매체는 1960년대 중후반을 출생 연도 시작으로, 1970년대 후반에서 1980년대 초반을 출생 연도 종료로 사용하며, 세대는 일반적으로 1965년에서 1980년까지 태어난 사람들로 정의된다. https://

en.wikipedia.org/wiki/Generation_X

3. Nathan Schneider, "How a Worker-Owned Tech Startup Found Investors—and Kept Its Values," YES! Magazine(April 26, 2016) 참조.

4. Credit Union National Association, "Credit Union Data and Statistics," cuna.org/Research-And-Strategy/Credit-Union-Data-And-Statistics; CoBank, "About CoBank," cobank.com/About-CoBank.aspx.

5. Satoshi Nakamoto, "Bitcoin Open Source Implementation of P2P Currency," P2P Foundation Ning forum(February 11, 2009), p2pfoundation.ning.com/forum/topics/bitcoin-open-source; the original Bitcoin white paper at bitcoin.org/bitcoin.pdf도 보기 바란다.; Bitcoin의 상승에 대한 완전한 설명이 필요하면, Nathaniel Popper, Digital Gold: Bitcoin and the Inside Story of the Misfits and Millionaires Trying to Reinvent Money(Harper, 2015)을 참조하라.

6. Daniela Hernandez, "Homeless, Unemployed, and Surviving on Bitcoins," Wired(September 13, 2013); Kim Lachance Shandrow, "Bill Gates: Bitcoin Is 'Better Than Currency,'" Entrepreneur(Oc-tober 3, 2014); 비트코인에 대한 더 설득력있는 비평을 원한다면, Brett Scott의 "Visions of a Techno-Leviathan: The Politics of the Bitcoin Blockchain," E-International Relations(June 1, 2014) and "How Can Cryptocurrency and Blockchain Technology Play a Role in Building Social and Solidarity Finance?" working paper for the United Nations Research Institute for Social Development(February 2016)를 참조하라.

7. 초기 비트코인에 관한 저술가들은 비트코인 보유자이기도 했기 때문에 신뢰할 만한 분석가가 거의 없었다. 스완슨의 작업은 환영할 만한 예외였다. ofnumbers.com에 있는 그의 책을 참조하라. 비트코인의 공개 원장은 통계학자들의 꿈이지만, 실제 사람들과 연결하는 것은 쉽지 않다. 인구통계 데이터의 경우는 Lui Smyth, "Bitcoin Community Survey 2014"(February 1, 2014), http://simulacrum.cc/2014/02/01/bitcoin-community-survey-2014; Neil Sardesai, "Who Owns All the Bitcoins—An Infographic of Wealth Distribution," CryptoCoins- News(March 31, 2014); CoinDesk, Who Really Uses Bitcoin?(June 10, 2015), coindesk.com/research/who-really-uses-bitcoin; Olga Kharif, "The Bitcoin Whales: 1,000 People Who Own 40 Percent of the Market," Bloomberg Businessweek(December 8, 2017); Coin Dance, "Bitcoin Community Engagement by Gender Summary," coin.dance/stats/gender(2018년 3월에 94.73퍼센트가 남성이었음)을 참조하라.

8. 부테린의 원본 논문은 github.com/ethereum/wiki/wiki/White-Paper 에서 찾을 수 있다.

9. 아마 이더리움을 진지하게 다룬 학술적 발표는 Primavera De Filippi, "Ethereum: Freenet or Skynet?" luncheon at Berkman Klein Center for Internet and Society at Harvard University(April 15, 2014), cyber.harvard.edu/events /luncheon/2014/04/difilippi 였다; 또한 많이 회자되었던 비디오 "Vitalik Buterin Reveals Ethereum at Bitcoin Miami 2014," youtube.com/watch?v=l9dpjN3Mwps도 참조하라; 부테린의 관점에 대한 초기 분석은 Sam Frank, "Come With Us If You Want to Live," Harper's Magazine(January 2015)을 참조하라; 기술적인 조망은 Ethereum Foundation, "How to Build a Democracy on the Blockchain," ethereum.org/dao 을 참조하라.

10. Vitalik Buterin, comment on Reddit thread(April 6, 2014), reddit .com/r/ethereum/comments/22av9m/code_your_own_utopia.

11. coinmarketcap.com에서 진행 중인 통화 콘테스트를 따라가 보라; CU Ledger에 대해서는 culedger.com을 참조.

12. Joon Ian Wong and Ian Kar, "Everything You Need to Know About the Ethereum 'Hard Fork,'" Quartz(July 18, 2016).

13. 듀란은 중요한 정보원으로 일을 했으며, 이에 대해서는 Jeffrey S. Juris 의 Networking Futures: The Movements Against Cor-porate Globalization(Duke University Press, 2008)을 참조하라. 여기서는 포우 Pau로 지칭했다.

14. Enric Duran, Abolim la Banca(Ara Llibres, 2009).

15. CIC에 대한 최신 개요와 조직 구조에 대한 자세한 내용은 George Dafermos의 다음글을 참조하라. The Catalan Integral Cooperative: An Organizational Study of a Post-Capitalist Cooperative(P2P Foundation and Robin Hood Coop, 2017)

16. 페어 코인의 신비스러운 생애는 인기 있는 암호화폐 포럼에 남아 있다(bitcointalk.org/index . php?topic=487212.0).

5장

1. Christopher M. Kelty, Two Bits: The Cultural Significance of Free Software(Duke University Press, 2008).

2. Jodi Dean의 "The Communist Horizon," New York(July 28, 2011), No-Space in Brooklyn에서의 강의 참조, vimeo.com/27327373.

3. W3Techs,"Usage of Operating Systems for Websites,"w3techs.com /technologies/overview/ operating_system/all.

4. E. Gabriella Coleman, Coding Freedom: The Ethics and Aesthetics of Hacking (Princeton University Press, 2012); Christopher M. Kelty, Two Bits; David Bollier, "Inventing the Creative Commons," in Viral Spiral: How the Commoners Built a Digital Republic of Their Own(New Press, 2008).

5. Theodore Roszak, The Cult of Information: The Folklore of Computers and the True Art of Thinking(Pantheon, 1986), 138-141; Fred Turner, From Counterculture to Cyberculture: Stewart Brand, the Whole Earth Network, and the Rise of Digital Utopianism(University of Chicago Press, 2006), and Judy Malloy, ed., Social Media Archeology and Poetics(MIT Press, 2016).

6. Coleman, Coding Freedom; Brian J. Robertson, Holacracy: The New Management System for a Rapidly Changing World(Henry Holt, 2015); Frederic Laloux, Reinventing Organizations: A Guide to Creating Organizations Inspired by the Next Stage of Human Consciousness(Nelson Parker, 2014).

7. Jennifer Reingold, "How a Radical Shift Left Zappos Reeling," Fortune(March 4, 2016).

8. Evgeny Morozov, "The Meme Hustler," Baffler 22(2013).

9. GitHub, "Open Source Survey," opensourcesurvey.org/2017; Coraline Ada Ehmke, "The Dehumanizing Myth of the Meritocracy," Model View Culture 21(May 19, 2015); Ashe Dryden, "The Ethics of Unpaid Labor and the OSS Community,"(November 13, 2013), ashedryden.com/blog/the-ethics-of-unpaid-labor-and-the-oss-community.

10. Roszak, The Cult of Information, 175.

11. Aaron Smith, "Gig Work, Online Selling and Home Sharing," Pew Research Center(November 17, 2016); 일반적인 플랫폼 경제에 대해서는 Martin Kenney and John Zysman, "The Rise of the Platform Economy," Issues in Science and Technology 32, no. 3(Spring 2016), and Geoffrey G. Parker, Marshall

W. Van Alstyne, and Sangeet Paul Choudary, Platform Revolution: How Networked Markets Are Transforming the Economy and How to Make Them Work for You(W. W. Norton, 2016)을 참조하라. 플랫폼의 개념에 대한 비판은 Tarleton Gillespie, "The Platform Metaphor, Revisited," Social Media Collective research blog(August 24, 2017)을 참조하라.; Forbes 잡지 데이터와 statista.com / statistics/263264 를 기반으로 한 평가 통계임.

12. Julia Cartwright, Jean François Millet: His Life and Letters(Swan Sonnenschein, 1902), 177; 유대인 전통에서 이삭줍기의 경제적 중요성에 대한 연구는 Joseph William Singer, The Edges of the Field: Lessons on the Obligations of Ownership(Beacon Press, 2000)을 참조.

13. Anna Bernasek and D. T. Mongan, All You Can Pay: How Companies Use Our Data to Empty Our Wallets(Nation Books, 2015); Nick Couldry, "The Price of Connection: 'Surveillance Capitalism,'" Conversation(September 22, 2016); Virginia Eubanks, Automating Inequality: How High-Tech Tools Profile, Police, and Punish the Poor(St. Martin's Press, 2018); Frank Pasquale, The Black Box Society: The Secret Algorithms That Control Money and Information(Harvard University Press, 2015); Astra Taylor, The People's Platform: Taking Back Power and Culture in the Digital Age(Metropolitan Books, 2014); Joseph Turow et al., The Tradeoff Fallacy: How Marketers Are Misrepresenting American Consumers and Opening Them Up to Exploitation, report from the Annenberg School for Communication at the University of Pennsylvania(June 2015); James Joyce quoted from Finnegans Wake in Marshall McLuhan, The Gutenberg Galaxy: The Making of Typographic Man(University of Toronto Press, 1962), 278.

14. Greetje F. Corporaal and ViliLehdonvirta, Platform Sourcing: How Fortune 500 Firms Are Adopting Online Freelancing Platforms(Oxford Internet Institute, 2017); Lawrence F. Katz and Alan B. Krueger, "The Rise and Nature of Alternative Work Arrangements in the United States, 1995-2015," National Bureau of Economic Research working paper no. 22667(September 2016).

15. David de Ugarte, "Tipologías de las Cooperativas de Trabajo," El JardínIndiano(September 18, 2011); Sebastiano Maffettone et al., "Manifesto"(2012), www.cooperativecommons.coop/index. php/en/manifesto; Janelle Orsi, "The Next Sharing Economy"(October 17, 2014), youtube.com/ watch?v-xpg4PjGtbu0; Brian Van Slyke and David Morgan, "The 'Sharing Economy' Is the Problem," Grassroots Economic Organizing(July 3, 2015); a directory of North American tech worker coops at techworker.coop and coops.tech for the UK 참조; 기술협동조합tech coops의 근거에 대한 설명은 Brian Van Slyke, "The Argument for Worker-Owned Tech Collectives," Fast Company(November 20, 2013), and Gabrielle Anctil, "Can Coops Revolutionize the Tech Industry?" Model View Culture 34(March 16, 2016)을 참조.

16. Nathan Schneider, "Owning Is the New Sharing," Shareable(December 21, 2014); Trebor Scholz, "Platform Cooperativism vs. the Sharing Economy"(December 5, 2014), medium.com/@trebors / platform-cooperativism-vs-the-sharing-economy-2ea737f1b5ad. 그의 팜플랫 플랫폼 협동조합주 의Platform Cooperativism의 개념에 대한 Scholz의 후속 설명 Challenging the Corporate Sharing Economy(Rosa Luxemburg Stiftung, 2016) 을 참조하고 또한 그와 내가 공동편집한 선언문인 Ours to Hack and to Own: The Rise of Platform Cooperativism, a New Vision for the Future of Work

and a Fairer Internet(OR Books, 2016)을 참조. Scholz 역시 Uberworked and Underpaid: How Workers Are Disrupting the Digital Economy(Polity, 2017)에서 플랫폼협동조합주의에 대하여 썼다. Douglas Rushkoff, the concluding speaker at the 2015 Platform Cooperativism conference, advocates the model in Throwing Rocks at the Google Bus: How Growth Became the Enemy of Prosperity(Portfolio, 2016).

17. Marjorie Kelly, Owning Our Future: The Emerging Ownership Revolution(Berrett-Koehler Publishers, 2012); Managed by Q, "Managed by Q Stock Option Program Press Conference,"(March 18, 2016), vimeo.com/159580593 을 강력하게 추천.

18. 컨퍼런스와 콘소시움에 대해서는 platform.coop을, 디렉토리는 ioo.coop을 참조. 생태계를 사용한 것에 대해서는 Adam Curtis(dir.), All Watched Over by Machines of Loving Grace, BBC(2011)에 따름.

19. E.g., selfhosted.libhunt.com and ioo.coop/clouds.

20. Anand Sriraman, Jonathan Bragg, and Anand Kulkarni, "Worker-Owned Cooperative Models for Training Artificial Intelligence," CSCW '17 Companion(February 25-March 1, 2017).

21. José María Arizmendiarrieta, Reflections(Otalora, 2013), sec. 486.

22. John Geraci, "Interviewed: Venture Capitalist Brad Burnham on Skinny Platforms," Shareable(June 22, 2015).

23. 2017 년 11 월 17 일, 말레이시아에서 열린 ICA 총회는 영국 협동 조합과 미국 협동 조합이 후원하는 플랫폼 협동 조합 지원 결의안을 만장일치로 통과 시켰음.; Brewster Kahle, "Difficult Times at Our Credit Union," Internet Archive Blogs(November 24, 2015).

24. Dmytri Kleiner, The Telekommunist Manifesto(Institute of Network Cultures, 2010); StaccoTroncoso, "Think Global, Print Local and Licensing for the Commons," P2P Foundation blog(May 10, 2016).

25. coopData.org의 설립자이며, the Internet of Ownership을 구축하는 데 나를 협력해준 Devin Balkind 은 다음에서 협동조합 부분에서 실제적인 데이터를 제공해주었음.: "When Platform Coops Are Seen, What Goes Unseen?" The Internet of Ownership blog(February 10, 2017).

26. platform.coop/2015/participants/maria-de-carmen-arroyo; on Austin and the aftermath, Jeff Kirk, "The Austin Ride-Hail Chronicles: Game Over for RideAustin?" Austin Startups(June 15, 2017); Anca Voinea, "Corbyn's Digital Democracy Manifesto Pro-motes Co-operative Ownership of Digital Platforms," Co-operative News(August 30, 2016).

27. Lina Khan, "Amazon's Antitrust Paradox," Yale Law Journal 126, no. 3 (January 2017); Jonathan Taplin, "Is It Time to Break Up Google?" New York Times(April 22, 2017); Ryan Grim, "Steve Bannon Wants Facebook and Google Regulated Like Utilities," Intercept(July 27, 2017).

28. David Talbot, Kira Hessekiel, and Danielle Kehl, Community-Owned Fiber Networks: Value Leaders in America(Berkman Klein Center for Internet and Society, 2018); 협동조합과 시의 광역 프로그램에 대한 자원에 muninetworks.org, a project of the Institute for Local Self-Reliance 을 참조하라.

29. Victor Rosewater, History of Cooperative News-Gathering in the United States(D. Appleton, 1930), 351; William Bryk, "A False Armistice," New York Sun(November 10, 2004).

30. Walter R. Mears, "A Brief History of AP," in Reporters of the Associated Press, Breaking News: How the Associated Press Has Covered War, Peace, and Everything Else(Princeton University Press, 2007); Rosewater, History of Cooperative News-Gathering; Jonathan Silberstein-Loeb, The International

Distribution of News: The Associated Press, Press Association, and Reuters, 1848-1947(Cambridge University Press, 2014).

31. Liana B. Baker, "Twitter CEO Calls Company 'People's News Network,'" Reuters(October 10, 2016).

32. Nathan Schneider, "Here's My Plan to Save Twitter: Let's Buy It," Guardian(September 29, 2016).

33. Twitter, Inc., Proxy Statement: Notice of 2017 Annual Meet- ing of Stockholders(April 7, 2017); SEC의 규정은 sec.gov/divisions/corpfin/cf-noaction/14a-8/2017 /mcritchiesauerteig031017-14a8.pdf 에서 볼 수 있음; 포괄적인 설명은 Spitzberg, "#GoCoop: How the #BuyTwitter Campaign Could Signal a New Coop Economy," Cooperative Business Journal(Summer 2017)을 참조하라; 트위터의 제안과 관련된 선례는 Louis Kelso(또한 광범위한 직원 주식 소유 계획을 처음 제안했음)가 제안한 "consumer stock ownership plan" 모델임. Louis O. Kelso and Patricia Hetter Kelso, Democracy and Economic Power: Extending the ESOP Revolution Through Binary Economics(Ballinger, 1986) 을 참조.

34. Fred Wilson, "The Golden Age of Open Protocols," AVC(July 31, 2016). "더 파괴적인 것(more disruptive that)"이라는 오타가 있음.

6장

1. "전체 연설: 사우스 케롤라이너 주 자프니에서 열린 도널드 트럼프 행사(2-18-16)," Right Side Broadcasting Network(2016년 2월 18일), 유튜브 .com/watch?v=pq4wA_jQ8-k.

2. 전국지역전력협동조합연합회(National Rural Electric Cooperative Association)의 다양한 발간자료에서 얻은 통계 ; cooperative.com/public/maps에서 지도 참고.

3. 전력협동조합들의 역사에 대해서는 잭 도일(Jack Doyle)의 책, Lines Across the Land: Rural Electric Cooperatives: The Changing Politics of Energy in Rural America(Environmental Policy Institute, 1979), 그리고 테드 케이스(Ted Case)의 Power Plays: The U.S. Presidency, Electric Cooperatives와 the Transformation of Rural America(자비 출판, 2013); 웹사이트(opensecrets.org; 로비와 정치자금의 영향을 분석하는 the Center for Responsive Politics가 운영하는 웹사이트)로부터 얻은 기부금 자료; 스티븐 존슨(Steven Johnson)가 전국지역전력 협동조합 연합회 출판부에서 배포한 자료 "Mike Pence Familiar to Indiana Co-ops,"(July 25, 2016년 6월 25일); 애비 스피낙(Abby Spinak)의 박사학위 논문, "Infrastructure and Agency: Rural Electric Cooperatives and the Fight for Economic Democracy in the United States"(2014년, MIT)를 참고.

4. 전국지역전력 협동조합 연합회 출판부에서 배포한 캐씨 캐쉬(Cathy Cash)의 글 "'Co-ops Vote' Called a Success,"(2016년 11월 14일)

5. 전국지역전력 협동조합 연합회 출판부에서 배포한 "NRECA Statement on Budget Proposal,"(2017년 3월 16일); 레베카 하비(Rebecca Harvey)가 Co-operative News(March 17, 2017)에 실은 글, "Trump's Budget Blueprint Sees Cuts for Co-ops and Credit Unions,"; 전국지역전력 협동조합 연합회 출판부에서 배포한 캐시 캐쉬(Cathy Cash)의 글(2017년 3월 28일) , "Trump Orders Clean Power Plan Review,"

6. G&T 숫자들은 전국지역전력협동조합연합회의 승인을 받아 게재; 미국 에너지정보관리국(US Energy Information Administration)의 웹사이트(eia.gov/tools/faqs/faq.php?id=427&t=3.)에 실린 "What Is U.S. Electricity Generation by Energy Source?"(2016년 4월 1일)

7. 전국지역전력협동조합연합회 출판부가 배포한 글 "Cooperative Solar Skyrockets,"(2017년 3월 9일).

8. 도일(Doyle)의 책 Lines Across the Land, 141쪽에서 300쪽까지. 긴 시간 안내를 해준 전력협동조합 컨설턴트이자 전문가인 아담 슈와르츠(Adam Schwartz)에게 감사한다.

9. 지방전력청(Rural Electrification Administration)의 책자, A Guide for Members of REA Cooperatives(1939년 미농림부); 정부가 제작한 영화의 예로서는 지방전력청이 제작한 Power and the Land(1951년 [1940년])와 미정보서비스국이 제작한 The Rural Co-op(c. 1950년)가 있음.

10. 전력협동조합 사이에서 나타나는 이런저런 자금남용 사례는 짐 쿠퍼(Jim Cooper)의 논문 "Electric Co-operatives: From New Deal to Bad Deal?" Harvard Journal on Legislation 제45권, 제2호(2008년 여름) 참고.

11. 협동조합의 민주화 프로젝트 전말을 알고자 하면, 그 주제를 특집으로 다룬 Southern Changes 18(1996년))의 3-4호 참고.

12. 국회의원 짐 쿠퍼 출판(Jim Cooper press)이 배포한 "Subpoenaed Witnesses Evade House Oversight Committee,"(2008년 6월 26일).

13. 존 파렐(John Farrell)의 책, ReMembering the Electric Cooperative(Institute for Local SelfReliance, 2016년).

14. 머레이 디 링컨(Murray D. Lincoln)의 책, Vice President in Charge of Revolution(McGraw-Hill, 1960년), 133쪽.

15. 쿠퍼(Cooper)의 책, "Electric Co-operatives," 346쪽.

16. 미국 농무부와 국제협동조합연맹의 원칙들을 추가적으로 더 비교해보고 싶다면, 부루스 제이 레이놀드(Bruce J. Reynolds)의 책, Comparing Cooperative Principles of the US Department of Agriculture and the International Cooperative Alliance(US Department of Agriculture, 2014년 6월) 참고.

17. 제임스 피터 와바세의 책, Cooperative Democracy Through Voluntary Association of the People as Consumers, 3판,(Harper and Brothers, 1936년), 25쪽, 266쪽, 그리고 7쪽 참고.

18. 코레이 허친스(Corey Hutchins)의 글, "Bernie Sanders: Colorado Could 'Lead the Nation' with Its Universal Healthcare Ballot Measure," Colorado Independent(2015년 8월 26일) 참고.

19. 미카엘 에이 샤디드(chael A. Shadid)의 책, A Doctor for the People: The Autobiography of the Founder of America's First Co-operative Hospital(VanguardPress, 1939년); 폴 스타르(Paul Starr)의 책, The Social Transformation of American Medicine: The Rise of a Sovereign Profession and the Making of a Vast Industry(Basic Books, 1984년), 302쪽에서 306쪽까지 ; 사브리나 코레트 등(Sabrina Corlette, Kevin Lucia, Justin Giovannelli, and Sean Miskell)이 the Commonwealth Fund(2015년 3월 12일)에 올린 글, "The Affordable Care Act CO-OP Program: Facing Both Barriers and Opportunities for More Competitive Health Insurance Markets,"도 그 점에 초점을 맞추었음.

20. 금융: 카밀레 케르(Camile Kerr의 책, Local Government Support for Cooperatives(Democracy at Work Institute, 2015년); 피터 몰크(Peter Molk)의 글, "The Puzzling Lack of Cooperatives," Tulane Law Review 88(2014년); 로라 핸슨 스라쳐(Laura Hanson Schlachter)의 글, "MCDC Milestone Reflections: City of Madison Grant Writing Process"(University of Wisconsin Madison Center for Cooperatives, 2016년 8월); 미농무부 지역개발국(USDA Rural Development)의 책, Income Tax Treatment of Cooperatives(US Department of Agriculture, 2013년 6월). 육성 : 오스카 페리 아벨로(Oscar Perry Abello)의 글, "NYC Set to Triple Number of Worker Cooperatives," Next City(2016년 1월 11일); 케르(Kerr)의 책, Local Government Support for Cooperatives; 로렌 맥커리(Lauren McCauley)의 글, "'An Idea Whose Time Has Come': Lawmakers Roll Out Plan to Expand Worker Ownership," Common

Dreams(2017년 5월 11일); 슬라쳐(Schlachter)의 글, "MCDC Milestone Reflections." 의무명령: 케르 (Kerr)의 책, Local Government Support for Cooperatives; 모크(Molk)의 글, "The Puzzling Lack of Cooperatives." 촉진자: 안토니오 피시(Antonio Fici)의 논문, "Cooperation Among Cooperatives in Italian and Comparative Law," Journal of Entrepreneurial and Organizational Diversity 제4권, 2호(2015 년); 지속가능한 경제 법칙 센터(Sustainable Economies Law Center)의 웹사이트(theselc.org/worker_ coop_city_policies)에 올린 글, "Worker Coop City Policies," 참고.

21. 단테 그라코그나 등((Dante Cracogna et al.)이 글을 모아놓은 책 International Handbook of Cooperative Law에 실린 안토니오 피시(Antonio Fici)의 글, "Italy,"(SpringerVerlag, 2013년); 티토 자 미니 부부(Tito Menzani and Vera Zamagni)의 책, "Co-operative Networks in the Italian Economy," Enterprise and Society(2009년) 참고.

22. 로라 프란더스(Laura Flanders)의 글, "Remembering Chokwe Lumumba," YES! Magazine(2014년 2월 26일); 또 프란더스가 잘 정리해 놓은 루뭄바의 프로파일, "After Death of Radical Mayor, Mississippi's Capital Wrestles with His Economic Vision," YES! Magazine(2014년 4월 1일)도 참고.

23. 웹사이트(uckrock.com)에 있는 perma.cc/H6T3-GPYM를 방문하여 2014년에서 2016년까지 정보의 자 유법(Freedom of Information Act)에 따른 청구 결과; 돈나 라드(Donna Ladd)의 책, "Jackson Tragedy: The RNA, Revisited," Jackson Free Press(2014년 5월 5일) 참고.

24. 흑인법률가 국제컨퍼런스(national Conference of Black Lawyers)에서 낸 글, "Chokwe Lumumba: A Legal Biography"(2014년 3월 3일); 나이브(R. L. Nave)의 글, "A 'New Justice Frontier,'" Jackson Free Press (2014년 4월 3일) 참고.

25. 신아프리카공화국(the Republic of New Afrika)의 임시정부가 미시시피 주에서 땅을 구입한 것을 기 념하는 축제를 막기 위해 내린 적법한 봉쇄조치와 자경단을 격파했던 1971년, 그 행사에서 따온 슬로 건 ; 아쿠노(Kali Akuno)와 낭와야(Ajamu Nangwaya)가 편집한 책, Jackson Rising: The Struggle for Economic Democracy, Socialism and Black Self-Determination in Jackson, Mississippi,에 수록된 루키 아 루뭄바의 글, "All Roads Lead to Jackson,"(Daraja Press, 2017년) 참고.

26. 아쿠노(Kali Akuno)의 책, Casting Shadows: Chokwe Lumumba and the Struggle for Racial Justice and Economic Democracy in Jackson, Mississippi(Rosa Luxemburg Siftung, 2015년); 루뭄바의 입후보 및 시장으로서 행정에 대해 좀더 알고 싶으면, 지역신문사인 the Jackson Free Press가 모아놓은 자료를 참고. 이 신문사 웹사이트에는 선거자금기록도 올려져 있음.

27. 책 Jackson Rising에 수록된 알자무 낭와자(Ajamu Nangwaya)의 글, "Seek Ye First the Worker Self- management Kingdom: Toward the Solidarity Economy in Jackson, MS,"에서 좀더 상세한 내용 참고 가능.

28. 알렌(Allen)은 2017년 횡령으로 판결받았으나, 도시개발주식회사에서 그의 자리를 계속 유지하였다.

29. 제시가 고든 넴하드(Jessica Gordon Nembhard)의 책, Collective Courage: A History of African American Cooperative Economic Thought and Practice(University of Pennsylvania Press, 2014년)과 and 미카엘 마일즈(Michael Miles)의 글, "Black Cooperatives," New Republic(1968년 7월 21일)에서 이 역사적 개관 참고; 매트 크롭(Matt Cropp)의 글, "Martin Luther King, Jr., Credit Unionist," Credit Union History(블러그)(2014년 1월 20일); 학생비폭력조정위원회(Student Nonviolent Coordinating Committee) 의 역할은 SNCC 조직자인 매리 엘리자베스 킹(Mary Elizabeth King)의 증언에서 얻은 것임.

30. 네이브(R. L. Nave)의 글, "Candidate Profile: Tony Yarber," Jackson Free Press(April 2, 2014년 4월 2일);

웹사이트 kingfish1935.blogspot.com에서 잭슨 잠발라야(Jackson Jambalaya archives) 기록물 참고.

31. 돈나 라드(Donna Ladd)의 글, "Making of a Landslide: Chokwe A. Lumumba and a Changing Jackson," Jackson Free Press(May 10, 2017년 5월 10일); 구텐플랜(D. D. Guttenplan)의 글, "Is This the Most Radical Mayor in America?" Nation(December 4-11, 2017년 11월 4일에서 11일까지) 참고.

32. 앤드 그린버그(Andy Greenberg)가 타키(Taaki)에 관해 정리해 놓은 파일 "How an Anarchist Bitcoin Coder Found Himself Fighting ISIS in Syria," Wired(2017년 3월 29일)에 에 프리에토(Prieto)에 관한 언급이 있음.

33. 자넷 비엘(Janet Biehl)의, Revolution in Rojava: Democratic Autonomy and Women's Liberation in the Syrian Kurdistan(Pluto Press, 2016년)에 수록된 미카엘 넵 등(Michael Knapp, Anja Flach, and Ercan Ayboga)의 글, "The Social Economy,"; 단체 Strangers in a Tangled Wilderness에서 엮은 책, A Small Key Can Open a Large Door: The Rojava Revolution(AK Press, 2015년) 참고. 두 비영리기관 Solidarity Economics와 Corporate Watch가 공동으로 웹사이트 Solidarity Economics에서 "Co-operative Economy in Rojava and Bakur"에 관해 유용한 블러그를 운영하고 있음.

34. 파브리스 발란체(Fabrice Balanche)의 글, "The Kurdish Path to Socialism in Syria," The Washington Institute(2017년 5월 16일) 참고.

7장

1. 웹사이트의 실물자료는 web.archive.org/web/20131210152950/http://floksociety.org:80/cuando-va-a-suceder.참고.

2. 이 wiki는 현재 p2pfoundation.net/Main_Page에 있다. ; FLOK의 조사에 기반해서 구축된 이 재단의 더 많은 작업 발표 자료는 commonstransition.org.에서 활용 가능.

3. 그런 공개회계(open accounting)에 대해 더 알고 싶으면, 바우엔스와 니아로스(Michel Bauwens and Vasi lis Niaros)의 책, Value in the Commons Economy: Developments in Open and Contributory Value Accounting(HeinrichBöllFoundation and P2P Foundation, 2017년) 참고; 이것은 P2P Foundation 블러그에 게시되어 있는 "open cooperativism"의 비젼 또는 바우엔스(Michel Bauwens)의 글, "Open Cooperativism for the P2P Age,"(2014년 6월 6일)와 연관되어 있음.

4. 코스타키스(Vasilis Kostakis)와 바우엔스(Michel Bauwens)의 책, Network Society and Future Scenarios for a Collaborative Economy(Palgrave Macmillan, 2014년); 바우엔스(Michel Bauwens)의 글, "Blueprint for P2P Society: The Partner State and Ethical Economy," Shareable(2012년 4월 7일); 레스타키스(John Restakis)의 책, Cooperative Commonwealth and the Partner State(The Next System Project, 2017년) 참고.

5. 프란즈 로젠탈(Franz Rosenthal)이 번역한 이븐 할둔(Ibn Khaldun)의 책, The Muqaddimah: An Introduction to History(Princeton University Press, 2015년) 참고.

6. 이 추세에 대한 초기 기술은 데렉 톰슨(Derek Thompson)과 요단 웨이스만(Jordan Weissmann)의 글, "The Cheapest Generation," Atlantic(2012년 9월); "myth of the 'don't own' economy,"에 대한 비판적 통계는 책 The Millennial Study(Accel and Qualtrics, 2017년)을 참고; 이 "investment"에 대한 비판을 알고 싶으면, 말콤 헤리스(Malcolm Harris)의 책, Kids These Days: Human Capital and the Making of Millennials(Little, Brown, 2017년) 참고.

7. 거주에 대해서는 로라 고테스다이에너(Laura Gottesdiener)의 글, "The Empire Strikes Back,"

TomDispatch(2013년 11월 26일) 참고; 고용에 대해서는 책 Guy Standing, The Precariat: The New Dangerous Class(Bloomsbury Academic, 2011년) 참고; 시민권에 대해서는 아토사 알렉시아 아브라하미안(Atossa Araxia Abrahamian)의 책, The Cosmopolites: The Coming of the Global Citizen(Columbia Global Reports, 2015년) 참고; 클라우드에 대해서는 존 듀햄 피터스(John Durham Peters)의 책, TheMarvelous Clouds: Toward a Philosophy of Elemental Media(University of Chicago Press, 2015년) 참고.

8. "이동(mobile)," "정체(stuck)," 그리고 "정착(rooted)"이란 삼분법에 대한 비판은 리처드 프로리다(Richard Florida)의 책, Who's Your City? How the Creative Economy Is Making Where to Live the Most Important Decision of Your Life(Basic Books, 2008년) 참고; 보다 최근의 정치적 분석은 데이비드 쉴라이처(David Schleicher)의 논문, "Stuck! The Law and Economics of Residential Stability," Yale Law Journal 127(2017년) 참고.

9. 제프 아보트(Jeff Abbott)의 글, "Indigenous Weavers Organize for Collective Intellectual Property Rights," Waging Nonviolence(2017년 7월 17일).

10. 리차드 펠로니(Richard Feloni)의 글, "Why Mark Zuckerberg Wants Everyone to Read the Fourteenth-Century Islamic Book The Muqaddimah," Business Insider(2015년 6월 2일); 마크 저커버그(Mark Zuckerberg)가 페이스북(facebook.com/notes/mark zuckerberg/building globalcommunity/10154544292806634)에 실은 글, "Building Global Community"(2017년 2월 17일),

11. 나는 싱귤래리티 대학 국제해법프로그램(Global Solutions Program)의 초청연사로 다녀온 적이 있다.

12. 피터 디아맨디스(Peter Diamandis)의 글, "I Am Peter Diamandis, from XPRIZE, Singularity University, Planetary Resources, Human Longevity Inc., and More. Ask Me Anything," Reddit AMA discussion(2014년 7월 11일), 참고. eddit.com/r/Futurology/comments/2afiw5/i_am_peter_diamandis_from_xprize_singularity/ciulffv에 게시.

13. 케빈 루스(Kevin Roose)의 글, "In Conversation: Marc Andreessen," New York(2014년 10월 19일) 참고; 샘 알트만(Sam Altman)이 블러그(blog.samaltman.com/technology-andwealthinequality)에 올린 글, "Technology and Wealth Inequality"(2014년 1월 28일) 참고.

14. 보편적 기본소득에 대한 최근 개괄에는 립 반 파리즈(Philippe Van Parijs)와 야닉 밴더보르트(Yannick Vanderborght)의 책, Basic Income: A Radical Proposal for a Free Society and a Sane Economy(Harvard University Press, 2017년), 그리고 루트저 브레맨(Rutger Bregman)의 책, Utopia for Realists: How We Can Build the Ideal World(Little, Brown, 2017년)이 포함되어 있다.

15. marshallbrain.com/manna1.htm 올려진 마샬 브레인(Marshall Brain)의 책, Manna: Two Views of Humanity's Future(2012년); 기본소득과 벤처캐피털 사이의 간극에 대한 다른 관점을 알려면, 웹사이트 interfluidity.com/v2/5066.html에서 스티브 랜디 왈드만(Steve Randy Waldman)의 글, "VC for the People"(2014년 4월 16일) 참고.

16. 매크 졸린스키 등(Matt Zwolinski, Michael Huemer, Jim Manzi, and Robert H. Frank)의 글, "Basic Income and the Welfare State," Cato Unbound(2014년 10월) 참고; 노아 고든(Noah Gordon)의 글, "The Conservative Case for a Guaranteed Basic Income," Atlantic(2014년 10월 6일) 참고.

17. 스코트 다디치(Scott Dadich)의 글, "Barack Obama, Neural Nets, SelfDriving Cars, and the Future of the World," Wired(2016년 11월)에서 오바마(Obama)는 "보편적(기본)소득이 옳은 모델인지 아닌지는 이것이 광범위하게 받아들여질까입니다. "이것은 앞으로 10에서 20년에 걸쳐 이루어질 논쟁입니다"라고

말했다. 공유재를 활용해 조성된 기금의 보편적 배당(universal dividends)에 대해서는, 예로서 피터 바니스(Peter Barnes)의 책, With Liberty and Dividends for All: How to Save Our Middle Class When Jobs Don't Pay Enough(BerrettKoehler Publishers, 2014년) 참고; 오레곤 주의 경우를 보려면, 나단 쉬나이더(Nathan Schneider)의 글, "Soon, Oregon Polluters May Have to Pay Residents for Changing the Climate," YES! Magazine(2015년 12월 9일); 포스터. 그리고 이 방식에 대해 더 알고 싶다면, Chris Hughes의 책, Fair Shot: Rethinking Inequality and How We Earn(St. Martin's Press, 2018년) 참고.

18. 가상화폐를 활용한 기본소득 프로젝트들은 Circles, Grantcoin, Group Currency, and Resilience; they interact라는 명칭으로 진행된다. reddit.com/r/CryptoUBI 참고.

19. 케시 위크스(Kathi Weeks)의 책, The Problem with Work: Feminism, Marxism, Antiwork Politics, and Postwork Imaginaries(Duke University Press, 2011년) 참고; 안디 스턴(Andy Stern)과 리 크라비츠(Lee Kravitz)의 책, Raising the Floor: How a Universal Basic Income Can Renew Our Economy and Rebuild the American Dream(PublicAffairs, 2016년) 참고.

20. 존 제이 형사정의 칼리지(John Jay College of Criminal Justice 좌익 포럼의 세션에서 발표된 글, "Black Cooperatives and the Fight for Economic Democracy,"(2015년 5월 31일) 참고; 또한 마리나 고비스(Marina Gorbis)가 단순한 소득보다 "보편적 기본자산"을 요구한 내용도 참고.

21. 기술적 실업(technological unemployment; 역자주: 기술발전으로 일자리가 줄어서 생기는 장기적 실업)에 대해서는 제임스 슈러비엑키(James Surowiecki)의 요약, "Robopocalypse Not," Wired(2017년 7월) 참고; 고용과 불평등에 관해서는(다른 많은 연구 중에서도) 미카엘 포스터(Michael Förster)와 호라시오 레비(Horacio Levy)의 책, United States: Tackling High Inequalities, Creating Opportunities for All(OECD, 2014년); 노동현장 감독에 대해서는, 에스터 카르란(Esther Kaplan)의 글, "The Spy Who Fired Me," Harper's(2015년 3월) 참고; 인간 컴퓨터화(human computerization)에 대해서는 브렛트 엠 프리쉬만(Brett M. Frischmann)의 논문, "Human-Focused Turing Tests: A Framework for Judging Nudging and Techno-Social Engineering of Human Beings," Cardozo Legal Studies Research Paper no. 441(2014년) 참고.

22. 공동체구매연대(Community Purchasing Alliance)의 보고서, 2016 Annual Report(2017년 2월). 나는 그 모임에서 개괄적 연설을 했고 강연비를 받았다.

23. 울프(E.g., Richard D. Wolff)의 책, Democracy at Work: A Cure for Capitalism(Haymarket, 2012년); 울프 개념틀의 적용에 대해서는, 캐서린 피 뮬더(Catherine P. Mulder)의 책, Transcending Capitalism Through Cooperative Practices(Palgrave Macmillan, 2015년) 참고.

24. 로버트 디 퍼트넘(Robert D. Putnam)의 책, Making Democracy Work: Civic Traditions in Modern Italy(Princeton University Press, 1993년), 142쪽; 동일한 책에서 추록 F에서는 협동조합의 존재와 다른 형태의 시민 참여활동 간의 통계적 상관관계를 밝히고 있다. 자마니 부부의 많은 저작물 중에서 특별히 자마니부부(Stefano Zamagni and Vera Zamagni)의 책, Cooperative Enterprise: Facing the Challenge of Globalization(Edward Elgar, 2010년) 참고.

25. 파두아 대학(University of Padua)에서 열린 협동조합이 걸어온길 회의(Cooperative Pathways Meeting)에서 리사 도리가티(Lisa Dorigatti)의 프리젠테이션 자료, "Workers' Cooperatives and the Transformation of Value Chains: Exploiting Institutional Loopholes and Reducing Labour Costs,"(2017년 6월 8일) 참고; 전반적인 프로젝트에 대한 더 많은 자료는 에릭 오린 라이트(Erik Olin Wright)가 쓴

책, Pathways to a Cooperative Market Economy를 ssc.wisc.edu/~wright/Cooperative-pathways.htm
에서 참고; "Pope Francis Encourages Cooperatives to Build Solidarity," Vatican Radio(2015년 5월 5
일) 참고; 프란시스(Francis)에 대해 더 많은 것을 알고 싶다면, 프랑크 파스규알(Frank Pasquale)이 엮은
책, Laudato Si': Ethical, Legal, and Political Implications(Cambridge University Press, 출간예정)에서 내
가 쓴 장(章)인 "'Truly, Much Can Be Done!': Cooperative Economics from the Book of Acts to Pope
Francis,"참고.

26. 파다우 대학(University of Padua)에서 열린 협동조합이 걸어온길 회의(Cooperative Pathways Meeting)
에서 행한 프란체스카 뽀르누(Francesca Forno)와 파오로 그라지아노(Paolo Graziano)의 발표에 대한
토론 프리젠테이션, "Reconnecting the Social: How Political Consumerism Enacts Collective Action,"
(2017년 6월 9일) 참고.

27. 그 자료방은 coloradocoops.info/directory에 있다. ; 주(州) 법인단체자료를 기반으로 리스트를 작성해
놓은 록키산맥농부협동조합으로부터 나는 결정적인 도움을 받았다.

Index

alternative currencies 대안화폐 142, 155

anti-globalization movement 반세계화 운동 151

artificial intelligence 인공지능 25, 181, 197, 274, 277

auto industry 자동차 산업 96, 103

automation 자동화 12, 49, 98, 101, 116, 145, 209, 270, 277, 282, 284

autonomy 자율성 23, 179, 187, 230, 314

black power 흑인 권력 239

capital credits 자본 신용 227

civil economy 시민 경제 286

cloud services 클라우드 서비스 173

common-pool resources 공유자원 34

community land trust 공동체 토지 신탁 128, 250

constructive radicalism 건설적 급진주의 231

cooperative accumulation 협력적 축적 267

cooperatives 협동조합 11~29, 33, 35, 43, 45, 51, 58, 77, 84, 88, 110, 115, 223, 267~269, 274, 275~276, 278~280, 282, 284~294, 295~297

cooperativism 협동주의(협동조합주의) 67, 82, 135, 155, 156, 191, 194, 197, 198, 202, 204, 290, 292

credit unions 신용협동조합(신용조합) 13, 19, 20, 22, 24, 27, 248, 251, 275, 284, 285

crowdfunding 크라우드펀딩, 158, 199, 284, 291

crptocurrencies 암호화폐 137, 140, 141, 145, 146, 147, 150, 166, 167, 168

currencies 화폐(또는 통화수단) 136, 137, 139, 141, 142, 154, 155, 157, 164, 166, 170, 280

data justice 데이터 정의 102

disruption 붕괴 95, 96, 105, 106, 117, 119, 135, 138, 179, 182, 197, 204, 237, 249, 265, 270, 282

diversity 다양성 27, 109, 130, 154, 285

electric co-ops 전력협동조합(전력조합) 14, 18, 20, 27, 214~217, 219~230, 232, 284, 291

employee ownership 종업원 소유 74, 111

fediverse 페디버스 211

free-software movement 무료 소프트웨어 운동 176, 180

geographic mobility 지리적 이동성 271

gig work 긱 노동 191, 195

gleaning 이삭줍기 182

hackerspace 해커스페이스 41, 169, 262

housing co-ops 주택협동조합(주택조합) 285, 296,

mendicant 탁발수도회 37

mercantilism 중상주의 270

missing markets 실종된 시장(잃어버린 시장) 19, 71

monasteries 수도원 31, 32, 36, 37, 39, 41~45, 48, 49, 54, 57

network economy 네트워크 경제 119, 286

nomadism 노마디즘(유목주의) 270, 271, 272

one member one vote 1인 1표 23

open-source 오픈소스 40, 41, 43, 46, 137, 159, 160, 170, 171, 173, 174, 175, 179, 180, 200, 202~204, 211, 212

patronage dividend 이용실적배당 67

platform cooperativism 플랫폼 협동조합주의 191, 193, 197, 202, 204

radical Reformation 급진 종교개혁 55

sharing economy 공유경제 21, 37 117, 118, 120, 121, 125, 190, 191, 267, 273

slow computing 슬로우 컴퓨팅 170, 171, 175, 180, 193, 197, 204

social contracts 사회계약 15, 21, 29, 143, 273, 274, 276

social cooperatives 사회적 협동조합 106

social reformers 사회개혁가 16, 41

solidarity economy 연대 경제 109

universal basic income 보편적 기본소득(제) 277, 278, 283

universal destination of goods 재화의 보편적 목적 319

unMonastery 가상수도원 39, 42~47, 275

women's suffrage 여성 참정권 17

플랫폼협동조합주의란?

— 김재우

　돌이켜보면 2018년도 12월 어느 날 우연히 접하게 된 신간 서평을 통해 네이선 슈나이더를 뒤늦게나마 알게 된 것은 그 해의 행운 중 하나였다. 솔직히 고백하건대 당시 나는 저자가 국내에서도 알려진 트레버 숄츠(Trebor Scholz)와 함께 2015년 11월 〈플랫폼 협동조합주의: 인터넷, 소유권, 민주주의〉라는 역사적인 컨퍼런스를 조직했던 인물인지도 몰랐다. 숄츠의 내한 강연 소식을 듣고 충동 구매한 그의 번역본은 사실상 방치되어 있었지만, 다행히 『Everything for Everyone』에 대한 나의 관심은 서문을 읽으면서 더 커져만 갔다. 부끄럽게도 내 학부 수업인 〈인간사회의 협동과 갈등〉이나 〈소셜미디어 사회학〉에 접목시킬 수 있는 흥미로운 사례나 토론 거리들을 찾기 위함이 주된 동기였지만. 저자가 줄곧 강조하는 "모든 것은 프로토타입"이라는 가르침을 이미 지역의 현장에서 실천하는데 헌신해온 공동 번역자들이 이 책의 가치를 알려주지 않았더라면….

　저자의 희망대로 디지털 경제의 문제점들에 대한 해답을 과연 실리콘 밸리의 회의실이 아닌 세계 곳곳 수세기에 걸쳐 이뤄진 협동의 전통에서 어떻게 찾을 수 있을 것인가? 막대한 자본 투자와 경쟁 속에서 소수의 빅테크 기업들이 생성형 AI 기술이라는 승부 패를 들고 경제 질서를 전면 재편하고 있는 마당에, 저자는 경쟁이 아니라 협력이 혁신의 동력이 되는 경제나 디지털 기술이 모든 사람의 도구가 되는 민주적 사회와 같은 레토릭이 진정 새롭다고 생각하는가? 또 다른 우연에 불과하겠지만 초벌 번역이 거의 끝나가고 있었던 2022년도 말은 ChatGPT가 공식 출범했던 시기와 겹친다. 전례 없는 창조적 파괴 속에 저자가 예견한 문제들이 더욱 첨예해지고 있는 만큼 이 책에서 제시하고 있는 아이디어들은 더욱 절실해지는 듯하다. 때로는 그리 가볍지만 않게 느껴지는 그의 이야기를 따라가다 보면, AI 기반 디지털 경제의 축적 체제가 야기하는 부의 불평등, 민주주의 위기, 새로운 사회적 위험에 대한 남다른 통찰과 함께 더 많은 이들이 AI 협동조합의 소유와 운영에 참여하고 그 혜택을 공유하는 사회를 향한 혁신적 비전과 제안을 만나게 된다.

커먼웰스의 협력 정신, 자본주의 넘어설 열쇠

— 이재민

『모두에게 모든,』을 번역하며, 저는 지난 10여 년간 현장에서 목격한 정신적 공백과 혁신 역량의 부재, 그리고 정부의 과도한 개입 속에 '기생경제'로 전락해 온 한국 사회적경제의 현실을 다시 마주했습니다. 저자의 날카로운 통찰은 우리 사회의 민낯을 거침없이 드러내며, 읽는 이로 하여금 불편한 자성을 요구합니다.

사회적경제와 공유경제 분야에서 활동해 온 저는 슈나이더의 플랫폼 협동조합주의를 알고 있었지만, 이 책을 통해 국내에 거의 알려지지 않았던 미국 협동조합의 역사와 실제 모습, 그리고 '커먼웰스(commonwealth)'라는 개념으로 수렴되는 두 분야의 깊이 있는 시각을 새롭게 얻었습니다. 슈나이더는 우리가 잃어버린 커먼웰스의 협력 정신이야말로 자본주의를 넘어설 열쇠라고 강조합니다. 진정한 커먼웰스 정신은 정부 의존이 아니라, 민주적 협력 속에서 스스로 가치를 창출하고 이를 공동체로 환원하는 데서 비롯됩니다. 그는 협동조합의 경험을 토대로, 공유경제·기본소득·시민경제 등 다양한 실험을 커먼웰스 정신 아래 통합해 보여줍니다.

『모두에게 모든,』은 전통적 협동조합의 범위를 넘어, 급변하는 공유플랫폼 경제와 다가올 AI 경제까지 협력과 혁신의 시선으로 성찰하게 합니다. AI의 부상은 우리로 하여금 '급진적 민주주의 전통'의 잠재력을 다시금 주목하게 하며, 이 책은 한국 사회가 세계 속에서 어떤 미래를 선택할지 함께 고민하도록 이끄는 강력한 이정표가 될 것입니다.

모든 것을 공동소유한다
— 허문경

　전주에서 활동하며 '경제의 지역화'를 주제로 한 국제회의를 기획하던 번역자들은 책 번역을 계기로 저자 네이선 슈나이더(Nathan Schneider)를 「제8회 행복의 경제학 국제회의 전주」의 연사로 초대했었다. 마침 코로나19로 회의는 온라인으로 치러졌지만, 그의 발제 '온라인 민주주의와 민주적인 권력 공유'는 유튜브 동영상으로 남아 있다. 당시 국제회의 기획자로서의 관심은 네이선 슈나이더가 트레버 숄츠(Trebor Scholz)와 함께 『Ours to Hack and to Own: The Rise of Platform Cooperativism, a New Vision for the Future of Work and a Fairer Internet』이라는 책을 편집하며 '플랫폼협동조합주의'를 주창한 것에 집중되어 있었다. 플랫폼협동조합주의란 온라인 중개자 또는 기술 프레임워크에 의해 독점·착취·감시되는 플랫폼 경제에 협동조합방식의 공정한 조건을 도입하여 새로운 온라인 생태계를 만들어내자는 주장이다. 행복의 경제학 국제회의에서의 네이선 슈나이더의 발제는 온통 블록체인 등 디지털 기술에 의한 민주화에 집중되어 있었지만, 번역서에서 그는 "협동조합기업이 4만 개가 넘는, 협동조합 조합원 수가 가장 많은 나라, 미국"의 전통을 자신의 조부와 그 세대의 삶을 묘사하면서 잘 보여주고 있다.

　'조부와 그 세대의 삶'의 전통은 이 책을 출간한 도서출판 기역의 이대건 대표와도 어딘가 맞닿아 있다. 그는 서울에서 20년여 년 편집자·출판기획자로 일하던 중, 자신의 증조부가 설립하여 지역사회에 기부했던 초등학교의 폐교를 계기로 고향으로 돌아왔다. 그가 폐교를 활용해 만든 복합문화공간 '책

마을해리'에서는 공연, 전시, 출판캠프 등 지역사회에 밀착된 활동이 이어지고 있고, 20만 권의 책, 21개의 개방공간이 "누구나 책, 누구나 도서관"을 모토로 "공유"되고 있다.

이 책의 원제목 『Everything for Everyone』은 협동조합주의 문맥에서 '모든 것을 공동소유한다'는 뜻이기도 하지만, 초기 기독교 공동체의 '모든 것을 함께 나눈다'(사도행전 구절)는 뜻으로 사도행전 구절이기도 하다. 학부에서 종교학을 전공한, 자신의 이름이 성경에 등장하는 예언자 Nathan인 저자가 책 곳곳에 숨겨놓은 중의적인 메시지를 해독하는 것도 이 책을 읽는 즐거움의 하나이다.

| 역자 소개 |

김재우

전북대학교 사회학과 교수입니다. 사회적 웰빙과 건강, 소셜미디어, 협력과 집합행동, 불평등의 사회심리학에 관심을 기울이며 공부하고 있습니다. 특히 사회연결망, 응집성, 다양성과 같은 집단 특성이 개인 수준의 정서, 인지, 태도와 상호작용하는지, 사회 계층화와 불평등이 어떤 사회심리적 기제들을 통해 건강과 웰빙의 격차로 이어지는지를 연구해왔습니다.

이재민

웅지세무대학 교무처장, 산학협력처장 등을 거쳐 현재 전주대학교 창업경영금융학과 교수로 재직 중입니다. 『디자인씽킹, 넛지를 만나다』 외 여러 책을 펴냈으며 공유경제, 공동체 화폐, 디자인씽킹 기반 리빙랩, 사회적경제 등을 행동경제학과 연결짓는 연구에 몰두하고 있습니다.

한동숭

전주대학교 문화콘텐츠학과 교수입니다. 전주대에서 고등평생교육 체계를 구축하고, 평생교육을 확산하기 위해 노력하고 있습니다. 또한 대학리빙랩네트워크 회장을 맡으면서 SDGs의 실천을 위해 리빙랩을 기반으로 지역 공동체의 활성화에 주력하고 있습니다. 함께 옮긴 책으로 『게임디자인 원리』, 『The Art of game design』 등이 있습니다.

허문경

우석대학교 스마트관광학과 특임교수이며, 지역개발과 사회연대경제를 연구합니다. 시민사회 조직 운영과 지방정부 정책 자문을 통해 지역 현장의 목소리를 정책으로 환류하는 일에 보람을 느끼고 있습니다. 함께 옮긴 책으로 『콤무니타스 이코노미 - 모두를 위한 경제는 어떻게 가능한가』 등이 있습니다.